REVISTA TRIMESTRAL DE DIREITO PÚBLICO

53

MALHEIROS EDITORES

INSTITUTO DE DIREITO ADMINISTRATIVO PAULISTA
IDAP

Revista Trimestral de Direito Público

Órgão do

INSTITUTO DE DIREITO ADMINISTRATIVO PAULISTA

IDAP

• As colaborações devem ser encaminhadas à Comissão Editorial, para o endereço *rtdp@idap.org.br*

RTDP
Publicação trimestral de
MALHEIROS EDITORES LTDA.
Rua Paes de Araújo, 29, cj. 171
CEP 04531-940 - São Paulo, SP - Brasil
Tel.: (011) 3078-7205 - Fax.: (011) 3168-5495
Diretor responsável: Álvaro Malheiros
Diretora: Suzana Fleury Malheiros

Assinaturas e comercialização:
CATAVENTO DISTRIBUIDORA DE LIVROS S.A.
Rua Conselheiro Ramalho, 928
CEP 01325-000 - São Paulo, SP - Brasil
Tel.: (011) 3289-0811 - Fax.: (011) 3251-3756
Supervisão Gráfica: Vânia Lúcia Amato
Editoração Eletrônica: Letra por Letra Studio

SUMÁRIO

DOUTRINA

PRINCIPIOS RECTORES DE LA ENSEÑANZA Y LA EDUCACIÓN EN EL URUGUAY 5
– Augusto Durán Martínez

EL PRINCIPIO DE CONFIANZA LEGÍTIMA EN LA ACTUACIÓN DE LA ADMINISTRACIÓN COMO LÍMITE A LA POTESTAD INVALIDATORIA 22
– Jorge Bermúdez Soto

LA NOCIÓN DE "SERVICIO PÚBLICO" EN LA CONSTITUCIÓN URUGUAYA 43
– Juan Pablo Cajarville Peluffo

A AUTOEXECUTORIEDADE E A GARANTIA DO CONTRADITÓRIO NO PROCESSO ADMINISTRATIVO 78
– José dos Santos Carvalho Filho

GLOBALIZAÇÃO, MONOPOLARIDADE E ASSIMETRIA REVERSA 97
– Reis Friede

TRATADOS INTERNACIONAIS DE DIREITOS HUMANOS: VISÃO CRÍTICA 103
– Heraldo Garcia Vitta

A ADMISSÃO DE ATESTADOS DE SUBCONTRATADA NOMEADA NAS LICITAÇÕES PARA CONCESSÃO DE SERVIÇOS PÚBLICOS 124
– Floriano de Azevedo Marques Neto

O REGIME JURÍDICO DOS MONOPÓLIOS FEDERAIS DO PETRÓLEO E GÁS NATURAL NO SISTEMA CONSTITUCIONAL BRASILEIRO 133
– Vladimir da Rocha França

PARECERES

LICITAÇÃO – INABILITAÇÃO INDEVIDA SOB ALEGAÇÃO DE DÉBITOS FISCAIS INEXPRESSIVOS 143
– Celso Antônio Bandeira de Mello

ARRENDAMENTO PORTUÁRIO – DIFERENÇAS NO REGIME DE EXPLORAÇÃO DE TERMINAIS DE USO PRIVATIVO E TERMINAIS DE USO PÚBLICO – USO PRIVATIVO DE CARÁTER MISTO – OBRIGATORIEDADE DE MOVIMENTAÇÃO DE CARGA PRÓPRIA MÍNIMA, SUFICIENTE PARA ASSEGURAR A VIABILIDADE ECONÔMICA DO EMPREENDIMENTO – POSICIONAMENTO EM SENTIDO CONTRÁRIO PROFERIDO PELA ANTAQ – VIOLAÇÃO A PRINCÍPIOS CONSTITUCIONAIS E AO MARCO REGULATÓRIO APLICÁVEIS À MATÉRIA 151
– Adilson Abreu Dallari

ESTUDOS E COMENTÁRIOS

PODER DE POLÍCIA E PODER DA POLÍCIA 175
– Sérgio Cedano

O CONCEITO DE *NORMA GERAL* E A REGRA DO VALOR MÍNIMO ÀS PARCERIAS PÚBLICO-PRIVADAS (INCISO I DO § 4º DO ART. 2º DA LEI 11.079/2004) 187
– Fernando Vernalha Guimarães

ÓRGÃO PARTICIPANTE NA CONDIÇÃO DE "CARONA" NO SISTEMA DE REGISTRO DE PREÇOS 204
– Beatriz Pereira da Silva

JURISPRUDÊNCIA SELECIONADA

CONCURSO PÚBLICO – REVISÃO JUDICIAL DE CRITÉRIO DE CORREÇÃO DE PROVA, FIXADO PELA COMISSÃO DE CONCURSO EM DESCOMPASSO COM OS PRINCÍPIOS INFORMADORES DO EXERCÍCIO DA FUNÇÃO ADMINISTRATIVA, ESPECIALMENTE OS PRINCÍPIOS DA RAZOABILIDADE E DA PROPORCIONALIDADE 213
– RE n. 288.177

POSSIBILIDADE DE AJUIZAR AÇÃO CIVIL PÚBLICA PARA DISCUTIR A FIXAÇÃO DO VALOR DE TARIFA, MAJORADA DE FORMA SUPOSTAMENTE ABUSIVA PELO PODER CONCEDENTE 227
– RMS n. 27.566

DOUTRINA

PRINCIPIOS RECTORES DE LA ENSEÑANZA Y LA EDUCACIÓN EN EL URUGUAY[1]

AUGUSTO DURÁN MARTÍNEZ

Catedrático de Derecho Público II y III en la Facultad de Derecho de la Universidad de la República y de Derecho Administrativo en la Facultad de Derecho de la Universidad Católica del Uruguay – Director del Departamento de Derecho Administrativo y Decano Emérito de la Facultad de Derecho de la Universidad Católica del Uruguay

I

1. Antes que nada, es necesario efectuar algunas precisiones en cuanto al alcance que daré a nuestro tema.

2. Respecto a los principios, aclaro que no aludiré a los que surgen de la normativa infravalente, sino únicamente a los que conforman el bloque de constitucionalidad,[2] es decir, a los que tienen naturaleza constitucional o supraconstitucional. Tampoco analizaré la normativa internacional en la materia.

3. Aunque *enseñar*[3] y *educar*[4] significan cosas que no son totalmente coinciden-

1. Exposición pronunciada en la semana académica del Instituto de Derecho Administrativo "Transformaciones Actuales del Derecho Administrativo", celebradas en Montevideo, del 6 al 9.10.2009.

2. Sobre la expresión "bloque de constitucionalidad", v, C. E. Guariglia, *Presunción de Constitucionalidad de las Leyes*, Buenos Aires, La Ley Uruguay, 2009, pp. 194 y ss.

3. Según el *Diccionario de la Real Academia Española, enseñar* en sus primeras cuatro acepciones es: "Instruir, doctrinar, amaestrar con reglas o preceptos. 2. Dar advertencia, ejemplo o escarmiento que sirva de experiencia y guía para obrar en lo sucesivo. 3. Indicar, dar señas de algo. 4. Mostrar o exponer algo, para que sea visto y apreciado" (Real Academia Española, *Diccionario de la Lengua Española*, 22ª ed., t. I, Buenos Aires, Espasa Calpe, 2002, p. 925).

4. *Educar* es: "Dirigir, encaminar, doctrinar. 2. Desarrollar o perfeccionar las facultades intelectuales y morales del niño o del joven por medio de preceptos, ejercicios, ejemplos etc. *Educar la inteligencia, la voluntad*. 3. Desarrollar las fuer-

tes – *enseñar* es trasmitir conocimientos,[5] *educar* es algo más, es cavar hondo, es "entrenar en la inquietud de la búsqueda de la verdad, y ésta comprensiva de valores",[6] en una palabra, es formar[7] –, referiré a los principios comunes a la enseñanza y la educación sin efectuar distinciones,[8] salvo las indispensables a los fines de este estudio.

4. Como la enseñanza y la educación, según se verá, pueden ser privadas o públicas, no referiré a los aspectos particulares de una u otra modalidad a menos que sea estrictamente necesario, sino que aludiré a los principios de la enseñanza y de la educación en general.

5. En suma, referiré a los principios fundamentales de naturaleza constitucional o supraconstitucional que rigen la enseñanza y la educación en general.

II

1. Efectuadas esas precisiones, corresponde otra elemental. Temas como este no pueden tratarse sin partir de una determinada concepción de la persona humana y del Estado, aspectos estos que presentan una innegable indisoluble ligazón. En efecto, la persona humana condiciona el tipo de Estado.

2. Hoy en día, en el mundo occidental, se afirma lo que se ha llamado el *Estado Constitucional de Derecho* basado en la primacía de la Constitución o, mejor dicho, del bloque de constitucionalidad para comprender a los principios supraconstitucionales, llamado así para marcar la diferencia con el llamado *Estado Legislativo*.

3. Ese *bloque de constitucionalidad* reposa en la dignidad de la persona humana, y ella deriva de su condición de *imago Dei*.[9]

zas físicas por medio del ejercicio, haciéndolas más aptas para su fin. 4. Perfeccionar, afinar los sentidos. *Educar el gusto*. 5. Enseñar los buenos usos de urbanidad y cortesía" (Real Academia Española, *Diccionario de la Lengua Española*, cit., 22ª ed., t. I, p. 865).

5. D. H. Martins, "Principios constitucionales sobre la enseñanza", en D. H. Martins, *Constitución y Administración*, Montevideo, Ingranusi, 1997, p. 425.

6. M. R. Brito, "Universidades formadoras de pensamiento", en M. R. Brito, *Derecho Administrativo. Su permanencia, Contemporaneidad, Prospectiva*, Montevideo, Universidad de Montevideo/Facultad de Derecho, 2004, p. 163.

7. El padre Remolina explicaba que "la formación es un proceso educativo que consiste en propiciar, favorecer y estimular la explicitación, desarrollo y orientación de las virtualidades y dinamismos de la persona humana".

Esas virtualidades y dinamismos radican en lo que se suele llamar *facultades*: "la sensibilidad (con su correspondiente imaginación, creatividad y afectividad); la razón (en su doble dimensión teórica y práctica o voluntad) y la facultad de lo trascendente tanto con relación a lo humano (relación Yo-Tú) como a lo sagrado o religioso (facultad de lo divino)".

"La formación – añadía – es integral cuando el proceso educativo se refiere al desarrollo del conjunto armónico de dichas facultades y abarca la totalidad potencial del ser humano" (G. Remolina (S.J.), "Reflexiones sobre la formación integral", en *Orientaciones Universitarias* 19/71, Bogotá, PUJ, 1999).

8. Algunos autores emplean el término "enseñanza" en un sentido amplio, comprendiendo el concepto de "educación". Así H. Barbé Pérez, en una de sus obras, expresó: "Utilizaremos el término 'enseñanza' no sólo en el sentido de alfabetización y adquisición de conocimientos, sino, también y principalmente, con inclusión del concepto de 'educación', en cuanto formación completa del ser humano en su vida moral e inteligencia" (*Proceso Educativo del Uruguay. Régimen Jurídico. Caracterización y Prospectiva. Soluciones*, Montevideo, 1981, p. 11).

9. Pontificio Consejo "Justicia y Paz", *Compendio de la Doctrina Social de la Iglesia*,

Como signo eminente de la *imago Dei* está la libertad: "Dios ha querido dejar al hombre en manos de su propia decisión, para que así busque espontáneamente a su Creador y, adhiriéndose libremente a éste, alcance la plena y bienaventurada perfección. La dignidad humana requiere, por tanto, que el hombre actúe según su conciencia y libre elección, es decir, movido e inducido por convicción interna personal y no bajo la presión de un ciego impulso interior o de la mera coacción externa".[10]

Por eso la Constitución alemana, una de las Constituciones que originara el movimiento conocido como *Neoconstitucionalismo*, establece que "la dignidad humana es intangible" (art. 1.1), que "toda persona tiene el derecho al libre desarrollo de su personalidad" (art. 2.1), que "la libertad de la persona es inviolable" (art. 2.2).

Y, conforme a esta concepción, el Estado, más precisamente el Estado Constitucional de Derecho, está para el logro del bien común, es decir, para crear las condiciones de hecho necesarias para el desarrollo de la persona humana.

En definitiva, el Estado, ser instrumental, está para facilitar el adecuado desarrollo de la persona humana. Por algo la referida Constitución alemana, luego de señalar que la dignidad humana es intangible, añade: "Respetarla y protegerla es obligación de todo Poder Público" (art. 1.1).

4. Aquí, pues, debemos buscar los principios rectores de la enseñanza y de la educación. Y en esa búsqueda lo primero que se nos aparece es la libertad.

Montevideo, Librería Editorial Arquidiocesana, 2005, pp. 53 y ss.

10. Idem, p. 64.

III

1. La libertad está en el centro de nuestro sistema jurídico desde la génesis de nuestro derecho constitucional. En efecto, Artigas, en sus *Instrucciones*, decía: "Promoverá la libertad civil y religiosa en toda su extensión imaginable".

Las *Instrucciones* refieren a la libertad en términos tan amplios que comprenden la libertad de enseñanza y de educación.[11]

2. Esa concepción de libertad pasará a los proyectos constitucionales artiguistas, tanto el Federal como el de la Provincia Oriental,[12] y luego a todas nuestras Constituciones.

En efecto, los arts. 7 y 10 de la Constitución vigente, que refieren genéricamente a la libertad, y el art. 29, que refiere a la libertad de expresión, proveniente de la Constitución de 1830, comprenden la libertad de enseñanza y de educación.

El art. 72, proveniente de la Constitución de 1918, también comprende a la libertad de enseñanza y de educación, puesto que ella es inherente a la persona humana, es connatural al derecho a la educación, reconocido, acertadamente, por el art. 1º de la Ley 18.437, de 12.12.2008, como un derecho humano.

Finalmente, la Constitución de 1934 introduce el actual art. 68, que refiere concretamente a la libertad de enseñanza. Este art. 68 de la Constitución establece:

11. A. Durán Martínez, "Enseñanza privada y libertad. Bases constitucionales", en A. Durán Martínez, *Estudios de Derecho Constitucional*, Montevideo, Ingranusi, 1998, p. 58.

12. A. Durán Martínez, "Los derechos culturales como derechos humanos en el derecho constitucional uruguayo", en A. Durán Martínez, *Estudios sobre Derechos Humanos*, Montevideo, Universidad Católica del Uruguay "Dámaso Antonio Larrañaga"/Ingranusi, 1999, pp. 36 y ss.

"Queda garantida la libertad enseñanza.

"La ley reglamentará la intervención del Estado al solo objeto de mantener la higiene, la moralidad, la seguridad y el orden públicos.

"Todo padre o tutor tiene derecho a elegir, para la enseñanza de sus hijos o pupilos, los maestros o instituciones que desee."

3. Garantizar una cosa implica admitir la existencia de la cosa garantizada con independencia del acto que instituye la garantía. Garantir un derecho significa – además – darle protección jurídica a fin de asegurar su cumplimiento.[13]

Este artículo no consagra la libertad de enseñanza, la reconoce y le brinda protección jurídica. Esa libertad se reconocía en otras disposiciones de la Carta que se han mencionado. Es más, puede afirmarse sin duda alguna que la libertad de enseñanza deriva de la esencia misma del hombre, por lo qué constituye uno de los derechos comprendidos en el art. 72, como se ha dicho.[14]

Lo expuesto precedentemente se vio muy claro en la Convención Nacional Constituyente de 1934. En efecto, el convencional Butler expresó que la redacción del primer inciso del artículo que hoy lleva el n. 68 evita que se creyera que esa libertad no existía en el País.[15]

De esto se deriva que la enseñanza, incluida la educación, es de naturaleza privada. Es más, es notorio que la primera enseñanza que el hombre recibe es la que se recibe desde los primeros instantes de la vida proveniente de los padres en el íntimo ámbito de la familia.

Nuestra Constitución interpreta muy bien esta realidad cuando (a) por el art. 40 establece: "La familia es la base de nuestra sociedad. El Estado velará por su estabilidad moral y material, para la mejor formación de los hijos dentro de la sociedad"; y (b) por el art. 41 dispone: "El cuidado y educación de los hijos para que estos alcancen su plena capacidad corporal, intelectual y social es un deber y un derecho de los padres".

La enseñanza, incluida la educación, es, pues, privada y libre por naturaleza. Como luego se verá, el Estado puede prestar esta actividad en ayuda pero jamás en suplencia.

Por eso provocan la mayor perplejidad las siguientes palabras del actual sr. Presidente del Consejo Consultivo de Enseñanza Terciaria Privada: "La dictadura cívico-militar rompió una continuidad que, en el mundo de la educación, particularmente en la universidad, significó el quiebre de una tradición centenaria en materia de enseñanza pública, laica, gratuita y universal. En la década de los 90 el Banco Mundial, el Fondo Monetario, el BID, la OCDE (y aún la UNESCO), con sus políticas educacionales extorsivas y la complacencia de gobiernos sumisos, imponen su visión neoliberal e impulsan y financian la privatización de la educación superior y la pauperización de los escasos bolsones públicos renuentes".[16]

13. A. Durán Martínez, "Los derechos culturales como derechos humanos en el derecho constitucional uruguayo", cit., en A. Durán Martínez, *Estudios sobre Derechos Humanos*, p. 35.

14. A. Durán Martínez, "Enseñanza privada y libertad. Bases constitucionales", cit., en A. Durán Martínez, *Estudios de Derecho Constitucional*, pp. 58 y ss.

15. Comisión de Constitución de la IIIª Convención Nacional Constituyente, *Actas*, Montevideo, Imprenta Nacional, 1935, p. 81.

16. J. Ares Pons, "Luces y sombras. Leyes y cambios. Papel de la docencia universitaria", en

El principal y mayor error del pasaje transcrito radica en no haber advertido que no se privatiza lo que por su origen y naturaleza es privado.

Ahora bien. Siendo la enseñanza una manifestación de la cultura y siendo la cultura necesariamente libre,[17] cuando el Estado asume el cometido de enseñanza lo hace en términos de autonomía, por lo menos en sus manifestaciones más importantes (art. 202 de la Constitución), porque está en juego precisamente la libertad cultural.[18]

Tan importante es la libertad cultural que nuestra Constitución, cuando concibió la descentralización por servicios, asignó a los entes de enseñanza la máxima autonomía; autonomía que solo se vio tenuemente atenuada por la redacción dada al art. 230 de la Carta en la Enmienda de 1997, en lo relacionado con las políticas de descentralización.[19]

La importancia de este art. 68 – bien entendido en su contexto – radica en que: (a) declara en forma clara y amplia el derecho de los educandos – a través de sus padres o tutores en caso de ser menores – a elegir para su enseñanza los maestros o instituciones que deseen; (b) obliga al Estado a asegurar esa libertad de opción; (c) veda absolutamente el monopolio de la enseñanza en todos sus niveles y en todas sus manifestaciones que, de tanto en tanto, de forma expresa o implícita, pretende reaparecer; (d) limita al máximo la intervención del Estado. La limita en cuanto a la forma y en cuanto al fin. En cuanto a la forma, la Constitución exige ley en sentido orgánico-formal; en cuanto al fin, únicamente se admite "*al solo objeto* de mantener la higiene, la moralidad, la seguridad y el orden públicos".[20]

4. Este artículo en análisis, al garantizar la libertad de enseñanza, compromete al Estado a su protección, por lo cual deja de ser un derecho de acciones negativas meramente para pasar a ser también un derecho de acciones positivas. En términos de Alexy,[21] de ser un derecho de defensa

Asamblea General del Claustro. Panel de Discusión. Estructura y Funcionamiento del Gobierno Universitario. Perspectivas de Nuevas Formas de Ejercicio de la Democracia, Montevideo, Editorial Universitaria/Universidad de la República, agosto/2009, p. 18.

17. Juan Pablo II decía: "La cultura, que nace libre, debe además difundirse en un régimen de libertad" (*Juan Pablo II en Uruguay*, Departamento de Comunicación Social de la Conferencia Episcopal del Uruguay, Montevideo, 1987, p. 264); "Cultura y libertad son ideas necesarias y entrañablemente unidas, que se condicionan recíprocamente" – expresaba Gros Espiell. Sin libertad no hay cultura y sin cultura no puede haber libertad (H. Gros Espiell, "Cultura y libertad", en *Prisma* 3/121, Montevideo, Universidad Católica del Uruguay, 1994).

18. M. R. Brito, "Educación y persona humana", en M. R. Brito, *Derecho Administrativo. Su permanencia, Contemporaneidad, Prospectiva*, cit., p. 76.

19. A. Durán Martínez, "Las políticas de descentralización en el Uruguay en la reforma constitucional de 1997", en A. Durán Martínez, *Estudios de Derecho Público*, vol. II, Montevideo, 2008, p. 346. Brito, en cambio, ha sostenido que la Enmienda del art. 230 de la Constitución no se aplica a los entes de enseñanza, por lo qué entendió que su autonomía no se ve reducida por esta reforma constitucional ("Reforma Constitucional de 1996 y la Universidad de la República", en M. R. Brito, *Derecho Administrativo. Su permanencia, Contemporaneidad, Prospectiva*, cit., pp. 165 y ss.).

20. H. Barbé Pérez, *Los Servicios de Enseñanza y la Ley Orgánica de la Universidad*, Montevideo, CEN., 1959, pp. 10 y ss.; A. Durán Martínez, "La enseñanza universitaria y el Partido Nacional", en A. Durán Martínez, *Estudios de Derecho Público*, vol. I, Montevideo, 2004, p. 263.

21. R. Alexy, *Teoría de los Derechos Fundamentales*, Madrid, Centro de Estudios Políticos

pasa a ser además un derecho prestacional en sentido amplio, más precisamente un derecho de protección. El art. 68 garantiza, pues, la libertad negativa y la libertad positiva. Incluso también, por lo que luego se verá, el derecho a la educación – que es en definitiva el objeto último de la garantía del art. 68 – configura un derecho prestacional en sentido estricto.

El Estado no solo está obligado a no atentar contra la libertad de enseñanza sino que la garantía constitucional le obliga además a protegerla. Y, en virtud de lo que se dirá, de alguna manera está obligado a asegurar la prestación de esta actividad de manera que la libertad de enseñanza sea realmente efectiva.

El art. 68 de la Constitución, en definitiva, garantiza el derecho humano a la educación a fin de posibilitar una efectiva formación integral.

5. Como bien ha expresado Martins, "la libertad de enseñanza comprende la libertad de aprender y la libertad de enseñar y, como consecuencia de ello: (a) la libertad de establecer institutos privados de enseñanza, aun con carácter comercial; (b) la libertad de elegir los métodos, las materias, los programas y la orientación de la enseñanza que se desea dar o recibir; (c) la libertad de elegir los maestros o instituciones que se prefieran; (d) la libertad de expedir títulos o certificados de estudio".[22]

IV

1. Esa libertad, por cierto, tiene límites.

2. Por lo pronto, el art. 68 limita la intervención del Estado en la materia en la forma – solo puede hacerlo por ley – y en el contenido – "al solo objeto de mantener la higiene, la moralidad, la seguridad y el orden público" –, con lo cual implícitamente está limitada la libertad de enseñanza. En efecto, a través de ella no se puede afectar esos valores.

3. Por otro lado, el art. 70, al establecer la obligatoriedad de la enseñanza primaria y la enseñanza media, agraria o industrial, nos indica implícitamente que en esos sectores de enseñanza tenemos libertad de enseñar, pero no de no aprender. En este aspecto la Constitución no admite la libertad de ignorar.[23]

4. Finalmente, para mencionar únicamente las normas constitucionales atinentes a esta materia, corresponde recordar el segundo inciso del art. 71 en cuanto establece que "en todas las instituciones docentes se atenderá especialmente la formación del carácter moral y cívico de los alumnos".

Martins, luego de evocar a José Pedro Varela, explica el contenido positivo de este mandato constitucional. En tal sentido indica: "En la actualidad, 'formar el carácter cívico del alumno' consiste en prepararlo para ejercer sus derechos y cumplir sus deberes como ciudadano integrante de una Nación que ha adoptado para su gobierno el régimen democrático-republicano, teniendo presente que las bases fundamentales de la nacionalidad son las establecidas en las Secciones I y II de la Constitución, tituladas 'De la Nación

y Constitucionales, 2007, pp. 383 y ss., 398 y ss. y 443 y ss.

22. D. H. Martins, "Principios constitucionales sobre la enseñanza", cit., en D. H. Martins, *Constitución y Administración*, p. 433.

23. D. H. Martins, "Principios constitucionales sobre la enseñanza", cit., en D. H. Martins, *Constitución y Administración*, p. 445; A. Durán Martínez, "Enseñanza privada y libertad. Bases constitucionales", cit., en A. Durán Martínez, *Estudios de Derecho Constitucional*, p. 61.

y su Soberanía' y 'Derechos, Deberes y Garantías'".[24]

Pero este artículo tiene también implícitamente un sentido negativo. Al analizar este artículo, Jiménez de Aréchaga decía que "el carácter cívico al cual puede referirse la Constitución de nuestro País no es precisamente el civismo fascista, el civismo nacional-socialista o el civismo comunista; es el civismo democrático liberal".[25] La Constitución, así, veda a todas las instituciones de enseñanza impartir una formación totalitaria. El totalitarismo de cualquier especie es incompatible con nuestro sistema constitucional. Es que un sistema democrático, si bien debe admitir el conocimiento de todas las ideas, no puede admitir su autodestrucción.

La educación moral se relaciona con la naturaleza humana, su inmanente dignidad, y comprende su dimensión trascendente.

Hay aquí, pues, un claro límite positivo y negativo de la libertad de educación en lo que refiere al contenido.

V

1. Alguno de los aspectos mencionados precedentemente que hacen a la libertad de enseñanza no se cumplen o presentan graves falencias en nuestro País. Veremos algunos ejemplos.

2. Para que la libertad de enseñanza sea efectiva, los prestadores de este servicio deben hacerlo en igualdad de condiciones y ninguno de ellos puede controlar a sus competidores.

Planteo el problema porque la Universidad de la República, invocando entre otras cosas la Ley 2.078, de 25.11.1889, y entendiendo que el control de la enseñanza terciaria privada era de su competencia por el principio de especialización, ha pretendido controlar a las instituciones de enseñanza universitaria privada. Precisamente por esa razón impugnó el Decreto 308/995, de 11.8.1995, en la parte que cometía tal control al Poder Ejecutivo/Ministerio de Educación y Cultura.[26]

El Tribunal de lo Contencioso Administrativo, por Sentencia 960, de 26.11.1997,[27] rechazó la demanda por entender, correctamente, que la Universidad de la República carece de competencia para el referido control.

En el mismo sentido, básicamente, se había pronunciado el Instituto de Derecho Administrativo de la Facultad de Derecho de la Universidad de la República.[28]

En dictamen aparte adherí a determinados aspectos del informe del Instituto en ese punto. En tal sentido expresé:

"Comparto plenamente la posición del Instituto Uruguayo de Derecho Administrativo, en cuanto a que la Constitución lo que le asignó a la Universidad de la República es el cometido de prestación del servicio de enseñanza pública superior y no el control de las instituciones privadas de enseñanza. El principio de especialización comprende pues a la prestación del servicio y no al control de instituciones privadas.

"Comparto también plenamente la posición del Instituto en cuanto a que el régi-

24. D. H. Martins, "Principios constitucionales sobre la enseñanza", cit., en D. H. Martins, *Constitución y Administración*, p. 448.

25. J. Jiménez de Aréchaga, *La Constitución Nacional*, t. I, Montevideo, Cámara de Senadores, p. 306.

26. Recurso publicado en *Revista de Derecho Público* 8/131 y ss., Montevideo, FCU, 1995.

27. Sentencia publicada en *Anuario de Derecho Administrativo* VI/101 y ss., Montevideo, FCU, 1998.

28. Dictamen de 20.5.1990, publicado en *Revista de Derecho Público* 8/128 y ss.

men del Decreto-ley 15.661, de 29.10.1984, resulta absolutamente incompatible con la Ley 2.078, de 25.11.1889, por lo qué el primer texto deroga tácitamente al segundo de haber estado hasta ese momento vigente."[29]

Es más, también en otra oportunidad, cuando cuestioné la legitimidad del Decreto 308/995, citado, en cuanto prevé determinados informes de la Universidad de la República y en cuanto prevé la integración del Consejo Consultivo de la Enseñanza Terciaria Privada con tres miembros (en ocho) a propuesta de la Universidad de la República (arts. 23, 24 y 25), expresé que el Decreto-ley 15.661 pretendió evitar y evitó toda injerencia de la Universidad de la República.[30]

Esto por dos razones:

(a) Por su art. 2 adjudica a los títulos de las instituciones universitarias privadas comprendidos en la norma "idénticos efectos jurídicos que los expedidos por la Universidad de la República Oriental del Uruguay, e independientemente de estos".

El término "independientemente" demuestra la intención del legislador de que la Universidad de la República no tenga la menor intervención en las universidades privadas, sobre todo en lo concerniente a los títulos.

(b) El art. 3, en cuanto deroga toda disposición que directa o indirectamente se oponga a esta ley, deroga las disposiciones anteriores que conferían a la Universidad de la República el monopolio de la expedición de títulos habilitantes para el ejercicio profesional.

Esto se desprende claramente de la historia de la ley. En efecto, en el informe legislativo sobre el proyecto de ley se expresa: "Como ya ha sido señalado por parte de nuestras máximas autoridades nacionales, lo que se desea con la creación consagrada en el Decreto n. 343/984 de agosto pasado es disponer no de una universidad privada, mediatizada por el Poder Público, sino de que se construya una gran universidad. Mostrando para con ella un espíritu de confianza en su sentido de responsabilidad y empleo de la libertad, y no de desconfianza en el ejercicio de ambas. Lo cual constituye, a su vez, un profundo desafío a las autoridades de la institución privada, en términos de calidad académica, eficiencia y competitividad. Objetivos que no serían posibles de alcanzar plenamente dentro de un esquema de dependencia y controles a través de distintos instrumentos. Justamente, el espíritu del proyecto de ley del Ejecutivo lo que aspira es a establecer una clara independencia entre la o las universidades privadas y la oficial. Lo cual queda claramente demostrado por el art. 2º del Proyecto, donde se señala que los títulos privados deben solamente ser registrados en el Ministerio de Educación y Cultura y que la validez y legitimidad de los mismos habrán de surgir por la vía de una competencia y esfuerzos de emulación, en los titulados en virtud de lo que demuestren en términos de su capacitación en todas aquellas áreas donde pueden aplicar libremente sus conocimientos, y no en virtud de controles en cuanto a su forma de adquisición".[31]

Pero además, como lo sostuve también en el aludido dictamen al Instituto de

29. A. Durán Martínez, *Casos de Derecho Administrativo*, vol. I, Montevideo, Universidad Católica del Uruguay/Ingranusi, 1999, pp. 175 y ss.

30. A. Durán Martínez, *Casos de Derecho Administrativo*, vol. III, Montevideo, Universidad Católica del Uruguay/Ingranusi, 2003, p. 403.

31. *Acta del Consejo de Estado* de 23.10.1984, p. 52.

Derecho Administrativo, el control de la citada Ley 2.078 resulta incompatible con el art. 68 de la Constitución, por lo qué se ha producido su decaimiento o, en otra terminología, ha quedado derogada por la Carta vigente, puesto que no hay nada más limitativo de la libertad que un prestador de servicios controle a sus competidores.[32]

Gros Espiell, hace muchos años, se anticipó a este problema y al analizar el proyecto de creación de una universidad privada (llamada Universidad Libre), con gran lucidez, expresó:

"(...) la competencia de la Universidad *[refiere a la Universidad de la República]* se circunscribe a la prestación – en forma autónoma – de la enseñanza pública superior.

"Lo que excede este ámbito de competencia, es decir, lo que no es enseñanza pública superior, no es materia que pueda entrar en los atributos del Consejo Directivo de la Universidad ni en los Consejos de las Facultades.

"Por tanto la reglamentación jurídica del estatuto a que ha de estar sometida la Universidad Libre, y la eventual asignación a sus certificados o diplomas de estudio de valor como títulos habilitantes para el ejercicio de determinadas profesiones, permanece como una competencia legislativa, expresamente previsto por la Constitución cuando incluye como atribución del Poder Legislativo la de expedir leyes relativas al fomento de la ilustración (art. 85, n. 3).

"De igual modo, el contralor de la Universidad Libre no puede quedar en manos de la Universidad oficial, que sólo puede dirigir y controlar el servicio que ella misma presta, sino del Poder Ejecutivo, el que refiere un poder genérico de contralor administrativo, bajo la Constitución y la ley, derivado de su naturaleza institucional y de las competencias que le asigna la Constitución."[33]

El art. 68 de la Constitución veda así toda injerencia de la Universidad de la República en el funcionamiento de las universidades privadas, por lo qué ni siquiera la ley la puede disponer. La ley, así, no puede prever la participación de la Universidad de la República en ninguna de las etapas fundacionales de una universidad privada y tampoco en lo relacionado con el control de su funcionamiento; eso sería un golpe letal para la libertad de enseñanza.

Por eso resulta claramente inconstitucional el proyecto de ley relacionado con la creación de la Agencia de Promoción y Aseguramiento de la Calidad de la Educación Terciaria-APACET, que el Poder Ejecutivo habría remitido al Poder Legislativo según anuncia la prensa de estos días.[34]

Según esa información, el Consejo Directivo de la Agencia prevista para controlar a las instituciones de enseñanza privada estaría compuesto por cinco miembros: dos a propuesta de la Universidad de la República, uno del Ministerio de Educación y Cultura, uno del Instituto Universitario de Educación y uno de las universidades privadas.

De ser esto así, de aprobarse este proyecto, se produciría un poderoso atentado contra la libertad de enseñanza, lo que por cierto hace al proyecto absolutamente incompatible con la Constitución de la República.

32. A. Durán Martínez, *Casos de Derecho Administrativo*, cit., vol. I, p. 176.

33. H. Gros Espiell, *Periodismo y Derecho*, Montevideo, 1965, pp. 76 y ss.

34. *Búsqueda* 1.528/15, Año XXXVIII, Montevideo, 1º al 7.10.2009; *El País*, 2.10.2009, Montevideo, Primera Sección, p. A11.

3. También resulta inconstitucional el art. 9 del Decreto 308/995, de 11.8.1995,[35] en cuanto establece que las instituciones de enseñanza terciaria que pretendan la autorización para funcionar o el reconocimiento del nivel académico deberán estar constituidas como asociaciones civiles o fundaciones sin fines de lucro, con personería jurídica.

Es esta una exigencia irracional. Como se ha dicho, la libertad de enseñanza implica no solo el derecho de fundar instituciones de enseñanza sino también el de adoptar la forma jurídica más conveniente a su objetivo. No hay entonces ninguna razón para que se prohíba la adopción de una forma comercial.

4. Si analizamos nuestra realidad vemos que, en puridad, en importantísimos sectores de la enseñanza como primaria y secundaria no existe libertad de elegir los métodos, las materias, los programas y la orientación de la enseñanza que se desea dar o recibir.

Como bien ha observado P. da Silveira, el sistema uruguayo fue construido siguiendo las grandes líneas del modelo francés. Todo se decide en la Capital y de aquí todo se regula. Este modelo hipercentralizado se apoya en dos pilares fundamentales: el sistema de programas y el régimen de habilitación. El sistema de programas impone a todos los docentes los temas que deben ser enseñados, el orden, las horas de cada uno, y todo debe ser cumplido con exactitud. El segundo pilar es el sistema de habilitación. Si un instituto privado aspira a la habilitación, tiene por lo menos que enseñar lo mismo que en las instituciones públicas y sus docentes enseñar de la misma manera, pues de lo contrario no obtienen la habilitación y obtenida no resistirían una inspección si se apartan del modelo. Eso limita a la enseñanza privada su capacidad de innovar.[36]

Este sistema concebido por la normativa infravalente resulta claramente inconstitucional al vedar, en los hechos, la libertad de elección de los contenidos y métodos de enseñanza. En efecto, si el instituto privado no se ajusta al modelo oficial no obtiene la habilitación; si no obtiene la habilitación, no tiene alumnos. Si tiene alumnos por haber obtenido la habilitación, no puede innovar mucho pues el necesario cumplimiento del modelo oficial no le da mayor margen para ello.

5. Más adelante referiré a la gratuidad de la enseñanza oficial. Ahora simplemente señalo que nuestra realidad muestra una enseñanza estatal gratuita y una enseñanza privada paga. Esto hace que no haya realmente libertad de opción, por lo menos de una manera generalizada, ya que solo pueden optar los que pueden pagar.[37]

6. La libertad de expedir títulos o certificados de estudio no es cuestionada. Pero en este punto es preciso detenernos un instante, para evitar equívocos.

Martins ha expresado que un tema "ajeno al de la libertad de enseñanza es que los títulos o certificados de estudio expedidos por los institutos privados de enseñanza habiliten para el ejercicio de las profesiones científicas o técnicas. En cuanto a este aspecto, la ley podrá establecer, por razones de interés general,

35. La redacción vigente fue dada por el artículo 1 del decreto Nº 209/998, de 4 de agosto de 1998.

36. P. da Silveira, *La Segunda Reforma*, Montevideo, Fundación Banco de Boston/CLAEH, 1995, pp. 74 y ss.

37. A. Durán Martínez, "Enseñanza privada y libertad. Bases constitucionales", cit., en A. Durán Martínez, *Estudios de Derecho Constitucional*, pp. 62 y ss.; P. da Silveira, *La Segunda Reforma*, cit., pp. 83 y ss.

condiciones para la admisibilidad de esos títulos como habilitantes para el ejercicio de determinada profesión, los que podrán ser emitidos por instituciones públicas o privadas".[38]

La observación de Martins es correcta. La exigencia de títulos habilitantes para el ejercicio de determinadas profesiones se relaciona con la libertad de trabajo referida en el art. 36 de la Constitución. Pero su afirmación requiere algunas precisiones, para evitar que se traicione el pensamiento del autor.

Es cierto que la exigencia de determinados títulos para el ejercicio de determinadas actividades o profesiones refiere a la libertad de trabajo. Es cierto que esa libertad puede ser limitada por ley por razones de interés general. Pero esas razones deben existir, no pueden ser un invento del legislador. El legislador carece de discrecionalidad al respecto, puesto que *interés general* es un concepto jurídico indeterminado. Si esas razones de *interés general* no existen, la ley es inconstitucional.[39] Además, no se puede negar la estrecha relación que existe entre la cuestión de los títulos habilitantes para el ejercicio de una actividad con la libertad de enseñanza. Este tema ya se planteó en el siglo XIX y fue encarado acertadamente por Bauzá.[40] La ley puede, por razones de interés general, limitar la libertad de trabajo; pero, al hacerlo, no puede afectar la libertad de enseñanza.

38. D. H. Martins, "Principios constitucionales sobre la enseñanza", cit., en D. H. Martins, *Constitución y Administración*, p. 433.

39. A. Durán Martínez, "El derecho administrativo entre legalidad y derechos fundamentales", en *Revista de Derecho* 12/133, Año VI, Universidad de Montevideo/Facultad de Derecho, 2007; C. E. Guariglia, *El Conflicto entre los Derechos Fundamentales. Bases para una Interpretación*, Montevideo, Amalio M. Fernández, 2007, pp. 225 y ss.

40. Bauzá expresó:

"Se dice que la libertad de estudios importa el que todo el mundo pueda enseñar (...) pero hay otra libertad correlativa a esta, que es la de que todo el mundo pueda aprender. Si se me autoriza a mí a ser maestro y se me quitan los discípulos, ¿a quién voy a enseñar? (...). Se dice: todo el mundo puede enseñar lo que quiera. Y se dice enseguida: pero nadie puede aprender sino en la Universidad Mayor de la República. Es decir que yo abro mi cátedra, y me dirán mis discípulos (y me dirán con razón): 'no puedo aprender aquí, puesto que todo mi tiempo lo necesito absolutamente para asistir a la Universidad porque los estudios que yo hago aquí no se admiten en la Universidad', no se admite la enseñanza que no salga de aquellas cuatro paredes, que deben tener alguna virtud providencial que encierra toda la sabiduría, puesto que nadie puede enseñar sino dentro de la Universidad. Esto es tan absurdo, que está fuera del sentido común. Solamente en este País donde se juega del vocablo con las cosas más serias puede venirse a decir que la libertad de enseñanza es aquélla que dice todo el mundo vaya como una majada de carneros a aprender en aquel edificio público, porque ese edificio, antigua fidelería de Podestá, está hoy santificado con la presencia de los srs. Catedráticos de la Universidad, que van allí cubiertos de blanco a dar lecciones de ciencia.

"Digo, pues, que no hay libertad de enseñanza si no hay libertad de enseñanza junto a la libertad de aprender. Este es el significado real y positivo de esta palabra en toda su acepción, y toda vez que se calibra al maestro se calibra al discípulo; puesto que si uno no puede enseñar, el otro no puede aprender, y si aquel no puede aprender el otro no puede enseñar."

Ahora luego que el art. 13 de la Ley de 1885 prohíbe la libertad de aprender y continúa:

"(...) prohibida la libertad de aprender y de estudiar, es inútil la libertad de aprender y de estudiar, es inútil la libertad de enseñar, se sigue también doblemente que la ley actual proclama con hipocresía una libertad que no existe, puesto que la mata en sus consecuencias más necesarias. ¿Tenemos nosotros, ni tiene la ley, el derecho de

Con acierto han dicho Serna y Toller: "La naturaleza humana no puede contradecirse a sí misma. No puede postular derechos que, perteneciendo al mismo hombre, se contrapongan, se anulen o se atenúen al ejercitarlos, por sí, o en concurrencia con los demás hombres titulares como él de los mismos derechos".[41]

Por eso bien ha dicho Guariglia que "no hay colisión entre derechos, sino confrontación de intereses diversos derivados de la coexistencia social".

"La preexistencia de los derechos y en particular de los bienes humanos no admite que ellos sean concebidos en términos de pugna sino de coexistencia."[42] Y por eso hay que superar ese conflicto procurando la armonización de los dos derechos sin sacrificar uno en beneficio del otro.[43]

La libertad de enseñanza y la libertad de trabajo son dos derechos derivados de la personalidad humana. No se da en el caso conflicto entre ellas, pero por las mismas razones expresadas la ley no puede, con el motivo de limitar la libertad de trabajo, establecer ciertas exigencias para el reconocimiento de títulos habilitantes para el ejercicio de una determinada profesión para algunas universidades solamente, puesto que ello supone colocar a una determinada universidad en una posición de privilegio con relación a las demás.

contrariar la libertad de enseñanza a la República? (...). No lo tenemos: una disposición superior a nuestra voluntad, una disposición de orden constitucional, la declara en vigencia; puesto que la Constitución de la República dice que cada uno puede entregarse libremente al ejercicio, al trabajo o industria, profesión o arte que mejor le acomode, siempre que no contraríe los intereses públicos ni los de los ciudadanos. Luego, pues, siendo la enseñanza una profesión dignísima como cualquiera otra de las profesiones honorables, puede muy bien ejercerse por cualquier ciudadano de la República; y nosotros, al levantar esta ley como bandera de libertad, no hacemos otra cosa que salir de una inconstitucionalidad que debía necesariamente ser remediada y que ha tocado a esta Legislatura el remediar.

"(...). El monopolio supone determinada facultad extraordinaria para ejercer derechos que son congénitos a todos los demás; es decir que es puramente un arrebato de facultades y prerrogativas que nadie las puede tener sino el que ejerce este monopolio. Y éste es el caso de la Universidad, que quiere monopolizar no solamente la enseñanza sino la sabiduría, declarando que la Universidad es la entidad más alta para enseñar a todo el mundo; y esto no se puede suponer porque yo veo que los srs. que componen la Universidad, por más eminentes que sean, por más sabios que sean los Catedráticos, el Rector y demás funcionarios que hay allí, encontrarán sabiduría paralela en otras partes; y sobre todo no se puede decir que esa sabiduría se ha reducido a aquellos 6, 8 o 10 Doctores que están allí dogmáticamente disertando en sus cátedras. (...). Yo no profeso por mi parte tirria a ninguna profesión, ni me parece justo que se la tenga; entiendo que entre los abogados, como entre los médicos, como entre todos los profesores, hay hombres sabios y hay mediocridades: esta es la condición de la Humanidad, así en los profesores circunscritos a un determinado número, como en general, como en todos los otros. Pero digo que en la Universidad Mayor el monopolio se ha hecho tan grande, que hasta en aquellas Ciencias Sociales que no requieren título académico, porque en ninguna parte tienen un título los que las profesan, se impone sin embargo que sean titulados y académicos los hombres salidos de aquellas aulas que concurren a solicitar las puertas, es decir, que concurren en las condiciones en que los llama la Universidad y que en ninguna otra parte del mundo se solicitan" (J. E. Pivel Devoto, *Francisco Bauzá. Historiador y Adalid de la Nacionalidad Uruguaya. Luchador Político y Social*, t. 2, Montevideo, Barreiro y Ramos, 1968, pp. 60 y ss.; A. Durán Martínez, *Casos de Derecho Administrativo*, vol. III, Montevideo, 2003, pp. 400 y ss.).

41. Cits. por C. E. Guariglia, *El Conflicto entre los Derechos Fundamentales. Bases para una Interpretación*, cit., p. 400.

42. Idem, ibidem.

43. Idem, pp. 402 y ss.

Eso implica violar el principio de igualdad – también inherente a la personalidad humana – y tornar ilusoria la libertad de aprender, con lo qué se afecta seriamente la libertad de enseñanza. La lección que nos dio Bauzá hace más de un siglo todavía está vigente.

Por eso debemos afirmar que si la ley exige título habilitante para el ejercicio de una profesión debe reconocer los títulos expedidos por las universidades privadas que cumplan objetivamente con los requerimientos jurídicos establecidos. En ese sentido, H. Barbé Pérez expresaba que la libertad de enseñanza supone, entre otras cosas, la posibilidad de aplicar los conocimientos adquiridos o, dicho de otro modo, el reconocimiento de los títulos que se otorgan en el ejercicio de esa libertad.[44] La ley, así, no puede admitir para el ejercicio profesional solamente títulos expedidos por los institutos estatales; debe admitir también los títulos expedidos por los institutos privados.

7. Si todo ser humano tiene derecho a la educación, lo que conlleva una formación integral, queda comprendida en este derecho la educación en materia religiosa.

Lo expuesto revela no solo que la enseñanza religiosa es libre, sino que, además, la recta interpretación del art. 5 de la Constitución, coordinado con los arts. 7, 8, 68, 71 y 72, impone que el Estado debe abrir las puertas de sus institutos de enseñanza a fin de impartir enseñanza religiosa a los que deseen.[45]

44. H. Barbé Pérez, *Los Servicios de Enseñanza y la Ley Orgánica de la Universidad*, cit., p. 10.

45. A. Durán Martínez, "Enseñanza religiosa en la educación pública. Marco constitucional uruguayo", en prensa en *Revista de Derecho*, Universidad de Montevideo/Facultad de Derecho.

Como se sabe, una mal entendida laicidad hace que no exista enseñanza religiosa en los centros educativos estatales. Esto no solo coarta la libertad sino que genera una situación de desigualdad, porque solo pueden acceder realmente a una formación integral los que pueden pagar para ello.

8. He mencionado estos aspectos porque "la libertad *jurídica* para hacer u omitir algo, sin la libertad *fáctica* (real), es decir, sin la posibilidad fáctica de elegir entre lo permitido, carece de todo valor".[46] Con razón el Tribunal Constitucional Federal alemán expresó que "el derecho de libertad no tendría valor alguno sin los presupuestos fácticos para poder ejercerlo".[47]

La libertad de enseñanza, connatural al derecho humano a la educación, incluye la libertad fáctica. En consecuencia, aunque exista reconocida la libertad *jurídica* de enseñanza, si no existe la libertad *fáctica* no hay libertad de enseñanza.

VI

1. Se ha visto que la enseñanza es de naturaleza privada. Pero eso no significa que el Estado no tenga ninguna participación en la materia. Por lo pronto, ya se señaló que el art. 40 de la Constitución impone al Estado el deber de velar por la estabilidad moral y material de la familia para la mejor formación de los hijos dentro de la sociedad.

También se debe tener en cuenta que el art. 69 de la Constitución exonera de impuestos nacionales y municipales a las instituciones de enseñanza privada y las

46. R. Alexy, *Teoría de los Derechos Fundamentales*, cit., p. 447.

47. Idem, ibidem.

culturales de la misma naturaleza, como subvención por sus servicios.[48] Esto configura una actividad de fomento.

Pero además, de los arts. 202 y ss. de la Constitución se desprende que el Estado tiene competencia para prestar servicios de enseñanza.

2. Lo expuesto indica que la actividad del Estado en la materia es esencialmente de ayuda a la actividad privada. El Estado debe velar, fomentar, y su actividad prestacional se justifica a los efectos de cubrir las carencias de la actividad privada, pero no puede de ninguna manera desplazarla ni prestarla de forma que obstaculice la enseñanza privada existente.[49]

3. Lo señalado nos indica la plena vigencia del principio de subsidiariedad.[50]

En otras ocasiones he sostenido la recepción del principio de subsidiariedad por nuestra Constitución.[51] En materia de enseñanza, la faceta limitativa o negativa del principio es más intensa, ya que no se admite bajo ningún concepto el monopolio, por lo qué no procede aquí la suplencia del Estado que en otras áreas excepcionalmente podría admitirse.[52] Esto se explica porque a la actuación del principio de subsidiariedad corresponden, entre otras cosas, el respeto y la protección efectiva del primado de la persona y la familia,[53] y esto no admite suplencia.

4. Los arts. 202 y ss. refieren a la prestación de determinados servicios del Estado en materia de enseñanza. Esos servicios son, en la tipología de Sayagués Laso, servicios sociales.[54] Los presta el Estado pero sin excluir la actuación de los particulares, puesto que se trata de una actividad privada.

Requeridos estos servicios por los educandos, el Estado no puede, en caso de que se cumpla con las condiciones objetivas previstas, negarse a prestarlos. Vemos, así, que estamos ante un derecho prestacional.

Alexy decía que "los derechos prestacionales en sentido estricto son derechos del individuo frente al Estado a algo que – si el individuo tuviera los medios financieros suficientes, y si no encontrase en el mercado una oferta suficiente – podría obtener también de los particulares".[55]

Precisamente, el principio de subsidiariedad justifica estos derechos del individuo frente al Estado.

5. Obsérvese por otra parte que para facilitar que el ejercicio de ese derecho sea efectivo, y, también, en buena medida como correlato de la obligación de apren-

48. Las instituciones estatales de enseñanza gozan de inmunidad tributaria, por lo qué, en este aspecto, existe un cierto paralelismo con las privadas.

49. A. Durán Martínez, "El principio de subsidiariedad y la universidad", en A. Durán Martínez, *Vivir es Combatir*, Montevideo, Ediciones de la Plaza, 2004, p. 245.

50. Pontificio Consejo "Justicia y Paz", *Compendio de la Doctrina Social de la Iglesia*, cit., pp. 88 y ss.

51. A. Durán Martínez, "Rol del Estado en la sociedad civil", en A. Durán Martínez, *Estudios de Derecho Constitucional*, cit., pp. 110 y ss.; A. Durán Martínez, "Monopolios estatales y derechos de la competencia", en A. Durán Martínez, *Estudios de Derecho Público*, cit., vol. I, pp. 105 y ss.

52. Pontificio Consejo "Justicia y Paz", *Compendio de la Doctrina Social de la Iglesia*, cit., p. 90.

53. Idem, p. 89.

54. E. Sayagués Laso, *Tratado de Derecho Administrativo*, 7ª ed., puesta al día a 1998 por Daniel Hugo Martins, t. I, Montevideo, FCU, 1998, pp. 66 y ss.

55. R. Alexy, *Teoría de los Derechos Fundamentales*, cit., p. 443.

der impuesta por el art. 70 de la Constitución, el art. 71 de la Carta establece: "Declárase de utilidad social la gratuidad de la enseñanza oficial primaria, media, superior, industrial y artística y de la educación física (...)".

Véase que la Constitución no impone la gratuidad de la enseñanza, sino que declara de utilidad social la gratuidad.

Biasco, al analizar este artículo y teniendo en cuenta la historia de su sanción, entre otras cosas, expresó: "De los antecedentes señalados pueden extraerse las siguientes conclusiones: (a) en ningún momento se pretendió establecer la gratuidad preceptiva de la enseñanza pública; (b) en su lugar se estableció una fórmula transaccional que declara de utilidad pública la gratuidad de la enseñanza oficial primaria, media, superior, industrial, artística y física".[56]

Esa gratuidad es impuesta por la normativa infravalente (art. 66 de la Ley 12.549, de 16.10.1958, y art. 16 de la Ley 18.437, de 12.12.2008).

Es más, la Ley 18.437, citada precedentemente en el Capítulo III, dedicado a los principios de la educación pública estatal, incluye, como uno de ellos, el de la gratuidad. Así, el art. 16, que figura en este capítulo, expresa: "Art. 16 **(De la gratuidad)**. El principio de gratuidad asegurará el cumplimiento efectivo del derecho a la educación y la universalización del acceso y permanencia de las personas en el sistema educativo". No se trata pues de un principio de naturaleza constitucional sino legal, por expresa disposición de la ley, y es operativo sólo en el ámbito de aplicación de las leyes que lo consagran.

Sin perjuicio de esta precisión, debe reconocerse que es muy honda en nuestro País la tradición de la gratuidad de la enseñanza estatal. Como con razón advirtió Biasco, el postulado de la gratuidad de la enseñanza pública nacional nos viene del fondo de la Historia.[57]

Esa gratuidad generalizada no impuesta por la Constitución en ocasiones no produce resultados positivos. Es lo que sucede en el ámbito universitario. La gratuidad integral de la enseñanza universitaria estatal conspira contra la elevación del nivel de la enseñanza y hace además que, en definitiva – porque gratis no hay nada –, los servicios llamados *gratuitos* sean con cargo a rentas generales, es decir, que la sociedad entera pague los estudios muchas veces a estudiantes que perfectamente están en condiciones de pagar. Una cosa es que no pague quien no puede, y otra muy distinta es que no pague quien puede hacerlo.

Hago notar, por otra parte, que el art. 71, citado, al declarar de utilidad social la gratuidad de la enseñanza oficial, no impide la gratuidad de la enseñanza privada.

Por supuesto que en un sistema constitucional basado en la libertad y que tiene en la propiedad privada un pilar fundamental, como es el nuestro, para que la enseñanza privada llegue sin costos al educando debe ser de alguna manera financiada por el Estado.

Recuérdese, por último, que una de las cosas que hizo ver el Neoconstitucionalismo es que los textos constitucionales a menudo son polisémicos, admiten varios sentidos, y con frecuencia esos sentidos varían con el tiempo. La Constitución es

56. E. Biasco, "Gratuidad de la enseñanza universitaria oficial. Concepto y alcances", en *Revista Jurídica del Centro Estudiantes de Derecho* 1992, Montevideo, Centro de Estudiantes de Derecho, p. 108.

57. Idem, ibidem.

sobreinterpretada,[58] y se produce así el fenómeno que se conoce con el nombre de *resistencia constitucional*[59] para aludir a la capacidad de la Constitución de ser interpretada en forma flexible a los efectos de la mejor realización de los derechos fundamentales, sin necesidad de acudirse a una reforma constitucional.

El término "oficial" del art. 71 de nuestra Constitución fue interpretado invariablemente como sinónimo de "estatal", pero no necesariamente debe interpretarse así.

Por cierto que la enseñanza estatal queda comprendida en el término "oficial", pero su sentido no se agota allí.

Véase por ejemplo que los institutos de enseñanza primaria y secundaria privados habilitados imparten cursos que tienen el mismo valor jurídico que los impartidos por sus similares estatales y los títulos profesionales expedidos por los institutos universitarios privados que se ajusten a lo dispuesto por el Decreto-ley 15.661, de 29.10.1984, tienen "idénticos efectos jurídicos que los expedidos por la Universidad de la República". En esos casos estamos ante estudios privados pero oficiales.

Si la aplicación del art. 71 de la Constitución efectuada por la normativa infravalente llevó a una estructura de funcionamiento de un sector estatal subvencionado por el Tesoro Nacional en un cien por ciento y un sector privado subvencionado en un cero por ciento[60] – lo que provoca, según se ha visto, una inexistencia de libertad fáctica, lo que a su vez produce una indeseada situación de desigualdad –, esto puede solucionarse con esta nueva lectura del art. 71 de la Carta.

Esta solución interpretativa constitucional lleva a que el derecho prestacional en sentido estricto contenido en el derecho a la educación no se limite al derecho a recibir enseñanza en una institución estatal, sino que pueda comprender también la posibilidad de recibir un subsidio o a exigir cualquier otra prestación del Estado que haga efectiva la posibilidad real de elegir el centro de enseñanza que uno desee.

Esto refuerza un aspecto del contenido positivo del principio de subsidiariedad, porque hace que en la faz prestacional del Estado su actuación no queda limitada a la prestación directa de la actividad, sino que comprende además otras prestaciones de diversa naturaleza tendientes a hacer realmente efectiva la libertad de elegir.

6. El principio de subsidiariedad es, pues, en materia de enseñanza, de especial significación. Sus aspectos negativos y positivos presentan una particular aplicación a fin de asegurar la plena vigencia del principio de libertad, presupuesto elemental del principio de subsidiariedad.

Esos principios hacen que el derecho a la educación tenga un contenido de derecho de defensa, un contenido de derecho de protección y un contenido de derecho prestacional en sentido estricto, que no se limita a exigir del Estado la prestación directa de la actividad sino que también puede implicar el derecho a exigir otro tipo de prestaciones necesarias para que la libertad de opción sea realmente efectiva.

7. Aguiló, desarrollando una idea de Nino, distinguía entre lo que es "tener una Constitución" y "vivir en Constitución". "Un sistema jurídico-político 'tiene una Constitución' – decía – cuando cuenta con

58. R. Guastini, "La 'constitucionalización' del ordenamiento jurídico: el caso italiano", en VV.AA., *Neoconstitucionalismos(s)*, Madri, Edición de Miguel Carbonell, Universidad Nacional Autónoma de México/Editorial Trotta, 2006, p. 54.

59. J. Aguiló, *La Constitución del Estado Constitucional*, Bogotá, Palestra/Temis, 2004, pp. 114 y ss.

60. P. da Silveira, *La Segunda Reforma*, cit., p. 81.

la forma constitucional como garantía de dichos ideales; y 'vive en Constitución' cuando esos ideales son practicados".[61]

La lectura de nuestra Carta demuestra que, en materia de enseñanza, tenemos una Constitución, yo diría, una muy buena Constitución; pero la realidad nos indica que en muchos aspectos no vivimos en ella y nubarrones totalitarios que aparecen en el horizonte – porque no otra cosa es el proyecto de la APACET – amenazan alejarnos aun más de nuestra Constitución.

61. J. Aguiló, *La Constitución del Estado Constitucional*, cit., p. 42.

EL PRINCIPIO DE CONFIANZA LEGÍTIMA EN LA ACTUACIÓN DE LA ADMINISTRACIÓN COMO LÍMITE A LA POTESTAD INVALIDATORIA

Jorge Bermúdez Soto

Abogado – Doctor en Derecho
– Profesor de Derecho Administrativo
en la Pontificia Universidad Católica de Valparaíso/Chile
(*jorge.bermudez@ucv.cl*)

1. Introducción. 2. Confianza legítima y pérdida de eficacia de los actos administrativos. 3. Pérdida de eficacia del acto administrativo en el Derecho Comparado. 4. Fundamentos de la protección de la confianza. 5. Protección de la confianza en la Ley Alemana de Procedimiento Administrativo: 5.1 Invalidación de los actos administrativos irregulares de gravamen – 5.2 Invalidación de los actos administrativos irregulares favorables – 5.3 Revocación de actos administrativos favorables válidos – 5.4 Revocación de actos administrativos desfavorables. 6. Invalidación y protección de la confianza legítima en Chile. 7. Invalidación en la Ley 19.880: 7.1 Puntos de avance: 7.1.1 Potestad invalidatoria – 7.1.2 Plazo para la invalidación – 7.1.3 Causa de la invalidación – 7.1.4 Invalidación parcial – 7.1.5 Audiencia del interesado – 7.1.6 Procedimiento administrativo de invalidación – 7.1.7 Impugnación del acto administrativo invalidatorio – 7.2 Puntos de incertidumbre: 7.2.1 Plazo para la invalidación – 7.2.2 Autoridad que invalida – 7.2.3 Invalidación y toma de razón. 8. Invalidación y situación jurídica del beneficiario del acto. 9. El principio de confianza legítima como corrector de las omisiones de la LUPA. 10. Conclusiones.

1. Introducción

¿Puede la Administración del Estado volver sobre su actuación ilegal y dejarla sin efecto? ¿Qué posibilidades tiene la Administración Pública frente a una actuación propia que aparece como ilegal, sea ésta porque inicialmente fue dictada en contra de lo dispuesto en el ordenamiento jurídico, sea porque se ha producido una invalidez sobreviniente del acto administrativo? La invalidación se define como la decisión adoptada por la Administración del Estado consistente en la pérdida de eficacia del acto administrativo por razones de su ilegalidad. Ésta responde a los poderes de autotutela con que cuenta la Administración Pública y procederá de oficio o a petición de parte.

Hasta antes de la entrada en vigor de la Ley 19.880-LBPA la cuestión en el derecho administrativo chileno era muy debatida, repitiéndose en la materia la división doctrinaria entre aquéllos que estaban por negar la potestad invalidatoria de la Administración del Estado y los que estaban por afirmar este poder de autotutela, posición asumida sobre todo por abogados cercanos o pertenecientes al Consejo de Defensa del Estado.[1] Sin embargo, esta discusión hasta ahora se había centrado en la ya clásica argumentación de la posibilidad de adquirir derechos subjetivos a partir de un acto viciado y la extrapolación del principio de buena fe al ámbito administrativo. Por el contrario, no había sido presentada la cuestión en función de los efectos limitantes que un principio propiamente administrativo, como el de confianza legítima, o más propiamente de protección de la confianza legítima, tiene sobre el ejercicio de los poderes de invalidación que corresponden a la Administración Pública.

El principio de confianza legítima se deduce desde los principios constitucionales de Estado de Derecho (arts. 5, 6 y 7 CPR-Constitución Política de la República) y de seguridad jurídica (art. 19, n. 26, CPR).[2] En virtud de él se entiende que existirá una permanencia en la regulación y aplicación del ordenamiento jurídico. Se encuentra muy vinculado a la doctrina ius-

1. El primer grupo está representado por el profesor Eduardo Soto Kloss y sus trabajos, "La Ley 19.880 sobre procedimientos administrativos, *¿Aleluya* o *Miserere*?", en *Ley 19.880 sobre Procedimientos Administrativos, Conferencias*, Academia de Derecho Santo Tomás de Aquino, 2003. Acerca de la obligatoriedad de los precedentes en la actividad administrativa del Estado, *Revista Chilena de Derecho* 26(2), 1999; *Derecho Administrativo, Bases Fundamentales*, t. II, Santiago, Editorial Jurídica de Chile, 1996, p. 208, y "La invalidación de los actos administrativos en el Derecho Chileno", en *Revista Derecho y Jurisprudencia* XXXV(3)/157, 1988.

Entre los segundos se puede destacar a Pedro Pierry Arrau, "Tribunales contencioso-administrativos", en *Revista de Derecho del Consejo de Defensa del Estado* 2, 2000, y Raúl Letelier Wartenberg, "Un mal día no es eterno: seis alcances en materia de invalidación y nulidad de los actos administrativos", en *Revista de Derecho del Consejo de Defensa del Estado* 8, 2002.

2. Resulta evidente que la CPR no ha consagrado un principio expreso de protección de la confianza. Sin embargo, la interpretación progresiva de la misma así como el propio desarrollo dogmático permiten encontrar los fundamentos de aquel en las citadas disposiciones. La doctrina chilena no ha llegado aún hasta ese punto, sin embargo, arribar a dicho resultado no resultaría novedoso para el derecho administrativo. En efecto, muchos de los principios generales que lo rigen han sido recogidos por el legislador, no sin antes haber sido desarrollados por la jurisprudencia y la doctrina de los autores. El caso más palpable dentro de la tradición jurídica nacional es el de la evolución del principio de responsabilidad de la Administración del Estado.

Por otra parte, debe destacarse que en el derecho administrativo alemán, que es donde se ha dado mayor desarrollo al principio en cuestión, el fundamento constitucional en el cual se sustente es similar al existente en la CPR. Para un estudio en profundidad se puede ver: Kyrill-Alexander Schwarz, *Vertrauensschutz als Verfassungsprinzip*, Baden-Baden, Nomos, 2001.

privatista de los actos propios, de alcance más bien procesal, y aplicable a las partes del pleito, sean estas públicas o privadas. Por su parte, el principio de protección de la confianza legítima (*Vertrauenschutz*) supone el amparo que debe dar el juez al ciudadano frente a la Administración Pública, la que ha venido actuando de una determinada manera, en cuanto ésta lo seguirá haciendo de esa misma manera en lo sucesivo y bajo circunstancias (políticas, sociales, económicas) similares.[3]

Una comprensión amplia de los principios de legalidad y seguridad jurídica puede servir también, incluso bajo nuestro ordenamiento, de base posible para asentar la vigencia de este principio. En virtud del principio de legalidad en su vertiente atributiva, le está vedado a la Administración Pública actuar en ejercicio de sus potestades de manera abusiva (arbitraria) o en exceso de poder. Es precisamente en el primer caso, el del abuso en el ejercicio de potestades, el de la arbitrariedad, comprendidos dentro del principio de legalidad en sentido amplio, en que la Administración deberá motivar y señalar las razones para su actuación. Si tal actuación supone una alteración en la interpretación de la norma o un cambio en la manera de regular o de resolver, solo estará legítimamente autorizada para hacerlo si respeta, entre otros, la confianza que los administrados tienen en su forma o dirección de la actuación.

3. Cf. E. Soto Kloss, "Acerca de la obligatoriedad de los precedentes en la actividad administrativa del Estado", en *Revista Chilena de Derecho* 26(2)/399-403, 1999. Aunque en este artículo se analiza por el autor desde la perspectiva de la vinculatoriedad de situaciones anteriores lícitas, sin mencionar la posibilidad de un reconocimiento del principio de protección de la confianza legítima.

2. Confianza legítima y pérdida de eficacia de los actos administrativos

El principio de protección de la confianza legítima se encuentra directamente relacionado con la posibilidad con que cuenta la Administración Pública para dejar sin efecto actos de contenido favorable. Esto es, con el poder de normación o de resolución de la Administración Pública, dejando sin efecto situaciones ya regladas o reglándolas, si no lo estaban, o resolviéndolas de manera que altera la tendencia o dirección de la actuación que había mantenido hasta ese momento.

Entender el principio de confianza legítima supone aclarar primero en qué casos la Administración del Estado puede volver sobre su actuación dejándola sin efecto y en qué casos esa potestad revocatoria o de contrario imperio se encuentra limitada por el antedicho principio.

La regla tradicional señala que la Administración Pública podía dejar sin efecto, por sí misma, aquellos actos que se encontraban viciados de legalidad: tal es la invalidación. En tal sentido, la Administración podía dejar sin efecto un acto considerado ilegal, aunque éste fuese de carácter favorable para el administrado. Esta posición cambia cuando a mediados de los años 50 la doctrina y la jurisprudencia comparadas asumen una concepción más restrictiva sobre esta posibilidad de actuación de contrario imperio, para señalar que en determinados casos la invalidación de oficio del acto dañaba el principio de protección de la confianza legítima en la actuación administrativa.

La regla tradicional cambia y se entiende que un órgano administrativo no puede – sin cumplir los requisitos legales pertinentes – emitir una resolución opuesta y contradictoria respecto de otra anterior que reconociera derechos subjetivos. De esta manera, la irrevocabilidad de los actos administrativos que reconocen o declaran derechos es la proyección administrativa de la doctrina general de que nadie puede ir válidamente en contra sus propios actos: *venire contra factum proprium non valet.*

3. Pérdida de eficacia del acto administrativo en el Derecho Comparado

En el Derecho Comparado, en especial el Español, el punto de partida se encuentra en la distinción entre actos de gravamen y actos favorables. En principio, dice la doctrina española – afirmada por la jurisprudencia –, un acto que impone un gravamen a un ciudadano, esto es, que le impone una restricción a su esfera jurídica, puede ser dejado sin efecto en cualquier momento por la Administración que lo dictó. "No hay límites para las facultades de revocación de la Administración Pública, ésta podrá en cualquier tiempo – y al margen de los procedimientos establecidos para atacar los actos viciados de nulidad – volver sobre sus decisiones anteriores y revocarlas, o dictar otras que las contradigan. Por el contrario, cuando los actos son declarativos de derechos, su revocación sólo puede producirse en las condiciones y con los límites establecidos en la Ley de Procedimiento Administrativo *[española]*".[4]

En la base de esta doctrina se encuentra la posibilidad de protección de la esfera de derechos de los administrados, es decir, una concepción garantista del derecho administrativo, que sirve de escudo frente a los poderes de la Administración Pública. Sin embargo, esta concepción no siempre estará en consonancia con aquella que pondera de mayor forma la labor social que debe cumplir el Estado y, por tanto, superadora del individualismo.

Un acto de gravamen podría ser dejado sin efecto, entonces, aunque éste no se encuentre viciado de nulidad, por un acto de simple contrario imperio o revocatorio. El problema está en que en tales casos es muy probable que se trate del ejercicio de una facultad discrecional, con todo el riesgo que su ejercicio conlleva. Pero más aún, entran en juego principios limitadores de dicha potestad, como el de igualdad en la ley y en la aplicación de la ley, con su manifestación típica en el derecho administrativo, como lo es la regla de inderogabilidad singular de los reglamentos.

Así como la teoría de los derechos adquiridos impide a la Administración Pública ejercer sus potestades de revocación, el principio de igualdad entra a ejercer una presión extensiva u omisiva para los casos de actos de gravamen. En efecto, tómese por ejemplo el caso de la imposición de una sanción administrativa. Si se mantiene la interpretación clásica que señala que todo acto de gravamen puede ser dejado sin efecto en cualquier momento y, por tanto, se revoca la sanción, puede producirse que se conserven los actos de gravamen, en el ejemplo la sanción impuesta, a otros particulares competidores del beneficiado de la revocación. Resulta entonces fácilmente apreciable que en tal caso, si bien no se traiciona la confianza legítima del ciudadano, sí se afecta la igualdad en la aplicación de la ley respecto de aquéllos que se encontraban en una situación similar. En consecuencia, no es posible afirmar la pretendida libertad absoluta para la revocación de actos des-

4. F. Castillo Blanco, *La Protección de Confianza en el Derecho Administrativo*, Madrid, Marcial Pons, 1998, p. 108.

favorables, sin tener en cuenta la vigencia de otros principios como el señalado de igualdad.

Cosa distinta ocurre con los actos de contenido favorable, que han hecho nacer un derecho en el patrimonio jurídico del administrado pero que, no obstante, se encuentran viciados de nulidad. En tal caso existen restricciones a la libre revocación de tales actos por parte de la Administración Pública. En el derecho administrativo español existe el denominado procedimiento o recurso de lesividad, en virtud del cual la Administración Pública autora del acto, y que tiene interés en su anulación, inicia un procedimiento en contra del ciudadano en cuyo favor se dictó el acto y por el que los derechos le fueron reconocidos. La declaración de lesividad es un trámite administrativo (no un acto) previo[5] para interponer un recurso jurisdiccional, declaración que ha de ser examinada y enjuiciada por el tribunal contencioso-administrativo, que conocerá del recurso que interponga la Administración. Para tal fin la Administración Pública misma que dictó el acto asume singular y anormalmente la posición procesal de demandante y coloca al favorecido por el acto, e interesado en su mantenimiento, en la de demandado.[6] Los requisitos para que pueda ejercerse el recurso de lesividad son:

• que lo interponga la misma Administración Pública que dictó el acto;

• que exista un quebranto o lesión del interés público;

• que el acto se encuentre viciado de nulidad;

• que la Administración pruebe la ilegalidad, la carga de la prueba de la ilegalidad del acto que se impugna corresponde a la autoridad.

En consecuencia, en el derecho administrativo español el poder invalidatorio sobre actos favorables creadores de derechos no pertenece a la Administración Pública que dicta el acto, sino que sólo le corresponde la declaración previa de lesividad. Quedando encargado el juez contencioso-administrativo de anular el acto favorable ilegítimo.

5. Existe discusión en la doctrina española acerca de la naturaleza jurídica de la declaración de lesividad. Cf. V. Escuín Palop, "Reflexiones sobre la naturaleza jurídica de la declaración de lesividad", en *Revista Española de Derecho Administrativo* 126/247-261, abril-junio/2005.

6. Ley 30/1992, de 26 de noviembre, de Régimen Jurídico de las Administraciones Públicas y del Procedimiento Administrativo Común (modificada por la Ley 4/1999, de 13 de enero):

"Art. 103. **Declaración de lesividad de actos anulables.** Las Administraciones Públicas podrán declarar lesivos para el interés público los actos favorables para los interesados que sean anulables conforme a lo dispuesto en el art. 63 de esta Ley, a fin de proceder a su ulterior impugnación ante el orden jurisdiccional contencioso-administrativo.

"La declaración de lesividad no podrá adoptarse una vez transcurridos 4 (cuatro) años desde que se dictó el acto administrativo y exigirá la previa audiencia de cuantos aparezcan como interesados en el mismo, en los términos establecidos por el art. 84 de esta Ley.

"Transcurrido el plazo de 3 (tres) meses desde la iniciación del procedimiento sin que se hubiera declarado la lesividad se producirá la caducidad del mismo.

"Si el acto proviniera de la Administración General del Estado o de las Comunidades Autónomas, la declaración de lesividad se adoptará por el órgano de cada Administración competente en la materia.

"Si el acto proviniera de las entidades que integran la Administración Local, la declaración de lesividad se adoptará por el Pleno de la Corporación o, en defecto de éste, por el órgano colegiado superior de la entidad."

4. *Fundamentos de la protección de la confianza*

Efectuadas estas aclaraciones, es posible entrar en el análisis del principio de confianza legítima, o de protección de la confianza legítima. En virtud de este principio, el juez podrá sancionar la utilización regular en sí misma, por parte del autor del acto o norma administrativos que han sido cuestionados por afectar a tal principio. Y ello porque el ejercicio de tales poderes de normación o resolución se ha llevado a cabo en condiciones que "sorprenden la confianza que los destinatarios de la norma discutida podían legítimamente tener en que el marco jurídico de desenvolvimiento de su actividad no sería modificado, sin al menos la adopción de ciertas medidas transitorias".[7]

¿Cuál es la razón de ser del principio de protección de la confianza legítima? "La actuación de los individuos requiere, en una sociedad como en la que vivimos, del comportamiento de otros sujetos de derecho que con sus comportamientos y actuaciones marcan y determinan necesariamente el nuestro. No hay mercado sin confianza".[8] El punto es que para poder confiar en los reguladores, o en los que toman las decisiones, es necesario contar con medidas institucionales y reglamentarias que permitan articular la existencia de ciertos principios que permitan la confianza en las reglas del juego y en que éstas se mantendrán. En una relación entre privados este marco institucional y reglamentario viene dado por las reglas contractuales, sean del contrato mismo o las supletorias, las que garantizan el cumplimiento de las obligaciones. Ello es natural toda vez que en la relación jurídica privada las partes se encuentran en una situación de igualdad jurídica y desprovistas de poderes de autotutela. En cambio, la relación existente entre el ciudadano y la Administración del Estado opera de otra forma, incluso en materia contractual. El instrumento jurídico relacional por excelencia es el acto administrativo, el cual se define desde luego como decisión de aplicación del ordenamiento jurídico que cuenta con imperio y exigibilidad frente a sus destinatarios, esto es, unilateral. En consecuencia, el ciudadano debe contar, de algún modo, con herramientas que le permitan hacer frente a los poderes unilaterales de la Administración Pública. Uno de ellos lo aportará la protección de la confianza legítima, o la seguridad de que su confianza en la actuación pública no será traicionada.

De lo dicho se puede colegir que la protección de la confianza legítima se encuentra fuertemente fundada en el principio de seguridad jurídica. La seguridad jurídica garantiza "la confianza que los ciudadanos pueden tener en la observancia y el respeto de las situaciones derivadas de la aplicación de normas válidas y vigentes".[9] Con lo qué "la seguridad jurídica significa por eso para el ciudadano en primera línea protección de la confianza".[10]

La protección de la confianza, en un sentido jurídico, significa, por tanto, una garantía en el ámbito público consistente en la defensa de los derechos del ciudadano frente al Estado y en la adecuada retribución a sus esperanzas en la actuación acertada de éste. De esta forma su ámbito

7. F. Castillo Blanco, *La Protección de Confianza en el Derecho Administrativo*, cit., p. 108.

8. Idem, p. 109.

9. Sentencia del Tribunal Constitucional español 147/1986, fundamento jurídico 4º.

10. Tribunal Constitucional Federal alemán, Sentencia 59, 128.

de actuación se extiende tanto al campo de la Administración como de la legislación, como, por último, de la jurisprudencia.

5. *Protección de la confianza en la Ley Alemana de Procedimiento Administrativo*

El origen del principio de protección de la confianza está en el desarrollo experimentado por la doctrina y la jurisprudencia alemanas. El anclaje del principio se realiza en otros principios consagrados constitucional y legalmente, como el de legalidad. En efecto, el principio de legalidad implica no sólo "la inviolabilidad y la constancia del Derecho, sino también la posibilidad de preverlo, su mensurabilidad y su racionalidad".[11]

La regulación que se ha hecho de la confianza legítima en el Derecho Alemán dice relación con el ámbito procedimental y, como se ha dicho, con las posibilidades de revocación de los actos administrativos, sean éstos legales o no. Si bien es cierto existen algunas regulaciones especiales, a continuación se pasará a analizar el esquema que se desprende de la Ley Alemana de Procedimiento Administrativo (*Verwaltungsverfahrensgesetz*).

5.1 Invalidación de los actos administrativos irregulares de gravamen[12]

De acuerdo con la Ley Alemana de Procedimiento Administrativo, si un acto administrativo impone cargas (acto de gravamen) éste puede ser revocado para el futuro o de forma retroactiva (*ex tunc* o *ex nunc*). Se trata de una facultad discrecional, incluso respecto del alcance temporal de la invalidación. Si bien este poder lo ejerce la Administración Pública que dictó el acto, de acuerdo con la jurisprudencia administrativa, puede transformarse en una obligación para la autoridad, si se presenta alguna de las siguientes situaciones:

- si se trata de una ilegalidad que es obvia;
- si la situación creada de algún modo resulta inaceptable;
- si la situación creada infringe la buena fe.

Evidentemente, aquí no hay vulneración del principio de confianza legítima, y es claro que el ciudadano destinatario no tiene problema en que el acto de gravamen inválido sea dejado sin efecto.

5.2 Invalidación de los actos administrativos irregulares favorables

Se trata del caso del acto administrativo declarativo o constitutivo de derechos o de mejora de una situación o naturaleza jurídicas. Éste no podrá ser invalidado en los casos en que el acto suponga una prestación pecuniaria (ejemplo: una subvención) desde el momento en que el administrado beneficiario se ha confiado de la fuerza jurídica del acto. Asimismo, se considera la confianza legítima como digna de protección ante la Administración Pública en aquellos casos en que el administrado beneficiario ha agotado las prestaciones concedidas o ha suscrito compromisos de naturaleza patrimonial que no pueden ser obviados nada más que soportando graves desventajas.

Por el contrario, el acto favorable podrá ser invalidado en los supuestos que la segunda parte del § 2 del § 48 de la Ley Alemana de Procedimiento Administrati-

11. F. Castillo Blanco, *La Protección de Confianza en el Derecho Administrativo*, cit., p. 115.

12. § 48 *Rücknahme eines rechtswidrigen Verwaltungsaktes*.

vo señala. Dicha norma dispone que "el beneficiario del acto administrativo no puede invocar la confianza cuando él":

• ha obtenido el acto administrativo con fraude, amenaza o cohecho;

• ha obtenido el acto administrativo con base en indicaciones, antecedentes, relativos a elementos esenciales del acto que eran inexactos o incompletos;

• conocía del carácter irregular del acto administrativo o, si no teniendo conocimiento del mismo, había incurrido en una falta o negligencia grave. En este caso, la invalidación tendrá por regla general efecto retroactivo.

Fuera de estos tres supuestos, en que el acto necesariamente debe ser dejado sin efecto y que, por tanto, no existe confianza legítima digna de protección, la ley alemana se pone en una situación intermedia, en la cual, si bien la protección de la confianza no alcanza a mantener en vigencia el acto administrativo favorable ilegal, una vez invalidado éste procederá la indemnización de los perjuicios a favor del destinatario del acto invalidado. Dicha indemnización será fijada por la propia autoridad administrativa, la cual debe poner en la balanza la protección de la confianza y los intereses públicos que están en juego. El afectado por la invalidación en este caso tendrá el plazo de un año a contar de la notificación de la invalidación para exigir la indemnización (§ 3 del § 48).

5.3 Revocación de actos administrativos favorables válidos

La ley alemana no excluye la posibilidad de revocación de actos válidos de contenido favorable, incluso en el caso de actos firmes, pero la restringe a supuestos claramente tasados. En primer término, hay que señalar que el efecto de esta revocación es solo para el futuro. Asimismo, esta clase de actos solo puede ser dejada sin efecto en supuestos muy específicos. Aquí opera el principio de protección de la confianza legítima, pero también el de sometimiento de la Administración Pública a la ley. La revocación será posible en los siguientes casos (§ 2 del § 49):

• en los casos en que la ley reguladora del acto administrativo establezca expresamente dicha posibilidad o en aquellos en que el acto administrativo contenga una cláusula de reserva de revocación. En este caso el ciudadano difícilmente podría invocar la protección de su confianza cuando desde el inicio la revocación era una de las condiciones del acto;

• en los casos en que en el acto se encuentra inserta una condición, la que ha sido incumplida por el beneficiario. Bajo este supuesto, se está en presencia de una verdadera resolución del acto administrativo, la que sólo se ve atemperada por la entrada del principio de proporcionalidad, como elemento de control de la decisión de resolver el acto;[13]

• en los casos en que la autoridad competente, atendidas las circunstancias, no debió haber adoptado el acto, teniendo en consideración las circunstancias fácticas que concurrían a la dictación del mismo o cuando sin la revocación el interés público estuviere amenazado (ejemplo: una importante amenaza para el Estado);

• en los casos en que la autoridad por la modificación de una norma jurídica hubiere estado justificado de no emitir el acto administrativo y el interesado no ha utilizado aun el acto administrativo o no ha recibido prestación alguna, y siempre y cuando sin la revocación el interés público estuviere amenazado;

13. Que en derecho administrativo se denomina habitualmente como *caducidad* del acto administrativo.

• en los casos en que la revocación evite o elimine serias desventajas para la comunidad.

En todos estos supuestos puede apreciarse que, o bien la confianza legítima no estaba protegida, dada la reserva de revocación o la caducidad, o bien ella es puesta en la balanza frente a otros principios o intereses, como el de la comunidad en su conjunto o el del propio Estado.

5.4 Revocación de actos administrativos desfavorables

En estos casos, evidentemente, la confianza legítima se encuentra en menor grado protegida, dado que el administrado destinatario del acto administrativo desfavorable no tiene interés, ni mucho menos confianza, en el acto que le impone una carga. En este caso la revocación tendrá efectos para el futuro. Sin perjuicio de lo anterior, en los casos en que la imposición del acto de gravamen ha supuesto la realización de determinadas actividades (ejemplo: la elaboración de un producto con determinadas características) sí alcanza el principio de protección de la confianza en cuanto a la manutención del acto (ejemplo: el acto administrativo que aplica un reglamento que impone unas características para la producción), de manera que esa actividad del ciudadano no pierda el valor o le ocasione un perjuicio. Asimismo, operará la confianza, en el sentido inverso, es decir, que el acto de gravamen no será sustituido por otro de mayor entidad (una suerte prohibición de *reformatio in peius*).

6. Invalidación y protección de la confianza legítima en Chile

La discusión acerca de la existencia o no de un poder invalidatorio por parte de la Administración Pública se agudizó en su momento en Chile, producto de la inexistencia en el ordenamiento jurídico de una ley general sobre procedimiento administrativo. En efecto, hasta la entrada en vigor de la norma general que dispusiese los casos en que la Administración Pública estaba autorizada para volver sobre sus propios actos, en los casos en que estos se encuentran viciados de nulidad, o en que por un cambio de las condiciones se estimó conveniente dejar sin efecto los válidos, existían dos posiciones antagónicas irreconciliables.

La doctrina imperante en el derecho administrativo chileno en materia de revocación e invalidación fue la que el profesor Eduardo Soto Kloss[14] resume en los siguientes puntos:

• Los errores de la Administración Pública sólo la afectan a ella, a menos que haya sido el propio ciudadano el que indujo al error a la autoridad.

• Los administrados que, estando de buena fe, adquirieron derechos a partir de actos viciados se encuentran protegidos por la garantía de la propiedad privada (art. 19, n. 24, CPR).

• La Administración Pública no puede invalidar actos dictados en contravención al principio de legalidad cuando el administrado actuó de buena fe, debiendo la autoridad recurrir a los tribunales para obtener la nulidad del acto.[15]

14. E. Soto Kloss, *Derecho Administrativo, Bases Fundamentales*, cit., t. II, p. 208.

15. Esta posición se reitera por el mismo profesor en "La Ley 19.880 sobre procedimientos administrativos, ¿*Aleluya* o *Miserere*?", cit., en *La Ley 19.880 sobre Procedimientos Administrativos, Conferencias*, en cuya p. 96 afirma que "procede indicar que declarar la invalidez, o sea, la nulidad de un acto jurídico, es un asunto exquisitamente 'jurisdiccional', propio de un tribunal de la Re-

• Desde que existen derechos adquiridos, el asunto corresponde en su conocimiento al juez, produciéndose un verdadero dasasimiento para la Administración.

Por su parte, la jurisprudencia más tradicional de nuestros Tribunales ha señalado los límites a la potestad invalidatoria de la Administración. Así, por ejemplo, en la sentencia de 1.12.1997 la Corte Suprema señaló: "La jurisprudencia y la doctrina coinciden en que la facultad invalidatoria de los órganos de la Administración reconoce como límite el derecho patrimonial de terceros de buena fe. La Administración no puede invalidar sus actos irregulares, ya que, habiendo ellos producido efectos respecto de la autoridad o de los ciudadanos, debe preferirse la estabilidad de las situaciones jurídicas constituidas como efecto de tales actos. Su invalidación deberá plantearse ante el órgano jurisdiccional competente". Es digno de destacar que en este caso no yerra la Corte Suprema al fundar la restricción a la potestad invalidatoria, por un lado, en la buena fe del ciudadano, que permite que el derecho subjetivo ingrese o nazca en su patrimonio jurídico. Y, por otro, en la seguridad jurídica (estabilidad de situaciones jurídicas), principio que es, en definitiva, la base del principio de protección de la confianza legítima.

Con otros argumentos se mantiene este criterio en la jurisprudencia administrativa de la Contraloría General de la República (Dictámenes de 31.8.1994 y 5.7.1995). Allí se señala: "El deber de la Administración de invalidar sus actos irregulares, a fin de restaurar la legalidad quebrantada, está limitado por la necesidad de mantener la estabilidad de las situaciones jurídicas constituidas y consolidadas al amparo de dichos actos. Si ha transcurrido un tiempo suficiente para la consolidación de las situaciones jurídicas creadas a partir de los decretos que se pretende invalidar, el Estado está en la obligación de alegar la prescripción adquisitiva en su favor, estándole vedado renunciar a ella, a menos que un precepto legal lo autorice expresamente al efecto".[16] Por una parte, seguridad jurídica, pero además obligación de alegar prescripción adquisitiva en favor del Estado. ¿Puede el Estado realmente alegar la prescripción adquisitiva en su favor? Queda la duda si se quiso referir a la extintiva de la acción de nulidad toda vez que el Estado nada adquiere, siendo para el particular para quien nace, se constituye o consolida el derecho.

Sin embargo, la reciente jurisprudencia parece haber morigerado las conclusiones antes expresadas, las que por bastante tiempo habían sido recogidas por nuestros Tribunales de Justicia. Así, por ejemplo, en la sentencia de 28.3.2003 la

pública, ya que incide, además, en la afectación de derechos, cuya decisión compete exclusiva e intrínsecamente a un tribunal, según nuestra Constitución. Nadie puede tener autotutela en tal sentido y la jurisprudencia suprema es reiterativa en considerarla ilícita (...)".

16. En el Dictamen 026996, de 27.5.2004, la Contraloría General de la República lleva esta doctrina hasta sus últimas consecuencias, declarando que no cabe invalidación de un acto favorable – en la especie, una pensión de montepío – a pesar de que el acto administrativo que concedía el beneficio había sido dictado producto de la falsificación del estado civil de la beneficiaria. Y ello porque, "habiendo ellos *[los actos administrativos]* dado origen a situaciones jurídicas consolidadas por el transcurso del tiempo, generando derechos patrimoniales a favor de terceros, permite que los titulares de los mismos los incorporen definitiva e irrevocablemente a su patrimonio, en la forma en que primitivamente se otorgaron".

Corte de Apelaciones de Santiago (asunto "Lavín Mosquera contra Subsecretario de Investigaciones de Chile") declara que "una de las formas de extinción del acto administrativo, de acuerdo al derecho público administrativo, *[sic]* es la anulación o invalidación del mismo por la propia Administración, cuando ha sido dictado con algún vicio de ilegalidad, esto es, se ha vulnerado la normativa vigente" (Considerando 8). Y más adelante agrega que, "sin que pueda ser óbice para ello *[la invalidación]* que el acto administrativo haya pasado todos los controles incluso el de la Contraloría". Cabe añadir que aun en el evento que no hubiera habido norma expresa la Administración del Estado está obligada a actuar de oficio una vez constatada la nulidad del acto, por imperativo del principio de legalidad que preside todo su actuar.

7. Invalidación en la Ley 19.880

La invalidación consiste en la extinción del acto administrativo en razón de haber sido dictado éste en contra del ordenamiento jurídico, producto de un acto posterior en sentido contrario de la propia Administración Pública que lo ha dictado. El art. 53 de la LBPA dispone que:

"La autoridad administrativa podrá, de oficio o a petición de parte, invalidar los actos contrarios a derecho, previa audiencia del interesado, siempre que lo haga dentro de los 2 (dos) años contados desde la notificación o publicación del acto.

"La invalidación de un acto administrativo podrá ser total o parcial. La invalidación parcial no afectará las disposiciones que sean independientes de la parte invalidada.

"El acto invalidatorio será siempre impugnable ante los Tribunales de Justicia, en procedimiento breve y sumario."

La invalidación constituye una de las cuestiones candentes dentro de la dogmática administrativa, la norma transcrita soluciona algunos puntos que eran discutidos y da la razón a cierta doctrina *pro* Administración Pública que se había gestado alrededor del tema. Sin embargo, como se verá, abre nuevos flancos de discusión. En efecto, la norma transcrita permite arribar a ciertas conclusiones y certezas en el tema; ellas se resumen en los puntos de avance e incertidumbre tratados a continuación.

7.1 Puntos de avance

La disposición transcrita plantea los siguientes puntos de avance para la dogmática jurídico-administrativa:

7.1.1 *Potestad invalidatoria*

A partir de lo dispuesto en el art. 53 LBPA puede concluirse, sin lugar a dudas, que la Administración Pública tiene la potestad invalidatoria. En efecto, si la doctrina privatista sostuvo la imposibilidad de la Administración del Estado de volver sobre sus propios actos, ya que "los errores de la Administración sólo la afectan a ella, jamás pueden afectar a terceros".[17] Agregando más adelante que "no puede proceder ella a su invalidación *[del acto administrativo]* pues carece en tal caso jurídicamente de una autotutela declarativa, atendido que la tutela del ordenamiento jurídico corresponde al juez y no a la Administración en nuestra Constitución republicana, cuando aquél ha sido quebrantado".[18]

17. E. Soto Kloss, *Derecho Administrativo, Bases Fundamentales*, cit., t. II, p. 208.

18. Idem, nota 11, p. 96.

Hoy día, con la claridad de los términos de la disposición antes transcrita, no es sostenible el argumento que niega la potestad invalidatoria, desde que la autoridad administrativa podrá invalidar los actos administrativos contrarios a derecho, cuestión que ya había sido reconocida por la jurisprudencia de la Corte Suprema.[19] No obstante los términos de la ley, subsiste el problema de determinar si la potestad invalidatoria corresponde o no al ejercicio de una función jurisdiccional. Evidentemente, si se estima que dicho poder es de orden jurisdiccional, acto seguido se afirmará que el poder entregado por la ley a la Administración Pública es inconstitucional, por corresponder solo a los Tribunales de Justicia.[20] Sin embargo, la función jurisdiccional, entendida en términos tradicionales, esto es, como facultad de decir el Derecho o aplicar el Derecho a una situación concreta, no implica verdaderamente una función en esencia distinta entre aquello que realiza el juez y lo que lleva a cabo la Administración.[21]

7.1.2 *Plazo para la invalidación*

La potestad invalidatoria, si bien es permanente en cuanto no se agota o extingue con su no ejercicio respecto de un acto administrativo ilegítimo, se encuentra limitada por un plazo para dictar el acto de contrario imperio, que es de dos años. Las razones para la fijación de dicho plazo están en el respeto al principio de seguridad jurídica, que se estima en la base de todo Estado de Derecho.

Esta decisión legislativa de limitar la invalidación de un acto administrativo concreto a dicho plazo plantea una

19. En la sentencia de 20.10.1999 en el asunto "Vjerusca Salinas Lolic con Director de Obras Municipalidad de Viña del Mar" se declaraba en el Considerando 9º que "la facultad de la Administración de retirar sus actos contrarios a derecho invalidándolos para restablecer el orden jurídico perturbado, mediante un nuevo acto de contrario imperio, sea de oficio, sea a petición de interesados, según lo expuesto en los considerandos anteriores, pertenece, por su naturaleza, al ámbito de la función administrativa, en la medida que encuentra asidero en el poder específico de autotutela que habilita a los órganos de la Administración para revisar y evaluar su propia actividad y eliminar los actos que violentan el principio de legalidad que debe observar la organización estatal". Y más adelante el Considerando 11º expone que, "siendo la potestad de invalidación un asunto comprendido en la actividad administrativa del Estado, su ejercicio no significa invadir el ámbito de la función jurisdiccional (...)".

20. E. Soto Kloss, *Derecho Administrativo, Bases Fundamentales*, cit., t. II, p. 209.

21. H. Kelsen, *Teoría General del Derecho y del Estado*, 5ª reimpr., Universidad Autónoma de México, 1995, pp. 324-325: "Esta función de los órganos administrativos es exactamente igual a la de los tribunales, aun cundo la última se llame 'judicial' y la primera se denomine 'ejecutiva' o 'administrativa'. Los casos resueltos por los órganos administrativos tienen el mismo carácter que los resueltos por los tribunales civiles o penales (...). Que en este respecto no existe una diferencia esencial entre las funciones llamadas judicial y administrativa puede demostrarse por el hecho de que el uso excesivo que en los Estados Unidos se hace de los tribunales para la decisión de las controversias ha llevado a ese País a un programa que tiende a pasar categorías enteras de casos del conocimiento de los tribunales al de las autoridades administrativas. Este cambio de competencia de los tribunales a los órganos administrativos solo es posible en cuanto las funciones de ambos son idénticas".

De hecho, si no fuera así, como se explicaría la existencia de una verdadera función arbitral que corresponde a varias Administraciones Públicas, como las Superintendencias, las que hoy día no sólo invalidan, sino que sancionan y resuelven conflictos jurídicos entre partes.

respuesta a su vez a aquéllos que en su momento estimaron que la invalidación gozaba del mismo carácter imprescriptible que ostenta la denominada nulidad de derecho público.[22] Sin embargo, y como se verá más adelante, la existencia de este plazo puede plantear dudas de otra naturaleza.

7.1.3 *Causa de la invalidación*

La causa de la invalidación es que el acto administrativo sea contrario a derecho, eso es todo lo que dispone el art. 53 LBPA. Ello permite desde ya distinguir a esta forma anormal de extinción del acto administrativo frente a la revocación, la cual no supone, en principio, una vulneración del ordenamiento jurídico. Sin embargo, la intensidad de vulneración del Derecho puede variar notablemente, pasando desde actos que, por ejemplo, violentan la Constitución (ejemplo: si producen la privación de un derecho fundamental), pasando por actos dictados sin procedimiento administrativo, para llegar a actos administrativos que contienen omisión de trámites o simples irregularidades y otros que contienen errores formales, de referencia, tipográficos etc. En tal sentido, la interpretación sistemática de esta norma debe llevar a la aplicación para este caso de la disposición del art. 13 LBPA, el cual en sus incisos 2º y 3º prescribe:

"El vicio de procedimiento o de forma sólo afecta la validez del acto administrativo cuando recae en algún requisito esencial del mismo, sea por su naturaleza o por mandato del ordenamiento jurídico y genera perjuicio al interesado.

"La Administración podrá subsanar los vicios de que adolezcan los actos que emita, siempre que con ello no se afectaren intereses de terceros."

A partir de las disposiciones transcritas, es posible concluir que los vicios en la forma de comunicación, en el enunciado o en el procedimiento administrativo solo excepcionalmente afectarán a la validez del acto administrativo. Ello ocurrirá cuando se trate de un requisito esencial del acto administrativo y, además, cause un perjuicio al interesado. La enunciación copulativa de tales requisitos pone de manifiesto que la posibilidad de invalidación procederá sólo respecto de aquellas ilegalidades materiales de que adolezca el acto administrativo, mas no respecto de las simplemente formales. Ello se confirma con la posibilidad que asiste a la Administración Pública, la que "podrá subsanar los vicios de que adolezcan los actos que emita, siempre que con ello no se afectaren intereses de terceros". Con lo qué se deja abierta la posibilidad de convalidar la actuación administrativa ilícita, con la limitante de los intereses de terceros y, evidentemente, la entidad de la ilegitimidad del acto administrativo.

7.1.4 *Invalidación parcial*

El inciso 2º del art. 53 LBPA admite la procedencia de la invalidación parcial o total. En el caso de la invalidación parcial dicha disposición establece que la invalidación parcial no afecta a las partes independientes de aquella que se invalida. La existencia de esta disposición se jus-

22. U. Marín, "Vigencia actual de la invalidación de los actos administrativos", en *Revista de Derecho del Consejo de Defensa del Estado* 2/57, 2002. En el mismo sentido la sentencia de la Corte de Apelaciones de Santiago en el asunto "Pesca Chile con Fisco", de 31.12.1996, en que a propósito de la invalidación de un permiso de pesca por parte de la Subsecretaría del ramo se declaró que, "si la nulidad de derecho público no puede ser saneada de manera alguna, menos podrá convalidarla el mero transcurso del tiempo".

tifica en cuanto a lo largo del articulado de la LBPA es posible encontrar un principio no expresado, pero sí aplicado, tal es el de conservación o permanencia del acto administrativo. En consecuencia, en aquellos casos en que solo una parte de la resolución está afectada por un vicio no invalidante será solo la parte viciada la que se invalide. Sin embargo, debe destacarse que la parte subsistente mantendrá su eficacia cuando por sí misma constituya una decisión administrativa viable, o cuando al acto administrativo invalidatorio le siga un acto de complemento y reemplazo que venga a ocupar el lugar de aquel invalidado. En efecto, si de lo expresado en el acápite anterior se desprende que sólo las ilegalidades de cierta entidad o materiales darán lugar a la invalidación, resultará entonces que en el ejercicio de dicha potestad se afectarán los pilares que sostienen la decisión administrativa. En consecuencia, bajo ese supuesto será difícil encontrar una resolución que logre subsistir, aunque sea parcialmente, luego de la invalidación.

7.1.5 *Audiencia del interesado*

La disposición en comento dispone que para el ejercicio de la potestad invalidatoria debe oírse siempre al interesado. Ello trae como consecuencia lógica que en el procedimiento administrativo destinado a la invalidación debe consultarse siempre el trámite de audiencia de parte interesada. Se trata de un trámite esencial, cuya omisión puede acarrear la invalidez, a su vez, del acto administrativo invalidatorio.

Sin embargo, la norma deja algunas dudas respecto de la persona que encarna al interesado. Al respecto, debe tenerse en cuenta la norma del art. 21 LBPA, el cual dispone: "**Interesados.** Se consideran interesados en el procedimiento administrativo: 1. quienes lo promuevan como titulares de derechos o intereses individuales o colectivos; 2. los que, sin haber iniciado el procedimiento, tengan derechos que puedan resultar afectados por la decisión que en el mismo se adopte; 3. aquellos cuyos intereses, individuales o colectivos, puedan resultar afectados por la resolución y se apersonen en el procedimiento en tanto no haya recaído resolución definitiva".

En consecuencia, la voz "interesado", cuyo alcance el propio legislador de forma casuista define, es entendida ampliamente. En efecto, un interesado puede ser, por ejemplo, aquél que obtuvo un beneficio o un gravamen producto del acto que se pretende invalidar, pero también aquél que por la sola extinción del acto administrativo que se pretende invalidar pueda resultar afectado, aunque no hubiere participado en el procedimiento administrativo.

7.1.6 *Procedimiento administrativo de invalidación*

Aunque resulte evidente señalarlo, la invalidación supone tanto un procedimiento administrativo como un acto administrativo final invalidatorio. Dicho procedimiento administrativo se puede iniciar de oficio o a petición de parte. Lo que está en consonancia con lo dispuesto en el art. 28 LBPA.

7.1.7 *Impugnación del acto administrativo invalidatorio*

El acto invalidatorio es siempre impugnable ante los Tribunales de Justicia, en procedimiento breve y sumario. La disposición transcrita en este punto, si bien a primera vista puede parecer como casi de Perogrullo, resulta del todo destacable, como se verá. En primer término, ella permite confirmar que la invalidación se contiene en un acto administrativo terminal, lo que presupone la tramitación de un previo procedimiento administrativo. Pero, además, reafirma la competencia de los Tribunales de Justicia para conocer de las cuestiones contencioso-administrativas, como la de validez o nulidad del acto administrativo invalidatorio. Ello es digno de destacarse, además, porque el art. 15 LBPA, al formular el principio de impugnabilidad, lo hace en relación con los recursos administrativos que son procedentes ante la propia Administración, mas no en relación con las acciones contencioso-administrativas.[23]

7.2 Puntos de incertidumbre

Sin perjuicio de los notables avances que supuso la dictación de la LBPA y en particular con el reconocimiento de la potestad invalidatoria para la Administración Pública, la invalidación permanece como una de las cuestiones candentes dentro de la dogmática administrativa. En efecto, si bien la norma transcrita soluciona algunos puntos que eran discutidos, ella abre nuevos flancos de discusión. Entre los puntos de incertidumbre o cuestiones que siguen abiertas se cuentan:

7.2.1 *Plazo para la invalidación*

La duda que surge aquí dice relación con dos aspectos, en primer lugar respecto de lo que ocurre una vez que han transcurrido los dos años que establece el art. 53 LBPA. Ya que cabe preguntarse si podría la Administración invalidar su propio acto ante el juez. Es decir, ¿resultaría jurídicamente plausible plantearse un Fisco con Fisco? Evidentemente, si no interviene un particular solicitando la nulidad del acto administrativo, cabe preguntarse acerca de cómo podría la Administración del Estado impugnar ante el juez su propio acto.[24]

En la práctica esta circunstancia no debería plantear mayores problemas desde el momento que el Consejo de Defensa del Estado es una persona jurídico-pública descentralizada, la cual perfectamente puede erigirse en demandante en una causa sobre nulidad de un acto administrativo, cuyo origen está en la imposibilidad para la Administración Pública, por razones de plazo, para invalidar.

Más compleja resulta la aplicación genérica de un plazo de dos años para el ejercicio de esta potestad. El legislador debió haber efectuado la distinción respecto de si el acto administrativo susceptible de invalidarse era de aquellos de contenido favorable o, por el contrario, era de gravamen. Desde la perspectiva del Derecho Comparado se estima que la invalidación debe estar limitada temporalmente sólo respecto de los actos favorables, por razones de seguridad jurídica y protección

23. "Art. 15. **Principio de impugnabilidad.** Todo acto administrativo es impugnable por el interesado mediante los recursos administrativos de reposición y jerárquico, regulados en esta Ley, sin perjuicio del recurso extraordinario de revisión y de los demás recursos que establezcan las leyes especiales. Sin embargo, los actos de mero trámite son impugnables sólo cuando determinen la imposibilidad de continuar un procedimiento o produzcan indefensión.

"La autoridad que acogiere un recurso interpuesto en contra de un acto administrativo podrá dictar por sí misma el acto de reemplazo."

24. Cf. J. C. Lillo, "Sobre la forma de proceder de la Administración frente a sus actos administrativos que infringen el principio de juridicidad", en *Revista de Derecho Público de la Agrupación de Abogados de la Contraloría General de la República* 5/72, Año 2, mayo-agosto/2001.

de la confianza. Por su parte, la invalidación de los actos de gravamen no está, en principio, sometida a plazo. Tal es el caso, como se analizó antes, del derecho administrativo alemán, el cual en el § 48 de la Ley de Procedimiento Administrativo establece un plazo de un año.

7.2.2 *Autoridad que invalida*

El art. 53 LBPA señala simplemente que la autoridad administrativa es quien invalida; sin embargo, no dice si se trata sólo de la misma que dicta el acto administrativo que se pretende invalidar o puede intervenir otra de rango superior. En este último caso se estaría frente a un caso de avocación, en que el superior jerárquico que entra en el conocimiento del asunto e invalida.

7.2.3 *Invalidación y toma de razón*

Como se sabe, una de las características de la actuación de la Administración Pública es su presunción de legalidad (art. 3, inciso final, LBPA), la cual se ve reforzada por el trámite de toma de razón. Se trata, eso sí, de una presunción *iuris tantum* o simplemente legal, es decir, de aquellas que admiten prueba en contrario. Con lo qué la juridicidad del acto administrativo del que se ha tomado razón podrá ser examinada por los órganos jurisdiccionales, sea el Tribunal Constitucional, por la vía de las competencias del art. 93, n. 16, CPR, y por los Tribunales de Justicia a través de las acciones contencioso-administrativas. Entonces la cuestión que se plantea dice relación con aquellos actos que han sido objeto del trámite de toma de razón y que luego se pretende su invalidación de oficio o a petición de parte por la propia Administración.

La tesis que se sostiene en este caso es aquella que admite la invalidación solo en el caso en que la aplicación práctica del acto demuestre que ésta adolece de una ilegalidad sobreviviente y producto de un cambio en el ordenamiento jurídico, no prevista al momento del trámite de toma de razón, y que sólo es subsanable a través de la invalidación y sustitución del acto. De lo contrario, esto es, sostener la posibilidad de invalidación en todo caso, supondría un control indirecto a su vez, por parte de la Administración activa, de una potestad exclusiva de la Contraloría General de la República.

Al respecto se recordará que la citada sentencia de 28.3.2003 de la Corte Suprema (asunto "Lavín Mosquera con Subsecretario de Investigaciones de Chile") resolvía que no era óbice para la invalidación que el acto administrativo haya pasado todos los controles, incluso de la Contraloría General de la República. Es decir, reafirmaba el ejercicio de la potestad invalidatoria, aun antes de la entrada en vigor de la LBPA e incluso pese a que el acto administrativo había sido objeto del trámite de toma de razón. Sin embargo, en la especie se trataba de una situación ilegal (de incompatibilidad de dos pensiones) que había tenido su origen en la propia actuación del ciudadano y había inducido a error a la Administración, ocasionando una actuación ilegal y, además, una erogación injusta para la institución previsional respectiva. En consecuencia, no se trataba de una nueva interpretación del ordenamiento jurídico la que había llevado a la Administración Pública a invalidar, sino que el acto administrativo había nacido viciado a la vida jurídica producto de la propia actitud de su beneficiario. En este caso la jurisprudencia aplica, sin conocerla, la regla del § 48, § 2, de la Ley Alemana de Procedimiento Administrativo en cuanto el "beneficiario del acto administrativo no puede invocar la confianza cuando él ha obtenido el acto administrativo con base en indicaciones, antecedentes, relativos a elementos esenciales del acto que eran inexactos o incompletos".

8. Invalidación y situación jurídica del beneficiario del acto

Uno de los problemas más acuciantes, y que no soluciona la LBPA en materia de invalidación, es el de los daños y perjuicios que puede sufrir el particular que se veía beneficiado por el acto que es objeto de la invalidación, o que sufre un daño o una pérdida de una situación o ventaja producto del acto invalidatorio. En principio, la doctrina ha enfocado el problema desde la perspectiva de la existencia o no de derechos adquiridos a partir del acto administrativo invalidado, y en menor medida respecto de la buena o mala fe en que se encuentra el particular. El razonamiento es bastante sencillo en ambos casos. Por parte de aquéllos que niegan la creación de derechos a partir de un acto administrativo inválido se afirma la inexistencia de un derecho subjetivo, ya que los "derechos adquiridos que no son tales por cuanto el acto impugnado es precisamente el que les serviría de causa. Así al considerar un acto inválido, éste no ha podido generar efectos jurídicos, y si existe una situación de hecho soportada en él, debe hacerse desaparecer restituyendo las cosas al estado de no haberse ejecutado acto alguno".[25] En el mismo sentido se ha señalado que "de un acto anormal no pueden nacer derechos adquiridos. Al margen de la prescripción extraordinaria invocada por terceros, los que, en todo caso, serían los llamados a recurrir a la Justicia".[26] Por su parte, la doctrina privatista señala que "quienes de buena fe han adquirido derechos en razón de actos administrativos viciados se encuentran protegidos y amparados por el derecho de propiedad que les reconoce el art. 19, n. 24, de la CPR y que les asegura su art. 20, inciso 1º. En tal caso, resulta jurídicamente improcedente el ejercicio de la potestad invalidatoria por parte de la Administración, pues carece de ella".[27]

Entonces, tenemos dos posturas antagónicas, confirmadas por jurisprudencia judicial y administrativa a favor de ambas.[28] Por una parte, parece lógico que, si el acto era inválido, éste no podría dar origen a derechos, los cuales seguirían la suerte de lo principal. Por el contrario, parece del todo justo que quien no ha conocido o podido conocer la ilegitimidad del acto no puede ser perjudicado con la invalidación del mismo, ya que su buena fe le permitiría adquirir el derecho a pesar de la ilegitimidad del acto administrativo originario. Sin embargo, en ambos casos existen puntos de duda respecto de la real eficacia de los argumentos esgrimidos. Por una parte porque, si la potestad invalidatoria queda entregada en primer término a la Administración, sin más límite que su propia apreciación acerca de la licitud o no de su propia actuación jurídica, resultará

25. R. Letelier, "Un mal día no es eterno: seis alcances en materia de invalidación y nulidad de los actos administrativos", cit., en *Revista de Derecho del Consejo de Defensa del Estado* 8/59.

26. U. Marín, "Vigencia actual de la invalidación de los actos administrativos", cit., en *Revista de Derecho del Consejo de Defensa del Estado* 2.

27. E. Soto Kloss, *Derecho Administrativo, Bases Fundamentales*, cit., t. II, nota 14, p. 208.

28. Cf. J. Millar, "La potestad invalidatoria en la jurisprudencia nacional. Procedencia, alcance y limitaciones", en *Revista de Derecho Universidad Austral de Chile* XIV/83-97, julio/2003.

plausible argüir que su decisión generará inestabilidad y pérdida en la seguridad jurídica. Por su parte, basar la adquisición de un derecho subjetivo nacido de un acto administrativo ilegítimo en la supuesta buena fe del beneficiario constituye una extrapolación incorrecta de un concepto eminentemente privatista[29] y un contrasentido a partir de la ilegitimidad del acto y la presunción de conocimiento del Derecho.

9. El principio de confianza legítima como corrector de las omisiones de la LBPA

La formulación de la potestad invalidatoria en el trascrito art. 53 LBPA debe ser atemperada a través de la aplicación del principio de protección de la confianza. En efecto, frente a las posibilidades de invalidación, atendidos el interés público y la intangibilidad del principio de juridicidad, debe oponerse un principio de protección de la confianza que el ciudadano ha depositado en la Administración. En efecto, la Administración Pública interviene cada vez de forma más intensa en la vida en sociedad y hace más dependiente al particular de la dictación de actos administrativos que le sean favorables. Por su parte, el ciudadano confía en que las relaciones jurídico-administrativas que han nacido producto de dicha intervención deben ser mantenidas mientras no exista un cambio de circunstancias.

29. No es el momento de elaborar una posición acabada del rol de la buena fe en el ámbito del derecho administrativo. Por ahora se debe recordar simplemente que han sido los tribunales civiles quienes, a propósito de la invalidación, han utilizado esta categoría iusprivada, seguramente a falta de un desarrollo dogmático propiamente administrativo.

La aplicación de un principio de protección de la confianza debe entonces poner en la balanza la situación del particular alcanzada con el acto potencialmente invalidable, frente al interés de la Administración de cambiar la dirección de su actuación. Ello en ocasiones debería conducir a la indemnización de perjuicios, de modo de mantener la vigencia del principio.

La vigencia del principio de protección de la confianza puede resumirse en las siguientes reglas, las cuales deberían ser tenidas en cuenta por parte de la Administración que pretende ejercer su potestad invalidatoria, a saber:

• *Situación de ilegitimidad producida por el beneficiario del acto administrativo.* En todos aquellos casos en que la ilegitimidad del acto administrativo ha tenido su origen en un acto o es responsabilidad del interesado, la confianza no se verá vulnerada producto de la invalidación y no existirá derecho a la indemnización. Se trataría de una suerte de aplicación del principio *nemo auditur*. Así las cosas, no se vulnera la confianza legítima producto del acto administrativo invalidatorio en todos aquellos supuestos en que en el procedimiento administrativo invalidatorio se ha logrado comprobar por la Administración que el acto invalidable se debió a un hecho proveniente del propio beneficiario, por ejemplo por ocultación o falseamiento de datos que sirvieron de base a la decisión o inducción a una interpretación torcida del ordenamiento jurídico.

• *Situación de ilegitimidad producida por la Administración.* En tal caso, si bien la Administración Pública no puede mantener el acto ilegítimo y está obligada a invalidarlo, atendida la intangibilidad del principio de juridicidad, el alcance de la invalidación puede variar. En efecto, la invalidación debería variar en sus efectos, distinguiendo tres momentos para su entrada en vigor: (a) desde la dictación del acto invalidado (*ex tunc*); (b) desde la dictación del acto invalidatorio (*ex nunc*); o (c) desde un momento posterior, atendida la situación particular del interesado. En estos dos últimos dos casos, en especial en el último, la Administración Pública ha debido ponderar el principio de protección de la confianza; de no hacerlo, el acto invalidatorio tendría siempre efecto retroactivo.

En todos aquellos casos en que se estima que la protección de la confianza debe predominar y atendida la naturaleza del acto administrativo invalidado, es posible, por su parte, hacer las siguientes distinciones:

• *Situación de las prestaciones monetarias.* La vigencia del principio de protección de la confianza debería suponer que el acto administrativo invalidatorio sólo tuviere vigencia para lo futuro o en un momento posterior, debiendo conservarse todas aquellas prestaciones devengadas o pagadas.

• *Situación de obligaciones contraídas con base en la confianza de la legitimidad del acto administrativo favorable.* Dicha confianza se verá reforzada a partir de la presunción del art. 3, inciso final, LBPA. En tal caso la Administración del Estado deberá derechamente asumir los perjuicios que la extinción del acto suponga para el destinatario, debiendo indemnizarlo para mantener la vigencia del principio de confianza legítima.

• *Situación de los actos desfavorables.* En tal caso la Administración del Estado tendrá libertad para invalidar, incluso retroactivamente, pero teniendo siempre en cuenta el interés de terceros que puedan verse perjudicados producto de la invalidación, por ejemplo, cuando el mismo acto administrativo desfavorable u otro similar se ha aplicado a terceros o cuando ha supuesto una inversión o desembolso, por ejemplo, una mejora tecnológica introducida al proceso productivo.

Finalmente, el principio de protección de la confianza operará impidiendo del todo la invalidación, debiendo mantenerse en vigor el acto administrativo; tales casos serán:

• *Situación del acto administrativo objeto de toma de razón.* En tal caso, la Administración no podrá variar la interpretación del ordenamiento jurídico sostenida por la Contraloría General de la República al acto administrativo. Se trata de una competencia exclusiva del órgano contralor y no podría la Administración Pública activa variar la apreciación sobre la validez de su acto que aquél ha hecho. Este supuesto no operará en todos aquellos casos en que salgan a la luz situaciones no tenidas a la vista al momento de adoptar la decisión (por ejemplo, un antecedente que fue ocultado) o los cambios en el ordenamiento jurídico que ocasionan la ilegalidad sobreviniente del acto administrativo.

• *Situación del acto administrativo con más de dos años de antigüedad.* En tal caso, no obstante la constatación, la Administración no puede ejercer su potestad invalidatoria al haber transcurrido el plazo que la ley estableció para ello. No se trata de un plazo de prescripción adquisitivo de un derecho, sino que es de caducidad en el ejercicio del poder de la Administración respecto de un acto administrativo particular. Como se expuso antes, ello no obstaría a que la Administración accionara la nulidad de su propio acto ante los Tribunales de Justicia.

• *Situación del acto administrativo desfavorable válido.* Aunque no se trata de un supuesto de invalidación, sino que de revocación (por tratarse de un acto administrativo válido), la Administración no podría dejar sin efecto un acto administrativo desfavorable o de gravamen que es válido cuando dicho acto ha sido aplicado a más de un ciudadano, o se ha repetido respecto de otros en una situación similar. En tal caso, la protección de la confianza de aquéllos que no se benefician con la revocación del acto administrativo desfavorable, fundada además en el principio de igualdad en la aplicación de la ley, impone que dicho acto se conserve.

10. Conclusiones

La protección de la confianza no siempre debe confrontarse con el principio de juridicidad, el cual *a priori* se aprecia como intangible. En efecto, en muchas ocasiones se pone en la balanza la protección de la confianza frente el interés de la Administración en cambiar la dirección de la actuación pública, quedando la defensa de la juridicidad como un elemento instrumental afín a dicho interés. En efecto, frente a la realidad concreta en muchos casos es posible apreciar que la invalidación se pretende utilizar por la Administración del Estado no tanto para mantener una suerte de intangibilidad de la juridicidad, sino para cambiar la dirección política de la actuación, pasando a un segundo plano el problema de la legalidad del acto administrativo. En tales casos, a la Administración lo que le interesa es cambiar el rumbo de su actuación, pero sin tener que someterse a las restricciones que comporta la revocación del acto administrativo (art. 61 LBPA).

Frente a tales circunstancias la protección de la confianza legítima se erige como un principio que la Administración deberá ponderar antes de tomar la decisión invalidatoria.

Por otra parte, todos aquellos casos de vicios no invalidantes – tolerados por el ordenamiento jurídico – o todos los casos de convalidación – en ejercicio de una potestad discrecional de la Administración – son demostrativos que la LBPA ha preferido mantener la estabilidad de la actuación administrativa, reservando la invalidación para ilicitudes que podrían catalogarse de graves. Esta restricción de la potestad invalidatoria en su causa es demostrativa de que, frente a tales casos, puestos en la balanza la intangibilidad del ordenamiento jurídico frente a la protección de la confianza legítima, será esta última la que debe privilegiarse.

También deja lecciones el análisis del Derecho Comparado frente a la regulación de la invalidación en la LBPA. La regulación nacional deja abierto un buen número de dudas que se hubieren solucionado si el legislador no hubiere querido desconocer que las situaciones fácticas o jurídicas que nacen al amparo de tales actos de alguna manera deben ser reconocidas y protegidas. No debe perderse de vista que tras la invalidación lo que hay es el propio error de la Administración en la apreciación y aplicación del Derecho en un acto administrativo concreto. Frente a ello, la formulación del principio de protección de la confianza legítima constituye una base dogmática probada y eficaz para el análisis y solución de tales situaciones.

Bibliografía

BACHOF, O., STOBER, R., e WOLFF, H. *Verwaltungsrecht*. 11ª ed., ts. I y II. München, C. H. Beck, 1999.

CASTILLO BLANCO, F. *La Protección de Confianza en el Derecho Administrativo*. Madrid, Marcial Pons, 1998.

ESCUÍN, V. "Reflexiones sobre la naturaleza jurídica de la declaración de lesividad". *Revista Española de Derecho Administrativo* 126. Abril-junio/2005.

KELSEN, H. *Teoría General del Derecho y del Estado*. 5ª reimpr. México, Universidad Autónoma de México, 1995.

LETELIER, R.. "Un mal día no es eterno: seis alcances en materia de invalidación y nulidad de los actos administrativos". *Revista de Derecho del Consejo de Defensa del Estado* 8. 2002.

LILLO, J. C. "Sobre la forma de proceder de la Administración frente a sus actos administrativos que infringen el principio de juridicidad". *Revista de Derecho Público de la Agrupación de Abogados de la Contraloría General de la República* 5. Año 2. Mayo-agosto/2001.

MARÍN U. "Vigencia actual de la invalidación de los actos administrativos". *Revista de Derecho del Consejo de Defensa del Estado* 2. 2002.

MAURER, H. *Verwaltungsrecht*. 12ª ed. München, C. H. Beck, 1999.

MILLAR, J. "La potestad invalidatoria en la jurisprudencia nacional. Procedencia, alcance y limitaciones". *Revista de Derecho Universidad Austral de Chile* XIV. Julio/2003.

PIERRY, P. "Tribunales contencioso-administrativos". *Revista de Derecho del Consejo de Defensa del Estado* 2. 2000.

SCHMEHL, A. *Genehmigungen unter Änderungsvorbehalt zwischen Stabilität und Flexibilität*. Baden-Baden, Nomos, 1998.

SOTO KLOSS, E. "Acerca de la obligatoriedad de los precedentes en la actividad administrativa del Estado". *Revista Chilena de Derecho* 26(2). 1999.

———. *Derecho Administrativo, Bases Fundamentales*. t. II. Santiago, Editorial Jurídica de Chile, 1996.

———. "La invalidación de los actos administrativos en el Derecho Chileno". *Revista Derecho y Jurisprudencia* XXXV(3). 1988.

———. "La Ley 19.880 sobre procedimientos administrativos, *¿Aleluya* o *Miserere*?". En: *Ley 19.880 sobre Procedimientos Administrativos, Conferencias*. Academia de Derecho Santo Tomás de Aquino, 2003.

STOBER, R. BACHOF, O., e WOLFF, H. *Verwaltungsrecht*. 11ª ed., ts. I y II. München, C. H. Beck, 1999.

VELASCO, F. *Las Cláusulas Accesorias del Acto Administrativo*. Madrid, Tecnos, 1996.

WOLFF, H., BACHOF, O., e STOBER, R. *Verwaltungsrecht*. 11ª ed., ts. I y II. München, C. H. Beck, 1999.

LA NOCIÓN DE "SERVICIO PÚBLICO" EN LA CONSTITUCIÓN URUGUAYA

Juan Pablo Cajarville Peluffo

Ex-Catedrático y ex-Director del Instituto de Derecho Administrativo, en la Facultad de Derecho de la Universidad de la República, Montevideo-Uruguay

1. Introducción. 2. El "servicio público" en la doctrina administrativista: 2.1 Concepto clásico pero siempre polémico. 3. Criterio para la interpretación de la expresión "servicios públicos" en nuestra Constitución: 3.1 La referencia a los "servicios públicos" en la Constitución y su interpretación. 4. La noción de "servicio público" bajo la Constitución de 1830: 4.1 El régimen de la Constitución de 1830: los individuos y el Estado – 4.2 La primera doctrina administrativista: Luis Varela – 4.3 La doctrina constitucionalista: Justino E. Jiménez de Aréchaga – 4.4 La locución "servicios públicos" en la doctrina bajo la Constitución de 1830. 5. Noción de "servicio público" en la doctrina clásica: 5.1 Los grandes maestros clásicos. 6. La noción de "servicio público" bajo la Constitución de 1918: 6.1 El régimen de la Constitución de 1918: los individuos y el Estado – 6.2 Novedades orgánicas – 6.3 Noción de "servicio público" de Martín C. Martínez – 6.4 Noción de "servicio público" de Ramela de Castro – 6.5 Noción de "servicio público" de Alberto Demicheli – 6.6 La locución "servicios públicos" en la doctrina bajo la Constitución de 1918. 7. La noción de "servicio público" en la Constitución de 1934/1942: 7.1 Los "servicios públicos" en disposiciones constitucionales – 7.2 La interpretación de Justino Jiménez de Aréchaga – 7.3 Significado de la locución "servicios públicos" en la Constitución de 1934/1942. 8. La noción de "servicio público" en la Constitución de 1952: 8.1 Los "servicios públicos" en disposiciones constitucionales – 8.2 La interpretación de Justino Jiménez de Aréchaga – 8.3 Significado de la locución "servicios públicos" en la Constitución de 1952. 9. La noción de "servicio público" en la Constitución de 1967: 9.1 Los "servicios públicos" en disposiciones constitucionales – 9.2 La interpretación de la doctrina – 9.3 Significado de la locución "servicios públicos" en la Constitución de 1967. 10. La noción de "servicio público" en la doctrina uruguaya: 10.1 La definición de "servicios públicos" de Sayagués Laso – 10.2 Valoración crítica: punto de vista conceptual – 10.3 Valoración crítica: como interpretación de la Constitución. 11. Algunas conclusiones: 11.1 Sobre el concepto constitucional de "servicios públicos" – 11.2 Sobre el régimen constitucional de los "servicios públicos" – 11.3 Sobre los derechos de los particulares – 11.4 Sobre el objeto del derecho administrativo – 11.5 Conclusión final, meramente terminológica.

1. Introducción

La expresión "servicio público" aparece con reiteración en la Constitución de 1967, vigente en Uruguay, y en algunas de las modificaciones que ha sufrido. Ello induce, espontáneamente, a la evocación de un concepto clásico del derecho administrativo como lo es, si los hay, el de "servicio público", y hace necesario un examen de su eventual recepción en los sucesivos textos constitucionales que han regido en nuestro País.

No se procurará ahora, ciertamente, un estudio de Derecho Comparado; las sucintas referencias a la doctrina clásica del "servicio público" tendrán por exclusiva finalidad señalar cómo puede haber influido en las elaboraciones doctrinales y positivas que se concretaron en las mentadas normas constitucionales.

2. El "servicio público" en la doctrina administrativista

2.1 Concepto clásico pero siempre polémico

Concepto clásico, ciertamente, en el sentido de "principal o notable", y sin embargo siempre polémico, se gestó en el último tercio del siglo XIX, en la jurisprudencia del Consejo de Estado francés y la doctrina que la comentó y sistematizó, y cristalizó, según opinión de sus más encumbrados sostenedores, en el famoso "arrêt *Blanco*" del Tribunal de Conflictos, de 8.2.1873.[1]

Polémico en primer lugar, en cuanto a su importancia. Para los sostenedores de la "Escuela del Servicio Público", es la noción básica, "piedra angular", sustento último del derecho administrativo todo. Según el fundador de la Escuela, León Duguit, más que eso todavía: criterio de definición de todo el derecho público. El Estado mismo – sostiene – "no es, como se ha pretendido hacerle, y como durante algún tiempo se ha creído que era, un poder de mando, una soberanía; es una cooperación de servicios públicos organizados y controlados por los gobernantes".[2] El derecho público es "el conjunto de reglas jurídicas que se aplican al Estado";[3] por consiguiente, "el derecho público moderno se convierte en un conjunto de reglas que determinan la organización de los servicios públicos y aseguran su funcionamiento regular e ininterrumpido",[4] y el derecho administrativo "comprende

1. Una extensa transcripción y análisis del "arrêt *Blanco*" y de sus antecedentes puede verse en: Charles Eisenmann, Charles, *Cours de Droit Administratif*, t. I, París, 1982, pp. 120-127.

2. Léon Duguit, *Manual de Derecho Constitucional*, Madrid, 1921, p. 71 (trad. de la 3ª ed. francesa, de 1918; la 2ª ed. fue de 1911).

3. Léon Duguit, *Manual de Derecho Constitucional*, cit., p. 37.

4. Léon Duguit, "Las transformaciones del derecho público", en *Las Transformaciones*

el conjunto de reglas que se aplican a los efectos de los actos administrativos, así como al funcionamiento de los servicios públicos".[5] Su discípulo Gastón Jèze lo establece ya en el primer párrafo de la primera página de su obra mayor: "El derecho público administrativo es el conjunto de reglas relativas a los servicios públicos".[6]

Sin embargo, la importancia fundamental de la noción de "servicio público" no queda restringida a la Escuela que lleva su nombre. Se ha señalado que ella proviene de Maurice Hauriou,[7] fundador de la llamada "Escuela de la *Puissance Publique*", quien la utiliza nada menos que para definir el objeto de la función administrativa: "La función administrativa tiene por objeto proveer por actos y por procedimientos, a la vez jurídicos y técnicos, a la gestión de los servicios públicos destinados a la satisfacción de necesidades públicas (...)".[8]

En el extremo opuesto, se ha sostenido que la noción de "servicio público" es inútil, innecesaria y confusa, carente de asidero tanto teórica o conceptualmente como de derecho positivo, y que por ende debería ser eliminada del derecho administrativo.[9]

del Derecho (Público y Privado), Buenos Aires, Heliasta SRL, 1975 (trad. de Adolfo G. Posada y Ramón Jaén, Madrid, 1913), p. 37. La 1ª ed. francesa también es de 1913.

5. Léon Duguit, *Manual de Derecho Constitucional*, cit., p. 43.

6. Gaston Jèze, *Principios Generales del Derecho Administrativo*, t. I, Buenos Aires, 1948, p. 1 (trad. de la 3ª ed. francesa, París, 1925. La 1ª ed. de los *Principios ...* fue de 1904, pero contó con sólo 160 pp.; la 2ª ed., de 1914, fue de 543 pp.; recién la 3ª, aparecida entre 1925 y 1936, alcanzó los 6 volúmenes de la edición argentina: Théodore Fortsakis, *Conceptualisme et Empirisme en Droit Administratif Français*, París, 1987, pp. 117-118).

7. Théodore Fortsakis, *Conceptualisme et Empirisme en Droit Administratif Français*, cit., p. 112, texto y nota 49.

8. Maurice Hauriou, *Précis de Droit Administratif et de Droit Public Général*, 8ª ed., París, 1914, p. 12; en el mismo sentido en p. 9. La 1ª edición es de 1892. En *La Gestion administrative*, 1899, Hauriou propuso como ideas maestras en el derecho administrativo la *puissance publique* y el servicio público (Théodore Fortsakis, *Conceptualisme et Empirisme en Droit Administratif Français*, cit., pp. 112-113, nota 53).

9. Es la posición sustentada por Berthélemy, cit. por Enrique Sayagués Laso, *Tratado de Derecho Administrativo*, 7ª ed. (puesta al día a 1998 por Daniel H. Martins), t. I, Montevideo, 1998, § 27, p. 52, nota 1.

Charles Eisenmann (*Cours de Droit Administratif*, cit., t. I), por su parte, somete a profunda crítica la "doctrina del servicio público", en particular a Duguit y Jèze, tanto desde el punto de vista teórico como de derecho positivo, concluyendo que constituye "una ilusión inmensa", que opera "con fantasmas, con puros productos de la imaginación" (pp. 21-80 y 119-135); sin embargo, reconoce que el concepto de "servicio público" jugó un papel hasta aproximadamente 1914-1918, al determinar el régimen y la jurisdicción aplicables (p. 134); pero sostiene que después de aquellos años se produjo una profunda transformación, y que actualmente ese concepto no juega a aquellos efectos ningún papel (pp. 137-152, en especial pp. 149-151).

Agustín Gordillo (*Tratado de Derecho Administrativo*, t. 2, Buenos Aires, 1975, Capítulo XIII, en especial p. 12) sostuvo también que "no cabe sino suprimir una noción teórica que no tiene asidero en la realidad, que no sirve para explicar el derecho positivo, y que introduce más confusiones que clarificaciones dentro del pensamiento jurídico sistemático". En ediciones posteriores modificó su posición, sosteniendo que cuando se producen privatizaciones bajo un régimen monopólico "reaparecen un *corpus* normativo y una realidad económica que puede ser calificada útilmente como servicio público" (4ª ed., 2000, Capítulo VI, en especial pp. 4-8). En realidad, el autor conserva una denominación para aplicarla

No terminan con eso las tribulaciones. Aun entre quienes admiten el concepto de "servicio público", el contenido que se le asigna varía infinitamente, desde quienes lo consideran una noción comprensiva de toda la actividad del Estado que satisface intereses públicos sometida a derecho público, hasta quienes sólo incluyen en ella algunas actividades cumplidas por entidades estatales, y eventualmente por particulares concesionarios, definidas por sus características.[10]

Siempre polémica entonces en la doctrina, aparece sin embargo reiteradamente en la Constitución uruguaya; esclarecer su significado en ella es el propósito de las siguientes reflexiones.

3. Criterio para la interpretación de la expresión "servicios públicos" en nuestra Constitución

3.1 La referencia a los "servicios públicos" en la Constitución y su interpretación

La referencia a los "servicios públicos" se encuentra en diversas disposiciones de la Constitución uruguaya vigente. Algunas de esas disposiciones se remontan a la Constitución de 1934, y han permanecido sustancialmente invariadas; otras, incorporadas en la Constitución de 1952, también se han mantenido en la de 1967, que por su parte agregó dos nuevas menciones. Nuevas referencias aparecieron en la reforma parcial del año 2004.

La interpretación de todas las disposiciones en que aparece la expresión "servicio público" debe procurar atribuirle *en principio* el mismo significado en todas ellas, de manera que el contexto constitucional ilustre sobre el sentido de cada una procurando la debida correspondencia y armonía. Aunque se acepte que la disposición del art. 20 y las demás del Título Preliminar del Código Civil no sean directa ni imperativamente aplicables a la interpretación constitucional, según sostiene valiosa doctrina constitucionalista,[11]

a una realidad diferente: una actividad privada monopolizada, y por eso sometida a un régimen especial. Pero la relación entre ambos términos no es necesaria; una actividad cumplida por privados puede estar monopolizada y no sometida a un régimen especial, y a la inversa puede someterse por el derecho positivo a un régimen especial aunque no esté monopolizada, como lo señala reiteradamente el autor. No alcanzo a ver la razón para llamar "servicio público" a una, algunas o todas esas situaciones.

Sin pronunciarme sobre el derecho positivo argentino y sobre la significación de la expresión "servicios públicos" en el art. 42 de la Constitución argentina reformada (ese parece ser el tema a esclarecer), en teoría sigo prefiriendo la solución original de Gordillo.

10. Es difícil superar, y además es suficiente para estos efectos, la excelente tipificación – como todas las suyas – de las principales orientaciones doctrinales sobre el punto que realiza Sayagués Laso en su *Tratado de Derecho Administrativo*, cit., 7ª ed., t. I, § 27, pp. 50-53.

Otra excelente reseña, por supuesto más actualizada, de la doctrina sobre el tema, incluyendo la latinoamericana, debe verse en Jorga A. Silva Cencio, *Servicio Público y Concesión de Servicios*, Montevideo, 1980, pp. 15-28. Silva Cencio termina proponiendo prescindir de la "maltrecha noción de servicio público" (ob. cit., p. 28); pero no aborda la cuestión del significado de la expresión en nuestra Constitución, sin duda porque el tema a que se dedica, la "concesión de servicios", no lo requería.

11. Sobre el punto, en nuestra doctrina constitucionalista: Justino Jiménez de Aréchaga, *La Constitución Nacional*, t. I, Montevideo, Cámara de Senadores, 1992, pp. 129-153; Horacio Cassinelli Muñoz, "La apelación para ante la Asamblea General según el art. 303 de la Constitución", en *Revista DJA* 55/125-126, Montevideo, y "Oposición superveniente: ¿dero-

de cualquier manera el mentado criterio debe considerarse integrando el método lógico-sistemático y teleológico que esa doctrina patrocina.[12]

La ya señalada circunstancia de que las referencias a los "servicios públicos" se hayan incorporado a la Carta en sucesivas versiones no es irrelevante. Una nueva disposición aludiendo a ellos podría reaccionar sobre otras anteriores que hayan pasado sin cambios a una nueva Constitución, imponiendo la atribución de un nuevo sentido aun a las incambiadas, precisamente en virtud de ese criterio interpretativo que procura atribuirle en principio a la expresión el mismo significado en todas ellas.[13]

Pero, en todo caso, sólo se admitirá que la misma expresión tiene en el contexto constitucional significados diferentes cuando, por esta última cronológica o por cualquier otra circunstancia, así resulte impuesto por razones lógico-sistemáticas o teleológicas insuperables.

Pese a su señalado origen en la jurisprudencia y en la doctrina más altamente especializadas, no puede pretenderse que exista un sentido técnico generalmente aceptado por quienes profesan la "ciencia o arte" del derecho público, constitucional o administrativo, que imponga su admisión como el recogido por el constituyente, en aplicación del principio consagrado por el art. 19 del Código Civil, en cuanto criterio interpretativo admisible también en materia constitucional.[14] A diferencia del concepto de "desviación de poder", incorporado en la misma Constitución de 1934, sin duda con el sentido técnico consagrado por la doctrina, la noción de "servicio público" estuvo siempre lejos de suscitar acuerdos, tanto en cuanto a su pertinencia conceptual como a su contenido o alcance.

4. La noción de "servicio público" bajo la Constitución de 1830

4.1 El régimen de la Constitución de 1830: los individuos y el Estado

La Carta fundacional consagró con amplitud el principio de libertad de los habitantes del Estado. En su art. 130 (actual art. 7º) reconoció el derecho de los habitantes "a ser protegidos en el goce de su vida, honor, libertad, seguridad y propiedad"; proclamó que "los hombres son iguales ante la ley, sea preceptiva, penal o tuitiva: no reconociéndose otra distinción entre ellos sino la de los talentos, o las virtudes" (art. 132, actual art. 8º); declaró "exentas de la autoridad de los magistrados" "las acciones privadas de los hombres, que de ningún modo ata-

gación o inconstitucionalidad?", en *Revista DJA* 55/200, Montevideo; José A. Cagnoni, *El Derecho Constitucional Uruguayo*, Montevideo, 2006, p. 49; Héctor Frugone Schiavone, "Notas para un estudio acerca de los efectos de la declaración de nulidad del acto administrativo por el Tribunal de lo Contencioso Administrativo", en *Revista de Derecho Const. y Pol.* 27/213-218, Montevideo, 1988; Eduardo Esteva, "Declaración de inconstitucionalidad de actos legislativos", en *El Poder y su Control – Revista Uruguaya de Derecho Const. y Pol. – Serie Congresos y Conferencias* 1/109, Montevideo, 1990; Martín Risso Ferrand, *Derecho Constitucional*, t. I, Montevideo, 2005, pp. 56-79.

12. J. Jiménez de Aréchaga, *La Constitución Nacional*, cit., t. I, pp. 145 y 150; M. Risso Ferrand, *Derecho Constitucional*, cit., t. I, p. 63.

13. Cf. J. Jiménez de Aréchaga, *La Constitución Nacional*, cit., t. I, p. 47.

14. J. Jiménez de Aréchaga, *La Constitución Nacional*, cit., t. I, p. 146; M. Risso Ferrand, *Derecho Constitucional*, cit., t. I, pp. 62-63.

can el orden público, ni perjudican a un tercero", y reservó a la ley la imposición de obligaciones o deberes, al proclamar que: "Ningún habitante del Estado será obligado a hacer lo que no manda la ley, ni privado de lo que ella no prohíbe" (art. 134, actual art. 10). Finalmente, declaró: "Todo habitante puede dedicarse al trabajo, cultivo, industria o comercio que le acomode, como no se oponga al bien público, o al de los ciudadanos" (art. 146, actual art. 36).

Así configurada la situación jurídica de los habitantes, a las entidades estatales les encomendó una actitud de fomento. Al Poder Legislativo competía: "Expedir leyes relativas (...) a la protección de todos los derechos individuales, y fomento de la ilustración, agricultura, industria, comercio exterior e interior" (art. 17, n. 3º, actual art. 85, n. 3º); y a las Juntas Económico-Administrativas establecidas en los pueblos cabeza de departamentos les correspondía "promover la agricultura, la prosperidad y ventajas del Departamento en todos ramos: velar así sobre la educación primaria, como sobre la conservación de los derechos individuales; y proponer a la Legislatura y al Gobierno todas las mejoras, que juzgaren necesarias o útiles" (art. 126).

Se preveía además que: "Todo establecimiento público, que pueda y quiera costear un Departamento, sin gravamen de la Hacienda Nacional, lo hará por medio de su Junta Económico-Administrativa, con solo aviso instruido al Presidente de la República" (art. 128).

La Carta de 1830 no contiene en su articulado referencia alguna a los "servicios públicos". Sin embargo, el *Manifiesto de la Asamblea General Constituyente y Legislativa de la República Oriental del Uruguay a los Pueblos que Representa*[15] se refirió al "servicio público": "La Constitución que vais a jurar (...) deja a vuestros Representantes el cuidado de crear los destinos que demande el *servicio público*; designarles las dotaciones a que sean acreedores (...)".[16]

Será bajo la vigencia de esta primera Carta que la noción de "servicio público" aparecerá en la doctrina, en relación con la situación jurídica de las personas y las funciones del Estado a su respecto.

4.2 La primera doctrina administrativista: Luis Varela

La aparición de la noción del "servicio público" se vincula con la profunda

15. Alberto Pérez Pérez, *Constitución de la República Oriental del Uruguay de 1967*, Montevideo, 1967, p. 464.

16. Se refiere a la potestad conferida a la Asamblea General de "crear y suprimir empleos públicos; (...) designar, aumentar, o disminuir sus dotaciones (...)". Los que hoy suelen llamarse "cometidos esenciales" estaban, sin duda, por entonces, comprendidos en aquella mención de "el servicio público".

Dice Aparicio Méndez: "El concepto de *servicio público*, tal cual lo han consagrado la doctrina y jurisprudencia francesas, no podía, como es lógico, estar en el espíritu de los constituyentes de 1830. En el *Manifiesto* citado se emplea la expresión 'servicio público' pero en su sentido tradicional de prestación *uti universi*. (...). Como se percibe fácilmente servicio público tiene la acepción amplia de actividad primaria del Estado". Más adelante, reitera Méndez que, en su opinión, en aquella época, "la noción de servicio público abarcaba con máxima acepción las prestaciones genéricas y primarias *uti universi*" ("Régimen constitucional de los servicios autónomos en el Derecho Uruguayo", en *Estudios Jurídicos en Memoria de José Irureta Goyena H.*, Montevideo, 1955, p. 421, nota 13, y p. 426; destacados en original).

transformación operada en la segunda mitad del siglo XIX en la concepción del Derecho y de la sociedad, caracterizada por la erosión del individualismo radical y la evolución hacia concepciones que pusieron el acento en la necesaria estructuración de la sociedad y en la atención y satisfacción de necesidades sociales.[17]

Esa evolución ocurrió también, por supuesto, en nuestro País. La obra de Luis Varela sobre *Servicio de Obra Públicas*[18] fue considerada en su momento, y sigue siéndolo, la primera publicada aquí "de índole sistemática y amplia sobre materias de derecho administrativo".[19] En su Capítulo III,[20] a propósito del papel que el Estado debe desempeñar en las obras públicas pero sin limitarlo a ellas, el autor introduce la cuestión "de los fines del Estado, tan debatida en el derecho constitucional" y cuya importancia primordial para el derecho administrativo destaca el prologuista.[21] Sobre el tema, expone,[22] "dejando a un lado los principios del Socialismo puro", "existen dos doctrinas fundamentales diametralmente opuestas: la individualista radical, que sólo atribuye al Estado la misión de defender el Derecho, y la que le reconoce además otros fines secundarios, en virtud de los cuales el Estado debe desempeñar todos aquellos servicios de interés general que por tales o cuales circunstancias no son o no pueden ser debidamente atendidos por la industria privada". La falsedad del principio de que parte la "Escuela Individualista" resulta de que "la misma naturaleza de las cosas exige que las atribuciones del Estado, lejos de disminuir, aumenten con el progreso de las sociedades, (...) porque, en una palabra, civilización significa acrecimiento de vida en todos los sentidos, y una vida más intensa, más amplia, requiere más órganos, nuevas fuerzas, siendo el Estado el llamado a regular el funcionamiento de todas esas nuevas fuerzas, de esos órganos que el aumento de civilización pone en juego cada día, sin que ese aumento de atribuciones suponga necesariamente el menoscabo de la libertad, porque (...) la libertad no es la ausencia de gobierno, sino la constitución de un gobierno libre".[23] Para la doctrina que reconoce al Estado fines secundarios – sigue Varela – "la existencia de la autoridad no se funda en la necesidad de mantener a cada uno de los asociados en la esfera de sus legítimos derechos, sino en este otro principio que es de una verdad innegable, a saber: que está en la naturaleza de las cosas que nin-

17. Théodore Fortsakis, *Conceptualisme et Empirisme en Droit Administratif Français*, cit., pp. 104-105.

18. Luis Varela, *Apuntes de Derecho Administrativo para el Aula de Economía Política y Legislación de Obras Públicas de la Universidad de Montevideo, con un Prólogo del Dr. Carlos M. de Pena*, Montevideo, 1895 (así se presenta en portada; en tapa se titula: *Apuntes de Derecho Administrativo. Servicio de Obras Públicas*), 507 pp.

19. Carlos M. de Pena, "Carta que puede servir de prólogo", en Luis Varela, *Apuntes de Derecho Administrativo. Servicio de Obras Públicas*, cit., p. V.

20. Luis Varela, Luis Varela, *Apuntes de Derecho Administrativo. Servicio de Obras Públicas*, cit., pp. 45-63.

21. Carlos M. de Pena, "Carta que puede servir de prólogo", cit., en Luis Varela, *Apuntes de Derecho Administrativo. Servicio de Obras Públicas*, p. XI.

22. Luis Varela, *Apuntes de Derecho Administrativo. Servicio de Obras Públicas*, cit., pp. 48-50.

23. Cf. Francisco Bauza, *Estudios Constitucionales, Colección de Clásicos Uruguayos*, vol. 11, Montevideo, 1953, pp. 362-368, en especial pp. 364 y 367.

guna agrupación de individuos constituida con un fin determinado puede existir sin un principio dirigente, sin una autoridad superior que la encamine hacia la realización de sus propósitos"; la sociedad civil "no se diferencia de las demás sino en que, en vez de un fin particular, tiene un fin general, que es la conservación y el perfeccionamiento de los individuos en el triple orden en que su actividad se manifiesta, material, moral e intelectual, mediante la comunidad de esfuerzos y la reciprocidad de los servicios. Las autoridad es, pues, un principio esencial de toda sociedad, (...) ninguna sociedad, de cualquier clase que sea, civil o particular, podría marchar sin una dirección, sin una autoridad que organice el esfuerzo común y las relaciones de los asociados y la encamine hacia la realización de sus fines. Por consiguiente, si esa es la misión de la autoridad, y si el fin de la sociedad es, como antes hemos dicho, la conservación y el perfeccionamiento de los individuos en los tres órdenes en que su actividad se manifiesta, material, moral e intelectual, ese mismo y no otro es también el verdadero fin de la autoridad, y por lo tanto el del Estado". "Esa es la doctrina no sólo admitida por la gran mayoría de los constitucionalistas, sino también consagrada por todas las Constituciones, incluso por la nuestra en su art. 17".[24]

En ese contexto conceptual y también ideológico, tan coincidente con el que fundará más tarde la "Escuela del Servicio Público", aparece en esa primera obra de nuestro derecho administrativo la noción de "servicio público". Invocando, para llegar a una definición de los "trabajos públicos", la jurisprudencia del Consejo de Estado francés,[25] Varela define las obras o trabajos públicos como "las construcciones destinadas a los diferentes servicios que la Administración tiene a su cargo, y las de uso o aprovechamiento general que se ejecutan por la iniciativa o con la autorización y bajo la especial vigilancia de la autoridad pública".[26]

Los "servicios" no aparecen en la definición calificados como "públicos", pero ese calificativo resulta explícitamente del contexto de la exposición; no son "trabajos públicos", en su concepto, los realizados

24. Luis Varela, *Apuntes de Derecho Administrativo. Servicio de Obras Públicas*, cit., p. 50. En contra, desde la cátedra de Derecho Constitucional: Justino Jiménez de Aréchaga, *El Poder Legislativo*, t. 2º, Montevideo, 1906, a propósito del art. 17 de la Constitución de 1830 (*supra*, § 4), se pregunta si son "legítimas" todas las funciones legislativas que la Constitución atribuye a las Cámaras (pp. 267-268) y responde con un largo alegato contra los "fines secundarios" del Estado, sosteniendo que "contrarían y destruyen sus fines primordiales" y "deben condenarse por ser contrarios a la Justicia y al Derecho" (pp. 268-280).

Como interpretación constitucional, la solución parece francamente insostenible, por colidir groseramente con la disposición que el autor comenta. En la p. 264 incluye entre las potestades del Poder Legislativo la de establecer "servicios públicos", pero no es posible esclarecer el sentido con que emplea la expresión. Atendiendo a su posición sobre los fines del Estado, parecería que esos servicios sólo serían "legítimos" en cuanto tuvieran por cometidos "garantir a los miembros de la sociedad el más completo ejercicio de todas sus libertades individuales", "exigirles el cumplimiento de todos los deberes jurídicos" y administrar los bienes de propiedad común "cuyo uso corresponde a todos y a cada uno de los miembros de la sociedad" (pp. 272-274).

25. El autor se refiere genéricamente a esa jurisprudencia, pero no precisa fallos ni fuente. Cita asimismo opiniones de autores (Aucoc, Gianquinto, Christophle), sin individualizar sus obras.

26. Luis Varela, *Apuntes de Derecho Administrativo. Servicio de Obras Públicas*, cit., p. 13.

en bienes del dominio público en "interés particular", o en dominio privado del Estado pero "no para un *servicio público*", o en bienes "que no están afectados a ningún *servicio público*";[27] sí lo son las obras de construcción o reparación en el dominio privado del Estado "que responden a un interés general" o se "relacionan directamente con un *servicio público*", considerando como tal por ejemplo la defensa nacional,[28] y lo son los realizados por concesionarios, como los emprendidos por el Estado o las Municipalidades "que sean en interés directo del *servicio público*".[29] En todo caso, es decisiva para que exista obra o trabajo público "la intervención de las autoridades administrativas o del Estado", ya sea construyendo por su cuenta, autorizando, dirigiendo y controlando.[30] Surge también del contexto que no toda actividad de la Administración es "servicio público"; no lo son las cumplidas en interés exclusivo de "bienes que el Estado posee a título privado";[31] a la inversa, las actividades cumplidas por particulares debidas únicamente a su propia iniciativa no son "servicios públicos" aunque satisfagan un interés general o tengan una utilidad pública.[32]

Puede concluirse entonces que, en la concepción de Varela, son "servicios públicos" las actividades cumplidas por la Administración, o en virtud de su autorización o concesión y bajo su dirección y control, que satisfacen el interés general, que no se confunde con el subjetivo de la Administración.

27. Idem, pp. 10 y 16 (destacados míos).

28. Idem, pp. 10-11 (destacados míos).

29. Idem, p. 18 (destacados míos).

30. Idem, p. 12.

31. Idem, pp. 10, 16 y 17.

32. Idem, pp. 12-13.

4.3 La doctrina constitucionalista: Justino E. Jiménez de Aréchaga

La expresión "servicios públicos" es utilizada también por Justino E. Jiménez de Aréchaga[33] con el inequívoco significado de dependencias y actividades de la "administración general de la República", cuyo "jefe superior" era el Presidente de la República (art. 79),[34] al que correspondía en la Constitución de 1830 el desempeño del Poder Ejecutivo (art. 72).

Así, comentando la potestad conferida al Presidente de "proveer los empleos de la Administración[35] conforme a la Constitución y a las leyes", "derivado lógico de la atribución general del art. 79", se refiere al incumplimiento del art. 17, n. 13, que disponía como atribución privativa del Poder Legislativo "crear y suprimir empleos públicos; determinar sus atribuciones; designar, aumentar o disminuir sus dotaciones o retiros", violado por los nombramientos de empleados interinos o a título de simple gasto, "ya con fines políticos siempre condenables, ya dando satisfacción a necesidades apremiantes de los *servicios públicos* comprometidos por

33. Justino E. Jiménez de Aréchaga, *El Poder Ejecutivo y sus Ministros*, t. II, Montevideo, 1913.

34. Este autor no analiza la creación de Administraciones descentralizadas por servicios bajo la Constitución de 1830, íntimamente relacionado con su art. 79, pese a que a la fecha de la obra el fenómeno tenía ya amplio desarrollo. V. Enrique Sayagués Laso, *Tratado de Derecho Administrativo*, 6ª ed. (puesta al día a 1998 por Daniel H. Martins), t. II, Montevideo, 1998, §§ 586-588, pp. 119-121.

35. Así la expresa el autor en p. 58, confirmando el sentido con que utilizará después la locución "servicios públicos". La Carta decía en su art. 81: "proveer los empleos civiles y militares (...)".

la morosidad legislativa".[36] Al explicar la potestad atribuida asimismo al Presidente de la República de "presentar anualmente a la Asamblea General el presupuesto de gastos del año entrante, y dar cuenta instruida de la inversión hecha en el anterior" (art. 82), invoca "el conocimiento de las exigencias a que los *servicios públicos* deben dar satisfacción y al de las reformas, supresiones y ampliaciones que mejor le permitan realizar las funciones que como a Poder Administrador le han sido atribuidas".[37]

Sobre la misma disposición constitucional, justifica tanto la iniciativa del Presidente como la anualidad del presupuesto, porque "la extensión creciente de los *servicios públicos* subordina a la inevitable complicación de los organismos administrativos encargados de atenderlos el éxito de la gestión gubernativa. (...). No será posible, por lo demás, hacer administración regular, ordenada, ni desenvolver una buena gestión financiera, si todos los servicios no están perfectamente regulados por una ley que, por su misma anualidad, dé al Ejecutivo la seguridad de que siempre podrá disponer de los recursos necesarios a su gestión".[38]

En la concepción de Justino E. Jiménez de Aréchaga, entonces, la expresión "servicios públicos" aludía a un conjunto orgánico, la "administración general de la República", cuyo "jefe superior" era el Presidente de la República; utilizada en sentido funcional, comprendería las actividades cumplidas por ese conjunto orgánico.

36. J. E. Jiménez de Aréchaga, *El Poder Ejecutivo y sus Ministros*, cit., t. II, p. 60 (destacado mío).

37. Idem, p. 104 (destacado mío).

38. Idem, pp. 111-112 (destacado mío).

4.4 La locución "servicios públicos" en la doctrina bajo la Constitución de 1830

Aparecen entonces durante la vigencia de la Constitución de 1830, como concepciones doctrinales y no como interpretación de la Carta, que no los mencionaba, dos nociones de "servicios públicos".

Una los concibe como ciertas actividades de la Administración – no todas – que satisfacen el interés general, cumplidas por la propia Administración o en virtud de su autorización o concesión y bajo su dirección y control; es una noción funcional y restringida, esto último en cuanto no comprende todas las actividades de la Administración.

La otra los concibe como el conjunto orgánico dependiente del Poder Ejecutivo; es una noción orgánica, que en cuanto se admita que esa "administración general" era la única constitucionalmente posible, comprendería funcionalmente todo el ejercicio de la función administrativa.

5. Noción de "servicio público" en la doctrina clásica

5.1 Los grandes maestros clásicos

A todo esto, el concepto de "servicio público" había adquirido, en aquella época, en la doctrina del derecho administrativo francés, la importancia "principal o notable" que lo hizo clásico, por obra de sus grandes maestros: Hauriou,[39] Du-

39. M. Hauriou, *Précis de Droit Administratif et de Droit Public Général*, cit., 8ª ed., pp. 13-22. Enuncia como servicios públicos: la

guit[40] y algo más tarde Gastón Jèze[41] (v., *supra*, n. 2.1).

La noción de "servicio público" resultante de la elaboración de estos grandes maestros, con matices entre ellos y matizada sin duda por autores posteriores, jugó un papel relevante, determinante, en la doctrina del derecho administrativo de la primera mitad del siglo XX, se le adjudicara o no la calidad de noción básica, "piedra angular" o sustento último de la disciplina.

Sus rasgos más definidos pueden sintetizarse diciendo que consiste en la actividad – o en la institución u organización que la cumple – tendiente a la satisfacción de necesidades de interés público o general, de manera igualitaria, regular y continua, realizada por entidades estatales o por concesionarios, bajo un régimen de derecho público, no necesariamente cumplidas con exclusividad o en régimen de monopolio, y ejerciendo para ello potestades públicas. No solamente de la enunciación de esas notas conceptuales, sino de la propia enumeración que realizan los autores, resulta que la noción deviene comprensiva de todas las actividades cumplidas por las entidades estatales, excluyendo tan solo un residuo que se cumple bajo régimen de derecho privado.[42]

defensa nacional, la cultura nacional, la asistencia pública y la previsión social (p. 3), los servicios postal, militar, de enseñanza, financieros (p. 13), de policía, de comunicaciones (p. 15), ferrocarriles, agua, alumbrado público y privado (p. 17), de relaciones exteriores, legislación, justicia, limpieza (p. 18).

40. L. Duguit, *Manual de Derecho Constitucional*, cit., pp. 31-32, 42 y 73-76. Enumera como "servicios públicos": enseñanza y beneficencia (p. 74), defensa contra enemigo exterior, policía del orden, tranquilidad y seguridad en el interior, servicio de justicia (p. 75) y otros servicios, "en la actualidad muy numerosos; consisten, en su mayor parte, en servicios de orden técnico, que se realizan casi siempre, mediante simples operaciones materiales (...)" (p. 76). También en "Las transformaciones del derecho público", cit., in *Las Transformaciones del Derecho (Público y Privado)*, pp. 34-37.

41. Gaston Jèze, *Principios Generales del Derecho Administrativo*, t. I I-1, Buenos Aires, 1949, pp. 3-26 (trad. de la 3ª ed. francesa, París, 1930). Jèze define el servicio público por un régimen jurídico: el derecho público. Pero en la p. 1 del t. I define el derecho público administrativo por el servicio público (v., *supra*, n. 2.1). Este manifiesto círculo vicioso parece romperse cuando, en p. 4 del t. II-1, acude como criterio al contenido de las normas y su finalidad, y en p. 5 invoca el predominio del interés general sobre el particular. Por consiguiente, en la concepción del autor, derecho público y servicio público no se definen recíprocamente, sino que ambos se caracterizan por el contenido de las normas, determinado por la finalidad de satisfacer el interés público con predominio sobre el interés privado. Aunque en la concepción expuesta el "servicio público" se concibe como un régimen jurídico con ciertas características, sin referencia expresa a requisito alguno en cuanto al prestador, del contexto de la exposición del autor resulta que sólo existirá "servicio público" cuando sea prestado por la "Administración" y sus "agentes públicos" (pp. 4, 6, 7, 9, 12, 14, 15, 21, 31, 103) o por concesionarios o "arrendatarios" (pp. 12, 22, 23, nota 45, 71-72, 103). Jèze enuncia como tareas conceptuables como servicios públicos: el ejército (p. 7), la policía, la defensa del territorio, la diplomacia y consulados, la instrucción pública, la asistencia pública, la higiene pública, correos, telégrafos y teléfonos (p. 22), las judiciales (pp. 7 y 22), los cultos religiosos (hasta la ley de 1905, pp. 11 y 21), ferrocarriles (pp. 12 y 22), protección de niños desvalidos (p. 28), asilos de alienados (p. 29), asistencia médica gratuita a necesitados (p. 32), establecimientos hospitalarios (p. 33). Al afirmar la potestad del Parlamento de suprimir servicios públicos, sólo excluye "los servicios instituidos por las leyes constitucionales de 1875 (servicio legislativo, servicio ejecutivo)" (p. 149).

42. Cf. E. Sayagués Laso, *Tratado de Derecho Administrativo*, cit., 7ª ed., t. I, p. 51.

No se trata ahora de considerar la importancia teórica de la noción clásica de "servicio público", su acierto o desacierto, ni la crisis que la aquejó y sus razones en la segunda mitad del siglo pasado,[43] sino de prestar atención a la influencia que pudo ejercer – o no – en la interpretación de la Constitución uruguaya y en la posterior inclusión de la expresión "servicios públicos" en varias de sus disposiciones, en aquella época de su difundida y generalizada aceptación.

6. La noción de "servicio público" bajo la Constitución de 1918

6.1 El régimen de la Constitución de 1918: los individuos y el Estado

Pese a que la noción de "servicio público" ya había sido elaborada por sus más ilustres expositores en la época de la discusión y sanción de la Carta de 1918, la expresión, como en la de 1830, no aparece en su texto. Las disposiciones sobre igualdad (art. 148), derechos (art. 146) y libertades (art. 150), en particular de trabajo, comercio e industria (art. 171), así como sobre las potestades del Poder Legislativo (art. 18, n. 3º), no sufrieron modificaciones relevantes. Vale también ahora, entonces, lo dicho a propósito de la Constitución de 1830 sobre la situación jurídica de los habitantes, sus relaciones con el Estado y sus potestades legislativas, y las disidentes interpretaciones de la doctrina (*supra*, n. 4).

Sin embargo, dos modificaciones orgánicas podían tener relación con la noción teórica de "servicios públicos", aunque esta expresión no figurara en el léxico constitucional.

6.2 Novedades orgánicas

El art. 100 de la Carta de 1918 dispuso: "Los diversos servicios que constituyen el dominio industrial del Estado, la instrucción superior, secundaria y primaria, la asistencia y la higiene públicas serán administrados por Consejos autónomos". Todos los "servicios" referidos en esa disposición eran "servicios públicos" en la concepción dominante ya en esa época, por enunciación expresa de los autores. Así lo interpretó Pablo Banco Acevedo, con explícita referencia a ese artículo: "El espíritu guía de esta Constitución fue la descentralización administrativa, de modo de restar al Poder Ejecutivo muchas de las funciones que por el aumento incesante de los *servicios públicos* le habían sido acumuladas".[44] No queda claro si para el autor sólo eran servicios públicos los mentados en el art. 100, o si éstos eran sólo algunos entre otros, como lo eran sin duda alguna para aquella doctrina generalmente recibida.

Por otra parte, desaparecieron las Juntas Económico-Administrativas, y en su lugar se confió "el gobierno y administración locales" a "una Asamblea Representativa y uno o más Concejos de Administración autónomos", cuyas atribuciones serían fijadas por ley (arts. 130, 132 y 136).

43. Théodore Fortsakis, *Conceptualisme et Empirisme en Droit Administratif Français*, cit., pp. 124-128, y doctrina que cita.

44. Pablo Blanco Acevedo, *Estudios Constitucionales*, Montevideo, 1939, p. 64 (destacado mío).

6.3 Noción de "servicio público" de Martín C. Martínez

En sus comentarios a esta Carta constitucional, Martín C. Martínez[45] expuso que "reducir las funciones del Estado habría sido ir contra los intereses creados y la corriente del siglo"; todo camina – dice – en el sentido de aumentar el dominio colectivo. La gran industria "genera monopolios de hecho, de los cuales no puede defenderse el público sino por la intervención del Estado". "Al intervencionismo empujará, además, el distinto sistema de compensación que predomina en los *servicios públicos*. (...). Tratándose del Estado, la regla más general es la de la gratuidad del servicio. Justicia, policía, instrucción, se dan en la medida que se necesitan; (...). El Estado cobra *[los impuestos]* según la fortuna del contribuyente, aunque éste nunca tenga que acercarse al pretorio, o que utilizar la fuerza nacional, o que mandar su hijo a la escuela pública. (...). En las industrias municipalizadas es frecuente que los consumos modestos (agua, luz, tranvías) sean más baratos que los consumos de las clases ricas." Se refiere luego a la higiene y la asistencia pública.[46] Más adelante agrega: "En los *servicios públicos*, tranvías, ferrocarriles, puertos, la huelga puede relacionarse con las tarifas oficiales".[47]

Tanto por la enumeración de actividades que incluye en la noción de "servicio público" que utiliza, como por la referencia a las formas de financiación, es bastante claro que el autor está manejando una idea muy próxima a la de la doctrina dominante, en particular la de Hauriou (*supra*, n. 5.1, en especial nota 39).

6.4 Noción de "servicio público" de Ramela de Castro

Tres "orientaciones principales" distingue este autor en las actividades administrativas del Estado: la realización de los "fines primordiales o fines primarios del Estado" (defensa exterior y seguridad interior), el desempeño de "los servicios públicos" y la que tiene en vista las "actividades industriales o facultativas de la Administración".[48] Luego incluye las dos últimas "orientaciones" en un género común, "que los autores llaman corrientemente 'dominio industrial del Estado', y en realidad puede decirse que constituyen hoy casi el único contenido de esta expresión"; calificando dichas dos formas de actividad administrativa como "propiedad pública de uso privado" o "bienes públicos de uso privado".[49]

Dice el autor que en general la denominación "servicios públicos" se da "a todos los servicios que están a cargo del organismo colectivo, o, dicho de una manera más precisa, que son realizados por órganos de la Administración". Pero se aparta explícitamente de "ese concepto muy generalizado", para significar con la expresión "servicios públicos" sólo "aquellos que satisfacen, de una manera inmediata, necesidades generales y permanentes de la colectividad", caracteres a los cuales parece agregar el de tener

45. Martín C. Martínez, *Ante la Nueva Constitución*, *Colección de Clásicos Uruguayos*, vol. 48, Montevideo, 1964, p. VII. La 1ª ed. de la obra fue en 1918.

46. Idem, pp. 66-68 (destacado mío).

47. Idem, p. 97 (destacado mío).

48. R. Ramela de Castro, *Entes Autónomos. Organización Administrativa del Dominio Industrial del Estado*, Montevideo, 1923, pp. 3-4.

49. Idem, p. 8, también p. 10.

por objeto bienes indispensables, cuando escribe que la multiplicación de esos servicios ocurre "con la lentitud que se transforma lo relativamente superfluo en bienes indispensables".[50] No todos esos servicios "son susceptibles de desempeñarse administrativamente. La actividad privada atiende la mayor parte de ellos";[51] y enumera entre los desempeñados por el Estado: "asistencia pública, alumbrado eléctrico, servicio de Correos etc. etc.", a los que agrega los tranvías.[52] El Estado, en su concepto, puede monopolizar estas actividades, pero con ello "no puede perseguir un lucro".[53]

Las "actividades industriales o facultativas de la Administración" son, para Ramela de Castro, aquéllas en que "la acción del Estado se aplica a la explotación de cualquiera de las múltiples manifestaciones de la industria". La finalidad que con ellas se persigue es "el beneficio de todos, porque si así no fuera no tendría justificación ni razón de ser, pero ese beneficio es mediato y sometido al éxito económico de la producción emprendida, traduciéndose generalmente en una disminución de las imposiciones tributarias del Estado"; se trata en definitiva de una forma de obtener recursos "que permitan al Estado pagar sus presupuestos".[54]

"La distinción entre estas dos últimas formas de la actividad administrativa – concluye Ramela de Castro – es fundamental para la materia objeto de nuestro estudio. De la naturaleza de la actividad ejercida dependerá la finalidad que el Estado debe imponerse, y la organización misma a que debe recurrir para el desarrollo de su actividad".[55]

Con este autor aparece entonces en nuestra doctrina la distinción de dos conceptos de "servicios públicos": un concepto amplio, generalmente aceptado, comprensivo de todos los servicios realizados por órganos de la Administración, y un concepto restringido, que es el que utiliza en su obra, definido por las características de las necesidades que satisface de manera inmediata – generales, permanentes, mediante bienes indispensables – y por su finalidad ajena al lucro fiscal.

6.5 Noción de "servicio público" de Alberto Demicheli

Como varios de los autores ya referidos, Demicheli comienza su desarrollo analizando los fines del Estado. A mediados del siglo XIX – dice – el Estado individualista sufre una profunda crisis, en la que influyeron el desarrollo de la gran industria, la tendencia monopolista del Capitalismo, que, abusando de la libertad, crea grandes peligros para la sociedad y el Estado, y la lucha de clases originada por las mismas causas anteriores. De ahí la in-

50. Idem, pp. 4 y 10-11.

51. Idem, p.11.

52. Idem, pp. 4 y 6.

53. Idem, p. 6.

54. Idem, pp. 4 y 6.

55. Idem, p. 5. Esta misma distinción parece retomarla Méndez, sin citarla, cuando expone, también con referencia a los servicios existentes bajo la Constitución de 1917: "Se trata (...) de actividades que constituyen servicios públicos por excelencia (casos de Correos, ferrocarriles etc.) junto a otras que tanto pueden enfocarse desde el punto de vista comercial o industrial"; y agrega que la reforma de 1917 manifiesta "un franco propósito de invadir el campo de la actividad privada mediante estatización de *servicios públicos* fundamentales e implantación de industrias oficiales" ("Régimen constitucional de los servicios autónomos en el Derecho Uruguayo", cit., en *Estudios Jurídicos en Memoria de José Irureta Goyena H.*, p. 427 – destacado mío).

tervención del Estado en la realización de los fines sociales mediante sus funciones secundarias.[56]

Distingue entonces tres formas de intervención del Estado en las actividades privadas: por vía de *fomento*, por vía de *reglamentación* o *contralor* y por vía de *explotación*. La *explotación*, a su vez, ha seguido tres etapas sucesivas: la *concesión*, la *explotación directa en libre concurrencia* y la *explotación directa con monopolio*. La concesión "supone la existencia de un acto jurídico mediante el cual la colectividad pública encarga a los particulares el funcionamiento de un servicio industrial, bajo las condiciones que el Estado les impone y con la reserva de ciertos derechos de contralor y vigilancia". En la explotación directa el Estado se erige en empresario, utilizando sus capitales y sus funcionarios, compitiendo con los particulares o con monopolio. Pero "el derecho del Estado a intervenir en las actividades privadas tiene un límite; y este límite es el *servicio público*. El Estado sólo puede intervenir en aquellas industrias o actividades que reúnen los caracteres de un servicio público".[57]

Así llega Demicheli a la enunciación de los elementos del "servicio público" en su concepción: "el servicio público se caracteriza por la concurrencia de los siguientes elementos: (1º) su carácter *impostergable* e *insustituible*; (2º) su carácter *monopolista*".[58]

Explica el autor que "tienen carácter *impostergable* e *insustituible* aquellos servicios que interesan vitalmente a la comunidad, y respecto a los cuales (...) todas las gentes, sea cual fuere su profesión, dependen de ellos; se encuentran en este caso los servicios de transporte, de gas, agua, luz eléctrica etc. Son servicios esenciales en la vida diaria que no tienen sustitutivos adecuados". Sin embargo, "estos servicios, mientras no se presentan con carácter *monopolista*, no son todavía servicios públicos"; así ocurre con infinidad de actividades que satisfacen necesidades vitales del público en que existe concurrencia, las cuales "adquieren los elementos completos del servicio público cuando revisten carácter *monopolista*, sea en el sentido *físico o natural* del término, sea en el sentido *comercial* debido a maniobras de particulares".[59]

56. Alberto Demicheli, *Los Entes Autónomos. Régimen Jurídico de los Servicios Públicos Descentralizados*, Montevideo, 1924, pp. 16-21.

57. Idem, p. 21. Hasta aquí, la claridad del pensamiento del autor es solo aparente. Al menos en la expresión literal de la última frase recién transcripta en el texto, para el autor este límite al "derecho del Estado a intervenir en las actividades privadas" alcanzaría las tres formas de "intervenciones del Estado en las actividades privadas" que distinguió antes en p. 21: fomento, reglamentación o contralor y explotación. Pero no parece razonable interpretar que el fomento y la reglamentación o contralor se limiten a las actividades que constituyan "servicios públicos"; parecería que ese límite sólo debería ser aplicable a las intervenciones que consistan en "explotación", ya sea mediante concesión o explotación directa, en competencia o con monopolio. Sin embargo, enseguida exigirá el monopolio como uno de los elementos del "servicio público"; entonces, si el servicio público es el límite de la intervención del Estado mediante "explotación", sólo podría hacerlo en monopolio, quedando excluidas la explotación mediante concesión o directa en competencia, en flagrante contradicción con lo que expuso antes.

58. A. Demicheli, *Los Entes Autónomos. Régimen Jurídico de los Servicios Públicos Descentralizados*, cit., p. 22. En la p. 259 reitera esta caracterización, aplicándola a los servicios públicos industriales. El autor ratificó su concepción en *El Poder Ejecutivo. Génesis y Transformaciones*, Buenos Aires, 1950, p. 124, nota 3.

59. A. Demicheli, *Los Entes Autónomos. Régimen Jurídico de los Servicios Públicos Des-*

La concepción del autor vuelve a oscurecerse cuando agrega a continuación que esos "dos elementos – servicio impostergable e insustituible de carácter monopolista – comprenden la mayor parte de los servicios públicos industriales", pero "hay casos que escapan a la regla".[60] Ejemplifica como tales la fabricación y venta por el Estado de productos tóxicos (alcohol, tabaco y otros) para mejorar su calidad o restringir su consumo, y la intervención pública para suplir la iniciativa privada o "evitar las enormes ganancias que huyen al extranjero", "en un País como el nuestro, donde la iniciativa privada no es muy amplia y donde tan a menudo nos vemos esquilmados por los capitales extranjeros".

Las categorías que Demicheli distingue dentro de los "servicios públicos" presentan cierta complejidad, porque las estructura a partir de la enunciación de servicios realizada por el art. 100 de la Carta de 1918.[61] Los servicios industriales allí mentados ("dominio industrial del Estado", en las palabras de la Constitución) pueden ser para el autor "servicios públicos" o "servicios fiscales", según que su finalidad sea la satisfacción de una necesidad general o la realización de un lucro fiscal.[62] De los servicios a que se refiere el art. 100, son "servicios públicos" los servicios industriales con tal carácter,[63] los culturales ("la instrucción superior, secundaria y primaria") y los de previsión ("la asistencia y la higiene públicas"). Pero esos del art. 100 no agotan para el autor la categoría de los "servicios públicos", ya que existen otros a los cuales no puede conferirse autonomía porque corresponden necesariamente al Poder Ejecutivo: guerra, policía etc.[64]

Pese a las señaladas oscuridades y contradicciones, la concepción de Demicheli tiene actualmente interés, por el

centralizados, cit., pp. 22-23. En la Constitución de 1918, que comenta el autor, no estaba prevista la potestad legislativa de establecer monopolios, que apareció en la Carta de 1934, en el art. 75 (actual art. 85), n. 17.

60. A. Demicheli, *Los Entes Autónomos. Régimen Jurídico de los Servicios Públicos Descentralizados*, cit., pp. 23-24. La redacción del pasaje aludido en el texto induce a pensar que existirían "servicios públicos" en que no se cumpliera la regla de que se trate de "servicio impostergable e insustituible de carácter monopolista", lo cual cuestionaría el propio concepto sostenido por el autor. Pero más adelante, según se verá enseguida, en opinión del autor esos servicios "que escapan a la regla" son los servicios industriales que califica como "fiscales", que en su concepción no son "servicios públicos". La regla a que se escapa en esos casos, entonces, es la postulada limitación de la intervención del Estado a los "servicios públicos" como el autor los concibe, y no la que exige aquellos caracteres para la configuración del "servicio público".

61. A. Demicheli, *Los Entes Autónomos. Régimen Jurídico de los Servicios Públicos Descentralizados*, cit., pp.64, 80 y 253.

62. Aquí discrimina los que sólo persiguen fines de lucro (los Bancos del Estado) y los que además persiguen accesoriamente fines sociales (monopolios del alcohol y del tabaco).

63. Entre éstos enumera: servicio postal, telegráfico y telefónico, de electricidad, portuario y sus accesorios (lanchaje, salvamento etc.), los transportes, tranvías y ferrocarriles del Estado, y de agua (A. Demicheli, *Los Entes Autónomos. Régimen Jurídico de los Servicios Públicos Descentralizados*, cit., pp. 253 y 256). Para fundamentar el carácter de "servicios públicos" de estos servicios industriales, invoca las definiciones de Duguit y de Hauriou, y afirma "el carácter común que los identifica *[con los servicios públicos tradicionales]: la satisfacción de una necesidad pública impostergable"* (ob. cit, p. 258).

64. A. Demicheli, *Los Entes Autónomos. Régimen Jurídico de los Servicios Públicos Descentralizados*, cit., p. 72.

carácter impostergable e insustituible que atribuye a los "servicios públicos", en verdad, a las prestaciones que suministran; por la explicación de esos caracteres y por su ejemplificación de los servicios que los cumplen, se trataría de prestaciones suministradas individualizadamente a los habitantes, un requisito que aparecerá con gran relevancia en la concepción del "servicio público" de la doctrina posterior (*infra*, n. 10.1),[65] pero no es posible identificar en todos los que Demicheli enumera. Con la exigencia del carácter monopolista, se aparta también de la doctrina clásica, dominante en la época (*supra*, n. 5).

Sin embargo, en definitiva la concepción de Demicheli se aproxima en mucho a la "Escuela del Servicio Público". El contenido de la noción de "servicio público", a la vista de la categorización que realiza y de las actividades que incluye en ella, alcanza una amplitud sin duda similar a la de aquella Escuela, comprendiendo todos los cometidos de las entidades estatales,[66] tal vez sin otras excepciones que los "servicios fiscales", sin que pueda percibirse claramente en todas las actividades comprendidas el carácter individualizado de las prestaciones.

Pocos años después, comentando el régimen de Ejecutivo dual de la Constitución de 1918, Demicheli dirá que responde "a una distinción científica entre los servicios públicos *de gobierno* y los servicios públicos *de empresa*", y parece oírse la voz de Duguit cuando nuestro autor expone que el sistema político instituido por la reforma de 1917 "se orienta hacia una renovada federación de servicios públicos, en múltiples órdenes – municipal, electoral, industrial, cultural, de previsión social etc. –, lo que comporta una transformación profunda de la esencia misma de las concepciones políticas".[67]

6.6 La locución "servicios públicos" en la doctrina bajo la Constitución de 1918

Otra vez como concepciones doctrinales, y no como interpretación de la Constitución de 1918, que no utiliza la expresión, bajo su vigencia se manifestaron entonces dos nociones de "servicios públicos". Por un lado, la noción generalmente aceptada les confiere un amplio alcance, coincidente con el de la doctrina clásica francesa. Por otro, se incorporan a la noción ciertas ideas que tienden a restringirla, las cuales adquirirán relevancia en la doctrina posterior (*infra*, n. 10.1).

7. La noción de "servicio público" en la Constitución de 1934/1942

7.1 Los "servicios públicos" en disposiciones constitucionales

Finalmente, la expresión "servicios públicos" apareció en la Constitución de 1934, en disposiciones que se mantuvieron incambiadas en la reforma de 1942, y

65. El carácter individualizado de las prestaciones no es ajeno a la concepción de Hauriou (v., *supra*, n. 5.1, nota 39), aunque es difícil encontrarlo en algunas de las actividades que él incluye en la noción de "servicio público".

66. En Alberto Demicheli, *El Gobierno Local Autónomo. Su Régimen Jurídico*, t. I, Montevideo, 1929, todo parece ser "servicio público": guerra, policía, diplomacia, obras públicas, hacienda, trabajo (pp. 23 y 46), servicios públicos industriales y comerciales, culturales, de previsión (p. 26).

67. A. Demicheli, *El Gobierno Local Autónomo. Su Régimen Jurídico*, cit., t. I, p. 19.

que en lo sustancial subsisten en la Carta vigente.

El art. 76 de esta Constitución (actual art. 86) dispuso en su inciso 1º: "La creación y supresión de empleos y *servicios públicos* (...) se hará ordinariamente mediante el Presupuesto General, con sujeción a lo establecido en la Sección XII". El art. 204 de 1934, que pasó a ser 201 por la reforma de 1942 (actual art. 211), en el ap. B), incluye como competencia del Tribunal de Cuentas: "Intervenir preventivamente en los gastos y los pagos, conforme a las normas reguladoras que establecerá la ley y al solo efecto de certificar su legalidad", agregando: "En los Municipios, Servicios Descentralizados y Entes Autónomos, el cometido a que se refiere este inciso podrá ser ejercido (...) por intermedio de los respectivos contadores o funcionarios que hagan sus veces (...) con sujeción a lo que disponga la ley, la cual podrá hacer extensiva esta regla a otros *servicios públicos* con administración de fondos". El art. 225, que llevó el n. 222 por la reforma de 1942 (actual art. 249), estableció: "Los Jueces de Paz y los de Distrito durarán 4 (cuatro) años en el cargo, pero, en cualquier tiempo, unos y otros podrán ser removidos si así conviene a los fines del mejor *servicio público*".

Otras disposiciones de la Constitución se refieren a las concesiones de servicios públicos. El art. 50 de la Carta de 1934/1942 (actual art. 51) dispuso: "El Estado o los Municipios, en su caso, condicionarán a su homologación el establecimiento y la vigencia de las tarifas de *servicios públicos* a cargo de empresas concesionarias". Por su parte, el art. 244 de la Constitución de 1934, que pasó a ser el art. 241 con la reforma de 1942 (actual art. 273, n. 8º), previó: "Las Juntas Departamentales podrán otorgar concesiones para *servicios públicos* locales o departamentales, a propuesta del Intendente y por mayoría absoluta de votos".

7.2 La interpretación de Justino Jiménez de Aréchaga

El ilustre comentador de la "Constitución del 1942"[68] no se refiere a los "servicios públicos" al examinar el art. 76 en su relación con el art. 75 (actual art. 85), n. 13;[69] tampoco lo hace en su análisis del art. 201 B),[70] ni se examina esa expresión al explicarse el art. 222.[71]

En cambio, al exponer las razones en que se basa el art. 50, se refiere a que "los servicios públicos en nuestro País no están todos a cargo de Entes Públicos", y menciona como tales el servicio de aguas corrientes, "característicamente servicio público", y el servicio de transportes, concluyendo que "sería extremadamente peligroso que estas empresas particulares pudieran fijar o modificar libremente las tarifas que los habitantes del Estado deben pagar por la utilización de esos servicios (...) por el carácter imprescindible de los

68. Así le llama el maestro, por ejemplo, en la p. 126 de *La Constitución Nacional*, cit., t. I, pese a que, como no podía ser de otra manera, poco antes dijo: "El texto constitucional que hoy rige es el de 1934 con esas Enmiendas de 1942". La denominación "Constitución de 1942" es habitual, incluso entre los especialistas (v. A. Pérez Pérez, *Constitución de la República Oriental del Uruguay de 1967*, cit., p. 585).

69. Justino Jiménez de Aréchaga, *La Constitución Nacional*, t. II, Montevideo, Cámara de Senadores, 1997, pp. 100-103.

70. Justino Jiménez de Aréchaga, *La Constitución Nacional*, t. VII, Montevideo, Medina, 1947, pp. 215-217.

71. Justino Jiménez de Aréchaga, *La Constitución Nacional*, t. VIII, Montevideo, Medina, 1947, pp. 114-119 – clase dictada por el Dr. Hugo Estrázulas, según consta en p. 69.

servicios que ellas suministran".[72] Se detiene aun más sobre el tema al comentar el art. 241; dice entonces: "Los servicios públicos en general, sean aquellos que toma a su cargo el Estado como los que deben ser realizados por autoridades locales, se pueden realizar fundamentalmente de dos modos: o bien directamente por la Administración, o bien por una empresa o un particular que reciba de la Administración los poderes necesarios para cumplirlos por sí mismo. En el primer caso, son las propias reparticiones administrativas del Estado o del Municipio las que toman a su cargo la ejecución del servicio. En el segundo, esas empresas o esos particulares deberán proveer los medios financieros y los medios personales necesarios para el cumplimiento del servicio, (...). En todo caso, el cumplimiento de un servicio público importa, de necesidad, que quien lo realice disponga de ciertos medios de Poder Público, poderes de reglamentación, poderes de disciplina etc., (...). Cuando el Estado o el Municipio otorgan una concesión, por medio de los instrumentos mediante los cuales la concesión es establecida, transmiten al concesionario ciertas facultades de Poder Público (...)".[73]

De la interpretación constitucional realizada por Jiménez de Aréchaga resultan algunos caracteres de los servicios públicos, en su concepción: son actividades de carácter imprescindible para los habitantes del Estado, cuyo cumplimiento importa, de necesidad, que quien lo realice disponga de ciertos medios de Poder Público, y que por consiguiente sólo pueden estar a cargo de entidades estatales o de concesionarios que reciban de la Administración los poderes necesarios para cumplirlos por sí mismos. Noción muy próxima, ciertamente, a la de la doctrina clásica del "servicio público", en particular a la de Duguit (*supra*, n. 5.1, en especial nota 40).

7.3 Significado de la locución "servicios públicos" en la Constitución e 1934/1942

Según queda expuesto (*supra*, n. 3.1), la interpretación de la expresión "servicio público" en las disposiciones que la contienen de la Constitución de 1934/1942 procurará atribuirle el mismo significado en todas ellas; de manera que el alcance que resulte de una de ellas se atribuirá en principio también a las otras, salvo que no sea posible por alguna razón interpretativa.

En el art. 76 (actual art. 86) la expresión se refiere nítidamente a la creación orgánica,[74] mientras en el art. 225/1934 o art. 222/1942 (actual art. 249) alude a una actividad, con un alcance tan amplio que incluye aun la cumplida en ejercicio de función jurisdiccional. El art. 76 (actual art. 86) comprende todas las dependencias del Poder Ejecutivo, pero también al Poder Judicial, el Tribunal de lo Contencioso-Administrativo, la Corte Electoral, los Servicios Descentralizados y los Entes Autónomos (salvo los Industriales o Comerciales), porque los presupuestos de todos ellos se incluyen en el Presupuesto General (art. 195/1934 y art. 192/1942, actual art. 220). Sólo quedan fuera del alcance del art. 76 los Municipios y los

72. Justino Jiménez de Aréchaga, *La Constitución Nacional*, cit., t. I, p. 334.

73. Justino Jiménez de Aréchaga, *La Constitución Nacional*, t. IX, 1º, Montevideo, Medina, s/f, p. 156.

74. Cf. E. Sayagués Laso, *Tratado de Derecho Administrativo*, cit., 7ª ed., t. I, § 28, p. 54.

Entes Industriales y Comerciales (art. 196/1934 y art. 193/1942, actual art. 221), pero ambos ingresan en el alcance de la locución constitucional "servicios públicos" cuando el art. 204/1934 o el art. 201/1942 (actual art. 211), en el ap. B), alude a "otros servicios públicos".

Cabe concluir que, conforme a la Constitución de 1934/1942, la expresión "servicios públicos" comprende todas las entidades estatales, con la sola excepción del Poder Legislativo, y asimismo lo son sus actividades. Es así porque, con esa sola excepción, todas esas entidades están incluidas necesariamente en disposiciones que se refieren a ellas como "servicios públicos", y nada impide darle ese significado a la expresión en todas aquéllas en que la locución aparece; aunque no todas contengan preceptos que se apliquen a todas las entidades (y sus actividades) incluidas en la categoría, sino sólo a las que resulten comprendidas en cada uno de los artículos, debidamente interpretados.

La Constitución previó además expresamente que esas actividades que en su concepto son "servicios públicos" por corresponder a entidades estatales no dejan de serlo porque pasen a ser cumplidas por particulares en virtud de una concesión (art. 50 y arts. 244/1934 o 241/1942); concesión que, en un régimen en que la libertad de trabajo, comercio e industria es de principio, será necesaria porque les habilita el ejercicio de potestades o la utilización de bienes que en su defecto no les corresponderían.

Siendo así, es claro que la Constitución de 1934/1942 utilizó la expresión "servicios públicos" con un alcance coincidente en líneas generales con el que le confiere la doctrina francesa, generalmente acogida en esa época, y así lo interpretó la doctrina más recibida (*supra*, n. 7.2).

8. La noción de "servicio público" en la Constitución de 1952

8.1 Los "servicios públicos" en disposiciones constitucionales

En la Constitución de 1952 se mantuvieron todas las disposiciones de la Carta anterior que contenían la expresión "servicios públicos", con modificaciones de redacción, algunas impuestas por cambios orgánicos, que no alteraron en lo más mínimo la noción atribuible a esa locución.[75] De manera que hasta aquí se mantuvo en la

75. Esas disposiciones llevan, en la nueva Carta, los ns. 51, 86, 211 ap. B), 249 y 273, n. 8º, numeración que se mantiene actualmente. El art. 51 reiteró el art. 50 anterior, sustituyendo "Municipios" por "Gobiernos Departamentales". El art. 86, inciso 1º, reiteró el mismo inciso del anterior art. 76, suprimiendo la palabra "ordinariamente" y sustituyendo "el Presupuesto General" por "las leyes de presupuesto", atendiendo a la posibilidad que esta Constitución abrió de que el presupuesto de gastos se separara del de sueldos. El art. 211 ap. B) reiteró el anterior art. 201/1942 ap. B), sustituyendo, al fin del inciso 1º, "cumplir lo ordenado" por "dar cumplimiento a lo dispuesto", y luego sustituyó "Municipios, Servicios Descentralizados y Entes Autónomos" por "Gobiernos Departamentales, Entes Autónomos y Servicios Descentralizados". El art. 249 corresponde al art. 222/1942, suprimiéndose la referencia a "los *[Jueces]* de Distrito" y sustituyéndose "pero, en cualquier tiempo, unos y otros podrán ser removidos" por "y podrán ser removidos en cualquier tiempo". Finalmente, el art. 241/1942 se transformó en el n. 8º del art. 273, que enumera las atribuciones de las Juntas Departamentales; por ende, no contiene la referencia inicial al órgano, y sustituye "Intendente" por "Concejo", agregando al final que la mayoría absoluta de votos será "del total de sus componentes". Como puede verse, ninguna de las modificaciones incide en absoluto en la significación de la expresión "servicios públicos".

nueva Constitución en todos sus términos la significación que "servicios públicos" tuvo en la que la precedió (*supra*, n. 7.3). Pero se agregaron, en 1952, dos nuevas referencias a esa noción, que deben ser analizadas.

El art. 24, modificando radicalmente el régimen de responsabilidad que consagró el que llevó el mismo número en la Constitución anterior, dispuso: "El Estado, los Gobiernos Departamentales, los Entes Autónomos, los Servicios Descentralizados y, en general, todo órgano del Estado serán civilmente responsables del daño causado a terceros, en la ejecución de los *servicios públicos*, confiados a su gestión o dirección".

La otra referencia aparece en el art. 65, sin concordancias en la Constitución anterior. En su inciso 2º establece: "En los *servicios públicos* administrados directamente o por concesionarios, la ley podrá disponer la formación de órganos competentes para entender en las desinteligencias entre las autoridades de los servicios y sus empleados y obreros; así como los medios y procedimientos que pueda emplear la autoridad pública para mantener la continuidad de los servicios".

8.2 La interpretación de Justino Jiménez de Aréchaga

En sus comentarios sobre el nuevo régimen de responsabilidad del Estado y de sus funcionarios consagrado en 1952, Jiménez de Aréchaga dedicó escasa atención a la significación de la expresión "servicios públicos". Sólo cabe espigar el pasaje en que expone: "La generalidad de los términos en que está concebido el nuevo art. 24 permitiría un desarrollo jurisprudencial en el sentido de que también puede ser responsabilizado el Estado por actos del Poder Judicial, (...). Hay hipótesis, como por ejemplo la del 'error judicial', error del cual puede derivar daño cierto y grave para el administrado, en las cuales no sería injusto, por cierto, admitir la posibilidad de que se accionara contra el Estado para obtener una reparación pecuniaria".[76] La referencia al "error judicial" induce inequívocamente a concluir que no está pensando sólo en la administración auxiliar de la función jurisdiccional, sino en el ejercicio mismo de esta última, como incluida en "los servicios públicos" mentados en el art. 24.[77]

Menos importancia reviste el planteo de que el "distingo entre gestión o dirección de las personas públicas podría hacer suponer, también, que el caso de daños causados por empresas concesionarias o por empleados de empresas concesionarias está comprendido en el régimen de responsabilidad",[78] que sólo sirve para ratificar que los "servicios públicos" en el concepto constitucional pueden ser prestados por concesionarios.

El comentario de Jiménez de Aréchaga al nuevo art. 65 es relativamente extenso y muy crítico en varios aspectos. En cuanto interesa al tema aquí tratado, dice: "No estoy seguro de que el constituyente haya valorado justamente el alcance de la expresión 'servicio público'. Me inclino a creer que ha pensado, más que en otra cosa, en esas empresas públicas mediante

76. Justino Jiménez de Aréchaga, *La Constitución de 1952*, Montevideo, Cámara de Senadores, 1995, p. 202.

77. Podría señalarse, en contra, la denominación "administrado" que aplica al dañado por el Poder Judicial; pero no parece ser sino una imprecisión propia de una exposición oral.

78. Justino Jiménez de Aréchaga, *La Constitución de 1952*, cit., p. 203.

la cuales se atiende cierto tipo de servicio público: el prestado al público por medio de organizaciones de tipo comercial o industrial"; poniendo como ejemplos una empresa de transporte municipal y otra privada concesionaria y "los servicios de distribución de bienes esenciales para la población y otros semejantes". Y continúa: "Pero la verdad es que el concepto técnico de servicio público tiene una extensión mucho mayor, y a texto expreso esta disposición podría regir incluso para el Poder Judicial, que es tan servicio público como el de las Aguas Corrientes o el del Transporte (...), como también es servicio público el que presta el Ejército (...). Es indudable que no hay este propósito en el precepto; pero es indudable también que se ha utilizado un lenguaje que tiene un sentido técnico, como si no lo tuviera".[79]

En definitiva, la exposición de Jiménez de Aréchaga no es concluyente sobre el alcance de la expresión "servicios públicos" en el inciso 2º del nuevo art. 65. Pero, aplicando sus propios criterios interpretativos, si se deja de lado su crítica a la norma, basada en su opinión acerca de cómo debería ser el Derecho, si se respeta el tenor literal teniendo en cuenta (por discutible que sea el punto – *supra*, n. 3.1, *in fine*) que en su opinión existe un sentido técnico de la expresión y se procura una interpretación armónica de todas las disposiciones que la utilizan,[80] y finalmente si se tiene presente la ejemplificación de "servicios públicos" que aquí utiliza, deberá concluirse que para el maestro esta nueva invocación de la noción de "servicio público" ratifica su amplio alcance que resulta del contexto constitucional.

79. Idem, p. 229.

80. J. Jiménez de Aréchaga, *La Constitución Nacional*, cit., t. I, pp. 145, 146, 150 y 152.

8.3 Significado de la locución "servicios públicos" en la Constitución de 1952

Los nuevos artículos que contienen referencias a los "servicios públicos" no esclarecen por sí el contenido de la noción. Del art. 24 resulta inequívocamente que todas las entidades estatales enunciadas, y otras si las hubiera, gestionan o dirigen "servicios públicos". Las dos disposiciones ratifican que los servicios públicos pueden estar a cargo directamente de las entidades estatales, que el art. 24 enumera exhaustivamente, o de concesionarios. El nuevo inciso 2º del art. 65 es importante porque consagra expresamente el principio de continuidad de los "servicios públicos",[81] al mismo tiempo reconoce que la continuidad puede verse alterada en caso de desinteligencias entre las autoridades de los servicios y sus empleados y obreros y comete a la ley la atribución de potestades – "medios y procedimientos" – a la autoridad pública para mantener esa continuidad.

Ambas nuevas disposiciones son compatibles con distintos significados de la locución "servicios públicos"; en especial, consideradas aisladamente, no se infiere de ellas, necesariamente, que todas las actividades gestionadas o dirigidas por las entidades estatales sean servicios públicos, o, por el contrario, que esa sea tan solo una parte de los cometidos a su cargo.

Por consiguiente, aplicando el criterio interpretativo establecido *supra*, n. 3.1, puesto que nada lo impide, se deberá

81. También el art. 63, inciso 2º, se refiere al "normal funcionamiento de los servicios" de los Entes Autónomos Comerciales e Industriales, que son en la concepción constitucional "servicios públicos".

asignar en ambos artículos a esa locución el significado que resulta del contexto de los artículos de la Carta de 1934/1942 que han sido reproducidos en 1952 sin modificaciones relevantes (*supra*, n. 7.3).

En consecuencia, son "servicios públicos", en la Constitución de 1952, todas las entidades estatales, con la sola excepción del Poder Legislativo, y asimismo lo son sus actividades; aunque también ahora, no todos los artículos que usen la expresión se apliquen a todas las entidades (y sus actividades) incluidas en la categoría, sino sólo a las que en cada uno de los artículos, debidamente interpretados, resulten comprendidas.

9. La noción de "servicio público" en la Constitución de 1967

9.1 Los "servicios públicos" en disposiciones constitucionales

La Constitución de 1967 reiteró, sin modificaciones relevantes para este análisis,[82] las disposiciones de la de 1952 relativas a "servicios públicos", manteniendo su numeración, e incorporó dos nuevas menciones.

La primera nueva mención de los "servicios públicos" aparece en el art. 6º. Su inciso 1º, ajeno al tema ahora tratado, reproduce sin variantes el texto que se remonta a 1934, y el inciso 2º, sin concordancias anteriores, establece: "La República procurará la integración social y económica de los Estados Latinoamericanos, especialmente en lo que se refiere a la defensa común de sus productos y materias primas. Asimismo, propenderá a la efectiva complementación de sus servicios públicos".

En el art. 275, que enumera las atribuciones de los Intendentes, se agrega en su n. 4º la de "homologar las tarifas de los servicios públicos a cargo de concesionarios o permisarios". Se trata de una norma de competencia, que se relaciona con el art. 51, y que no tiene relevancia alguna para la determinación de la noción de servicio público, de manera que no merecerá ahora otra atención.

Nuevas menciones de los "servicios públicos", de especial trascendencia, incorporó a la Constitución vigente su reforma aprobada en el plebiscito realizado el 31.10.2004, que agregó incisos a los arts. 47 y 188, y una "Disposición Transitoria y Especial" letra Z. Las nuevas normas plantean difíciles problemas jurídicos; obviamente, ahora sólo serán consideradas en cuanto atañen al tema de este estudio.

Los nuevos incisos del art. 47 comienzan por declarar un hecho de la Naturaleza: que "el agua es un recurso natural esencial para la vida"; y después, que "el acceso al agua potable y el acceso al saneamiento constituyen derechos humanos fundamentales". Establece luego directivas imperativas para "la política de Aguas y Saneamiento", e incorpora al "dominio público estatal, como dominio público hidráulico", las aguas "que constituyen un recurso unitario", descritas con sobrada ambigüedad. Finalmente, aparecen las referencias a los "servicios públicos", que ahora interesan: "El *servicio público*

82. En el art. 86 se agregaron a las hipótesis de iniciativa privativa del Poder Ejecutivo la creación "de dotaciones o retiros" y el "establecimiento o modificación de causales, cómputos o beneficios jubilatorios"; además, por el art. 222 se hizo aplicable a los Presupuestos Departamentales. En el art. 273, n. 8º, se sustituyó "Concejo" por "Intendente".

de saneamiento y el *servicio público* de abastecimiento de agua para el consumo humano serán prestados exclusiva y directamente por personas jurídicas estatales" (art. 47, n. 3º); "Las disposiciones de este artículo *[art. 188*[83]*]* no serán aplicables a los *servicios públicos* de agua potable y saneamiento".

9.2 La interpretación de la doctrina

La doctrina que ha analizado o se ha referido al nuevo inciso 2º del art. 6º al estudiar la "integración económica y social de los Estados Latinoamericanos" no se ha ocupado del concepto de "servicios públicos" allí utilizado.[84] Seguramente ha sido así porque se ha entendido que la nueva disposición no ha producido modificación del concepto de tales que se aceptara con anterioridad, cualquiera fuera para cada uno de los autores de que se trate.

83. El art. 188 regula la asociación de capitales estatales con capitales privados, ya sea en empresas estatales como en empresas regidas por derecho privado.

84. Emilio Biasco, "Federalismo y Mercosur. Adaptación de las Constituciones al Mercosur", en *Revista de Derecho Público*, 9/83-86, Montevideo, 1996; Ruben Correa Freitas, "La Constitución uruguaya y el Mercosur", en revista *Actualidad en el Derecho Público* 9/115-121, Buenos Aires, 1999, y *Derecho Constitucional Contemporáneo*, Montevideo, 2007, pp. 50-53; Carlos E. Delpiazzo, "Armonización jurídica e incorporación de normas comunes al Derecho Interno en el Mercosur", en *Revista de Derecho Administrativo* 14/603-611, Buenos Aires, 1993, "Alcances y límites del derecho de la integración", en *Revista de Derecho Público* 13/45-49, Montevideo, 1998, "El derecho de la integración frente a la Constitución uruguaya", en *El Derecho de la Integración del Mercosur*, Montevideo, 1999, pp. 61-66, en revista *Actualidad en el Derecho Público* 9/107-113, Buenos Aires, 1999, y *Derecho Administrativo Especial*, Montevideo, pp. 318-320; Augusto Durán Martínez, exposición-seminario recogido en *Solución de Controversias en el Mercosur – Serie Congresos y Conferencias* 8 de la *Revista Uruguaya de Derecho Const. y Pol.*, Montevideo, 1993, pp. 31-32; Eduardo G. Esteva Gallicchio, "La cuestión constitucional en los cuatro Estados-Partes del Mercosur", en *El Mercosur Después de Ouro Preto. Aspectos Jurídicos – Serie Congresos y Conferencias* 11 de la *Revista Uruguaya de Derecho Const. y Pol.*, Montevideo, 1995, pp. 45-46; Héctor Gros Espiell, "La integración económica de Latinoamérica y la Constitución uruguaya", en *Temas Jurídicos. La Constitución de 1967*, Montevideo, 1968, pp. 35-52; José Korzeniak, *Curso de Derecho Constitucional 2º*, vol. I, pp. 107-110, *Primer Curso de Derecho Público. Derecho Constitucional*, Montevideo, 2001, pp. 345-346, y "La futura institucionalidad del Mercosur", en *Liber Amicorum Discipulorumque José Aníbal Cagnoni*, pp. 185-194; Felipe H. Paolillo, "Las normas constitucionales sobre integración económica y social", en *Estudios sobre la Reforma Constitucional, Cuadernos de la Facultad de Derecho y Ciencias Sociales* 19, Montevideo, 1967, pp. 197-212; Cristina Vázquez, "Análisis de algunos aspectos de la integración en el Mercosur, desde el punto de vista del derecho administrativo", en *Estudios Multidisciplinarios sobre el Mercosur*, Montevideo, 1995, pp. 39-40, y en *Revista de Derecho Público* 14/67, Montevideo, 1998; Manuel A. Vieira, "La integración latinoamericana", en *Alcances y Aplicaciones de la Nueva Constitución Uruguaya*, Montevideo, 1967, pp. 159-165; M. Risso Ferrand, *Derecho Constitucional*, cit., t. I, pp. 361-370.

Seguramente a este silencio de nuestra doctrina obedece el salteamiento de este punto, en el exhaustivo estudio de "El derecho constitucional uruguayo" que realiza Alejandro Daniel Perotti, en *Habilitación Constitucional para la Integración Comunitaria. Estudios sobre los Estados del Mercosur*, t. II, Montevideo, 2004, pp. 413-594, en especial pp. 512-515. Héctor Barbe Pérez (*Aspectos Administrativos de la Reforma Constitucional Uruguaya*, Montevideo, 1967, pp. 80-81) se ocupa de ese pasaje del artículo y ejemplifica con la integración de algunos servicios públicos, pero no expone el concepto utilizado.

Por su parte, las primeras interpretaciones de las normas incorporadas por la reforma constitucional de 2004 no analizaron la significación en ellas de la expresión "servicio público".[85]

Tampoco Delpiazzo analiza el concepto de "servicio público" utilizado cuando expone estas nuevas disposiciones constitucionales.[86] Sin embargo, en el mismo capítulo "Agua y Saneamiento", explica que recién por la Ley 16.361, de 26.4.1993, y luego en las Leyes 16.736, de 5.1.1996. y 17.277, de 17.11.2000, "se califica como servicio público el suministro de agua potable y saneamiento"; y ello aunque acaba de exponer que desde la Ley 11.907, de 19.12.1952, esos servicios estaban a cargo de una entidad estatal, que "no los calificó como servicios públicos".[87] El autor entonces, sin duda, está utilizando la expresión "servicios públicos" en un sentido restringido, coincidente con el de Sayagués Laso, generalmente admitido por la doctrina uruguaya[88] (*infra*, n. 10).

85. V.: Oscar López Goldaracena, *Los Derechos Humanos al Agua y Saneamiento*, Montevideo, 2004; Juan A. Ramírez, "La reforma del agua", en *Economía & Mercado*, suplemento del diario *El País*, 11.11.2004, p. 15; Fulvio Gutierrez, "La reforma constitucional 'sobre el agua'. Primeras reflexiones", en *LJU* 130/D 121-124, Montevideo, 2004; José A. Cagnoni, "La reforma del 'agua'", en *Revista de Derecho Público* 27/57-63, Montevideo, 2005; Héctor Mario Clavijo Canales, "Breves consideraciones sobre la reforma del agua", en *LJU* 131/D 83-95, Montevideo, 2005.

86. Carlos E. Delpiazzo, *Derecho Administrativo Especial*, vol. 1, Montevideo, 2006, pp. 486-489, 495-496 y 497.

87. Idem, pp. 482-483.

88. Así resulta del desarrollo de Delpiazzo en *Derecho Administrativo Especial*, cit., vol. 1, pp. 425-435.

9.3 Significado de la locución "servicios públicos" en la Constitución de 1967

Después del largo recorrido precedente sobre nuestra historia constitucional, llegamos al punto culminante de esta investigación: se procura esclarecer el sentido con que la Constitución, por supuesto primordialmente la vigente, utiliza las palabras "servicio público". Aplicando otra vez el criterio interpretativo expuesto *supra*, n. 3.1, atento a que el conjunto de artículos de la Constitución de 1952 que aludían a los "servicios públicos" se ha reproducido en la vigente sin modificaciones relevantes para el tema en cuestión (*supra*, n. 9.1), se trata de determinar si el significado que ese conjunto trae consigo debe modificarse en atención a las nuevas menciones incorporadas, para seguir manteniendo aquella debida correspondencia y armonía.

El nuevo art. 6º, inciso 2º, no es por sí determinante del concepto de "servicio público" que utiliza. Por supuesto, "la efectiva complementación de sus servicios públicos" a que la República debe propender variará en su alcance según el significado de "servicios públicos"; por supuesto, variará también la índole de la "complementación" según el "servicio público" de que se trate. Pero nada impide, atendiendo a esa necesaria diversidad, atribuir a la expresión el significado que resulta de las demás disposiciones constitucionales que aluden a los "servicios públicos" (*supra*, n. 8.3, *in fine*).

Más complejo es el caso de los arts. 47 y 188 reformados en el año 2004. La disposición del n. 3º del art. 47 podría transformarse en una mera tautología si, sustituyendo la expresión "servicio público" por el significado que resulta del contexto de la Carta, se interpretara como diciendo: "La actividad estatal de saneamiento y la actividad estatal de abastecimiento de agua para el consumo humano serán prestadas (...) por personas jurídicas estatales". Si así fuera, esta nueva disposición incorporada a la Constitución impondría modificar la noción constitucional de "servicio público", admitiendo otra que guardara la debida correspondencia y armonía entre todas ellas; y si no fuera posible, debería admitirse que esta nueva disposición utiliza las mismas palabras para designar otra realidad.

Pero nada de eso ocurre, porque en verdad el contenido dispositivo del numeral en cuestión está en las palabras que antes se sustituyeron por puntos suspensivos: los servicios de que se trata serán prestados *exclusiva y directamente* por personas jurídicas estatales. Las novedades que incorpora esta norma consisten entonces, en primer lugar, en imponer constitucionalmente la existencia de personas jurídicas estatales que presten los servicios de saneamiento y de abastecimiento de agua para el consumo humano, que hasta la vigencia de esta disposición era una posibilidad librada a la discrecionalidad del legislador; y, por otra parte, excluir, para esos servicios, la actuación de sujetos no estatales en ejercicio de la libertad de comercio, industria y trabajo, porque aquéllas lo harán *exclusivamente*, y asimismo excluir la posibilidad de concesiones a personas no estatales, que el resto de las disposiciones constitucionales relativas a servicios públicos admiten en principio, porque aquéllas lo harán *directamente*.[89] Ambos contenidos dispositivos son coherentes con el sentido de la expresión "servicio público" que resulta del contexto constitucional y proviene de la Carta de 1952 y anteriores.

En consecuencia, en la Constitución de 1967 y sus reformas parciales, como en la de 1952, son "servicios públicos" todas las actividades estatales, con la sola excepción del Poder Legislativo, y asimismo lo son sus actividades; aunque no todos los artículos que usen la expresión se apliquen a todas las entidades (y sus actividades) incluidas en la categoría, sino sólo a las que, entre ellas, en cada uno de esos artículos resulten comprendidas.

10. La noción de "servicio público" en la doctrina uruguaya

10.1 La definición de "servicios públicos" de Sayagués Laso

En su justamente célebre *Tratado de Derecho Administrativo*, cumbre de la ciencia del derecho administrativo uruguayo, Sayagués Laso comienza la exposición de la noción de "servicios públicos" con su esquematización de las orientaciones doctrinales principales a que se aludió más arriba (*supra*, n. 2.1, *in fine*), y sostiene que no es acertado extender de tal modo el concepto que prácticamente abarque todas las actividades estatales, porque "en esa forma la expresión *servicio público* pierde todo sentido técnico propio, pues engloba actividades tan distintas y con caracteres tan diferentes, que no permiten una sistematización adecuada".[90] Sobre tales supuestos, siguiendo la orientación de prestigiosa doctrina italiana, enumera luego los que considera "elementos

89. Cf. C. E. Delpiazzo, *Derecho Administrativo Especial*, cit., vol. 1, p. 487, quien así explica el contenido de este n. 3º.

90. E. Sayagués Laso, *Tratado de Derecho Administrativo*, cit., 7ª ed., §§ 27-28, pp. 50-55.

esenciales" de la noción: (a) "medio de satisfacer una necesidad colectiva de gran interés social, mediante prestaciones dirigidas directamente a los integrantes de la colectividad"; (b) regulación por normas de derecho público como solución de principio; y (c) "atribución que compete naturalmente a las entidades estatales" a las que corresponde "asegurar por una u otra vía el correcto cumplimiento de dichos servicios". Tomando en consideración esos elementos, llega a su definición de los "servicios públicos": "conjunto de actividades desarrolladas por entidades estatales, o por su mandato expreso, para satisfacer necesidades colectivas impostergables mediante prestaciones suministradas directa e inmediatamente a los individuos, bajo un régimen de derecho público".[91]

El concepto de "servicio público" del ilustre maestro no puede comprenderse acabadamente sin considerar su distinción de las otras dos categorías de las que lo distingue y con las cuales colinda: los "cometidos esenciales" y los "servicios sociales".[92]

Los "*cometidos esenciales* son aquellos cometidos del Estado inherentes a su calidad de tal, que no se conciben sino ejercidos directamente por el mismo: las relaciones exteriores, la defensa nacional, la seguridad en lo interior, la actividad financiera etc.". Son actividades que deben ser ejecutadas por el Estado en forma directa, que no pueden estar a cargo de particulares ni aun en calidad de concesionarios.[93]

El conjunto de actividades que realizan las Administraciones cuyos fines consisten en "impulsar el desarrollo de la cultura, la protección de la salud pública, el desenvolvimiento de la previsión social etc." constituye los "servicios sociales". Sus caracteres fundamentales son: (a) finalidad "eminentemente social, en el sentido que están dirigidos a obtener en forma inmediata un mejoramiento en el nivel de vida de los individuos, especialmente de aquéllos que se encuentran en condiciones menos favorables"; (b) "no persiguen fines lucrativos y además son generalmente deficitarios, todo lo cual determina un régimen especial de financiación"; (c) la intervención estatal "no excluye la actuación de los particulares, quienes pueden también moverse en ese campo ejerciendo un derecho propio, dentro de los límites que fijen las leyes".[94]

La definición de los "servicios públicos" de Sayagués Laso, y su distinción de las otras categorías de cometidos colindantes, tuvo tal aceptación en la doctrina uruguaya posterior a la aparición de su *Tratado ...*, que más que de doctrina dominante, corresponde hablar sin exageración de opinión unánime de los especialistas en nuestro País.[95]

10.2 Valoración crítica: punto de vista conceptual

Pese a su unánime aceptación doctrinal, explicable por el enorme y justificado

91. Idem, § 29, pp. 55-57.

92. Sayagués Laso distingue además otras categorías, que no tienen tanto interés para este estudio: regulación de la actividad privada, actuación estatal en el campo de la actividad privada y justicia (*Tratado de Derecho Administrativo*, cit., 7ª ed., t. I, §§ 24-25, pp. 46-48, §§ 41-42, pp. 69-71).

93. E. Sayagués Laso, *Tratado de Derecho Administrativo*, cit., 7ª ed., t. I, § 26, pp. 48-50.

94. Idem, §§ 37-38, pp. 66-68.

95. Reciben el concepto de "servicio público" de Sayagués Laso, por ejemplo: Héctor

prestigio del maestro y la consecuente influencia que ejerció en nuestro País a nivel jurisprudencial y académico, su tipificación de cometidos y la propia definición de "servicios públicos" no están libres de dificultades, conceptuales y como interpretación del derecho positivo.[96]

En el primer aspecto, debe observarse que la noción de "servicios públicos" postulada por Sayagués Laso resulta de la consideración de dos tipos de variables, unas "metajurídicas", sustanciales o materiales, relativas a las características de las necesidades y de las prestaciones con que se satisfacen, y otras netamente jurídicas. Se trata de atender necesidades colectivas que lo son por sentidas individualmente por la generalidad de los integrantes de la comunidad, y por eso se satisfacen mediante prestaciones dirigidas individualmente a quienes las sienten. A ello se agrega otro de los "elementos esenciales" del concepto de "servicio público"[97] de índole jurídica, que como tal requiere norma constitucional o legal: esa actividad se sustrae del ámbito de la libertad de trabajo, industria y comercio, para quedar reservada al Estado como cometido propio, de manera que a partir de entonces solo podrá ser desempeñada por los particulares si media el "mandato expreso" a que alude Sayagués Laso, vale decir técnicamente una concesión.

De manera que el concepto de "servicio público" de Sayagués Laso supone como esencial una correlación necesaria entre las variables sustanciales o materiales y las jurídicas, que ciertamente no existe.[98] Basta pensar en los servicios de atención a la salud humana, ejemplo el

Barbe Pérez, *Derecho Administrativo*, t. I, s/f, p. 116; Mariano R. Brito, "Concesión de servicio público", en *Estudios de Derecho Administrativo, Cuadernos de la Facultad de Derecho y Ciencias Sociales*, Montevideo, 1968, pp. 17-18; Mariano R. de Brito y Héctor Frugone Schiavone, *Régimen Jurídico de la Educación y de la Enseñanza en el Uruguay*, Montevideo, 1973; Juan P. Cajarville Peluffo, *Régimen Jurídico Administrativo de la Industria Eléctrica*, Montevideo, 1979, p. 16; José A. Cagnoni, "Estado y sociedad: el principio de subsidiaridad", "Separata" da revista *CLAEH* 29/46 e 35, Montevideo, enero-marzo/1984; Horacio Cassinelli Muñoz, *Derecho Público*, Montevideo, 1999, pp. 158-159; Carlos E. Delpiazzo, *Régimen Jurídico de las Telecomunicaciones*, Montevideo, 2001, p. 28; Augusto Durán Martínez, "Segmentos del sector eléctrico: ¿Servicio público? ¿Libre competencia?", en *Estudios de Derecho Administrativo – Parte Especial*, Montevideo, 1999, p. 225; J. Korzeniak, *Primer Curso de Derecho Público. Derecho Constitucional*, cit., p. 292; Daniel H. Martins, "Replanteo del estudio de los cometidos estatales en el derecho administrativo especial. Derecho administrativo de la economía", en *Revista Uruguaya de Estudios Administrativos* 1/70, Montevideo, 1977; Julio A. Prat, *Derecho Administrativo*, t. I, Montevideo, 1977, pp. 93-94; M. Risso Ferrand, *Derecho Constitucional*, cit., t. I, pp. 681-682; Felipe Rotondo, *Manual de Derecho Administrativo*, Montevideo, 2000, p. 22; María Cristina Vázquez Pedrouzo, *Marco Regulatorio del Sector Eléctrico en Uruguay*, Montevideo, 2005, pp. 28-29.

96. Señalé algunas de estas dificultades en: "Apuntes sobre 'funciones' y 'cometidos' del Estado", en *Revista Uruguaya de Derecho Const. y Pol.* 18, Montevideo, 1987, en especial pp. 364-365, y en "Ley de Empresas Públicas", en *Revista Jurídica del CED* 7/26-29, 2ª Época, Año III, Montevideo, 1992 – ambos incluidos en *Sobre Derecho Administrativo*, t. I, Montevideo, 2007, pp. 149-150 y pp. 222-228, respectivamente.

97. E. Sayagués Laso, *Tratado de Derecho Administrativo*, cit., 7ª ed., t. I, § 29, letra "c", p. 56, y § 31, pp. 58-59.

98. Cf. J. A. Silva Cencio, *Servicio Público y Concesión de Servicios*, cit., p. 11. Por esa razón, León Cortiñas-Peláez, discípulo directo del maestro, prescinde de los caracteres atinentes a las características de las necesidades y de las prestaciones, y se atiene exclusivamente a la variable jurídica, en su definición de los "cometidos de

más acabado de atención a necesidades colectivas impostergables sentidas individualmente y que requieren imprescindiblemente prestaciones suministradas directa e inmediatamente a los individuos, que sin embargo no están reservados al Estado. Podrían agregarse los servicios de enseñanza, que constitucionalmente no podrían reservarse al Estado. Los ejemplos podrían multiplicarse.

La conceptualización de los "cometidos esenciales" como aquéllos "inherentes" al Estado, "que no se conciben sino ejercidos directamente por el mismo", apela a concepciones no jurídicas, sino sociales y culturales, eventualmente económicas y políticas, por ende esencialmente elásticas, históricas, relativas, cambiantes y radicalmente opinables. Si se prescinde de esos factores y se atiende sólo a que se trate de actividades que no puedan estar a cargo de particulares, ni aún en carácter de concesionarios, se concluye definiendo la categoría según cambiantes soluciones de derecho positivo y comprendiendo en ella actividades sin semejanza alguna sustancial ni de régimen jurídico.[99]

Finalmente, la categoría de los "servicios sociales" es seguramente la más vaga y la más difusa –por no decir la más confusa – de las elaboradas por Sayagués Laso. La comparación de las características de las necesidades atendidas o de las prestaciones brindadas muchas veces lleva más a identificarlos con los "servicios públicos" que a distinguirlos; lo mismo cabe decir de la finalidad de mejoramiento del nivel de vida de los individuos, aun cuando se la limite a "aquéllos que se encuentran en condiciones menos favorables".[100] Otras características atribuidas a estos servicios – generalmente deficitarios, régimen de financiación – son totalmente contingentes y no permiten diseñar una categoría más o menos definida.

En verdad, y valorando la categorización de cometidos estatales de Sayagués Laso desde el punto de vista teórico, el criterio que atiende a la posibilidad de los particulares de participar en el mismo giro o ramo de actividad que las entidades estatales, que juega en ella un papel tan importante, conduce a conclusiones no satisfactorias, porque la posibilidad o imposibilidad de esa participación no necesariamente debe incidir en el régimen jurídico bajo el cual las entidades estatales desarrollen esa actividad. La normativa que regule la actividad de los particulares puede variar sin que lo haga la de las entidades estatales, y viceversa, y de lo que se trata es, justamente, de distinguir diversos regímenes a que esté sometida la actividad estatal. Siguiendo ese criterio, la igual regulación de la participación de los particulares puede conducir a agrupar en el mismo rubro actividades estatales sometidas a regímenes radicalmente distintos; y, a la inversa, la distinta normativa aplicable a los particulares puede separar en

servicio público" ("Teoría general de los cometidos del Poder Público (perspectiva mexicana de una doctrina de validez universal)", en *Revista Uruguaya de Derecho Const. y Pol.* 13-14/12-31 y 15/150-167, en especial pp. 150-157).

99. Así, la común imposibilidad de participación particular lleva a Cortiñas-Peláez a ubicar bajo un mismo rubro de "cometidos esenciales" (aunque distinguiendo dos categorías: "clásicos" y "del Constitucionalismo Social mexicano") actividades estatales sometidas a regímenes sin duda tan disímiles como pueden serlo la defensa, la policía, la banca y el crédito, la electricidad o los ferrocarriles ("Teoría general de los cometidos del Poder Público (perspectiva mexicana de una doctrina de validez universal)", cit., en *Revista Uruguaya de Derecho Const. y Pol.* 13-14/25-26).

100. Cf. C. E. Delpiazzo, *Derecho Administrativo Especial*, cit., vol. 1, pp. 426-427 y 433.

categorías diversas actividades estatales cumplidas bajo regímenes que pueden ser sustancialmente semejantes (*v.g.*, distintos tipos de transporte).

Este criterio servirá entonces para denotar distintos regímenes a que esté sometida la actividad de los particulares, pero no necesariamente la de las entidades estatales.

Sin concluir ahora sobre su validez doctrinal actual, luego de 50 años de formulada, es obvio que la sistematización de los cometidos de la Administración fue elaborada por Sayagués Laso con un fin doctrinal, académico y pedagógico: ordenar la actividad estatal para estudiarla sistemáticamente; se basa en características muchas veces "metajurídicas" y tendenciales, que como tales no se cumplen rigurosamente en todos los casos. Todo lo cual no la inhabilita necesariamente para el fin que su autor le adjudicó, pero sí para utilizar sus definiciones como el pretendido sentido técnico que deba atribuirse a las denominaciones utilizadas por normas positivas.

10.3 Valoración crítica: como interpretación de la Constitución

La definición de Sayagués Laso resulta totalmente inadecuada para interpretar las referencias de la Constitución a los "servicios públicos". Frente a la meticulosidad con que el maestro ha reseñado y ordenado la doctrina extranjera sobre el tema,[101] llama la atención la escasa importancia que atribuyó a este punto.

Cuando procura "determinar si nuestro derecho positivo recoge o no la solución doctrinaria adoptada", sólo considera algunos de los artículos de la Constitución de 1952 que aluden a los "servicios públicos". Sobre el art. 86, comenta que "la expresión ha sido utilizada en su significado orgánico", pero no explica cuál es el alcance orgánico de la disposición entendida en ese sentido, salvo indicar que "se refiere solamente a los servicios públicos nacionales, no a los municipales";[102] y termina su examen de las disposiciones constitucionales diciendo que en los arts. 51 y 273, inciso 8º, "es indudable que tiene el sentido doctrinario propuesto, ya que la concesión sólo es admisible para ciertas actividades estatales".[103]

No menciona en cambio, en este punto, los arts. 65[104] y 211 B), ni los art. 24[105] y 249, manifiestamente incompatibles estos

101. Pero no considera la doctrina nacional al respecto, pese a que en ella habían aparecido algunas ideas que figuran en su propia definición (v., *supra*, en especial ns. 6.4.e 6.5). Tampoco atribuye significación a la incorporación sucesiva de las referencias a los "servicios públicos" en las diversas Constituciones que nos han regido, que en mi opinión tiene relevancia.

102. Cabe recordar aquí que en la Carta de 1967 el art. 222 (sin concordancia en la de 1952, que Sayagués Laso comenta) extendió la aplicación del art. 86 a los Presupuestos Departamentales.

103. Sin duda alguna, no sólo la concepción doctrinal de "servicio público" de Sayagués Laso, sino todas las propuestas son compatibles con el otorgamiento de concesiones para su prestación.

104. Cuando estudia las Comisiones Asesoras de Funcionarios, a propósito de los Entes Autónomos, tampoco analiza el significado de la expresión "servicios públicos" en el art. 65 (E. Sayagués Laso, *Tratado de Derecho Administrativo*, cit., 6ª ed., t. II, § 619, p. 144-145).

105. Cuando estudia la responsabilidad del Estado, Sayagués Laso afirma que "la ejecución de los servicios públicos" tiene el sentido de "ejercicio de la función pública" (*Tratado de Derecho Administrativo*, cit., 7ª ed., t. I, § 454, p. 546). Toda la jurisprudencia y toda la doctrina, incluyendo a quienes aceptan el concepto de "servicio público"

últimos con su concepción doctrinal; esta razón sería de por sí suficiente para descartar esa concepción como significado de la expresión "servicios públicos" en nuestra Constitución, salvo que se renuncie a esclarecer el concepto que atribuya a todas sus menciones la debida correspondencia y armonía.

Atribuyendo a la locución "servicios públicos" la significación que le adjudica Sayagués Laso, resultan excluidas de determinadas disposiciones constitucionales algunas entidades estatales que seguramente están comprendidas en ellas: así ocurre con los arts. 24, 86 y 211 B); y, sin duda, en el art. 249 no puede atribuírsele ese significado. Al contrario y paradójicamente, las únicas actividades en que la propia Constitución impone a entidades estatales la realización de prestaciones individualizadas para satisfacer necesidades colectivas impostergables – la salud, la previsión social, la enseñanza, y luego de la reforma de 2004 "el servicio público de saneamiento y el servicio público de abastecimiento de agua para el consumo humano" (arts. 44, 47, 67, 71, 195 y 202)[106] – no son "servicios públicos" conforme a la categorización de cometidos de Sayagués Laso.

En tanto la definición de los "servicios públicos" se mantenga en el plano doctrinal, su desajuste con el concepto constitucional no será relevante a los efectos interpretativos, aunque sin duda es susceptible de crear confusiones. Adquiere esa relevancia cuando se pretende que el de esa definición sea el concepto de "servicio público" consagrado en nuestro ordenamiento jurídico, nada menos que a nivel constitucional. Así ocurre cuando – como efectivamente ha sucedido – se infiere que la calificación legal como "servicio público" de una actividad o de la entidad a la que se comete necesariamente implica someterla al régimen jurídico postulado por Sayagués Laso en su definición, y que por ende significa sustraerla a la actividad privada y requerir para su ejercicio por particulares una concesión. Asimismo, si se supone que un régimen jurídico como el postulado por Sayagués Laso para los "servicios públicos" (reserva al Estado, actividad privada sólo por concesión) sólo puede constitucionalmente atribuirse a actividades que satisfacen necesidades con las características enunciadas por Sayagués Laso en su definición; o a la inversa, si se supone que basta que existan de hecho las características de las necesidades y prestaciones que las satisfacen enunciadas por Sayagués Laso en su definición de los "servicios públicos" para que de pleno derecho sea aplicable a las actividades respectivas el régimen jurídico que postula el maestro para ellos.

11. Algunas conclusiones

11.1 Sobre el concepto constitucional de "servicios públicos"

En la Constitución uruguaya vigente la expresión "servicios públicos" alude al conjunto de las entidades estatales (sentido estructural u orgánico) y al conjunto de sus actividades (sentido funcional), incluso las que ejercen de manera predominante función jurisdiccional, sin otra excepción que el Poder Legislativo y su

de Sayagués Laso, están de acuerdo en que el art. 24 no puede interpretarse aplicándolo; el punto es tan claro que hace innecesaria la referencia detallada.

106. Juan P. Cajarville Peluffo, "La 'función' administrativa y sus 'cometidos' en el Derecho Uruguayo, a principios del siglo XX", en *Sobre Derecho Administrativo*, t. I, Montevideo, 2007, pp. 157-158.

actividad; y alude también a la actividad desempeñada por particulares en virtud de una concesión que les ha habilitado su ejercicio y transferido para ellos potestades públicas o el uso privativo de bienes que en principio no les correspondían por derecho. Ese significado de la expresión "servicio público" resulta necesariamente de algunas disposiciones constitucionales que la utilizan (arts. 24, 86, 211 B) y 249), no es incompatible con ninguna de las que lo hacen, y confiere un sentido razonable a aquéllas que, tomadas aisladamente, admitirían también otras interpretaciones más restringidas de esa locución (arts. 6, 51, 65, 273, n. 8º, y 275, n. 4º); por ende, es el que confiere al contexto constitucional la debida correspondencia y armonía.

Por añadidura, ese significado es coherente con la noción de "servicio público" postulada por un amplio sector de la doctrina nacional, anterior y posterior a la incorporación de la expresión al texto constitucional, y por la doctrina clásica del derecho administrativo.

Por supuesto, no toda norma que utilice la expresión "servicio público" alcanza con su disposición a todas y cada una de las entidades y de las actividades que la categoría comprende en abstracto y conceptualmente, sino que deberá interpretarse en cada caso cuáles entre ellas ingresan en el supuesto subjetivo de cada norma y cuáles eventualmente quedan excluidas.

Puesto que las entidades estatales sólo pueden actuar persiguiendo el interés general (Constitución, art. 309), queda dicho que en el concepto constitucional los "servicios públicos" tienen necesariamente por objeto satisfacer necesidades de esa índole.

Conforme a la Constitución, algunas entidades estatales tienen existencia necesaria y algunas actividades deben ser cumplidas necesariamente por entidades estatales; y prácticamente cualesquiera otras actividades, con muy limitadas excepciones, como los cultos religiosos, pueden ser confiadas por ley a entidades de creación constitucional o legal, según los casos, por razones de interés general.[107] Todas ellas serán "servicios públicos" en el sentido constitucional, la actividad en sí misma y la entidad a la que fuera cometida.

11.2 Sobre el régimen constitucional de los "servicios públicos"

La inclusión en una categoría constitucional común no se traduce en el sometimiento de todas las entidades y todas las actividades comprendidas en la noción de "servicio público" a un mismo régimen, ni siquiera a nivel constitucional.

En los artículos que especialmente los mencionan, la Carta contiene soluciones – sobre complementación de servicios con los de otros Estados Latinoamericanos, creación, responsabilidad patrimonial, continuidad del servicio, control de legalidad financiera y otorgamiento de concesiones – que *en principio* serían comunes a todos los "servicios públicos"; pero su aplicación a cada una de las entidades o actividades de que se trate y el alcance y contenido de esa aplicación en cada caso quedan sujetos a la debida interpretación de cada una de esas disposiciones. Fuera de esos temas, la propia Constitución impone diferentes soluciones organizativas[108] y funcionales para las distintas entidades

107. J. P. Cajarville Peluffo, "La 'función' administrativa y sus 'cometidos' en el Derecho Uruguayo, a principios del siglo XX", cit., en *Sobre Derecho Administrativo*, t. I, pp. 154-165.

108. Idem, pp. 165-169.

estatales o actividades que caben en su noción de "servicios públicos"; y, por supuesto, dentro del marco constitucional pueden ser diferentes los regímenes consagrados para ellas a nivel legal. En todos esos aspectos, la expresión constitucional "servicio público" poco o nada significa por sí misma.

11.3 Sobre los derechos de los particulares

La atribución por razones de interés general a una entidad estatal de determinada actividad, que por eso deviene "servicio público" en el sentido constitucional, no se traduce de por sí, de pleno derecho, en la exclusión de esa actividad de la libertad de comercio, industria y trabajo que rige en principio para los habitantes de la República, ni en limitación alguna de esa libertad.

En principio, y salvo disposición legal en contrario dictada por razones de interés general, la misma actividad podrá ser desempeñada por la entidad estatal en cumplimiento del cometido asignado legalmente y por sujetos de derecho no estatales en ejercicio de su libertad.

Por supuesto, la ley puede limitar la libertad de comercio, industria y trabajo por razones de interés general, pero tales restricciones no resultarán de pleno derecho – se reitera – de que la misma actividad sea cumplida además por una entidad estatal. Existiendo para ello razones de interés general, se trate o no de actividades cumplidas por entidades estatales, la ley puede someter cierta actividad cumplida por particulares a un régimen jurídico con algunas o todas las características que la doctrina dominante atribuye al de los que llama "servicios públicos", sin relación alguna con esa noción, ni en el concepto constitucional ni en el restringido de la doctrina dominante. Así, puede condicionar la posibilidad de desempeñar ciertas actividades al dictado de actos estatales discrecionales (autorizaciones, permisos o concesiones); puede someter actividades libradas a la competencia, a regulación y control y a potestades de dirección de entidades estatales, imponiéndolo directamente en la ley, o por la vía de someterlas a concesiones, autorizaciones o permisos condicionados, o discrecionalmente revocables, o bien por vía convencional;[109] puede imponer el principio de prestación regular, continua, igualitaria y de calidad en actividades libradas a la competencia; puede someter las tarifas o precios de actividades en competencia a fijación o aprobación por la Administración. Soluciones como las expuestas han estado o están vigentes en nuestro Derecho para determinadas actividades[110] (por ejemplo, servicios portuarios, postales y de telecomunicaciones, intermediación financiera, seguros, administradoras de fondos de ahorro previsional, atención de la salud humana, enseñanza), todas en libre competencia. Todo ello sin depender de que esas actividades sean o no desempeñadas además por entidades estatales, ni por supuesto de su adecuación a la definición de "servicio público" de la doctrina dominante. Denominar a las actividades así reguladas "servicio público", "servicio público competitivo", "servicio de interés público", "servicio universal" o de alguna

109. Juan P. Cajarville Peluffo, "El Poder Ejecutivo como conductor de políticas sectoriales en la legislación uruguaya", en *Sobre Derecho Administrativo*, t. I, Montevideo, 2007, pp. 75-79.

110. Juan P. Cajarville Peluffo, "Reflexiones sobre las transformaciones en el 'sector público' y el derecho administrativo", en *Sobre Derecho Administrativo*, t. I, Montevideo, 2007, pp. 15-22.

otra manera más o menos ingeniosa que se imagine, es desde el punto de vista doctrinal cuestión meramente terminológica, sometida a convención entre los autores o entre éstos y sus lectores.

Cuando cualquiera de esas denominaciones se utilice por el derecho positivo, se tratará de interpretar debidamente el régimen jurídico consagrado en cada caso.

Siendo el principio la libertad de comercio, industria y trabajo, la necesidad de una "concesión" para que alguien pueda desempeñar cierta actividad no prohibida por razones de interés general puede resultar o bien de que al cometerla a una entidad estatal la ley excluyó de ella a los particulares por razones de esa índole, confiriendo exclusividad o monopolio a la entidad estatal competente pero habilitando el otorgamiento de "concesiones", o bien porque, aunque no confiada o confiada sin exclusividad o monopolio a una entidad estatal, el cumplimiento de la actividad requiera el ejercicio de potestades de Poder Público, o la utilización de bienes, vedados en principio a los particulares.

La previsión constitucional de existencia de "concesiones" de "servicios públicos" no significa obviamente que todas y cualesquiera de las actividades a cargo de entidades estatales puedan ser habilitadas a particulares por esa vía. No podrían serlo, por supuesto, aquéllas que la propia Constitución atribuye como debidas exclusivamente a órganos o entidades estatales, o las que para su cumplimiento requieran el ejercicio de potestades conferidas por la Carta exclusivamente a órganos o entidades estatales. Tampoco pueden ser objeto de concesiones las actividades reservadas por la ley exclusivamente a entidades estatales, o las que requieran el ejercicio de potestades o la utilización de bienes que conforme a las leyes sólo correspondan a órganos o entidades estatales.

11.4 Sobre el objeto del derecho administrativo

Con un concepto de "servicio público" como el que admite nuestra Constitución, si en un régimen jurídico y en un momento o época determinados todas las necesidades de interés público (o, dicho con mayor exactitud, las necesidades cuya satisfacción es de interés público) son satisfechas por entidades estatales, o si, con mayor probabilidad, todas las actividades de los sujetos no estatales quedan sometidas al principio de autonomía de la voluntad cualquiera sea la índole de las necesidades que satisfagan, entonces el objeto del derecho administrativo – entendido como el conjunto de reglas de Derecho que, por razones de interés público, confieren potestades exorbitantes y someten por esa razón a sujeciones exorbitantes a sus titulares – se confunde lógicamente con el derecho de los "servicios públicos", como lo sostuvo la clásica Escuela Francesa que lleva su nombre.

En cambio, si se admite que algunas actividades de los particulares satisfacen necesidades de interés público, y por esa naturaleza de los intereses satisfechos se someten esas actividades de tales particulares a reglas de contenido exorbitante, entonces a aquel objeto del derecho administrativo, que subsiste, se agrega este otro: ese conjunto de reglas de Derecho que confieren potestades exorbitantes y someten por esa razón a sujeciones exorbitantes a sujetos no estatales por razones de interés público. Siendo así, el derecho administrativo comprende dos grandes ramas: la regulación de las entidades estatales y la regulación de las entidades (personas físicas y "personas jurídicas") no estatales que cumplen actividades que satisfacen necesidades de interés público. Este es el caso del actual derecho administrativo uruguayo.

11.5 Conclusión final, meramente terminológica

En el derecho positivo uruguayo el empleo de la expresión "servicio público" en normas infraconstitucionales, con un significado distinto al constitucional, carece de sentido técnico preciso, no alude *a priori* a ningún régimen jurídico con un contenido más o menos determinado aplicable a actividades con ciertas características, y su significado podrá ser el de la doctrina dominante o algún otro, pero siempre deberá ser esclarecido en cada caso conforme a las técnicas habituales de interpretación.

Su utilización doctrinal, sin perjuicio de la precisión con que cada autor defina su empleo, es inconveniente porque sugiere – como efectivamente ha ocurrido – interpretaciones equivocadas del derecho positivo.

Abril de 2008.

A AUTOEXECUTORIEDADE E A GARANTIA DO CONTRADITÓRIO NO PROCESSO ADMINISTRATIVO

JOSÉ DOS SANTOS CARVALHO FILHO

Mestre em Direito (UFRJ)
– Professor da Universidade Federal Fluminense-UFF (Curso de Pós-Graduação)
– Professor da Universidade Cândido Mendes-UCAM (Pós-Graduação)
– Professor da Faculdade de Direito de Vitória-FDV (Pós-Graduação)
– Professor da Escola da Magistratura do Estado do Rio de Janeiro-EMERJ
– Membro do Instituto Brasileiro de Direito Administrativo-IBDA
– Membro do Instituto de Direito Administrativo do Estado do Rio de Janeiro-IDAERJ
– Membro do Instituto dos Advogados Brasileiros-IAB
– Procurador de Justiça do Estado do Rio de Janeiro (aposentado)
– Consultor Jurídico do Ministério Público do Estado do Rio de Janeiro

1. Introdução. 2. Atividade administrativa. 3. Autoexecutoriedade. 4. Processo administrativo. 5. Processo administrativo e contraditório: 5.1 Atos instantâneos e dilargados – 5.2 Atos de organização e funcionamento da Administração – 5.3 Processos investigatórios (ou apuratórios) – 5.4 Processos acusatórios – 5.5 Processos litigiosos. 6. Conclusões.

1. Introdução

É bem conhecida a premissa segundo a qual a evolução do Direito pressupõe o dinamismo das realidades fáticas e das demandas sociais. De fato, não pode o Direito sujeitar-se a qualquer tipo de estagnação diante dos fatores modificativos que emanam da essência do meio social. Quer dizer: o dinamismo evolutivo que atinge a sociedade deve proporcionar igual desenvolvimento dos parâmetros jurídicos, em permanente processo de adequação.

A despeito da necessária e desejável compatibilidade que deve imperar entre esses fatores, é induvidoso que se afigura complexa a relação que vincula o ordenamento jurídico e a sociedade. Numa visão sociológica, a sociedade, em certos momentos, atua como que negando a racionalidade impessoal do Direito e da Justiça, ou seja, age de modo contraditório, sendo exatamente esse o objeto da Sociologia no foro jurídico. A essa Ciência se atribui a missão de investigar "as estruturas e processos que atravancam ou contribuem para o funcionamento harmônico do Direito e da Justiça", conforme lição de autorizada doutrina.[1]

O tempo desempenha importante papel no processo evolutivo da Sociedade e do Direito. O desenvolvimento social e jurídico não se exaure num mísero segundo. Por intermédio do tempo é que se vão transformando os fatores de alterabilidade dos padrões sociais e jurídicos. Cumpre, pois, atentar para as transformações que o tempo consuma. Não sem razão, os romanos recorriam ao seguinte adágio: "Tempus legis qui non observat, non dicitur formam legis observare".[2] Se o Direito não acompanha o desenvolvimento social, fica estagnado no primeiro momento e regride a seguir.

Durante séculos o Estado se valeu de seu *ius imperii* para concretizar suas imposições aos administrados, e quase sempre o fez usando sua exclusiva vontade, isto é, unilateralmente. A atuação *manu militari* sinalizava para o espectro de poder e de soberania cuja titularidade lhe era integralmente atribuída. Ao administrado – verdadeiro súdito – nenhuma redarguição se permitia. Os inúmeros abusos cometidos, entretanto, acabaram por gerar um movimento de reação, próprio dos regimes democráticos, para cuja consecução o grupo social contribuiu gradativa mas incisivamente. O Direito, então, se foi amoldando à transformação provocada pelo dinamismo social.

O dever do Estado de informar o administrado sobre suas ações e o direito deste de rechaçar fatos e fundamentos invocados pelo ente estatal deram ensejo, afinal, à *garantia do contraditório*, retratada como processo dialético suscetível de conduzir à verdade real. O contraditório, na verdade, é pressuposto do próprio direito de *ampla defesa* e nele se insere; ambos estão sempre associados. Irreparável, pois, a observação de que "quase que com ela *[ampla defesa]* se confunde integralmente, na medida em que uma defesa hoje em dia não pode ser senão contraditória". E mais: "O contraditório é pois a exteriorização da própria defesa".[3]

Considerado por Liebman como verdadeiro *direito cívico*, inerente à cidadania,[4] o contraditório integra o extenso rol de direitos e garantias fundamentais das modernas Constituições. A vigente CF pátria o menciona no art. 5º, LV – como sempre, associado ao direito de maior amplitude: o de ampla defesa.

Este trabalho não tem a pretensão de analisar, em toda a sua profundidade, o direito ao contraditório. Seu escopo é tão somente o de demonstrar o avanço que o direito tem merecido na seara jurídica e a extensão interpretativa que se lhe tem dispensado na tarefa de aplicação a hipóteses concretas, sobretudo no âmbito do processo administrativo.

1. Pedro Scuro Neto, *Sociologia Geral e Jurídica*, 6ª ed., 2009, p. 3.

2. Em tradução livre: "Aquele que não observa o tempo da lei, não se pode dizer que observa a forma da lei".

3. Celso Ribeiro Bastos e Ives Gandra Martins, *Comentários à Constituição do Brasil*, 2º vol., São Paulo, Saraiva, 1989, p. 267.

4. Cf. José Afonso da Silva, *Curso de Direito Constitucional Positivo*, 20ª ed., São Paulo, Malheiros Editores, 2002, p. 430 (que cita a obra de Liebman, *Manuale di Diritto Processuale Civile*).

2. *Atividade administrativa*

Se a atividade legiferante do Estado é considerada a de maior relevância, tendo em vista que através dela se institui o ordenamento normativo, a atividade de administração é, sem qualquer dúvida, a mais intensa. Em todos os espaços e em todos os momentos nos deparamos com a atividade administrativa estatal, direcionada à gestão dos interesses comuns e extraordinários da sociedade.

Essa atividade nasce da *função administrativa*, uma das funções básicas do poder estatal, espécie do gênero *função de execução*, contraposta à *função de realização*. A função administrativa quase sempre tangencia com a *função jurisdicional*, e as inúmeras tentativas de distinção entre ambas têm demonstrado a dificuldade de semelhante tarefa. Entretanto, a função administrativa alvitra a gestão direta dos interesses coletivos e, contrariamente ao que ocorre com a função jurisdicional, não pressupõe a existência de situação contenciosa, nem a interpretação definitiva do direito em conflito, nem o trancamento do litígio decorrente da interpretação.[5]

É a atividade administrativa, afinal, que rende ensejo à *relação de administração*, aquela "que se estrutura ao influxo de uma finalidade cogente", na clássica lição de Cirne Lima.[6] Com efeito, a finalidade pertinente ao interesse público não constitui escolha do administrador, mas sim um objetivo compulsório, seja qual for sua vontade pessoal ou seu juízo crítico sobre a atividade. Não basta a finalidade genérica; urge que o administrador se direcione à *finalidade específica*, ou seja, "o fim expresso ou implícito relacionado com a própria natureza do ato".[7]

Há algumas situações especiais em que a atividade administrativa se assemelha à legiferante: uma delas é aquela em que a Administração expede *atos normativos*. Não obstante, ainda que sob o aspecto material, tais atos se aproximem dos legislativos, cuidar-se-á de atos normativos *secundários*, vale dizer, aqueles que pressupõem a existência de atos normativos *primários* oriundos diretamente da Constituição, de cujo conteúdo resulta seu fundamento de validade. Ainda nesse caso os atos expressarão o propósito de gestão da coisa pública, sendo, portanto, atos de administração.[8]

A atividade administrativa gera a existência dos *fatos administrativos*, que se dividem em fatos *voluntários* e *naturais*. Estes indicam os fatos da Natureza que interferem na atividade administrativa. Os fatos voluntários podem desenvolver-se de duas maneiras, uma retratada por meio de *atos jurídicos* (administrativos ou privados) e outra consubstanciada por *condutas administrativas*, refletindo estas "os comportamentos e as ações administrativas, sejam ou não precedidas de ato administrativo formal", conforme assinalamos em outra oportunidade.[9]

5. M. Seabra Fagundes, *O Controle dos Atos Administrativos pelo Poder Judiciário*, 5ª ed., Rio de Janeiro, Forense, 1979, pp. 13-14. O autor abona o pensamento de Duguit, Bonnard e Gabino Fraga.

6. Ruy Cirne Lima, *Princípios de Direito Administrativo*, 6ª ed., São Paulo, Ed. RT, 1987, p. 51.

7. Caio Tácito, *Direito Administrativo*, São Paulo, Saraiva, 1975, p. 61.

8. Sobre o tema, v. Fabrício Motta, *Função Normativa da Administração Pública*, Belo Horizonte, Fórum, 2007, p. 186.

9. José dos Santos Carvalho Filho, *Manual de Direito Administrativo*, 22ª ed., Rio de Janeiro, Lumen Juris, 2009, p. 92.

No que concerne às condutas administrativas não precedidas de ato administrativo formal, dificilmente haverá espaço para assegurar o contraditório ao interessado. Trata-se de operações de rotina levadas a cabo pelos agentes da Administração, as quais consistem em meras atividades materiais. É o caso do transporte do lixo ou da medição de espaços públicos. Essas condutas, sem embargo da ausência ou inexpressividade de formalização, são passíveis de controle administrativo e judicial – no caso, controle *a posteriori* (repressivo).

Quanto aos atos administrativos e às condutas precedidas de formalização, é possível exercer algum controle *a priori* (ou preventivo), sabido que, usualmente, esses atos e condutas resultam da instauração de processo administrativo. Dependendo do procedimento adotado para o processo, a atividade final pode ser evitada se houver a intervenção do interessado.

Por conseguinte, já neste passo se pode inferir que nem sempre será materialmente possível o influxo do princípio do contraditório.

3. Autoexecutoriedade

Desde a era clássica do direito administrativo se reconhece a autoexecutoriedade como prerrogativa da Administração Pública. A doutrina moderna, pátria e estrangeira, consolidou a prerrogativa.

Na doutrina francesa, Laubadère averba que, quando a Administração deseja realizar certa situação jurídica e encontra resistência por parte do administrado, "pode vencer diretamente essa resistência adotando decisão executória".[10] A essa forma direta e imediata de atuar a doutrina francesa denomina de *privilège du préalable*, com o sentido de "prerrogativa de execução de ofício".

Cassagne, por sua vez, embora mencionando a resistência de alguns doutrinadores, afirma que no Direito Argentino a autoexecutoriedade reflete verdadeiro princípio, consistindo na faculdade dos órgãos estatais de efetivar a realização ou o cumprimento do ato sem intervenção judicial, sempre dentro dos limites legais.[11]

No Direito Mexicano, Gabino Fraga, registrando que o contrário ocorre nas relações civis, demonstra ser acertado admitir "que la Administración está capacitada para proceder en forma directa, esto es, sin intervención de los tribunales, a la ejecución de sus propias resoluciones".[12]

No Direito pátrio é clássica a definição de Hely Lopes Meirelles, para quem a autoexecutoriedade "consiste na possibilidade que certos atos administrativos ensejam de imediata e direta execução pela própria Administração, independentemente de ordem judicial".[13]

Não destoa Oswaldo Aranha Bandeira de Mello, que sustenta ser a autoexecutoriedade "a execução coativa, por ato próprio da Administração Pública, sem intervenção do Poder Judiciário, dos atos administrativos", culminando por qualificá-la como "a prerrogativa da

10. André de Laubadère, *Manuel de Droit Administratif*, 10ª ed., Paris, LGDJ, 1976, p. 75 (nas precisas palavras do autor: "(...) elle peut vaincre directement cette résistance en prennant *une décision exécutoire*" (grifos do original).

11. Juan Carlos Cassagne, *El Acto Administrativo*, Buenos Aires, Abeledo-Perrot, 1974, p. 331.

12. Gabino Fraga, *Derecho Administrativo*, 17ª ed., México, Editorial Porrúa, 1977, p. 289.

13. Hely Lopes Meirelles, *Direito Administrativo Brasileiro*, 29ª ed., São Paulo, Malheiros Editores, 2004, p. 159.

Administração Pública de executá-lo de ofício, por ação direta".[14]

De nossa parte, acentuamos que a autoexecutoriedade significa que "o ato administrativo, tão logo praticado, pode ser imediatamente executado e seu objeto imediatamente alcançado", com o fundamento da "necessidade de salvaguardar com rapidez e eficiência o interesse público", o que não poderia consumar-se caso, para cada ação, tivesse a Administração que recorrer ao Judiciário.[15]

Todavia, é imperioso reconhecer que a autoexecutoriedade representa um ponto de tensão entre a eficácia da ação administrativa e eventual prática de arbitrariedade decorrente de um único juízo de valor, no caso da Administração. Numerosas situações consumadas autoexecutoriamente pelo Poder Público provocaram lesão irreparável (ou, ao menos, de difícil reparação) aos administrados. É preciso ter em mira o fato de que nem sempre o administrador atua com equilíbrio e bom senso, isso quando sua conduta não está contaminada de ilegalidade e arbítrio. Exatamente por esse motivo, o administrado fica praticamente inerme diante da lesão que sofre.

Esse fato veio a ocasionar a mitigação da prerrogativa da autoexecutoriedade no que concerne a vários aspectos da atividade administrativa. Para resguardar o direito dos administrados, o ordenamento jurídico, em determinadas hipóteses, tem exigido que, antes da prática do ato, a Administração ofereça ao administrado a oportunidade de rechaçar o intuito administrativo, em ordem a poder apresentar argumentos, documentos, explicações e outros elementos em seu favor e contrários à ação do órgão administrativo.

Um desses exemplos, atualmente bem conhecido, é o relativo à aplicação da multa de trânsito. No passado, o agente de trânsito, tão logo constatada a infração, agia autoexecutoriamente, providenciando a aplicação da multa; e, por tal motivo, restava ao administrado unicamente recorrer contra o ato sancionatório. O Código de Trânsito Brasileiro (Lei 9.503/1997) fez referência à figura da *notificação* do *ato de autuação*, ato evidentemente anterior à aplicação da multa.[16] Este ato, portanto, deixou de ser autoexecutório, como, de resto, já assentou a jurisprudência dominante.[17]

Não sem razão, autorizada doutrina advoga que a autoexecutoriedade não deve ser tida como parâmetro comum de atuação administrativa. Sendo assim, somente seria admissível esse poder administrativo quando: (a) houver expressa previsão legal; (b) se revelar urgente a ação da Administração, inexistindo outra via eficaz para assegurar a garantia do direito sob risco.[18]

Note-se, contudo, que mesmo diante de tais condições é bastante amplo o universo de hipóteses em que a Administração tem a possibilidade de atuar com autoexecutoriedade, não somente em virtude de inúmeros dispositivos legais que a autorizam, como também por força de diversas situações concretas nas quais a atuação imediata se configura como a única viável e eficaz para atingir os objetivos

14. Oswaldo Aranha Bandeira de Mello, *Princípios Gerais de Direito Administrativo*, 3ª ed., vol. I, São Paulo, Malheiros Editores, 2007, p. 615.

15. José dos Santos Carvalho Filho, *Manual de Direito Administrativo*, cit., 22ª ed., p. 117.

16. Arts. 280 e 282.

17. Súmula 312 do STJ.

18. Celso Antônio Bandeira de Mello, *Curso de Direito Administrativo*, 26ª ed., São Paulo, Malheiros Editores, 2009, pp. 415-416.

colimados pelo Poder Público. Para tanto, basta cogitar-se da quantidade de situações de urgência que demandam a imediata interferência do órgão administrativo – que, se ausente, poderia causar gravames irreparáveis aos indivíduos em geral.

Vale ainda uma observação: nos atos normativos infralegais, sejam eles de segundo, terceiro ou quarto graus, dentro do sistema de hierarquia normativa que adotamos, a autoexecutoriedade persiste em quase toda a sua inteireza. Esses atos, na verdade, disciplinam interesses gerais da coletividade ou aspectos internos da organização administrativa. Logo, não é imperioso exigir-se qualquer forma de contraditório, a não ser o contraditório geral através do controle social – forma de participação de segmentos da sociedade ou entidades de representação. Nesse campo pontificam as audiências e consultas públicas.

A mitigação da atividade autoexecutória da Administração tem seu ponto central nos *atos individuais* (ou *concretos*), aqueles que interferem na órbita jurídica de pessoas determinadas, e assim mesmo quando a interferência reflete gravame para seus interesses. Desse modo, a autoexecutoriedade frequentemente se entrelaça com a autotutela administrativa. Com efeito, se é certo que a Administração pode valer-se de seu poder de autocorreção, não menos certo é que nem sempre poderá fazê-lo mediante atuação autoexecutória.

4. Processo administrativo

O processo administrativo retrata a relação jurídica que se forma entre a Administração Pública e os administrados, ou entre pessoas e órgãos públicos, com o objetivo da produção de ato administrativo ou providência, em cuja direção a Administração exerce sua atividade.

O processo em si, como categoria jurídica, traduz uma relação jurídica *teleológica*, visto que sua instauração provoca atividade dinâmica, no sentido de que a resolução final a ser alcançada pela Administração dependerá de uma série de atos e atividades sequentes e inter-relacionados, como já deixamos registrado em outra oportunidade.[19]

Dentro dessa ótica, é inteiramente legítimo que a qualificação do processo se vincule à natureza da função que nele o Estado pretenda desempenhar. Assim, quanto a esse aspecto, cabe classificá-lo em três categorias: *processo legislativo*, *processo jurisdicional* e *processo administrativo*. Em cada uma delas o Estado exerce a respectiva função, nada impedindo que, ao final, o objetivo específico da função não se concretize. O importante, no caso, é perquirir a qual função o Estado se preordena quando deflagra o respectivo processo.

Lavra alguma controvérsia na doutrina sobre a expressão "processo administrativo". Para alguns estudiosos o processo seria reservado à função judicante, não sendo, portanto, adequado ao exercício da função administrativa. Não perfilhamos tal entendimento, com a vênia devida. Como categoria jurídica genérica, o processo não pode ser restrito à atividade jurisdicional: as funções legislativa e administrativa também reclamam relações jurídicas teleológicas. Por outro lado, a Constituição alude tanto ao processo administrativo[20] quanto ao processo legislativo.[21] Em nosso entendimento, não somente inexiste óbice

19. José dos Santos Carvalho Filho, *Processo Administrativo Federal*, 4ª ed., Rio de Janeiro, Lumen Juris, 2009, p. 3.

20. Art. 5º, LV, da CF.

21. Art. 59 da CF.

quanto à pertinência da expressão, como também esta nos parece inteiramente adequada àquela forma de atuação do Estado.[22]

Por outro lado, não nos convence o pensamento de alguns autores segundo o qual correta seria a denominação "procedimento administrativo". Na trilha dos processualistas – nesse aspecto, muito mais avançados que os administrativistas –, não há como confundir *processo* e *procedimento*. *Processo* é a relação jurídica em si, com objetivo próprio, constituída por órgãos estatais entre si, ou órgãos e administrados. *Procedimento*, ao contrário, é o vetor dinâmico do processo, vale dizer, retrata o modo e a forma da tramitação, do andamento, da sequência dos atos e atividades de que se compõe o processo.[23]

Essas, no entanto, são questões controversas, ora trazidas à baila apenas à guisa de resumido e singelo preâmbulo do que se pretende enfocar.

O fundamental é que o processo administrativo constitui instrumento pelo qual a Administração pretende tomar determinada decisão, tanto pela prática de ato administrativo quanto pela adoção de providência administrativa. A instauração do processo demonstra que o ato ou a providência não podem ser efetivados de imediato, dependendo, por conseguinte, de todo um procedimento, composto de uma série de atos e atividades, para que sejam alcançados os respectivos fins.

Esse é o ponto a ser examinado como alvo principal deste trabalho.

22. No mesmo sentido, Irene Patrícia Nohara e Thiago Marrara, *Processo Administrativo*, São Paulo, Atlas, 2009, p. 21.

23. José dos Santos Carvalho Filho, *Processo Administrativo Federal*, cit., 4ª ed., pp. 4-5.

5. *Processo administrativo e contraditório*

5.1 Atos instantâneos e dilargados

Os atos e as providências administrativas, como regra, constituem o desfecho do processo administrativo. É verdade que em certas ocasiões a Administração pratica atos *instantâneos*, o mesmo ocorrendo com providências concretas de administração. Nesses casos vigora o princípio do imediatismo, que permite a pronta execução do ato. Exemplos desses atos são alguns dos praticados pelos aparelhos policiais na função de segurança pública.

A regra, entretanto, não é essa. Em face da grande complexidade da estrutura administrativa, órgãos diligenciam no sentido de ser instaurado processo administrativo a fim de que, ao término, e após a devida tramitação, a autoridade competente produza o ato ou determine a tomada da providência. São os atos e providências *dilargados*, cuja prática só se perfaz *a posteriori*.

Nos primeiros não incide o contraditório, pela própria natureza temporal que os caracteriza. Só há falar em contraditório em relação aos últimos. Isso porque, até serem produzidos os atos, várias atividades podem ocorrer durante o curso do processo administrativo do qual dependem, inclusive a oportunidade de contradita por parte de interessados.

5.2 Atos de organização e funcionamento da Administração

No que diz respeito ao influxo da garantia do contraditório, urge acentuar, desde logo, que os processos administrativos que tratam do *funcionamento e da organização administrativa* não exigem a incidência do princípio. Cuida-se, na verdade, de aspectos ligados à gestão interna da Administração e, em linha de princípio, não afetam o círculo dos direitos dos administrados. Nesse campo, a Administração, embora se tenha socorrido de um processo administrativo formal, atua com autoexecutoriedade final, no sentido de não precisar ouvir a argumentação de terceiros.

A liberdade de ação, nesse caso, independe de os efeitos serem produzidos somente no âmbito interno do órgão ou entidade pública ou de o serem com irradiação externa, ultrapassando os limites que demarcam a competência interna. A atuação configura-se como autoexecutória porque o funcionamento e a organização administrativa não reclamam a dialética do contraditório em face de nenhum direito subjetivo. Poderá, sim, haver interesses na manutenção do *statu quo*, mas serão eles inidôneos para cercear a atividade imediata da Administração. O processo administrativo correspondente a essas alterações, por conseguinte, tramita normalmente, sem a incidência do princípio.

No curso de tais processos, no entanto, pode a Administração socorrer-se do *contraditório facultativo*, aquele através do qual são ouvidas pessoas e entidades à guisa de colaboração com o órgão público. Inexiste o dever de auscultar a opinião de terceiros alheios à Administração, mas esta pode ter interesse em obter dados de grupos da sociedade para a formação do convencimento que ampare a decisão a ser tomada.

Instrumentos adequados a semelhante propósito são, entre outros, a *consulta pública* e a *audiência pública*. Malgrado atualmente tenham previsão em alguns diplomas normativos, tais instrumentos foram consagrados nos arts. 31 e 32 da Lei 9.784/1999.

Consulta pública – já o dissemos em outra oportunidade – "é o meio de participação pública através do qual a Administração permite a manifestação de terceiros no processo administrativo, sejam eles pessoas físicas ou jurídicas, quando nele estiver em discussão matéria de interesse geral".[24] Cuida-se de verdadeira consulta, vale dizer, do intento da Administração de compulsar a opinião de terceiros quando houver matéria de interesse geral, aquela que extrapola o interesse individual em jogo no processo.

A propósito, diz a lei que, "quando a matéria envolver assunto de interesse geral, o órgão competente poderá, mediante despacho motivado, abrir período de consulta pública para manifestação de terceiros, antes da decisão do pedido".[25] Transparece do texto legal a discricionariedade do administrador: este *poderá* (e não *deverá*) recorrer à consulta pública. Quer dizer: após avaliação de conveniência e oportunidade, poderá concluir que esse é o melhor caminho a seguir. A participação de terceiros por meio da consulta pública retrata evidente contraditório, embora facultativo, vez que permite a redarguição de terceiros relativamente a motivos e finalidades dos atos alvitrados pela Administração.

Por outro lado, a *audiência pública* traduz instrumento de debates de ideias e intercâmbio de projetos e programas, com a interlocução de setores da sociedade. "Antes da tomada de decisão, a juízo da autoridade, diante da relevância da questão, poderá ser realizada audiência pública para debates sobre a matéria do processo."[26] É importante que haja

24. José dos Santos Carvalho Filho, *Processo Administrativo Federal*, cit., 4ª ed., p. 196.

25. Art. 31 da Lei 9.784/1999.

26. Art. 32 da Lei 9.784/1999.

publicidade prévia sobre local e data da audiência. Quanto maior a divulgação do evento, maior poderá ser a participação da comunidade – o que se torna vantajoso para debates mais fecundos e variados. O certo é que a audiência pública também se caracteriza como instrumento de contraditório facultativo, conveniente para uma melhor tomada de decisão pelo órgão administrativo.

Em nosso entender, a consulta pública e a audiência pública estão preordenadas ao mesmo fim – qual seja, o de auxiliar a Administração a adotar certa orientação ou decisão a respeito de questões de interesse geral ou qualificadas como relevantes. Entretanto, parecem-nos presentes dois pontos distintivos. Primeiramente, na consulta pública as pessoas e entidades têm algum interesse na matéria sob discussão (pertinência objetiva), ao passo que na audiência pública os debatedores podem ou não ter interesse direto. Em segundo lugar, é diversa a forma de operacionalização, já que a audiência pública impõe a designação de sessão para os debates, prevalecendo, assim, o princípio da oralidade.[27] Para autorizada doutrina, contudo, a diferença estaria apenas na motivação, sendo o interesse geral o motivo da consulta pública, e a questão relevante o da audiência pública.[28]

O contraditório facultativo nesses mecanismos dependerá, por certo, da ponderação do administrador público sobre a matéria em relação à qual será tomada a decisão. Os sentidos de "interesse geral" e de "relevância da questão" não têm inteira exatidão – e, por isso, qualificam-se como conceitos jurídicos indeterminados. Somente em cada caso concreto será possível analisar se foram observados os limites dessa motivação. Impõe-se destacar, porém, que, sendo individual o interesse e sem relevância a questão, não há espaço para esses instrumentos: executá-los, na verdade, só serviria para retardar a conclusão sobre o objeto do processo, ferindo o princípio da duração razoável do processo.[29]

5.3 Processos investigatórios (ou apuratórios)

Há uma categoria de processos administrativos cujo objetivo é o de proceder à apuração de determinados fatos, normalmente para ensejar a instauração de outro processo – o processo principal – que dependa dessa prévia investigação. Classificam-se como processos *investigatórios* ou *apuratórios*.

Como regra, o processo apuratório não constitui *conditio sine qua* para a instauração do processo principal – o que significa que este pode ser deflagrado independentemente daquele. Não obstante, tem grande serventia no que toca à formação do convencimento a ser utilizado no feito principal. Portanto, sua natureza é a de processo *acessório*, nele não podendo ser tomada a providência principal prevista em lei.

São típicos exemplos desse tipo de processo o inquérito policial, o inquérito civil e a sindicância. Todos visam à

27. José dos Santos Carvalho Filho, *Processo Administrativo Federal*, cit., 4ª ed., p. 204. Também: Cristiana Fortini, Maria Fernanda Pires de Carvalho Pereira e Tatiana Martins da Costa Camarão, *Processo Administrativo. Comentários à Lei 9.784/1999*", Belo Horizonte, Fórum, 2008, p. 140.

28. Sérgio Ferraz e Adilson Abreu Dallari, *Processo Administrativo*, 2ª ed., São Paulo, Malheiros Editores, 2007, p. 182.

29. Art. 5º, LXXVIII, da CF.

apuração de fatos como suporte para a instauração de um processo principal. O inquérito policial e o inquérito civil são processos administrativos preparatórios de processo judicial – a ação penal e a ação civil pública. A sindicância serve de suporte à instauração de outro processo administrativo, que não tem nomenclatura específica, mas que se caracteriza como processo *principal* em relação ao *preparatório*. Em certos estatutos é denominado de "inquérito administrativo", conquanto seja imprópria essa terminologia.

Processos administrativos dessa natureza são *inquisitórios*, e *não contraditórios*, porquanto neles não incidem os princípios do contraditório e da ampla defesa. Como neles não se apresenta qualquer litígio ou conflito direto de interesses, é inaplicável o art. 5º, LV, da CF: "aos litigantes, em processo judicial ou administrativo, e aos acusados em geral são assegurados o contraditório e ampla defesa, com os meios e recursos a ela inerentes".

A despeito de seu escopo meramente investigatório, o processo de apuração de fatos não permite a prática de arbitrariedade por parte do administrador. Além disso, deve observar o *due process of law*, que se traduz no respeito aos trâmites e exigências que a lei prevê para cada um deles. Por outro lado, mesmo não se assegurando o direito ao contraditório, o interessado (indiciado ou sindicado) tem o direito à vista e ao exame de todo o processo, podendo também requerer a expedição de certidão de suas peças, para a defesa de seus direitos – garantia expressa no art. 5º, XXXIV, "b", da CF.

Não se pode deixar de realçar um aspecto importante em relação aos processos investigatórios: o objetivo desses feitos é apenas o de apurar, investigar, coletar elementos para que o agente público possa consolidar sua convicção a respeito do objetivo principal quando instaurar o processo subsequente. Desse modo, não podem esses procedimentos ensejar a aplicação de qualquer penalidade – finalidade bem diversa daquela a que se destinaram. Aplicar punição em processo apuratório implica a nulidade do feito e da própria sanção.

É certo que alguns estatutos funcionais, ao tratarem da responsabilidade funcional dos servidores, contemplam "sindicância" ao término da qual se prevê a aplicação de punição. É o caso, por exemplo, do art. 145, II, da Lei 8.112/1990 (Estatuto dos Servidores Públicos Civis da União Federal), que admite a aplicação da penalidade de advertência como resultado de sindicância. Na verdade, a terminologia é equivocada. Tal processo de "sindicância" só tem o nome, pois que tem a natureza de processo principal, de caráter punitivo, dentro do qual urge conferir ao acusado o direito ao contraditório e à ampla defesa.

Esse defeito, aliás, já deveria ter sido sanado no Estatuto federal, visto que, além de despido de técnica, provoca imensa confusão entre os estudiosos e desmonta o sistema punitivo que a doutrina instituiu para melhor desempenho do poder disciplinar do Estado. Certo, assim, dizer-se que "tanto na sindicância como no inquérito, deve-se garantir ao acusado ou investigado sempre os meios de defesa e o contraditório, para possibilitar que a verdade seja a prevalente, pois no campo administrativo-processual não se admitem mais atos acusatórios, onde a verdade já é sabida pela Comissão Julgadora".[30]

A questão, aqui, é de grande singeleza: se o processo se destina a averiguar a

30. Mauro Roberto Gomes de Mattos, *Lei 8.112/1990 Interpretada e Comentada*, América Jurídica, 2005, p. 755.

ocorrência de atos ilícitos e a identificação da autoria, a atuação administrativa é autoexecutória e dispensa a garantia do contraditório em favor daquele que se encontra na posição de investigado. Em compensação, a Administração não pode punir. O processo tem como alvo apenas a formação de convencimento para a instauração de novo processo – este, sim, acusatório e com a exigência do contraditório. Não formado o convencimento acusatório, o processo investigatório desafia o arquivamento.

5.4 Processos acusatórios

O processo administrativo acusatório pressupõe que o administrador já esteja munido de elementos de convencimento através dos quais possa formular sua acusação. Aqui, portanto, incide o art. 5º, LV, da CF, em toda sua plenitude. O princípio do contraditório revela-se inafastável nesse tipo de processo. "Este princípio é considerado como inerente ao caráter contencioso do processo judicial" – como afirmou reconhecido jurista[31] –, mas estende-se a qualquer processo contencioso. Impõe-se, portanto, a condução dialética do processo.

Típico processo acusatório é o processo disciplinar instaurado na via administrativa. A Administração não pode exercer seu poder punitivo sem que, no respectivo processo administrativo, seja assegurado ao acusado o direito ao contraditório e à ampla defesa. A Constituição não deixa dúvida sobre a imposição da garantia: refere-se aos "acusados em geral", sem fazer qualquer especificação sobre o local e a forma de acusação.

É a garantia do contraditório que dá ensejo ao direito de defesa por parte do acusado. Normalmente destina-se uma fase à defesa do servidor, "fase, essa, em que poderá apresentar razões escritas e requerer novas provas, se as da instrução não tiverem sido suficientes para dar sustento a suas razões", como averbamos em outra oportunidade.[32] O ponto central da defesa é efetivamente o de permitir que o interessado rechace a acusação que lhe é imputada, e é nesse aspecto que se impõe a incidência do princípio do contraditório.

5.5 Processos litigiosos

Processos litigiosos, conforme já se antecipou, são aqueles nos quais se forma um litígio, vale dizer, um conflito de interesses, em que alguém persegue a satisfação de determinado interesse e outra pessoa resiste ao pleito, contrariando a pretensão do primeiro. Em outras palavras, o litígio (ou lide) traduz um "conflito de interesses qualificado por uma pretensão resistida", no feliz ensinamento de Carnelutti.

No âmbito do processo judicial o estudo da lide revela-se fundamental para todo o conceito de ação e de suas condições. Outrossim, é importante relembrar que *interesse* é a busca da satisfação de uma necessidade, e quando alguém pretende subordinar interesse alheio a seu próprio interesse passa a ter *pretensão*. O *conflito de interesses* surge quando mais de uma pessoa pretende usufruir o mesmo bem. O *litígio* (ou *lide*, termo sinônimo), na lição de eminente processualista, aparece "quando o conflito surgido na disputa em torno do mesmo bem não encontra uma

31. Manoel Gonçalves Ferreira Filho, *Comentários à Constituição Brasileira de 1988*, vol. 1, São Paulo, Saraiva, 1990, p. 68.

32. José dos Santos Carvalho Filho, *Manual de Direito Administrativo*, cit., 22ª ed., p. 945.

solução voluntária ou espontânea entre os diversos concorrentes".[33]

O já referido art. 5º, LV, da CF assegura o contraditório e a ampla defesa "aos litigantes, em processo judicial ou administrativo, e aos acusados em geral". O texto merece interpretação compatível com o intuito do constituinte, para o fim de se distinguir entre processos litigiosos e processos acusatórios. Com certeza, tratando-se de processo acusatório não pode deixar de haver litígio em seu âmago. A pretensão acusatória depara uma resistência do acusado, formando-se, então, a lide.

Entretanto, nem todo processo litigioso pressupõe uma acusação. Para que o processo seja litigioso basta que se apresente o conflito de interesses. Nesse caso, mais de uma pessoa estará buscando a satisfação do mesmo interesse, obrigando a que se oponha uma solução consensual ou de reconhecimento ao direito de algum dos litigantes. Nem por isso se fará imperiosa uma acusação, isto é, uma imputação específica, a alguém, de conduta ilícita e geradora de sanção.

No âmbito da Administração podem ser encontrados vários exemplos de processos litigiosos destituídos de acusação formal. Cite-se, como exemplo, o *processo administrativo anulatório*, ou seja, aquele que se destina, exclusivamente ou entre outras providências, a anular atos administrativos contaminados de vício de legalidade. Não há propriamente qualquer tipo de acusação em tais processos. O escopo do administrador é apenas o de exercer o poder de autotutela, corrigindo atividades administrativas ofensivas ao princípio da legalidade.

33. Humberto Theodoro Jr., *Curso de Direito Processual Civil*, 26ª ed., vol. I, Rio de Janeiro, Forense, 1999, p. 35.

Todavia, faz-se necessário, aqui, traçar a linha demarcatória de duas categorias de processos anulatórios. Uma delas consiste naqueles feitos que visam somente à invalidação de atos meramente ordinatórios da Administração ou de outros atos que não interferem na órbita jurídica concreta do administrado. A outra é a categoria dos processos em que a anulação alvitrada vai irradiar seus efeitos na esfera jurídica do interessado.

Quando a Administração instaura o processo com o fito de invalidar atos comuns, da rotina administrativa e inerentes à gestão interna do órgão, não incide o princípio do contraditório. É que, na hipótese, não se faz presente nenhum litígio de que faça parte o administrado. Cuida-se da atuação autocorretiva da Administração, mediante a exclusão de atos inquinados de vício de legalidade. Desse modo, a atividade final do órgão no processo – qual seja, a de anular o ato – qualifica-se como autoexecutória, independendo, por conseguinte, de autorização de outras autoridades estatais e da aplicação do contraditório.

A atuação autoexecutória também sucederá no caso de a Administração alvejar a anulação do ato administrativo que, embora de natureza concreta, não afete o interesse jurídico do administrado. Semelhante hipótese também se configura como da rotina administrativa, e, como inexiste litígio e eventual correção do ato não interfere na esfera jurídica do indivíduo, a este não se precisa garantir o contraditório. É o caso, *v.g.*, em que a Administração quer apenas convalidar o ato por defeito na forma.

Situação contrária é aquela em que o processo tem o objetivo de invalidar certo ato administrativo *com efeitos gravosos* para o administrado. Até algum tempo atrás a anulação de atos permitia sempre que o administrador exercesse a prerrogativa da autoexecutoriedade, não se exigindo a verificação dos efeitos da invalidação em face do interesse jurídico da pessoa prejudicada pelo desfazimento. Ao deparar a ilegalidade, providenciava-se sua imediata invalidação.

A autocorreção imediata, em situações como essa, tinha fundamento na doutrina segundo a qual o ato nulo não poderia produzir efeitos, e sua anulação haveria de produzir efeitos *ex tunc*, retroagindo ao momento em que o ato fora editado. Era a doutrina clássica, na qual não se realçava o interesse do administrado na mantença do ato.[34] Por outro lado, vicejavam em toda sua plenitude e sem restrições as Súmulas 346 e 473 do STF, nesta última sendo declarado incisivamente que "a Administração pode anular seus próprios atos, quando eivados de vícios que os tornam ilegais, porque deles não se originam direitos".

A ideia central desse pensamento não tinha foco no direito de defesa e na garantia do contraditório, mas sim na circunstância de que haveria possibilidade de autotutela no caso de atos ilegais, além do fato de que seriam estes insuscetíveis de gerar efeitos jurídicos. Contudo, é mister acentuar que a ideia em si cuidava apenas da autotutela, mas não se afirmava se esta seria, ou não, autoexecutória. Quer dizer: seria congruente a interpretação segundo a qual, apesar de tudo, a Administração, em alguns casos, não poderia agir *sponte sua*. Poderia autocorrigir-se, mas não de modo incondicionado e absoluto.

No processo evolutivo do direito administrativo, porém, desenvolveu-se a necessidade de dar tratamento mais justo e razoável à hipótese, reduzindo-se e, conforme o caso, afastando-se o direito de a Administração agir com autoexecutoriedade quando pretende anular atos causando reflexos na órbita jurídica do administrado. Importante anotar que essa investida contra a Administração não lhe retirou o poder de autotutela, até porque se trata de um poder-dever, ou seja, a Administração *deve exercer o poder*. Exige-se-lhe, no entanto, que não o faça *manu militari*, mas sim com a observância do devido processo legal, neste incluída a garantia do contraditório.

A Lei 9.784/1999 deu um passo adiante ao impedir a autotutela perpétua, situação que permitiria à Administração anular seus atos a qualquer momento, independentemente do tempo decorrido depois da prática do ato. O art. 54 dessa lei dispõe que "o direito da Administração de anular os atos administrativos de que decorram efeitos favoráveis para os destinatários decai em 5 (cinco) anos, contados da data em que foram praticados, salvo comprovada má-fé". A lei, contudo, não cuidou especificamente da incidência do princípio do contraditório nesse caso.

Sem embargo do silêncio da lei, o influxo do princípio tem sido aceito por grande número de doutrinadores e adotado por diversas decisões judiciais. Nessa linha de pensamento, se a Administração pretende anular ato administrativo por meio de outro ato, este anulatório daquele, de modo que o desfazimento venha a acarretar gravame para o administrado, tem o dever de, no respectivo processo administrativo, conceder ao interessado o direito ao contraditório, em ordem a que se lhe permita *rechaçar os motivos* que a estão impelindo a promover a supressão do ato.

Na verdade, pretende-se impedir a autoexecutoriedade administrativa no processo anulatório a fim de que o interessado possa apresentar dados e produzir provas

34. Entre outros, Mário Masagão, *Curso de Direito Administrativo*, 5ª ed., São Paulo, Ed. RT, 1974, pp. 160-162.

que demonstrem a inadequação dos motivos invocados pelo administrador para a anulação do ato. Como a anulação se funda em razões de legalidade, ao interessado cabe coletar e apresentar os elementos indicativos da total higidez do ato e, consequentemente, da desnecessidade de invalidá-lo. Haverá hipóteses em que o contraditório será exclusivamente de direito, quando, por exemplo, a controvérsia se referir a interpretação de lei ou de outros atos. Mas o contraditório poderá também ser fático, quando a discussão envolver aspectos de fato componentes do motivo apontado pela Administração.

O atual entendimento sobre essas hipóteses descansa no fato de que a intenção da Administração de anular determinado ato administrativo e o escopo contrário do administrado de vê-lo mantido e eficaz formam, sem dúvida, um conflito de interesses e, portanto, um litígio. Incide, pois, o art. 5º, LV, da CF. Por tal motivo, o dever de ouvir o administrado antes da anulação do ato serve para constatar se vai ou não formar-se a lide. Se o administrado, sob o contraditório, nada opuser, a Administração poderá proceder à anulação sem maiores problemas. Mas se o administrado resistir ao intento anulatório deverão ser ponderadas as razões que invocou para advogar a manutenção do ato. Significa que o contraditório não terá a função de impedir a anulação, mas estará a permitir que o interessado se manifeste sobre a pretensão anulatória da Administração.

Não é demais salientar que o influxo do contraditório no processo administrativo anulatório, quando a invalidação possa afetar o interesse do administrado, retrata verdadeiro *controle prévio de legalidade do ato de anulação* (controle *a priori*). Com efeito, se não fosse exigida a oitiva da parte interessada, a anulação se consumaria desde logo e ao administrado só caberia o controle *a posteriori* – que, como todos sabemos, provoca algumas vezes danos irreparáveis ou, no mínimo, de dificílima reparação. A vantagem do controle prévio é que nele está presente uma dinâmica preventiva que tem idoneidade de evitar que algo de errado seja produzido pela Administração em desfavor do administrado.

Observe-se, todavia, que nem a ausência do contraditório nem a recusa das razões invocadas pelo administrado no caso de haver a contradita agridem o princípio do acesso ao Judiciário, consagrado no art. 5º, XXXV, da CF: "a lei não excluirá da apreciação do Poder Judiciário lesão ou ameaça a direito". O *controle judicial* é uma garantia intangível, e, portanto, refoge à questão do contraditório no processo administrativo: este é concernente apenas ao *controle administrativo*. Cabe destacar, portanto, que o interessado pode recorrer ao Judiciário ainda que, tendo exercido o contraditório na via administrativa, sejam recusadas as razões de fato ou de direito que ofereceu para evitar o ato de anulação.

A exigência do contraditório em processos administrativos anulatórios, quando for previsível a resistência do administrado à pretensão do órgão administrativo, tem sido defendida por reconhecidos doutrinadores, que a veem como inafastável garantia do direito de defesa e como relevante instrumento democrático de participação da sociedade na gestão administrativa dos interesses públicos.

Adilson Dallari, em trabalho que escreveu sobre os poderes administrativos, destacou as novas tendências à restrição da autocorreção administrativa. Disse o renomado publicista: "Isso significa uma severa restrição ao poder de autotutela de seus atos, de que desfruta a Administração Pública. Não se aniquila essa prerrogativa; apenas se condiciona a validade da desconstituição de ato anteriormente praticado à justificação cabal da legitimidade dessa mudança de entendimento, arcando a Administração Pública com o ônus da prova. A ausência ou inconsistência da motivação acarreta a nulidade do ato de tutela".[35] São observações que, como se pode notar, denunciam a necessidade não de suprimir, mas de condicionar a atuação administrativa, para conciliá-la com os interesses dos administrados.

Os Tribunais também se têm manifestado no sentido da imposição do contraditório. O STF, através do Min. Marco Aurélio, já teve a oportunidade de decidir: "Ato administrativo – Repercussões – Presunção de legitimidade – Situação constituída – Interesses contrapostos – Anulação – Contraditório. Tratando-se de anulação de ato administrativo cuja formalização haja repercutido no campo de interesses individuais, *a anulação não prescinde da observância do contraditório*, ou seja, da instauração de processo administrativo que enseje a audição daqueles que terão modificada situação já alcançada – Presunção de legitimidade do ato administrativo praticado, que não pode ser afastada unilateralmente, porque é comum à Administração e ao particular"[36] (grifamos).

Além do fundamento democrático que inspira a exigência do contraditório nos casos de anulação de certos atos administrativos, não se pode deixar de mencionar a adoção, cada vez mais frequente, de dois princípios regentes da Administração Pública: os princípios da *segurança jurídica* e da *proteção à confiança*.

Pelo *princípio da segurança jurídica*, a sociedade tem a justa expectativa de estabilidade das normas que regem e disciplinam seus direitos e interesses. De fato, o administrado sente-se mais seguro quanto mais duradouro for seu sistema normativo. É o que alguns doutrinadores denominam de "certeza jurídica", com o sentido de que "o indivíduo deve estar seguro não só quanto à norma aplicável, mas também quanto ao sentido deôntico que encerra essa mesma norma".[37] Avulta notar que a segurança jurídica não abrange apenas as normas contidas nas leis, mas todas as normas do ordenamento jurídico, incluindo-se aí os atos administrativos.

O *princípio da proteção à confiança* traduz um corolário da segurança jurídica. Nele reponta mais diretamente a relação jurídica entre o Estado e o administrado. Os atos estatais introduzem no indivíduo a ideia de que foram praticados corretamente, no exercício de função pública não contaminada; e, com base em tal premissa, o indivíduo deposita sua confiança não só nos próprios atos como nos efeitos para os quais foram instituídos. Em síntese, "para que possa ser empregado, o princípio da proteção da confiança exige um comportamento ou ato estatal capaz de criar uma expectativa legítima no seu destinatário", como já assinalou moderno jurista.[38]

Todas essas considerações – feitas de forma resumida, em razão da natureza deste trabalho – não representam hostilidade contra os poderes administrativos, e especialmente contra os poderes de autotutela e de autoexecutoriedade cometidos

35. Adilson Abreu Dallari, "Os poderes administrativos e as relações jurídico-administrativas", *RTDP* 24/69, São Paulo, Malheiros Editores, 1998.

36. STF, 2ª Turma, RE 158.543-RS, rel. Min. Marco Aurélio, *DJU* 6.10.1995.

37. Rafael Valim, *O Princípio da Segurança Jurídica no Direito Administrativo Brasileiro*, São Paulo, Malheiros Editores, 2010, p. 47.

38. Valter Shuenquener de Araújo, *O Princípio da Proteção da Confiança*, Impetus, 2009, p 83.

à Administração. Em nosso entender, cuida-se de postulados indissociáveis da própria função administrativa. Sem esse tipo de prerrogativa a Administração estaria cerceada no exercício de suas funções e – o que é mais grave – com reflexos prejudiciais para a própria coletividade. Evidentemente, isso não seria preservar o interesse público.

A finalidade é apenas demonstrar que, no evolver do direito administrativo, vão sendo introduzidas algumas novas garantias aos administrados, para que se lhes possa permitir o controle dos atos estatais. No caso de atos administrativos que estejam na iminência de ser anulados, e diante da certeza de que a anulação pode afetar direitos individuais, a autoexecutoriedade administrativa seria eminentemente autoritária e antidemocrática, repetindo o verticalismo que caracterizou a atividade administrativa do século XIX.

Desse modo – e para encerrar estas observações –, se a Administração pretende anular ato administrativo, com a previsão de que o ato anulatório poderá interferir na esfera de interesses do indivíduo, deve instaurar processo administrativo no qual indique, de forma clara, seu intento anulatório e os motivos por que pretende fazê-lo. Além disso, deve cientificar o interessado de seu intuito e de suas razões, além de lhe conceder prazo razoável para se manifestar sobre a pretensão administrativa. Somente depois de escoado o prazo, com ou sem manifestação, caberá à Administração confirmar, ou não, a intenção de anular o ato. Em outras palavras, a anulação nesse caso não ensejará atuação autoexecutória da Administração, eis que, para alcançar seu objetivo, terá que se curvar à incidência do princípio do contraditório no mesmo processo administrativo.

A propósito, vale a pena relembrar os sempre exatos ensinamentos de Eduardo García de Enterría e Tomás-Ramón Fernández, para os quais, sob a perspectiva do direito administrativo, os privilégios da Administração devem conciliar-se com as garantias das pessoas: "El derecho administrativo, como derecho propio y específico de las Administraciones Públicas, está hecho, pues, de un equilibrio (por supuesto, difícil, pero posible) entre privilegios y garantías. En último término, todos los problemas jurídico-administrativos consisten – y esto conviene tenerlo bien presente – en buscar ese equilibrio, asegurarlo cuando se ha encontrado y reconstruirlo cuando se ha perdido. En definitiva, de lo que se trata es de perseguir y obtener el eficaz servicio del interés general, sin mengua de las situaciones jurídicas, igualmente respetables, de los ciudadanos".[39]

6. Conclusões

Depois de todas as observações que oferecemos acima, é possível extrair algumas conclusões sobre os temas que constituem o foco deste sucinto estudo.

A primeira delas expressa o que nos parece uma verdade insuperável no âmbito do direito administrativo: a autoexecutoriedade, como prerrogativa conferida ao Poder Público, é inerente ao exercício da própria função administrativa e desta efetivamente indissociável. Certas situações de crise exigem a pronta intervenção do Estado em prol do interesse coletivo. Retardar a imediata ação do administrador público pode provocar danos irreversíveis ou de difícil reparação aos indivíduos e aos grupos sociais.

39. Eduardo García de Enterría e Tomás-Ramón Fernández, *Curso de Derecho Administrativo*, 10ª ed., vol. I, Madri, Civitas, 2001, p. 51.

Como regra, os atos administrativos são o desfecho de um processo administrativo. Significa que a Administração, vinculada a rígidos padrões burocráticos, instaura processos administrativos nos quais intervêm vários órgãos e agentes, para ao final ser praticado o ato ou a providência alvitrada.

Em vários processos a atividade desenvolvida não interfere na esfera jurídica dos indivíduos, sendo, portanto, dispensável aplicar-se o princípio do contraditório.

Em outros processos, porém, a esfera dos direitos individuais é ou pode ser atingida pelo ato administrativo almejado pela Administração. É o que ocorre com os processos acusatórios e com os processos litigiosos *stricto sensu*. Ambos se subsumem ao disposto no art. 5º, LV, da CF, impondo-se, em decorrência desse fato, a garantia do contraditório.

Nos processos tipicamente acusatórios o influxo do princípio do contraditório – de certo modo em virtude de sua semelhança com o processo penal – sempre foi aceito e exigido sem maiores controvérsias. A garantia aloja-se no próprio direito de defesa, e esta se torna bem menos eficaz, ou até inócua, se não for permitido que o acusado contradiga as acusações que lhe são imputadas.

Entretanto, é nos processos litigiosos em sentido estrito que mais se tem desenvolvido a preocupação de assegurar aos litigantes privados a oportunidade de exercer o contraditório.

A lide, qualificada pela pretensão resistida, na qual uma das partes é o próprio Estado gera, por si só, a imprescindibilidade da oitiva do interessado, bem como a possibilidade de comprovação de suas alegações.

Entre os processos litigiosos ressai aquele em que a Administração pretende anular ato administrativo, podendo a anulação contrariar o interesse do administrado na permanência do mesmo ato. Esse é o ponto de tensão que caracteriza a formatação do litígio. Desse modo, presente o litígio, deve a Administração assegurar ao interessado o direito ao contraditório e à ampla defesa, em ordem a poder rechaçar os elementos de fato ou de direito formadores do motivo invocado pelo Poder Público para a invalidação. A garantia, nesse aspecto, constitui verdadeira forma de controle *a priori*, sendo viável que a solução corretiva se produza dentro do processo administrativo. De qualquer modo, vedada estaria a autoexecutoriedade nesse propósito anulatório.

Em síntese, é possível afirmar que a prerrogativa da autotutela, ressalvadas as hipóteses de decadência, continua sendo inteiramente acolhida. O que se entende vedado em algumas situações de tensão é o exercício autoexecutório da autotutela.

Referências bibliográficas

ARAÚJO, Valter Shuenquener de. *O Princípio da Proteção da Confiança*. Impetus, 2009.

BANDEIRA DE MELLO, Celso Antônio. *Curso de Direito Administrativo*. 26ª ed. São Paulo, Malheiros Editores, 2009.

BANDEIRA DE MELLO, Oswaldo Aranha. *Princípios Gerais de Direito Administrativo*. 3ª ed., vol. I. São Paulo, Malheiros Editores, 2007.

BASTOS, Celso Ribeiro, e MARTINS, Ives Gandra. *Comentários à Constituição do Brasil*. 2º vol. São Paulo, Saraiva, 1989.

CAMARÃO, Tatiana Martins da Costa, FORTINI, Cristiana, e PEREIRA, Maria Fernanda Pires de Carvalho. *Processo Admi-*

nistrativo. Comentários à Lei 9.784/1999. Belo Horizonte, Fórum, 2008.

CARVALHO FILHO, José dos Santos. *Manual de Direito Administrativo*. 22ª ed. Rio de Janeiro, Lumen Juris, 2009.

————. *Processo Administrativo Federal*. 4ª ed. Rio de Janeiro, Lumen Juris, 2009.

CASSAGNE, Juan Carlos. *El Acto Administrativo*. Buenos Aires, Abeledo-Perrot, 1974.

CIRNE LIMA, Ruy. *Princípios de Direito Administrativo*. 6ª ed. São Paulo, Ed. RT, 1987.

DALLARI, Adilson Abreu. "Os poderes administrativos e as relações jurídico-administrativas". *RTDP* 24. São Paulo, Malheiros Editores, 1998.

————, e FERRAZ, Sérgio. *Processo Administrativo*. 2ª ed. São Paulo, Malheiros Editores, 2007.

ENTERRÍA, Eduardo García de, e FERNÁNDEZ, Tomás-Ramón. *Curso de Derecho Administrativo*. 10ª ed., vol. I. Madri, Civitas, 2001.

FERNÁNDEZ, Tomás-Ramón, e ENTERRÍA, Eduardo García de. *Curso de Derecho Administrativo*. 10ª ed., vol. I. Madri, Civitas, 2001.

FERRAZ, Sérgio, e DALLARI, Adilson Abreu. *Processo Administrativo*. 2ª ed. São Paulo, Malheiros Editores, 2007.

FERREIRA FILHO, Manoel Gonçalves. *Comentários à Constituição Brasileira de 1988*. vol. I. São Paulo, Saraiva, 1990.

FORTINI, Cristiana, CAMARÃO, Tatiana Martins da Costa, e PEREIRA, Maria Fernanda Pires de Carvalho. *Processo Administrativo. Comentários à Lei 9.784/1999*. Belo Horizonte, Fórum, 2008.

FRAGA, Gabino. *Derecho Administrativo*. 17ª ed. México, Editorial Porrúa, 1977.

LAUBADÈRE, André de. *Manuel de Droit Administratif*. 10ª ed. Paris, LGDJ, 1976.

MARTINS, Ives Gandra, e BASTOS, Celso Ribeiro. *Comentários à Constituição do Brasil*. 2º vol. São Paulo, Saraiva, 1989.

MASAGÃO, Mário. *Curso de Direito Administrativo*. 5ª ed. São Paulo, Ed. RT, 1974.

MATTOS, Mauro Roberto Gomes de. *Lei 8.112/1990 Interpretada e Comentada*. América Jurídica, 2005.

MARRARA, Thiago, e NOHARA, Irene Patrícia. *Processo Administrativo*. São Paulo, Atlas, 2009.

MEIRELLES, Hely Lopes. *Direito Administrativo Brasileiro*. 29ª ed. São Paulo, Malheiros Editores, 2004.

MOTTA, Fabrício. *Função Normativa da Administração Pública*. Belo Horizonte, Fórum, 2007.

NOHARA, Irene Patrícia, e MARRARA, Thiago. *Processo Administrativo*. São Paulo, Atlas, 2009.

PEREIRA, Maria Fernanda Pires de Carvalho, CAMARÃO, Tatiana Martins da Costa, e FORTINI, Cristiana. *Processo Administrativo. Comentários à Lei 9.784/1999*. Belo Horizonte, Fórum, 2008.

SCURO NETO, Pedro. *Sociologia Geral e Jurídica*. 6ª ed. 2009.

SEABRA FAGUNDES, M. *O Controle dos Atos Administrativos pelo Poder Judiciário*. 5ª ed. Rio de Janeiro, Forense, 1979.

SILVA, José Afonso da. *Curso de Direito Constitucional Positivo*. 20ª ed. São Paulo, Malheiros Editores, 2002.

TÁCITO, Caio. *Direito Administrativo*. São Paulo, Saraiva, 1975.

THEODORO JR., Humberto. *Curso de Direito Processual Civil*. 26ª ed., vol. I. Rio de Janeiro, Forense, 1999.

VALIM, Rafael. *O Princípio da Segurança Jurídica no Direito Administrativo Brasileiro*. Malheiros Editores, 2010.

GLOBALIZAÇÃO, MONOPOLARIDADE E ASSIMETRIA REVERSA

Reis Friede

Desembargador Federal
– Professor Adjunto da Universidade Federal do Rio de Janeiro
– Mestre e Doutor em Direito Público

Embora os EUA demonstrem uma natural aversão em associar os fenômenos da *globalização* e da *monopolaridade*, muitos estudiosos preferem entender, pelo menos em parte, o *processo de globalização* como uma conseqüência direta da plena restauração da liderança absoluta dos EUA no cenário mundial, a partir do início dos anos 1990.

De fato – como ocorreu, em termos aproximados, no imediato período do pós- guerra (1945-1950) –, os EUA se constituem, no presente momento, na única potência global completa, ou seja, detentora, simultaneamente, de todas as variáveis do *poder nacional* (como instrumentos de projeção (e imposição) da soberania), posto que é, ao mesmo tempo, a maior potência econômica, militar, política e psicossocial do planeta, não obstante toda a sorte de recentes acontecimentos relativos à chamada Crise Global, herdada pela administração Barack Obama.

Essa invejável posição foi resultado direto, como preferem entender alguns especialistas em geoestratégia, da política, empreendida na era Reagan, que ficou conhecida como *contraforça* e que originou, nas relações Leste-Oeste, a chamada *bipolaridade confrontativa*, típica do início da década de 50, com novo matiz de competição tecnológico-militar, cujo objetivo último foi, nas palavras de seus defensores diretos e indiretos (Ray Cline, Alexander Haig, Zbigniew Brzezinski, Thomas Enders, Robert Powers, entre outros), "sufocar a *URSS*, fazendo-a desviar seus escassos recursos para uma corrida armamentista, com novos matizes tecnológicos, exaurindo, desta feita, o seu potencial econômico".

Na época (final da década de 70), inclusive, era comum as escolas de estado-maior das forças armadas proclamarem a todo instante a *crise militar* (e de liderança política) que minava o prestígio e a influência norte-americana no mundo (corroborada com os fatos relativos ao resultado da guerra no Vietnã (1975), o episódio da queda do Xá e dos reféns no

Irã (1979), a intervenção cubana na África (1975/1979), a insurreição na América Central – notadamente na Nicarágua (1980) etc.), nos seguintes termos:

"A *crise militar* dos Estados Unidos pode ser descrita como a principal causa da perda de poder relativo dessa Nação. Mais do que qualquer outro campo, foi a decadência bélica a razão fundamental da decadência norte-americana em questões de poder global e o motivo central da crise de liderança e de determinação política.

"Não restam dúvidas de que o poder militar continua sendo o principal fator de polarização global relativa e, nesse aspecto, a geratriz básica que contribui para o *status* de superpotência. No momento, é o poderio militar compacto de grande envergadura que resguarda o título de superpotência a União Soviética e, em determinado prisma, é o, ainda, poderoso arsenal nuclear estadunidense que reserva à América a denominação honorífica de superpotência.

"Na medida em que o mundo tende a se multipolarizar, em conseqüência do surgimento de novos protagonistas no cenário mundial, a capacidade militar de intervenção tenderá a adquirir maior importância no ambiente internacional e, sobretudo, como instrumento eficiente de política nacional.

"A Nação que não conseguir compreender, com precisão, o importante papel das forças armadas no conjunto eficiente da estratégia nacional, na consecução de seus objetivos nacionais atuais e permanentes, estará, irremediavelmente, condenada ao declínio virtual de seu poderio relativo e à atrofia de sua autonomia política e econômica.

"Os Estados Unidos, nesse momento, estão sofrendo as conseqüências de seus equívocos estratégicos que possibilitaram a emergência da União Soviética como grande potência militar no cenário mundial a partir das décadas de 60-70. A falta de visão global e o malogro em compreender os objetivos nacionais soviéticos fizeram a administração de Washington cometer um erro de tal proporção que condicionou o ambiente mundial a um processo, quase irreversível, de recuo norte-americano em todos os campos de poder perceptível, especialmente o militar.

"Pior, também, é que condicionou o povo americano a uma atitude passiva quanto à importância do instrumento militar, provocando, como efeito do denominado *trauma do Vietnã*, uma mentalidade míope que resolveu fechar os olhos para os acontecimentos externos, de interesse norte-americano, com perigo de um novo isolamento da América com repercussões imprevisíveis."

Essa verdadeira *doutrina estratégica de bipolaridade confrontativa*, que buscava também sepultar as idéias de *bipolaridade distensiva* de Henry Kissinger (e, de forma mais pretérita, as concepções de McNamara), foi constante e insistentemente ventilada, com maior ou menor ênfase, por seus idealizadores, em diferentes ocasiões, *verbis*:

"Representará o segundo centenário o fim da idade americana? Talvez... mas não necessariamente, se os norte-americanos tiverem o descortino de adaptar-se às demandas de um mundo em evolução. Entretanto, sozinhos ou num sistema político internacional mais cooperativo, de alianças cambiantes e crescente regionalismo, é muito provável que os Estados Unidos continuem sendo a esperança do mundo durante mais tempo do que os próximos 20 anos" (Barry M. Meuse).

"(...) o fato é que se empregássemos todas as nossas armas nucleares e os russos empregassem todas as deles, cerca de 10% da humanidade seria aniquilada. Isso é uma calamidade que está além do alcance da compreensão humana. É uma calamidade que não se justifica de nenhuma maneira do ponto de vista moral. Mas, do ponto de vista descritivo e analítico, não é o fim da humanidade" (Zbigniew Brzezinski).

"(...) embora os danos sejam terríveis, calcula-se que ambos os lados sobreviverão e serão capazes de se refazerem após uma guerra nuclear" (Conclusão do estudo Ponast II dos chefes do Estado-Maior Conjunto, EUA, 1980).

"De 30 anos para cá, a URSS se equipou com uma defesa absolutamente perturbadora; toda a Nação que dispõe de tais meios pode um dia ser tentada a utilizá-los" (Marc de Joybert).

"Sendo insuperáveis em todas as dimensões de força na década de sessenta, vimos a nossa liderança diminuir ou desaparecer em setor após setor, ao mesmo tempo em que tentávamos fazer ver à União Soviética que ambos poderíamos beneficiar-nos no deslocamento de recursos militares para os usos pacíficos. A resposta soviética foi o aumento de sua capacidade estratégica e bélica, bem como a busca de meios de projetar o seu poderio militar no mundo em desenvolvimento" (Thomas O. Enders).

"A rivalidade é inerente num sistema que funciona sem consenso global" (Zbigniew Brzezinski).

Também, nessa fase das relações EUA-URSS, eram comuns as manifestações de descontentamento com o nível de *equilíbrio militar* obtido, notadamente, pelas iniciativas de Leonid Brejnev (1964-1982), nos seguintes termos:

"A deterioração da superioridade militar dos Estados Unidos é (ao lado do declínio econômico relativo) a segunda, e possivelmente a principal, razão, amiúde oferecida, do declínio da influência norte-americana no mundo. Há apenas 15 anos, os EUA desfrutavam de esmagadora superioridade em bombardeiros estratégicos, mísseis balísticos, ogivas nucleares e outros sistemas de amas importantes. A partir de 1964, porém, começou a expandir-se substancialmente o desdobramento de mísseis estratégicos soviéticos ante o crescente e gradativo desarmamento unilateral norte-americano. Desde então, a URSS suplantou os Estados Unidos em diversos setores militares, permitindo aos EUA conservar sua superioridade, ao menos por enquanto, somente em alguns setores ligados à qualidade do equipamento e no número de bombardeiros, quantidade geral de ogivas termonucleares, esquadra de porta-aviões e força de helicópteros. Porém, a superioridade anterior dos EUA reduziu-se a um ponto em que os soviéticos lograram, *grosso modo, equivalência* com os EUA.

"Mais importante que isso, os soviéticos parece que vão ou pretendem ir muito além da 'equivalência'. Há indícios claros de que a URSS está determinadamente empenhada não em paridade mas em superioridade; a mesma que os Estados Unidos tinham em relação a eles, mas com uma grande diferença: Washington jamais utilizou essa vantagem contra Moscou, razão pela qual abriu mão da mesma contudo não há garantias de que o *Kremlin* só deseje a superioridade com única e exclusiva intenção pacífica, de saciar o espírito moral de seus dirigentes".

O objetivo fundamental era não só encerrar de vez o decadente prestígio das posições de Kissinger (como já afirmamos), flagrantemente pessimistas em relação ao potencial estadunidense, como também desviar os rumos do confronto entre os legisladores favoráveis (apelidados *de falcões*) e desfavoráveis (apelidados de *pomba*) a um substancial aumento do orçamento militar estadunidense.

"(...) os Estados Unidos já não estão em condições de operar programas globais: precisam alentá-los. Já não podem impor a solução que preferem (...) nosso papel terá que ser o de (...) incentivar a iniciativa de outros" (Henry Kissinger).

"Do que os Estados Unidos precisam não é de *falcões* ou de *pombas*, mas da sabedoria das *corujas* que entendem a natureza permanente do conflito internacional e o papel da credibilidade da força militar como instrumento de política nacional" (Robert C. Powers).

Por outro ângulo, durante as décadas de 60 e 70, muitos intelectuais norte-americanos expuseram o "mito da repressão americana", isto é, o conceito de que o envolvimento dos EUA na política de outras sociedades seria quase invariavelmente hostil à liberdade e apoiador da repressão nessas sociedades. Hans J. Morgenthau, em 1974, chegou mesmo a afirmar que "com uma invariável constância, desde o fim da Segunda Guerra, temos intervindo em nome da repressão conservadora e fascista contra a revolução e a reforma radical. Numa época em que as sociedades se acham numa etapa revolucionária ou pré-revolucionária, nós nos convertemos na primeira potência do *status quo* pré-revolucionário. Uma política assim pode unicamente conduzir ao desastre moral e político".

Como enérgica reação a este ponto de vista, os partidários da *política de contraforça* também souberam, com reconhecida habilidade, desferir um verdadeiro contra-ataque a este tipo de *filosofia sociológica*, impondo, por fim, uma doutrina que legitimava, em última instância, as ações interventivas que se vislumbravam à época.

"A crença de que os Estados Unidos não podem agir mal em nome dos valores da liberdade e da democracia é, evidentemente, tão errôneo no exterior como é nos EUA. Mas também é errônea a crença – mais prevalecente nos círculos intelectuais dos EUA nos anos 1970 – de que os Estados Unidos não poderiam nunca agir bem em nome desses valores. É muito mais provável que o poder dos EUA seja empregado em nome de tais valores do que o poder de qualquer outra Nação importante" (Samuel P. Huntington).

Essa nova fase, indiscutivelmente, melhorou a auto-estima da Nação norte-americana, permitindo, por efeito, a restauração da projeção do poderio (e da soberania) estadunidense no cenário internacional.

"(...) Este novo começo é uma *renascença nacional*" (Ronald Reagan).

"Este notável desempenho deu forma ao desafio que enfrentamos hoje de administrar sabiamente as forças desencadeadas pelo próprio dinamismo. Os Estados Unidos, por seu lado, encontram-se atualmente restaurando o seu próprio dinamismo (...). O presidente Reagan descreveu este novo começo com uma *renascença nacional*. Os Estados Unidos vibram com um renovado sentimento de determinação nacional e de liderança internacional" (T. O. Enders).

Mais do que isso, contudo, viabilizou o almejado retorno dos EUA à confortável situação de potência hegemônica única num novo contexto de *mundo monopolar*.

"As principais prioridades dos Estados Unidos em matéria de política externa têm três componentes essenciais: a *firmeza*, a *credibilidade* e o *equilíbrio*" (Gen. Alexander Haig).

Neste aspecto particular, é forçoso concluir, em absoluta sintonia com a posição de vários estudiosos, que, diferentemente de algumas *sínteses analíticas* mais conhecidas, o resultado não satisfatório do envolvimento dos EUA na *Coréia*

(1950-1953) e, principalmente, no *Vietnã* (1964-1975), como bem assim da URSS no Afeganistão (1979-1985), decorreu, sobretudo, da *confrontação bipolar indireta* (posto que as superpotências da época armavam de forma maciça os contentores diretos do conflito) e não propriamente de uma pretensa força moral ou espiritual de determinação dos povos envolvidos. No Vietnã, em particular, não obstante a visão romântica da impotência do gigante norte-americano *vis-à-vis* com as espetaculares táticas guerrilheiras, é fato que se não fosse o fornecimento contínuo e maciço de armas soviéticas e chinesas (nunca é demais lembrar que o Vietnã do Norte possuía, à época dos fatos, a maior defesa antiaérea de mísseis do mundo fornecida e instalada pelos soviéticos), não teria ocorrido, durante praticamente toda a extensão temporal do episódio, o chamado "empate técnico" que tornou refém tanto o Vietnã do Norte como o seu equivalente do Sul. Aliás, essa conclusão é facilmente comprovada na análise do conflito coreano, no qual as tropas da *ONU*, lideradas pelo Gen. MacArthur, em apenas três meses reconquistaram a península invadida, somente caracterizando o denominado "empate técnico" com a entrada da China (com apoio técnico e bélico da URSS) através de mais de 400.000 tropas "voluntárias".

O mesmo aconteceu com os soviéticos no *conflito do Afeganistão*, considerando que os EUA não mediram esforços em armar e treinar (inclusive contratando mercenários), os adversários da URSS, na oportunidade, o que, posteriormente, ensejou os atuais problemas com os Talibãs naquela região.

Por outro lado, sem a confrontação de uma superpotência militar, a chamada *1ª Guerra do Golfo* (1990) transcorreu sem maiores problemas para os EUA e seus aliados, mesmo considerando a envergadura do exército de Saddam Hussein (com mais de um milhão de homens), reputado um dos maiores do mundo, à época dos fatos.

Assimetria Reversa

Não obstante toda esta assertiva conclusiva, é fato que, em idêntico exemplo – ou seja, na *2ª Guerra do Golfo* (iniciada em 2003) –, os mesmos resultados obtidos em 1990 não lograram se apresentar de idêntica forma, fazendo surgir, com muito mais ênfase do que no passado, um fenômeno outrora já conhecido, que se manifestou de maneira mais evidente durante o Conflito do Vietnã.

Ou seja, não obstante a importância da denominada *confrontação bipolar indireta*, como efetiva explicação do insucesso da empreitada norte-americana naquela oportunidade, é fato que tal explicação apresenta-se insuficiente para o pleno conhecimento da *sociologia geoestratégica* relativa ao tema, mormente se considerarmos a real dimensão do *autolimite* do emprego do poderio bélico estadunidense na Indochina.

Destarte, foi especialmente durante a *Guerra do Vietnã* (e, em parte, focada nas percepções ímpares (e, até então, inéditas) de McNamara) que a denominada *assimetria reversa* se expressou com mais ênfase, reafirmando o *fenômeno* segundo o qual a *assimetria tecnológica* de meios militares entre dois Estados – de forma diversa do que se pode concluir apressadamente –, se subjuga ao *efeito* da efetiva *limitação* do emprego de tais instrumentos contra o oponente de limitados meios, em decorrência, sobretudo, da dificuldade de uma sociedade com elevado grau de *civilidade* aceitar os chamados *danos colaterais*, em grande escala.

As dificuldades do *Ocidente* nas *Guerras do Iraque* (2ª Guerra do Golfo) e do *Afeganistão*, neste diapasão, são, portanto, muito mais facilmente explicáveis pela manifestação do *fenômeno* da *assimetria reversa* do que propriamente de um suporte logístico do Irã (no caso específico do Iraque) ou de qualquer outro Estado ou de alguma entidade paraestatal (no caso particular do Afeganistão).

Portanto, em apertada síntese conclusiva, podemos afirmar, sem qualquer receio de errar, que os desafios do século XXI serão muito mais caracterizados pelo fenômeno da *assimetria reversa* do que, como no século passado, por qualquer modalidade de *confrontação bipolar indireta*, por parte de qualquer entidade estatal formal.

Será, neste sentido, muito mais um confronto de concepções ético-morais – com necessidade de uma verdadeira reengenharia da própria forma de fazer guerras, em decorrência da autolimitação do emprego da força militar –, do que propriamente de limitações (ou de contraposição efetiva) de *meios* ou, mesmo, de alta tecnologia militar.

TRATADOS INTERNACIONAIS DE DIREITOS HUMANOS: VISÃO CRÍTICA

Heraldo Garcia Vitta

Mestre e Doutor em Direito do Estado pela PUC-SP
– Professor da Escola de Magistrados do TRF-3ª Região (SP)
e da Instituição Toledo de Ensino (ITE-Bauru)
– Juiz Federal Titular da 2ª Vara de Bauru (SP)

1. Introdução. 2. A "eficácia" dos tratados internacionais: 2.1 O âmbito de eficácia dos tratados – 2.2 A Comunidade Europeia – 2.3 O conceito de "direitos fundamentais" (humanos) – 2.4 O problema do conceito de "liberdades públicas". 3. Os direitos humanos e a soberania do Estado: 3.1 Tratado internacional versus *Direito interno – 3.2 A intervenção no Estado – 3.3 A "ampliação" dos direitos humanos. 4. A dogmática jurídica brasileira: 4.1 O texto constitucional – 4.2 A soberania popular – 4.3 Os tratados internacionais: 4.3.1 O primado do Direito Internacional – 4.3.2 A paridade: tratado e lei ordinária – 4.3.3 A sobreposição dos tratados de direitos humanos. 5. A Emenda Constitucional (brasileira) 45/2004: 5.1 Nova problemática – 5.2 A inconstitucionalidade da Emenda: 5.2.1 Ofensa à ordenação jurídica pétrea – 5.2.2 Conclusões.*

1. Introdução

Com a evolução cultural dos Países do Continente Europeu, diversos povos acataram como modelo jurídico, em menor ou maior escala, as normas firmadas nos tratados internacionais. As próprias Constituições daqueles Países contêm regramentos específicos quanto à eficácia dessas tratativas no âmbito interno.

Também a Comunidade Europeia baqueia a noção tradicional de soberania (como poder supremo) ao estabelecer novas concepções político-jurídicas, com reflexos nas autonomias estatais. Os Países integrantes daquela organização submetem-se às normas e princípios comunitários, em prejuízo, nalgumas hipóteses, aos ditames similares nacionais.

Apesar disso, os tratados internacionais vêm modificando as normas internas das diversas Nações; fincados nos direitos humanos, esses acordos traduzem as novas ideologias de proteção ao ser humano (considerado individualmente), ao ambiente, à segurança social etc., impondo regras norteadoras e limitadoras das atividades dos órgãos estatais, inclusive quanto ao exercício do *poder de polícia do Estado*, que, ao "regular" a propriedade e liberdade dos indivíduos, é "manifestação eloquente da soberania estatal".

Ao mesmo tempo em que recrudescem as normas de proteção dos direitos humanos, por força dos tratados, há maior limitação jurídica do poder dos Estados, em prol de sociedade *universal* que seja livre, justa e humanitária. Esses dois polos são inversamente proporcionais e estão imbricados.

Mas a soberania, como poder supremo do Estado, não sofre, por assim dizer, restrições; trata-se apenas do fato de o Estado, *voluntariamente*, aquiescer aos acordos internacionais, sem que, com isso, perca, ele próprio, aquela qualidade acentuada de potestade. Mesmo no caso da União Europeia, em que há *descentralização política e administrativa*, ocorre, na verdade, "delegação ou transferência" de *competências* dos Países integrantes do bloco. Cada qual *aquiesce* às normas da organização e, nos limites destas, finca suas diretrizes específicas.

Quanto ao Brasil, em linhas gerais, conforme se verá, acolheram-se noções fundamentais de *soberania*, segundo o conceito tradicional (independência nacional = igualdade dos Estados, nas relações internacionais; "supremacia" interna, no território nacional). Mas, indo de encontro às novas concepções, quanto à *eficácia dos tratados de direitos humanos*, a Emenda 45, de 8.12.2004, açambarcou esses acordos num mesmo traço e plano jurídicos, num mesmo invólucro, isto é, à *aprovação qualificada*, como os de emendas constitucionais. Tratados internacionais, para integrarem o ordenamento nacional, com eficácia de emendas à Constituição, devem ser aprovados em dois turnos, por três quintos de votos dos respectivos membros das Casas Legislativas. Aniquila-se a possibilidade de essas tratativas ingressarem na ordenação brasileira, como emendas à Constituição, sem que tenha havido a "aprovação qualificada". Isso é suficiente para deslindar o descaso das autoridades públicas no trato da *dignidade da pessoa humana*.

Este pequeno artigo visa a traçar alguns tópicos a respeito da *eficácia dos tratados internacionais de direito humanos*, resvalando, ainda, em temas conexos, como o do *conceito de soberania*, nos dias atuais.

2. A "eficácia" dos tratados internacionais

2.1 O âmbito de eficácia dos tratados

A *soberania* dos Estados está coligada, necessariamente, à ordenação jurídica *internacional* e às *relações internacionais*. Tanto que *tratados internacionais* podem *delimitar o âmbito de eficácia* das normas internas dos Países signatários, conforme explica René David: "Certas Constituições proclamam o princípio de que os tratados internacionais têm uma autoridade *superior* à da lei: é o caso da França e da Holanda (...). Idêntica atitude têm os Tribunais da Alemanha Federal, onde os tratados são, eles próprios, *assimilados* às leis ordinárias, mas em que a Lei Fundamental dispõe que os princípios gerais do Direito Internacional têm uma autoridade *superior* à das leis".[1]

Por conta disso, há *possibilidade* de o Estado signatário dos tratados *aquiescer* à *jurisdição supranacional*, "delegando"-lhe *competência para interpretá-los*: "Pode também acontecer que a interpretação de um determinado tratado seja da competência de uma jurisdição supranacional; os tribunais nacionais, neste caso, podem, em diversas circunstâncias, se declarar incompetentes, quando se elevar uma dúvida substancial de um tratado (...)".[2]

Alguns autores refutam a "soberania ilimitada" dos Estados. Nas palavras de Pontes de Miranda: "A já velha concepção da soberania ilimitada, que ainda é base de muitos raciocínios errôneos, foi a da Antiguidade e ainda vibrou nos trechos das *Lettres Écrites de la Montagne*, de J. J. Rousseau: 'Dans tout État politique il faut une puissance suprême, un centre où tout se rapporte, un principe d'où tout derive, 'un souverain qui puisse tout (...)'. Ora, nos nossos dias há direitos anteriores e superiores ao Estado, há limitações espaciais, temporais e ético-jurídicas à soberania. O Estado é no espaço e no tempo, e não pode negar direitos que provêm da ambiência jurídica em que se banham os próprios Estados. De ambiência supraestatal e de ambiência interestatal".[3]

Na França, por exemplo, o "juiz do contencioso administrativo" não tem competência para interpretar texto da União Europeia; deve enviar a matéria à Corte de Justiça desse "órgão comunitário", visando à uniformidade da jurisprudência quanto à interpretação das convenções internacionais relativas à comunidade. A decisão da Corte de Justiça vincula o juiz "nacional", ou seja, este tem de acatar o entendimento daquela Corte quanto à interpretação de texto do Tratado da União Europeia.

Ademais, as decisões do *Tribunal de Direitos Humanos*, com sede em Estrasburgo, vinculam os países signatários do respectivo Tratado: depois de esgotadas as vias judiciais, a pessoa prejudicada, por ofensa a direitos humanos, pode solicitar àquela entidade internacional a análise do caso (*subsidiariedade*). Segundo a Corte supranacional, pela *teoria das ações positivas*, os direitos humanos devem ter caráter *efetivo*, isto é, *real*. Assim, os Estados precisam cumprir as determinações contidas no tratado internacional de proteção dos direitos humanos. Jean Rivero e Hugues Moutouh anotam: "A ratificação [*da Convenção Europeia dos Direitos Humanos*] tem uma importância primordial: incorpora a Convenção ao Direito interno Francês, e as vítimas de atentados aos direitos que ela consagra podem prevalecer-se dela não só perante a Administração, em apoio de um recurso gracioso, mas também perante as jurisdições nacionais, que devem aplicá-la e até, se for o caso, preferi-la à lei nacional contrária, porquanto a Constituição lhe confere 'uma autoridade superior à das leis' (...)".[4]

Também a *Comunidade Europeia* é "exemplo eloquente" de uma "'organi-

1. René David, *Os Grandes Sistemas do Direito Contemporâneo*, São Paulo/Brasil, Martins Fontes, 2002, pp. 122-123 (grifos nossos).

2. Idem, p. 123.

3. Pontes de Miranda, *Comentários à Constituição* [*brasileira*] *de 1946*, vol. I, Rio de Janeiro/Brasil, Henrique Cahen, 1947, p. 41 (grifos no original).

4. Jean Rivero e Hugues Moutouh, *Liberdades Públicas*, trad. de Maria Ermantina de Almeida Prado Galvão, São Paulo/Brasil, Martins Fontes, 2006, pp. 308-309.

zação estatal" abrangente, com "transferência de *competências*" dos Estados-membros àquela.

2.2 *A Comunidade Europeia*

Como situação-limite da citada "delimitação interna" dos países que firmam tratados cita-se a *Comunidade Europeia*: política externa e de segurança comunitária, cooperação em matéria de polícia, proibição de déficits públicos excessivos, criação de moeda única (Euro) e possibilidade de a *Corte de Justiça* infligir multas aos Estados que não respeitarem prescrições enunciadas nos julgados daquela jurisdição constituem casos de *transferência de competências à entidade internacional*.[5]

A União Europeia expede, basicamente, duas espécies de atos jurídicos, os quais são, em princípio, *cogentes* aos países-membros da comunidade: *regulamentos*, aplicáveis imediatamente, e *diretivas*, com prazos estabelecidos para que os Estados possam adaptar o texto (editado pelo Parlamento Europeu e pelo Conselho da União Europeia) ao sistema nacional (interno). Além disso, há competências *normativas exclusivas* da Comunidade Europeia e dos Estados-membros, nas quais aquela não pode se imiscuir nas atividades destes, e vice-versa; bem como competências *concorrentes*, ou partilhadas, entre a Comunidade Europeia e os Estados-membros, aplicando-se, neste caso, o princípio da *subsidiariedade*, segundo o qual a primeira intervém nos segundos, "na medida em que os objetivos da ação não possam ser realizados de maneira suficiente pelos Estados-membros e, pois, em razão das dimensões ou dos efeitos da ação, possam ser melhor realizados ao nível comunitário" (art. 5º do TCE, alínea 2).[6]

Transferida "competência" pelo Estado à Comunidade Europeia, o domínio de ação escapa da esfera nacional de cada país, a fim de relevar a *ordem jurídica comunitária*. Logo, a Corte de Justiça das Comunidades Europeias pode se opor à aplicação de preceitos constitucionais de dado País, para prevalecer a "norma comunitária".[7]

Aos Países integrantes da Comunidade Europeia não é conferido o direito de anunciar o *pacto de reciprocidade*, segundo o qual a Convenção seria respeitada apenas e tão-somente à medida que o conjunto dos Estados (partes) cumprisse com as obrigações estabelecidas (se isso não ocorre, o Estado poderia alegar a *exceptio non adimpleti contractus*). Pois a *Corte de Justiça* da Comunidade Europeia não legitima o pacto de reciprocidade; "o liame de reciprocidade não pode ser invocado nas relações entre Estados-membros, assim, evidentemente, entre estes Estados e as instituições comunitárias".[8] Assim,

5. Arnaud Haquet, ao citar O. Beaud ("Souveraineté", in *Dictionnaire de Philosophie Politique*, Paris, PUF, 1996, p. 628), assinala: "Dès lors la notion 'est caractérisée par une *dissymétrie*: elle est *absolue* dans sa sphère interne, et *relative* dans sa sphère externe, où elle rencontre son *alter ego*, la souveraineté de l'autre État" (*Le Concept de Souveraineté en Droit Constitutionnel Français*, Paris, PUF, 2004, p. 183: "Desde então, a noção é caracterizada por uma assimetria: ela [*soberania*] é *absoluta* na esfera interna, e *relativa* na esfera externa, pois aqui ela reencontra o seu *alter ego*, a soberania de outro Estado").

6. Arnaud Haquet, *Le Concept de Souveraineté en Droit Constitutionnel Français*, cit., p. 240.

7. Idem, p. 180.

8. Idem, p. 214.

a "ratificação" de tratado internacional engendra limitação de *competências* dos Estados.[9]

Seja como for, como *regra fundamental*, esses lindes figurados nos tratados, como parece óbvio, demandam *concordância* das partes da relação jurídica; exigem, portanto, *aquiescência* dos Países signatários.

2.3 O conceito de "direitos fundamentais" (humanos)

Visando a delimitar o tema proposto, indaga-se: os conceitos de direitos *humanos* e de direitos *fundamentais* são equivalentes? Cientificamente, pode-se distinguir: direitos *fundamentais* (reconhecidos no direito constitucional de dado país); direitos *humanos* (caráter supranacional, universal, valem em todo tempo e lugar, independentemente de serem "positivados" na Constituição de dado País; ou, ainda, numa outra acepção, direitos "referidos" nos tratados internacionais); e direitos *naturais* (inalienáveis da pessoa humana, como a liberdade).

Contudo, para finalidade prática deste trabalho as expressões "direitos humanos" e "direitos fundamentais", se bem possam, teoricamente, ter significados díspares, na prática, tanto melhor aproximá-las, a fim de garantir às pessoas a máxima efetividade do arcabouço jurídico estabelecido nas Constituições ou nos tratados e demais acordos realizados na esfera do Direito Internacional. Os termos "direitos *humanos*" e "direitos *fundamentais*" são usados no mesmo sentido. Vale a advertência de Dalmo de Abreu Dallari: "No tocante à expressão 'direitos fundamentais', alguns teóricos pretendem que ela tenha um sentido técnico-jurídico mais preciso que 'direitos humanos', sobretudo porque, antes desta última, foi a fórmula 'direitos fundamentais' que passou a utilizar para significar um avanço em relação aos tradicionais 'direitos individuais', expressão que se tornou ambígua pelo distanciamento entre o que ela simbolizou num dado momento histórico – mais precisamente na França da segunda metade do século XVIII – e o uso que dela se fez desde o início do século XIX, quando foi reduzida a mero pretexto para a proteção dos privilégios de uma classe superior. Ainda em relação à expressão 'direitos individuais', o conhecimento mais preciso de seu significado e das manipulações que ela sofreu e a que continua sujeita – quando ligada a uma noção egoísta de indivíduo, que ignora a solidariedade e a responsabilidade social – mostra a necessidade de cautela, para que não se caminhe no sentido oposto ao desejado, invocando-se os direitos individuais de alguns para justificar a negação dos direitos de muitos".[10]

Portanto, utilizar-se-ão as expressões de forma paritária, equivalente, para evitar ambiguidades e manipulações desses termos.

2.4 O problema do conceito de "liberdades públicas"

Contudo, a ideia de *liberdades públicas* aproxima-se do conceito de *direitos humanos*, ou *fundamentais*. Mas apenas isso: toda liberdade pública é direito fundamental, ou humano, mas nem todo direito fundamental, ou humano, é liberdade pública. Exemplifica-se com a proteção à

9. Idem, p. 207.

10. Dalmo Dallari, "Estado de Direito e direitos fundamentais", in Marcelo Figueiredo e Valmir Pontes Filho (orgs.), *Estudos de Direito Público em Homenagem a Celso Antônio Bandeira de Mello*, São Paulo/Brasil, Malheiros Editores, 2006, p. 219.

saúde, ao emprego, à habitação e outras atividades materiais, destinadas aos indivíduos. Embora, hoje, sejam consideradas *essenciais*, não constituem liberdades públicas, propriamente. *Liberdade pública*, conforme lições de Jean Rivero e Hugues Moutouh, "é um poder de autodeterminação, em virtude do qual o próprio homem *escolhe* seus comportamentos pessoais".[11]

Esses autores formulam "proposta de definição" de acordo com peculiaridades do Direito Francês: "As liberdades públicas são direitos do homem que reconhecem a este, nos diversos campos da vida social, o poder de escolher sozinho seu comportamento, poder organizado pelo direito positivo, que lhe confere uma proteção reforçada e o eleva ao nível constitucional em Direito interno, ao nível supralegislativo em Direito Europeu".[12]

De acordo com essa doutrina, uma das "proteções gerais" das liberdades públicas é, justamente, o *princípio do respeito à pessoa humana.*[13]

De todo modo, devido ao fato de os tratados internacionais englobarem, costumeiramente, e sem distinção, direitos humanos e direitos de liberdades, tratar-se-á de abordá-los de forma idêntica neste trabalho.

3. Os direitos humanos e a soberania do Estado

3.1 Tratado internacional versus *Direito interno*

Tem-se distinguido – com *resultados proveitosos*, conforme se verá ao final da explanação – a *eficácia* dos tratados internacionais à medida do respectivo objeto ou conteúdo: no caso de proteção aos *direitos humanos*, a eficácia, na ordem interna dos países, seria de *emenda constitucional*; se tiverem pertinência às *prerrogativas do Estado*, a eficácia seria de *simples lei* (*ordinária*). Naqueles há transcendência dos meros compromissos recíprocos de salvaguarda dos Estados, pois por meio deles se protege a dignidade humana, a pessoa, e não, propriamente, o Estado.

O professor da USP Fábio Konder Comparato assinala, com muita razão, como *critério* para resolver o *conflito* entre o *Direito Internacional* e o *Direito interno* o princípio jurídico que *legitima* o sistema jurídico, o da pessoa humana (*dignidade da pessoa humana*). Deve-se verificar, portanto, segundo o jurista, qual a solução que melhor atenda à *dignidade humana.* Afirma: "Justamente porque nos encontramos diante de um sistema que integra, num mesmo ordenamento, Direito interno e Direito Internacional, a solução para esse conflito de normas não pode ser encontrada com fundamento numa pretensa superioridade da Constituição sobre os tratados internacionais, ou vice-versa. O intérprete é obrigado a remontar ao princípio jurídico que legitima o sistema como um todo. E esse princípio supremo é, evidentemente, o da dignidade transcendente da pessoa humana".[14]

O autor refere o caso do *depositário infiel*, que podia ser preso, conforme previsão constitucional brasileira (art. 5º, LXVII), enquanto o Pacto sobre Direitos Civis e Políticos de 1966 (o art. 11 veda

11. Jean Rivero e Hugues Moutouh, *Liberdades Públicas*, cit., p. 8 (grifo nosso).

12. Idem, pp. 19-20.

13. Idem, p. 22.

14. Fábio Konder Comparato, "O papel do juiz na efetivação dos direitos humanos", in Associação Juízes para a Democracia, *Direitos Humanos – Visões Contemporâneas*, São Paulo/ Brasil, Método, 2001, p. 20.

a prisão de qualquer pessoa por não cumprir obrigação contratual) e a Convenção Americana dos Direitos Humanos (o art. 7º, § 7º, admite a prisão apenas por dívida alimentar), ambos ratificados pelo Brasil, prescrevem em sentido diametralmente oposto. De acordo com o jurista, a *liberdade*, protegida nas convenções, é valor mais elevado que o *interesse econômico*, mencionado na norma constitucional; "a norma que melhor respeita a dignidade humana é estabelecida nos mencionados tratados internacionais, proibindo a prisão civil do depositário infiel".[15]

3.2 A intervenção no Estado

Em face do confronto *soberania **versus** intervenção*, poder-se-ia argumentar no sentido de que dado País, movido por *questões humanitárias*, poderia *intervir* noutro, inclusive com uso da força (coercitivamente). A respeito dessa afirmativa escandalosa e acintosa aos direitos dos Estados soberanos e dos respectivos povos basta observar, para rechaçá-la, o suposto "combate ao terrorismo" e às armas nuclareares (nunca demonstradas), manejado (conjuntamente com alguns Países) pelos Estados Unidos sob a presidência do "governo(?) Bush", ao invadir o Iraque e o Afeganistão! Milhares de pessoas mortas, ofensa aos direitos das vítimas de guerra, prisões arbitrárias, sem julgamentos, interrogatórios inusitados etc. Bem situado o problema, pode-se trazer à baila os excertos do renomado Celso Antônio Bandeira de Mello quando afirma, categoricamente, e com razões de sobra: "É que os subdesenvolvidos [*Países*] têm sido e são, naturalmente, meros peões no tabuleiro de xadrez da economia e, pois, da política internacional; logo, por definição, sacrificáveis para o cumprimento dos objetivos maiores dos que movem as peças".[16]

Ora, um dos motivos inspiradores dos movimentos nacionais dos séculos XIX e XX, proclamado desde os tempos da Revolução Francesa, é o direito de todo povo à *autodeterminação*; o Pacto sobre os Direitos Econômicos, Sociais e Culturais e o Pacto sobre os Direitos Civis e Políticos, ambos da Assembleia Geral das Nações Unidas, em 16.12.1966, começam da seguinte forma: "Todos os povos têm o direito à autodeterminação"; "Em virtude desse direito, eles decidem livremente sobre seu estatuto político e perseguem livremente seu desenvolvimento econômico, social e cultural"; "Os Estados (...) devem promover a realização do direito à autodeterminação".[17]

Ademais, criado ou reconhecido o Estado, pelo Direito Internacional, ele pode inovar, agir para *impedir ações desafiadoras de sua soberania*, requerer respeito ao seu território, e assim por diante. Iguala-se aos demais Estados da sociedade internacional. Com a assinatura dos Tratados de Vestefália, aos 14 e 24.10.1648, a *soberania* e a igualdade dos Estados constituíram princípios fundamentais nas relações internacionais.

A Carta das Nações estabelece: 'Art. 1. Os propósitos das Nações Unidas são: (...). 2. Desenvolver relações amistosas entre as Nações, baseadas no respeito ao princípio de igualdade de direito e de au-

15. Idem, p. 21.

16. Celso Antônio Bandeira de Mello, "A democracia e suas dificuldades contemporâneas", in *Grandes Temas de Direito Administrativo*, São Paulo, Malheiros Editores, 2009, p. 385.

17. Norberto Bobbio, *A Era dos Direitos*, 5ª tir., trad, de Carlos Nelson Coutinho, Rio de Janeiro/Brasil, Elsevier, 2004, pp. 55-56.

todeterminação dos povos, e tomar outras medidas apropriadas ao fortalecimento da paz universal".[18]

Isso porque o *conceito de soberania* não admite gradações; tem *caráter supremo de um poder*. R. Carré de Malberg – talvez o maior estudioso do Estado, juntamente com Jellinek – afirma: "Tomada en su acepción precisa, la palabra 'soberanía' designa no ya una potestad, sino una cualidad, cierta forma de ser, cierto grado de potestad. La soberanía es ell *carácter supremo de um poder*; 'supremo' en el sentido de que dicho poder no admite a ningún otro ni por encima de él, ni en concurrencia con él. Por lo tanto, cuando se dice que el Estado es soberano, hay que entender por ello que, en la esfera en que su autoridad es llamada a ejercerse, posee *una potestad que no depende de ningún otro poder y que no puede ser igualada por ningún otro poder*".[19]

Nesse sentido, expõe Uadi Lammêgo Bulos: "O Estado é soberano ou não é. Nos termos da Carta de 1988, a soberania apresenta dupla feição: uma *externa* e outra *interna*. Do ponto de vista *externo*, impede que a República Federativa Brasileira fique à mercê de quaisquer injunções internacionais ou estrangeiras, cerceadoras ou subjugadoras do Direito interno do País, ligando-se ao princípio da independência nacional (CF, art. 3º, I). Daí o pórtico da soberania também ser chamado de *princípio do governo independente*. Mas do ângulo *interno* o vetor em estudo confere ao Estado Brasileiro autoridade máxima – *summa potestas* – dentro do seu território, não se submetendo a nenhum outro poder. Nessa seara, pessoas físicas ou jurídicas, agrupamentos públicos ou privados, todos, sem exceção, devem-lhe obediência".[20]

Logo, afigura-se totalmente fora de propósito certo País, ou o conjunto de Países, intervir nos "negócios internos" de outro, em face das concepções modernas dos Estados, hoje fundadas nos "valores morais, éticos e jurídicos", que devem ser respeitados pela *comunidade internacional* e por todas as Nações.

3.3 A "ampliação" dos direitos humanos

Muitas normas provenientes dos acordos do Direito Internacional têm por propósito acrescer ou ampliar o rol dos direitos fundamentais das pessoas, como afirma o consagrado autor argentino Gordillo, especificamente quanto à aplicação, naquele País, da Convenção Americana dos Direitos Humanos: "La Convención contiene una importante enumeración de garantías individuales y libertades públicas, que en su gran mayoría constituyen un

18. Marcelo Freiberger Zandavali, "Direito Internacional e limites à Constituição", *RTRF-3ª Região* 84/136-137, Separata, São Paulo/Brasil, julho-agosto/2007. O autor também menciona *normas cogentes* do Direito Internacional: refere a Constituição Federal da Suíça, de 1999, cujos arts. 139, 193 e 194 reconhecem a *supremacia das normas imperativas* de Direito Internacional, inclusive sobre normas constitucionais (daquele país); além do Tribunal de Nuremberg, exemplifica com a situação vivida na África do Sul, na qual preponderaram as normas do *jus cogens*, com a proibição da discriminação racial, levada a cabo pelas Nações Unidas, por meio de resoluções (idem, pp. 136-138).

19. R. Carré de Malberg, *Teoría General del Estado*, trad. do original francês (1922) de José Lión Depetre, México, Facultad de Derecho/UNAM, 2001, p. 81 (grifos nossos).

20. Uadi Lammêgo Bulos, "Poder de gestão do Estado-membro", *BDA* 12/1.365, São Paulo/Brasil NDJ, dezembro/2007 (grifos no original).

avance sobre el estado previo de nuestra legislación, y que además definen con mayor amplitud que nuestra Constitución muchos derechos individuales; ella tiene en primer lugar una importancia práctica como propósito normativo de acrecentamiento material del ámbito de libertad y de la esfera de derechos de los individuos".[21]

Também as *liberdades públicas* são regidas por conjunto de normas jurídicas, internas – de diversas searas do Direito – e *internacionais*. Vejam-se as palavras de Jean Rivero e Hugues Moutouh: "O direito das liberdades públicas, por sua vez, deve sua unidade apenas a seu objeto: estuda todas as regras que concorrem para a regulamentação e a proteção das liberdades. Ora, essa proteção e essa regulamentação fazem empréstimos a múltiplas disciplinas jurídicas. O direito constitucional fornece a teoria geral dos direitos fundamentais e das competências relativas à regulamentação deles, ao *direito administrativo* pertence a maior parte das técnicas segundo as quais são regulamentadas – princípio da legalidade, *poder de polícia*, recurso perante o juiz administrativo [*na França*]. Ao lado do direito público, o direito penal e o processo penal fornecem à liberdade individual e à proteção contra as detenções arbitrárias o essencial de suas garantias. A liberdade do casamento, a dos contratos, o direito de propriedade, são capítulos do direito civil, ao passo que a liberdade sindical e o direito de greve se prendem ao direito do trabalho. Enfim, a proteção das liberdades, para além do âmbito do Estado Nacional, se *vincula ao direito internacional público geral*, sobretudo ao Direito Europeu, conforme o âmbito em que a consideremos".[22]

Mas, na verdade, os Estados continuam como "força protetora dos direitos humanos" positivados no *texto constitucional*. É um avanço do direito constitucional. Dimitri Dimoulis e Leonardo Martins afirmam: "Apesar do indiscutível fortalecimento do Direito Internacional, deve-se realizar um redimensionamento da relevância do tema, contrariando uma tendência de tratamento da matéria que se resume na exaltação acrítica das virtudes políticas e da relevância jurídica do Direito Internacional. Em primeiro lugar, essa evolução não afeta substancialmente a primazia dos Estados Nacionais, que continuam dispondo de um poder de coerção invencível no interior do respectivo País. Indício e resultado disso é o fato de que a esmagadora maioria dos problemas envolvidos na limitação de direitos fundamentais resolve-se no *âmbito do Direito interno*. O Estado permanece a principal força protetora dos direitos humanos que encontraram respaldo constitucional positivo, transformando-se em direitos fundamentais, ou seja, normas jurídicas supremas dentro do Estado, que vinculam todas as autoridades constituídas. (...). Em segundo lugar, os casos de indivíduos que pedem a proteção de autoridades internacionais invocando normas de Direito Internacional são estatisticamente limitadíssimos (apesar de sua relevância política) se forem comparados com a massa de conflitos decididos em âmbito interno. (...). Em terceiro lugar, temos o fenômeno da duplicação. Praticamente todos os direitos humanos garantidos em âmbito internacional são reconhecidos pelo Direito interno de forma mais com-

21. Agustín A. Gordillo, *Tratado de Derecho Administrativo*, 5ª ed., t. I, Buenos Aires/ Argentina, Fundación de Derecho Administrativo, 1998, p. VI-19.

22. Jean Rivero e Hugues Moutouh, *Liberdades Públicas*, cit., pp. 3-4 (grifos nossos).

pleta, com menos reservas legais e dotada de maiores garantias. Basta comparar as normas internacionais e o Direito Brasileiro para perceber que esse último é muito completo, sendo a incidência do Direito Internacional limitada em pouquíssimos casos, em franca desproporção ao interesse que o tema encontra na recente doutrina brasileira".[23]

Portanto, *como regra geral*, a soberania, *elemento do Estado*, isto é, parte integrante e indissociável dele, não pode ser partida, dividida; no entanto, o próprio País, ao firmar tratados ou outras avenças do direito internacional público, pode possibilitar *limites de suas competências* (legislativa, administrativa ou jurisdicional), à medida dos *ditames da respectiva Constituição*.

Em nada isso macula ou mitiga a soberania estatal, desde que haja, conforme se viu, aquiescência do País signatário e que esta, como parece óbvio, esteja de acordo com os ditames da Constituição e dos anseios de seu povo (*legitimidade*).

4. A dogmática jurídica brasileira

4.1 O texto constitucional

Sem perpassar pelos textos das Constituições brasileiras, ou esmiuçar a temática, sob enfoque do direito internacional público, enumeram-se alguns dispositivos constitucionais do Brasil quanto à soberania e às relações internacionais.

Como se sabe, a contar do texto constitucional de 1891 o Brasil fincou: *forma Federativa de Estado*, *República* como *sistema de governo*, bem como *regime representativo*, pois o *governo* passou a exercido por mandatários, ou seja, representantes escolhidos pelo povo. Estabelecia o art. 1º daquele texto constitucional: "A Nação Brasileira adota como forma de governo, sob o regime representativo, a República Federativa, proclamada a 15 de novembro de 1889, e constitui-se, por união perpétua e indissolúvel das suas antigas Províncias, em Estados Unidos do Brasil".

Em resumo, pode-se afirmar, quanto à *Federação*, nas palavras de José Afonso da Silva: "O modo de exercício do poder político em função do território dá origem ao conceito de *forma de Estado*. Se existe unidade de poder sobre o território, pessoas e bens, tem-se *Estado Unitário*. Se, ao contrário, o poder se reparte, se divide, no espaço territorial (divisão espacial de poderes), gerando uma multiplicidade de organizações governamentais, distribuídas regionalmente, encontramo-nos diante de uma *forma de Estado composto*, denominado *Estado Federal* ou *Federação de Estados*".[24]

Quanto à *República*, nota o saudoso e proficiente professor Geraldo Ataliba: "(...) é o regime político em que os exercentes de funções políticas (executivas e legislativas) representam o povo e decidem em seu nome, fazendo-o com responsabilidade, eletivamente e mediante mandatos renováveis periodicamente. (...). Todo poder emana do povo e em seu nome é exercido. Como o povo não pode apresentar-se na função de governo, os seus escolhidos o representam. Governam

23. Dimitri Dimoulis e Leonardo Martins, *Teoria Geral dos Direitos Fundamentais*, 2ª tir., São Paulo/Brasil, Ed. RT, 2006, pp. 41-42 (grifos nossos).

24. José Afonso da Silva, *Curso de Direito Constitucional Positivo*, 19ª ed., São Paulo/Brasil, Malheiros Editores, 2001, pp. 98-99.

em seu nome, no seu lugar, expressando sua vontade".[25]

Esses "dogmas" referidos por esses expoentes do Direito permitem ao intérprete interpretação e aplicação *axiológica* dos *princípios e normas do texto constitucional*, conduzindo, dessa forma, à noção de *soberania popular*.

4.2 A soberania popular

Adota-se neste trabalho a ideia de *soberania popular*, eis que o povo detém o efetivo poder no Estado. Explica o jurista nacional João Barbalho: "No povo, na universalidade dos cidadãos que compõem a Nação, reside a soberania, à qual é inerente o poder de constituir, emendar e reformar seu sistema de governo, como lhe aprouver. Sem que a demita de si, mas conservando-a como fonte primitiva de toda a autoridade legítima, ele, por seus delegados, organiza o plano e norma desse governo preferido, com as cláusulas, garantias e aparelhos que entende dever adotar. E faz, como melhor lhe parece, a distribuição dos poderes soberanos (isto é, que envolvem o *exercício* da soberania) pelos diversos órgãos que, para exercitá-los, cria na Constituição política pela qual tem de reger-se".[26]

Apesar disso, é preciso alinhar as considerações de Bobbio. Este jusfilósofo assinala a importância da *concepção individualista*, da qual brotou a *democracia* no sentido moderno. Para ele, a palavra "democracia" "deve ser corretamente definida não como o faziam os antigos, isto é, como 'o poder do povo', e sim como o poder dos indivíduos tomados um a um, de todos os indivíduos que compõem uma sociedade regida por algumas regras essenciais, entre as quais uma fundamental, a que atribui a cada um, do mesmo modo como a todos os outros, o direito de participar livremente da tomada das decisões coletivas, ou seja, das decisões que obrigam toda a coletividade (...). Numa democracia moderna, quem toma as decisões coletivas, direta ou indiretamente, são sempre e somente os cidadãos *uti singuli*, no momento em que depositam o seu voto na urna. Não é um corpo coletivo. Se não fosse assim, não teria nenhuma justificação a regra da maioria, que é a regra fundamental do governo democrático (...). Ao contrário, não há nenhuma Constituição democrática que não pressuponha a existência de direitos individuais, ou seja, que não parta da ideia de que primeiro vem a liberdade dos cidadãos singularmente considerados, e só depois o poder do governo, que os cidadãos constituem e controlam através de suas liberdades".[27]

Assim, a expressão "povo" (considerado "coletivamente") não rechaça a proteção, pelo texto constitucional, dos indivíduos (considerados "singularmente") que o compõem. Tanto isso é verdade que as Constituições modernas costumam referir a *dignidade da pessoa humana* como fundamento ou razão de ser do Estado.

Já, a Constituição Federal brasileira de 1988, no art. 1º, dispõe:

25. Geraldo Ataliba, *República e Constituição*, 2ª ed., atualizada por Rosolea Miranda Folgosi, São Paulo/Brasil, Malheiros Editores, 1998, p. 13.

26. João Barbalho, *Constituição Federal Brasileira* [*de 1891*], Rio de Janeiro/Brasil, Cia. Lito-Tipografia, 1902, p. 9 (grifo no original).

27. Norberto Bobbio, *A Era dos Direitos*, cit., 5ª tir., pp.129-130. Na referida obra o autor italiano comenta a impropriedade da palavra "povo", "uma abstração", pois empregada em realidades diversas, pelos Países, ao longo do tempo (idem, p. 129).

"Art. 1º. A República Federativa do Brasil, formada pela união indissolúvel dos Estados e Municípios e do Distrito Federal, constitui-se em Estado Democrático de Direito e tem como fundamentos: (...).

"Parágrafo único. Todo o poder emana do povo, que o exerce por meio de representantes eleitos ou diretamente, nos termos desta Constituição."

Assim como na "concepção francesa",[28] no Brasil a *soberania* é *fundamento* da República, nos termos do art. 1º, I, da CF. Uadi Lammêgo Bulos afirma: "A Carta francesa de 1791, em seu art. 1º, sintetizou os atributos da soberania, os quais passaram a ser reconhecidos em Constituições de todo o mundo: *unidade*, *indivisibilidade*, *inalienabilidade* e *imprescritibilidade*. A Carta brasileira de 1988, ao consagrar o pórtico da soberania em seu texto, proibiu a existência de mais de um poder soberano dentro do seu território (*unidade*). Vedou, também, que o poder do Estado seja repartido aleatoriamente (*indivisibilidade*), cedido ou transferido para entes externos (*inalienabilidade*), porque ele deve ser perpétuo, sem nenhum limite no tempo. Estado soberano existe para perdurar, não sendo algo precário, episódico ou efêmero (*imprescritibilidade*)".[29]

O *titular* da soberania é o *povo*, ou seja, este é o *efetivo* detentor de *poder*. Permanecem válidos, portanto, os excertos do autor alemão Savigny: "(...) lo Stato originariamente e per la sua natura medesima sorge in un popolo, mediante il popolo e per il popolo".[30]

Prefere-se, dessa forma, a noção segundo a qual o povo é "titular da soberania"; quando se diz que o Estado é soberano alinha-se ao entendimento de que ele o faz *em nome e em prol do povo*.

A respeito, o citado autor platino Gordillo destrincha duas hipóteses: "sistema da soberania exclusiva do povo" (pelo qual a Constituição é imposta pelo povo ao Estado; este nasce da Constituição; aquele está "dentro" desta); e "sistema de soberania conjunta do povo e do Estado" (em que a Constituição advém, indiretamente, do Estado, por meio do Legislativo; este cria e reforma a Constituição; o poder soberano é exercido diretamente pelo próprio Estado; o Estado não nasce da Constituição; esta nasce daquele). O professor argentino, entretanto, expõe: "La diferencia práctica de ambos sistemas se ha debilitado, en la actualidad, en que existe una orden jurídica supranacional de creciente desarrollo, que también impone limitaciones al Estado dentro de la comunidad internacional, frente a los demás Países y en relación

28. Na verdade, o *Livro de Mêncio* – do autor de mesmo nome, o qual viveu entre 371 a.C. e 289 a.C. – portanto, muito antes de Locke e Rousseau – mencionava o *povo*, e não o governante, como expoente de qualquer Estado. O soberano, embora derivado do céu, não devia ignorar o *bem-estar do povo*, sob pena de ser deposto. Michael H. Hart, na obra *As 100 Maiores perSonalidades da história* (9ª ed., trad p/ Antônio Canavarro Pereira, Rio de Janeiro/Brasil, Bertrand Editora, 2003, p. p. 512), afirma: "Mêncio acreditava que a autoridade do soberano derivava do céu, mas o soberano que ignorasse o bem-estar do povo perderia o 'mandato celeste' e deveria ser, com razão, deposto. Como a última parte da frase efetivamente se sobrepõe à primeira, Mêncio estava, na verdade, afirmando (muito antes de John Locke) que o povo tem o direito de se revoltar contra os soberanos injustos. E essa foi uma ideia amplamente aceita na China".

29. Uadi Lammêgo Bulos, "Poder de gestão do Estado-membro", *BDA* 12/1.365 (grifos no original).

30. Federico Carlo Di Savigny, *Sistema del Diritto Romano Attuale*, vol. I, trad. do original tedesco para o Italiano de Vittorio Scialoja, Turim/Itália, UTET, 1886, p. 54.

a los derechos humanos de sus propios habitantes".[31]

O art. 4º do texto constitucional brasileiro estabelece princípios concernentes às *relações internacionais*, destacando-se a *independência nacional* bem como a *prevalência dos direitos humanos*; e o parágrafo único do mesmo artigo determina a integração econômica, política, social e cultural dos povos da América Latina, visando à formação de comunidade latino-americano de Nações.[32] Já, o art. 5º, § 2º, da CF possibilita a inclusão de outros direitos e garantias, individuais e coletivos (além dos estabelecidos no art. 5º do texto constitucional), se decorrentes do regime e dos princípios adotados na Constituição ou dos *tratados internacionais* dos quais o Brasil seja parte.

Em poucas linhas, este é o arcabouço jurídico nacional. Como se observa, no aspecto formal-dogmático, o regime brasileiro é adequado às *concepções tradicionais* do conceito de soberania.

4.3 Os tratados internacionais

4.3.1 *O primado do Direito Internacional*

Os tratados internacionais firmados pelo Presidente da República são incorporados ao Direito pátrio por decreto legislativo, de competência do Congresso Nacional (CF, arts. 49, I, e 84, VIII); em seguida o Presidente da República edita decreto, embora não haja previsão normativa para o exercício dessa competência. Dimitri Dimoulis e Leonardo Martins expõem: "Essa forma de aprovação deixava claro que todos os tratados internacionais tinham posição hierárquica igual à das leis ordinárias (...)".[33]

Assim, tema ligado aos propósitos deste trabalho concerne à *eficácia jurídica interna* (no Brasil) dos tratados internacionais. O STF entendia pela prevalência destes; havia o primado do Direito Internacional: lei não revoga tratado.

No "Direito interno", o Código Tributário Nacional regula o tema, estabelecendo a prevalência ou primado do tratado internacional. Estabelece o art. 98 da Lei 5.172, de 25.10.1966: "Os tratados e as convenções internacionais revogam ou modificam a legislação tributária interna e serão observados pela que lhe sobrevenha". Nos dizeres de Aliomar Baleeiro: "O art. 98 do CTN expressa a hierarquia do tratado sobre a legislação tributária antecedente ou *superveniente*".[34]

4.3.2 *A paridade: tratado e lei ordinária*

No entanto, a contar do RE 80.004, de 1977, o STF estabeleceu regra de que

31. Agustín A. Gordillo, *Tratado de Derecho Administrativo*, cit., 5ª ed., t. I, p. III-22.

32. O Decreto 350, de 21.11.1991, promulgou o Tratado de Assunção, que estabeleceu o Mercado Comum do Sul-Mercosul. O Decreto 6.891, de 2.7.2009, promulgou o Acordo de Cooperação e Assistência Jurisdicional em Matéria Civil, Comercial, Trabalhista e Administrativa entre os Estados-partes do Mercosul, a República da Bolívia e a República do Chile.

33. Dimitri Dimoulis e Leonardo Martins, *Teoria Geral dos Direitos Fundamentais*, cit., 2ª tir., p. 45.

34. Aliomar Baleeiro, *Direito Tributário Brasileiro*, 10ª ed., Rio de Janeiro/Brasil, Forense, 1986, p. 411 (grifo nosso). O STF decidiu: "1. A isenção de tributos estaduais prevista no Acordo Geral de Tarifas e Comércio para as mercadorias importadas dos Países signatários quando o similar nacional tiver o mesmo benefício foi recepcionada pela Constituição da República de 1988. 2. O art.

lei posterior revoga tratado internacional. Assim, a Corte acolheu o entendimento da *paridade* entre o tratado e a lei interna; vale dizer, ambos teriam a mesma *hierarquia normativa*, aplicando-se, a rigor, o princípio segundo o qual "norma posterior revoga a anterior". Dessa forma, os tratados, depois de incorporados ao Direito interno, encontrar-se-iam no plano das *leis ordinárias*, porém hierarquicamente inferiores à *Constituição*.

Já, sob a égide da atual Constituição (*antes da Emenda Constitucional 45, de 8.12.2004*), ao enfrentar o problema da *prisão civil por dívidas*, *salvo no caso de alimentos*, determinada no Pacto de São José da Costa Rica, ratificado pelo Brasil, o STF confirmou o entendimento sufragado no RE 80.004. Aquela Corte decidiu inexistir precedência ou primazia hierárquico-normativa dos tratados ou convenções internacionais sobre o direito positivo interno, especialmente quanto às normas constitucionais. O art. 5º, LXVII, do texto constitucional possibilita prisão "civil" do *depositário infiel*, não podendo o tratado (Pacto de São José da Costa Rica) sobrepor-se às cláusulas inseridas na Constituição.[35]

98 do CTN possui caráter nacional, com eficácia para a União, os Estados e os Municípios (voto do eminente Min. Ilmar Galvão). 3. No Direito Internacional apenas a República Federativa do Brasil tem competência para firmar tratados (art. 52, § 2º, da Constituição da República), dela não dispondo a União, os Estados-membros ou os Municípios. O Presidente da República não subscreve tratados como chefe de governo, mas como chefe de Estado, o que descaracteriza a existência de uma isenção heterônoma, vedada pelo art.151, III, da Constituição – Recurso extraordinário conhecido e provido" (RE 229.096-RS, rela. para o acórdão Min. Carmen Lúcia).

35. STF, HC 72.131-RJ, j. 22.11.1995.

4.3.3 *A sobreposição dos tratados de direitos humanos*

Porém, o STF pende a reconhecer "*status normativo*" *supralegal* aos *tratados internacionais de direitos humanos* subscritos pelo Brasil. Discutiu-se a "figura" do *depositário infiel* ante o Pacto Internacional dos Direitos Civis e Políticos (art. 11) e a Convenção Americana sobre Direitos Humanos – Pacto de São José da Costa Rica (art. 7º, n. 7).[36] De acordo com essa nova orientação, tratados sobre direitos humanos sobrepor-se-iam às normas legais internas.

No entanto, a contenda permanecia. No HC 92.541-PR decidiu a Corte: "1. Hipótese que não se amolda à questão em julgamento no Plenário desta Corte sobre a possibilidade, ou não, de prisão civil do infiel depositário que descumpre *contrato garantido por alienação fiduciária*. No presente caso, a prisão decorre da não entrega dos bens deixados como paciente a título de depósito judicial. 2. A decisão do STJ está em perfeita consonância com a jurisprudência desta Corte no sentido de ser *constitucional* a prisão civil decorrente de *depósito judicial*, pois a hipótese enquadra-se na ressalva prevista no inciso LXVII do art. 5º, em razão da sua *natureza não contratual*".[37]

Já, no HC/QO 94.307-RS o Pleno desse Tribunal assentou: "*Ementa:* Prisão civil – *Depositário judicial infiel* – Inadmissibilidade reconhecida pela maioria em julgamentos pendentes do RE n. 466.343 e outros, no Plenário – Razoabilidade jurídica da pretensão – Liberdade deferida de

36. RE 466.343-SP, rel. Min. Cézar Peluso, j. 22.11.2006, cf. *Informativo STF* 449 e 470.

37. *Informativo STF* 22-25.4.2008 (grifos nossos).

ofício, em *habeas corpus* contra acórdão de Turma, até a conclusão daqueles – Caso excepcional. Defere-se, de ofício, liminar em *habeas corpus* contra acórdão que, de Turma do Supremo, não reconheceu constrangimento ilegal em decreto de prisão da paciente a título de infidelidade como depositária judicial".[38]

Hoje, esta é a "posição" daquela Corte (Súmula Vinculante 25): 'É ilícita a prisão civil de depositário infiel, *qualquer que seja a modalidade do depósito*" (grifos nossos).

5. A Emenda Constitucional (brasileira) 45/2004

5.1 Nova problemática

Novo enfoque do problema adveio com a introdução, no ordenamento jurídico brasileiro, da *Emenda Constitucional* 45, de 8.12.2004. Dentre outros pontos, além de acrescentar o § 4º ao art. 5º da CF, o qual *submete o Brasil à jurisdição do tribunal penal internacional* a cuja criação *tenha manifestado adesão*,[39] a Emenda estabelece "regra específica" quanto à *eficácia jurídica interna* dos tratados e convenções internacionais sobre *direitos humanos*, os quais, aprovados, em cada Casa do Congresso Nacional, em *dois turnos*, por *três quintos* dos votos dos respectivos membros, terão "força jurídica" de *emendas constitucionais* (§ 3º do art. 5º). Esse é mesmo o *quorum* de *aprovação* de *emendas constitucionais*, na Constituição brasileira, cujas propostas tenham sido formuladas na forma do art. 60 da Carta Magna.[40]

Não se deseja, neste momento, proceder à percuciente análise da referida Emenda Constitucional. Destaque-se: *após a Emenda Constitucional 45/2004* o tratado, ou qualquer outro "acordo de vontades" entre Estados, cujo objeto seja "direitos humanos", quando "aprovado", no Brasil, sem o "*quorum* qualificado", por decreto legislativo, *mediante maioria simples*, teria eficácia jurídica "interna" de simples *lei ordinária*? E quanto aos tratados de direitos humanos firmados *antes da Emenda Constitucional 45/2004*, apro-

38. *DJU* 23.5.2008 (grifo nosso). O Plenário daquele Tribunal já havia tomado idêntica providência quanto à decisão de uma das Turmas a respeito da prisão civil de depositário infiel nos casos de alienação fiduciária em garantia. (HC/QO 94.307-RS, rel. Min. Cézar Peluso, j. 14.4.2008, *Informativo STF* 502). Em linhas gerais: "Os diplomas internacionais sobre direitos humanos lhes reservam lugar específico no ordenamento jurídico, estando abaixo da Constituição, porém acima da legislação interna. O *status* normativo supralegal dos tratados internacionais de direitos humanos subscritos pelo Brasil torna inaplicável a legislação infraconstitucional com eles conflitante, seja ela anterior ou posterior ao ato de adesão" (RE 349.703-RS, rel. para o acórdão Min. Gilmar Mendes).

39. Como se sabe, o Tratado de Roma, já ratificado pelo Brasil, criou, em 1998, o Tribunal Penal Internacional-TPI, no âmbito das Nações Unidas, para julgamento de crimes de genocídio e escravização, além de outros crimes de guerra. O pior é que o referido Tratado prevê a *prisão perpétua*, negada pela Constituição brasileira (art. 5º, XLVII, "b")!

40. Dispõe o art. 60 da CF brasileira: 'A Constituição poderá ser emendada mediante *proposta*: I – de um terço, no mínimo, dos membros da Câmara dos Deputados ou do Senado Federal; II – do Presidente da República; III – de mais da metade das Assembleias Legislativas das unidades da Federação, manifestando-se, cada uma delas, pela maioria relativa de seus membros" (grifo nosso). O § 2º estabelece: 'A proposta será discutida e votada em cada Casa do Congresso Nacional, em 2 (dois) turnos, considerando-se *aprovada* se obtiver, em ambos, três quintos dos votos dos respectivos membros" (grifo nosso).

vados, assim, por *maioria simples*, teriam eficácia de *emenda constitucional*?

A respeito, Bárbara Bianca Sena expõe: "Por se tratar de questões relativas de direitos humanos – isto é, pertinentes a todos os indivíduos, inerentes à pessoa, independentemente do Estado a que pertença, uma vez que se admite que o próprio indivíduo se socorra de organizações internacionais para fazer prevalecer tais garantias até mesmo em face do próprio Estado –, entendemos plausível defender que tais questões devem adquirir *natureza constitucional*, *independentemente de qualquer sistema de incorporação*, já que possuem esse caráter supraestatal".[41]

Em sentido oposto, Dimitri Dimoulis e Leonardo Martins: "Assim sendo, parece-nos que a Emenda Constitucional 45, de 2004, permitiu a ratificação de tratados internacionais relacionados a direitos humanos de acordo com o procedimento do art.49, I, da CF. Em razão disso, temos atualmente duas categorias de tratados internacionais que incorporam ao Direito Brasileiro normas de direitos humanos. A primeira categoria compreende os tratados que serão aprovados segundo o procedimento das emendas constitucionais, equivalendo formalmente a essas. Integram o bloco de constitucionalidade, submetendo-se, evidentemente, à exigência de respeitar as cláusulas pétreas. Só podem ser modificados ou retirados do ordenamento mediante emenda constitucional posterior. Ora, em razão de sua constitucionalização, tais tratados não admitem emenda constitucional tendente a abolir normas do tratado, protegidas que são como cláusulas pétreas. A segunda categoria compreende os tratados aprovados por maioria simples do Congresso Nacional. Têm força de lei ordinária e podem ser derrogados ou ab-rogados mediante lei posterior. Pertencem a essa categoria todos os tratados internacionais aprovados antes da entrada em vigor da Emenda Constitucional 45, de 2004. Não tendo ocorrido uma modificação completa do procedimento de ratificação dos tratados, não se aplica o argumento a favor de sua constitucionalização oferecido pela teoria da recepção. Cabe ao Congresso Nacional avaliar, futuramente, a oportunidade de proceder a uma nova discussão e eventual aprovação desses tratados com *status* de emenda constitucional".[42]

Para deslindar o tópico, ver-se-á, em seguida, o motivo pelo qual a *Emenda 45*, no ponto, é *inconstitucional*.

5.2 A inconstitucionalidade da Emenda

5.2.1 *Ofensa à ordenação jurídica pétrea*

Na verdade, a *Emenda Constitucional* 45, de 8.12.2004, padece de *inconstitucionalidade*; o dispositivo ofende *cláusulas pétreas* da ordenação jurídico-constitucional, ou seja, atinge o próprio *espírito* da Constituição da República. É que, nas sobranceiras palavras do jurista e professor Oswaldo Aranha Bandeira de Mello: "Esta concepção, da qual resulta a diferenciação entre lei ordinária e constitucional, implica a consideração da superioridade desta sobre aquela. Nascem,

41. Bárbara Bianca Sena, "A estatura hierárquico-normativa dos tratados de direitos humanos que, submetidos ao procedimento do § 3º do art. 5º da CF de 1988, não tenham superado todas as exigências dessa norma", *Revista de Direito da ADVOCEF* 6/39, Londrina-PR/Brasil, Editora Pallotti, 2008 (grifos nossos).

42. Dimitri Dimoulis e Leonardo Martins, *Teoria Geral dos Direitos Fundamentais*, cit., 2ª tir., p. 50.

assim, as Constituições rígidas, isto é, Constituições escritas em um corpo único, determinando a competência dos vários ramos do governo e, portanto, limitando os poderes de cada um. O fundamento destas Constituições rígidas, é, como escreve Borgeaud, serem leis de proteção política, leis de garantia. (...)".[43]

O art. 60, § 4º, IV, da CF brasileira estabelece a impossibilidade de emenda *tendente a abolir* os *direitos e garantias individuais*. Ora, justamente, o *fundamento* jurídico-constitucional dessas garantias é o princípio da *dignidade da pessoa humana* (art. 1º, III, da CF), regra obrigatória, cogente, que não pode, de forma alguma, ser maculada pelos Poderes da República.

Noutras palavras, a "dignidade da pessoa humana" pode ser considerada *individualmente* (ou seja, leva-se em conta o ser humano e, nessa qualidade, respeitam-se seus valores essenciais, como cultura, moral, imagem, liberdade, propriedade, dignidade etc.); ou *conforme os valores sociais* (como trabalho, livre iniciativa, educação, cidadania); ela atrai o "conteúdo de todos os direitos fundamentais" (de acordo com José Afonso da Silva[44]); e é indissociável dos *princípios estruturantes* do regime constitucional brasileiro, verdadeiro "fundamento" de todo o arcabouço jurídico-constitucional, especialmente quanto à proteção dos direitos e garantias individuais: a democracia, o Estado de Direito, o regime republicano.[45]

O ínclito jurista e professor da PUC-SP Celso Antônio Bandeira de Mello, em palavras-síntese, especificamente quanto ao *Estado de Direito*, conclui: "Dessarte, o *Estado de Direito* é exatamente um modelo de organização social que absorve para o mundo das normas, para o mundo jurídico, uma concepção política e a traduz em preceitos concebidos expressamente para a montagem de um esquema de *controle do poder*".[46] Ou seja, numa democracia.

Ademais, é conhecida no Direito Francês a decisão do Conselho de Estado a respeito do arremesso de anões. De acordo com ela, no *poder de polícia*, a *dignidade da pessoa humana* seria um dos componentes da *ordem pública*; por isso, o "lançamento/arremesso de anões" foi interditado por aquela Corte administrativa. De efeito, expõem Jacques Robert e Jean Duffar: "O Conselho de Estado estimou [*no caso de arremesso de anões*] que o respeito ao princípio da liberdade do trabalho e aquele da liberdade do comércio e de indústria não faziam obstáculo à autoridade investida de poder de polícia municipal de interditar uma atividade, mesmo lícita, se tal medida visa apenas a prevenir ou fazer cessar um problema de ordem pública; ora, tal era o caso, na espécie, em respeito à natureza da atração".[47]

Reforça esse entendimento o art. 5º, § 2º, primeira parte, da CF brasileira, segun-

43. Oswaldo Aranha Bandeira de Mello, *A Teoria das Constituições Rígidas*, 2ª ed., São Paulo/Brasil, José Bushatsky Editor, 1980, p. 39.

44. José Afonso da Silva, *Curso de Direito Constitucional Positivo*, cit., 19ª ed., p. 105.

45. De acordo com Canotilho, *princípios estruturantes* são aqueles constitutivos e indicativos das ideias diretivas básicas de toda a ordem constitucional. Cita os seguintes: Estado de Direito, princípio democrático e princípio republicano (*Direito Constitucional*, 6ª ed., Coimbra/Portugal, Livraria Almedina, 1993, p. 180).

46. Celso Antônio Bandeira de Mello, *Curso de Direito Administrativo*, 27ª ed., São Paulo/Brasil, Malheiros Editores, 2010, p. 49 (grifos nossos).

47. Jacques Robert e Jean Duffar, *Droits de L'homme et Libertés Fondamentales*, 7ª ed., Paris, Montchrestien, 1999.

do o qual os direitos e garantias expressos no texto constitucional *não excluem outros decorrentes do regime e dos princípios por ela adotados*.

Do amplo contexto em que se insere, na Constituição, o rol de proteção aos direitos e garantais fundamentais extrai-se *princípio geral de Direito*, aliás expresso na Constituição (art. 1º, III), de que nenhum ato estatal, ou supraestatal, pode atentar contra a dignidade da pessoa humana, ainda que de forma oblíqua, ou por consequência, ou derivada. Todo ato do Estado que tenda a abolir ou mitigar a dignidade da pessoa humana é inconstitucional; mesmo porque, "as normas [*explícitas* e *implícitas*] definidoras dos direitos e garantias fundamentais têm aplicação imediata" (art. 5º, § 1º, da CF).

Assim, quando a Emenda Constitucional 45, de 8.12.2004, passou a exigir ***quorum*** *qualificado* para serem aprovados *tratados internacionais de direitos humanos* (aprovação em cada Casa do Congresso Nacional, em dois turnos, por três quintos de votos dos respectivos membros) e, dessa forma, terem eficácia de *emendas constitucionais*, aniquilou a possibilidade de referidos ajustes se incorporarem ao Direito Brasileiro com essa eficácia (de *emendas constitucionais*) *mesmo na hipótese de aprovação deles por maioria simples, na forma ordinária*.

Cuida-se de regra que deve ser censurada; írrita na origem; acoimada de vício insanável, inarredável, porque se pretende, por meio dela, impingir "qualidade" que não é apropriada aos tratados sobre *direitos humanos*; pois estes, quando aprovados *pela forma singela* (maioria simples), já deveriam ingressar no Direito interno como *emendas constitucionais*, derrogando as demais normas (infraconstitucionais ou constitucionais) que com eles entrem em conflito!

A Emenda 45, no ponto, "peca" por *tender a abolir direitos e garantias fundamentais*, expressados na *dignidade da pessoa humana*, *fundamento* e valor que *legitima* o "sistema jurídico" na totalidade.

Aliás, o Congresso Nacional (na qualidade de "poder constituinte derivado", poder de elaborar emenda constitucional) "sinaliza" no sentido de *efetivar* a proteção aos direitos humanos. É importante mencionar o *incidente de deslocamento de foro* (da Justiça dos Estados à Justiça Federal) introduzido pela mesma Emenda Constitucional 45 ao inserir o § 5º no art. 109 da CF: "Nas hipóteses de *grave violação de direitos humanos*, o Procurador Geral da República, com a finalidade de assegurar o cumprimento de obrigações decorrentes de tratados internacionais de direitos humanos dos quais o Brasil seja parte, poderá suscitar, perante o Superior Tribunal de Justiça, em qualquer fase do inquérito ou do processo, incidente de deslocamento de competência para a Justiça Federal" (grifos nossos).

A preocupação com o problema é acentuada. Tanto que Luiz Alberto David Araújo aponta a necessidade de *interpretação ampla* da expressão "direitos humanos". Segundo ele, no caso, o termo abrangeria questões referentes aos direitos econômicos e sociais, à infância e juventude e ao meio ambiente".[48]

5.2.2 *Conclusões*

Portanto, o ordenamento jurídico brasileiro "consagra" o conceito "tradicional" de soberania; o país é *independente*, ou

48. Luiz Alberto David Araújo e Vidal Serrano Nunes Jr., *Curso de Direito Constitucional*, 12ª ed., São Paulo/Brasil, Saraiva, 2008, p. 130.

seja, tem liberdade de atuação, ao decidir *políticas públicas* de administração, legislação e justiça. De outra parte, *soberania* é, na essência, "limitação jurídica"; o Estado deve obediência às normas *internas*, editadas pelos respectivos órgãos legislativos da União, Estados, Municípios e Distrito Federal, bem como aos *tratados internacionais* de que tenha sido parte, desde que firmados nos termos e nos limites da Constituição brasileira.

Logo, *mediante aquiescência expressa*, voluntariamente, o Estado Brasileiro pode admitir "ingerências" de outras normas – internacionais –, por tratados e demais avenças, reconhecidas no direito internacional público; já, especificamente no caso de tratados de direitos humanos (ainda que tenham sido aprovados na forma singela, isto é, sem os rigores do § 3º do art. 5º da CF), quando *favoráveis* à dignidade da pessoa humana, em face do texto constitucional brasileiro, ingressam (eficácia jurídica) no "Direito interno" como *emendas constitucionais*; se forem *desfavoráveis* à dignidade da pessoa humana, em face da Constituição, serão *inconstitucionais* (art. 60, § 4º, IV, da CF).

A "concepção individualista" da sociedade, proclamada na Declaração francesa de 1789, passou a ser reconhecida, além das Constituições dos Estados, no âmbito da *comunidade internacional*. Nas palavras de Bobbio, "todo indivíduo foi elevado a sujeito potencial da comunidade internacional, cujos sujeitos até agora considerados eram, eminentemente, os Estados soberanos".[49]

Dessa maneira, quando muito, o art. 5º, § 3º, da CF brasileira aplica-se aos tratados internacionais de "proteção aos Estados", e não àqueles referentes aos direitos humanos.

49. Norberto Bobbio, *A Era dos Direitos*, cit., 5ª tir., p. 116.

Bibliografia

ARAÚJO, Luiz Alberto David, e NUNES JR., Vidal Serrano. *Curso de Direito Constitucional*. 12ª ed. São Paulo/Brasil, Saraiva, 2008 (535 pp.).

ATALIBA, Geraldo. *República e Constituição*. 2ª ed., atualizada por Rosolea Miranda Folgosi. São Paulo/Brasil, Malheiros Editores, 1998 (191 pp.).

BALEEIRO, Aliomar. *Direito Tributário Brasileiro*. 10ª ed. Rio de Janeiro/Brasil, Forense, 1986 (667 pp.).

BANDEIRA DE MELLO, Celso Antônio. *Curso de Direito Administrativo*. 27ª ed. São Paulo/Brasil, Malheiros Editores, 2010 (1.102 pp.).

————. *Grandes Temas de Direito Administrativo*. São Paulo/Brasil, Malheiros Editores, 2009 (390 pp.).

BANDEIRA DE MELLO, Oswaldo Aranha. *A Teoria das Constituições Rígidas*. 2ª ed. São Paulo/Brasil, José Bushatsky Editor, 1980 (248 pp.).

BARBALHO, João. *Constituição Federal Brasileira*. Rio de Janeiro/Brasil, Cia. Lito-Tipografia, 1902 (411 pp.).

BOBBIO, Norberto. *A Era dos Direitos*. 5ª tir., trad. de Carlos Nelson Coutinho. Rio de Janeiro/Brasil, Elsevier, 2004 (232 pp.).

BULOS, Uadi Lammêgo. "Poder de gestão do Estado-membro". *Boletim de Direito Administrativo* 12/1.362-1.371. São Paulo/Brasil, NDJ, dezembro/2007

CANOTILHO, J. J. Gomes. *Direito Constitucional*. 6ª ed. Coimbra/Portugal, Livraria Almedina, 1993 (1.210 pp.).

CARRÉ DE MALBERG, R. *Teoría General del Estado*. Trad. do original francês (1922) de José Lión Depetre. México,

Facultad de Derecho/UNAM, 2001 (1.325 pp.).

COMPARATO, Fábio Konder. "O papel do juiz na efetivação dos direitos humanos". In: ASSOCIAÇÃO JUÍZES PARA A DEMOCRACIA. *Direitos Humanos – Visões Contemporâneas*. São Paulo/ Brasil, Método, 2001 (pp. 15-29).

DALLARI, Dalmo de Abreu. "Estado de Direito e direitos fundamentais". In: FIGUEIREDO, Marcelo, e PONTES FILHO, Valmir (orgs.). *Estudos de Direito Público em Homenagem a Celso Antônio Bandeira de Mello*. São Paulo/ Brasil, Malheiros Editores, 2006 (pp. 217-232).

DAVID, René. *Os Grandes Sistemas do Direito Contemporâneo*. São Paulo/Brasil, Martins Fontes, 2002 (687 pp.).

DIMOULIS, Dimitri, e MARTINS, Leonardo. *Teoria Geral dos Direitos Fundamentais*. 2ª tir. São Paulo/Brasil, Ed. RT, 2006 (334 pp.).

DUFFAR, Jean, e ROBERT, Jacques. *Droits de L'homme et Libertés Fondamentales*. 7ª ed. Paris, Montchrestien, 1999 (905 pp.)

FIGUEIREDO, Marcelo, e PONTES FILHO, Valmir (orgs.). *Estudos de Direito Público em Homenagem a Celso Antônio Bandeira de Mello*. São Paulo/Brasil, Malheiros Editores, 2006.

GORDILLO, Agustín. *Tratado de Derecho Administrativo*. 5ª ed., t. I. Buenos Aires/ Argentina, Fundación de Derecho Administrativo, 1998.

HAQUET, Arnaud. *Le Concept de Souveraineté en Droit Constitutionnel Français*. Paris, Presses Universitaires de France-PUF, 2004 (333 pp.).

HART, Michael H. *As 100 Maiores Personalidades da História*. 9ª ed., trad de Antônio Canavarro Pereira. Rio de Janeiro/Brasil, Bertrand Editora, 2003 (610 pp.).

MARTINS, Leonardo, e DIMOULIS, Dimitri. *Teoria Geral dos Direitos Fundamentais*. 2ª tir. São Paulo/Brasil, Ed. RT, 2006 (334 pp.).

MOUTOUH, Hugues, e RIVERO, Jean. *Liberdades Públicas*. Trad. de Maria Ermantina de Almeida Prado Galvão. São Paulo/Brasil, Martins Fontes, 2006 (680 pp.).

NUNES JR., Vidal Serrano, e ARAÚJO, Luiz Alberto David. *Curso de Direito Constitucional*. 12ª ed. São Paulo/Brasil, Saraiva, 2008 (535 pp.).

PONTES DE MIRANDA, F. C. *Comentários à Constituição de 1946*. vol. I. Rio de Janeiro/Brasil, Henrique Cahen, 1947 (551 pp.).

PONTES FILHO, Valmir, e FIGUEIREDO, Marcelo (orgs.). *Estudos de Direito Público em Homenagem a Celso Antônio Bandeira de Mello*. São Paulo/Brasil, Malheiros Editores, 2006.

RIVERO, Jean, e MOUTOUH, Hugues. *Liberdades Públicas*. Trad. de Maria Ermantina de Almeida Prado Galvão. São Paulo/Brasil, Martins Fontes, 2006 (680 pp.).

ROBERT, Jacques, e DUFFAR, Jean. *Droits de L'homme et Libertés Fondamentales*. 7ª ed. Paris, Montchrestien, 1999 (905 pp.)

SAVIGNY, Federico Carlo Di. *Sistema del Diritto Romano Attuale*. vol. I, trad. do original tedesco para o Italino de Vittorio Scialoja. Turim/Itália, Unione Tipografico-Editrice Torinese-UTET, 1886 (422 pp.).

SENA, Bárbara Biana. "A estatura hierárquico-normativa dos tratados de direitos humanos que, submetidos ao procedimento do § 3º do art. 5º da CF de 1988, não tenham superado todas as exigências dessa norma". *Revista de Direito da ADVOCEF* 6/15-41. Londrina-PR/Brasil, Editora Pallotti, maio/2008.

SILVA, José Afonso da. *Curso de Direito Constitucional Positivo*. 19ª ed. São Paulo/Brasil, Malheiros Editores, 2001 (878 pp.).

ZANDAVALI, Marcelo Freiberger. "Direito Internacional e limites à Constituição". *Revista do TRF-3ª Região* 84/125-143. Separata. São Paulo/Brasil, julho-agosto/2007.

A ADMISSÃO DE ATESTADOS DE SUBCONTRATADA NOMEADA NAS LICITAÇÕES PARA CONCESSÃO DE SERVIÇOS PÚBLICOS

FLORIANO DE AZEVEDO MARQUES NETO

Advogado
– Doutor em Direito Público pela USP
– Professor de Direito Administrativo da Universidade de São Paulo

1. A questão à luz do regime das licitações. 2. A licitação para concessões de serviço público.

É sempre complexa a procura do adequado equilíbrio entre as garantias de qualificação dos candidatos nas licitações para concessão e a necessidade de busca de proposta mais vantajosa para a Administração. Nem pode ela dispensar exigências, nem torná-las elemento de restrição do número de potenciais interessados. Nesse contexto coloca-se como uma medida aconselhável a inclusão, nos editais de licitação para concessão de serviço público, de dispositivo admitindo que parte das exigências de comprovação de capacidade técnico-operacional seja feita pela apresentação de atestados não em nome de empresa licitante ou integrante de consórcio licitante, mas de atestados em nome de empresa especialista, indicada como subcontratada nomeada, e que assumiu com o licitante o compromisso firme pelo qual se obriga a fornecer os bens ou realizar os serviços específicos objeto da contratação.

Meu posicionamento acerca da possibilidade de demonstração de qualificação técnica em serviços específicos, mediante atestados de subcontratado nomeado, será exposto à luz de dois planos normativos: *(i)* do regramento geral das licitações (Lei 8.666/1993) e *(ii)* das leis de regência das concessões, pressupondo que aquele é geral e este específico ao campo de interesse aventado no presente estudo.

1. A questão à luz do regime das licitações

1. Não me parece necessário muito discorrer para reafirmar que o instituto da subcontratação (ou, como é mais conhecida, dada a verdadeira hegemonia do regime de empreitada nas contratações públicas, subempreitada) é plenamente admitido no nosso ordenamento. Isso decorre de expressa disposição legal (art. 72, Lei 8.666/1993), em prescrição normativa que, a meu ver, não deixa margem a dúvidas hermenêuticas. Parcela do escopo contratual, diz a Lei, pode ser objeto de subcontratação, mantida a responsabilidade daquele pela Administração originalmente contratado. E a lei, neste sentido, regrou o óbvio. Não há a possibilidade de uma empresa executar, por si e pelos seus empregados, todas as etapas do processo produtivo demandadas para execução de um complexo objeto contratual.

Fosse inadmitida a subcontratação e o empreiteiro de obras teria que fabricar o aço, produzir cimento, pedra, possuir fábrica de caminhões e tratores e até, quem sabe, possuir poços de petróleo para deles extrair o combustível para tais máquinas. Ou seja, todo contrato administrativo envolve, em maior ou menor grau, alguma subcontratação. Quanto mais complexo e diversificado o seu objeto, mais imprescindível se torna a contratação de terceiros.

1.1 Ademais, como bem lembra Marçal Justem Filho, "[a] Administração pretende receber a prestação a que se obrigou o particular. A execução da prestação pelo próprio contratado não se impõe como exigência meramente subjetiva da Administração. (...) A identidade do executante da prestação até pode ser irrelevante, desde que o contratado se responsabilize pela perfeição do adimplemento" (cf. *Comentários à Lei de Licitações e Contatos Administrativos*, 10ª ed., p. 547).

1.2 Não há na lei nada que cooneste linha de entendimento doutrinário, já um tanto vetusta, que professa um caráter personalíssimo no contrato administrativo. O caráter pessoal deste tipo de ajuste decorre não da imprescindibilidade da prestação ser executada pelo contratado pessoalmente, mas pelo fato de que o processo que antecedeu à contratação (licitação ou procedimento de dispensa ou inexigibilidade) levou em conta as características do contratado. Para nisso não mais me alongar, apenas peço vênia para fazer remissão a estudo anterior onde desenvolvo estas linhas (cf. meu "Contratos administrativos: a possibilidade jurídica da cessão de titularidade contratual à luz do interesse público", *Cadernos de Direito Tributário e Finanças Públicas*, n. 13, Ed. RT, ano 4, out.-dez./1995, pp. 191 a 213).

2. A questão posta aqui, porém, não é a da admissibilidade da subcontratação (embora com ela tangencie). A questão está em saber se um edital de licitação pode admitir, como forma de comprovação da capacidade técnico-operacional (da empresa e não do seu pessoal), a apresentação de atestados por parte de empresa não licitante nem integrante de consórcio, que na condição de subcontratado especialista assuma compromisso com a execução do empreendimento sob a responsabilidade do licitante, na hipótese de sagrar-se ele vencedor da disputa. Mais do que admissível, tal prescrição me parece ser absolutamente recomendável à luz do regime público das licitações.

3. Já por disposição constitucional, temos nas licitações um regime de exigências habilitatórias absolutamente cingido pelo princípio da proporcionalidade (nas suas três dimensões: necessidade, adequação e sopesamento). O texto da Constituição de 1988 (art. 37, XXI) não deixa dúvidas: só se admite as exigências de qualificação técnica e econômica in-

dispensáveis à garantia do cumprimento das obrigações. Sendo possível à Administração garantir-se de que as prestações contratadas serão bem executadas, deve ela buscar ampliar o universo dos potenciais interessados, homenageando a isonomia (que interdita discriminações desnecessárias ao estrito cumprimento do interesse público e da finalidade legal) e a economicidade (traduzida na busca da melhor proposta facilitada pela maior concorrência entre interessados).

3.1 Esta sujeição das exigências de qualificação ao princípio da proporcionalidade se apresenta na Lei de Licitações de duas maneiras: como critério de validade das exigências editalícias, ao prescrever a inadmissibilidade de exigências desnecessárias (cf. art. 3º, § 1º, I e art. 30, § 5º). E como pauta prospectiva, no sentido de propelir a Administração a ser absolutamente moderada ao formular estas exigências, facilitando a maior participação sem comprometimento da higidez e capacidade mínimas do interessado, como quando impele à aceitação de demonstração de experiência em atividade *pertinente e compatível* (art. 30, II), portanto não idêntica àquela licitada, quando propugna pela admissão de prova de execução de obras e serviços *similares* ou *de complexidade equivalente* (art. 30, § 3º), ainda quando permite que a demonstração de *disponibilidade de instalações e equipamentos seja feita por meio de compromisso com terceiros* (o que deflui do art. 30, § 6º).

3.2 O que pode e deve a Administração exigir nos editais é que os interessados (empresas escoteiras ou consórcios) dêem prova de que, se vencedores, conseguirão bem desempenhar suas obrigações, já que possuem experiência específica ou se associaram a quem a tenha (além de deter habilitação jurídica, regularidade fiscal e capacidade econômica). Se há uma maneira de assegurar à Administração, de dar-lhe certeza de boa execução do empreendimento (nos termos da Constituição, garantias de bem executar suas obrigações), deve ela ser admitida pelo edital. Caso contrário, a restrição se oporá ao texto constitucional (art. 37, XXI) e legal (art. 3º, § 1º, I), já que se erigirá como "circunstância impertinente ou irrelevante para o específico objeto do contrato". Não fosse a contrariedade direta a regras constitucionais e legais tal postura contrariaria o princípio da proporcionalidade, com assento legal no ordenamento pátrio (cf. art. 2º da Lei de Processo Administrativo Federal).

4. Como afirmei, a subcontratação de terceiros para execução de parcelas específicas é expressamente admitida em lei e como tal prescinde de estar expressamente prevista no edital e no contrato (salvo, obviamente, se neles estiver vedada o que envolverá uma discussão quanto à legalidade da vedação). Mais ainda, a subcontratação, mormente aquelas atinentes a serviços ou fornecimentos especializados, é necessária e contumaz.

Ora, se é admitido e costumeiro que o contratado se sirva de terceiros para executar o empreendimento contratado e se assim proceder, não deixa de ser responsável perante a Administração, quer me parecer inexistir na lei qualquer vedação a que o próprio edital admita esta possibilidade. Tanto melhor será que o licitante, já desde a fase licitatória, exponha e submeta ao crivo da Administração os terceiros de quem se socorrerá para executar parcelas específicas do empreendimento.

4.1 Ora, se (i) se admite o concurso de terceiros para execução do objeto; se (ii) a responsabilidade global pela qualidade e fidelidade da execução remanesce com o contratado por expressa disposição legal e se (iii) a lei veda que a capacidade do executor seja distinta da capacidade do executante (art. 55, XIII), não haveria razão para se obstar que os editais aceitassem a demonstração de capacidade técnico-operacional específica mediante atestados detidos por empresa especialista, compromissada com o licitante a ser sua subcontratada nomeada para realizar esta parcela do escopo.

4.2 Muito ao contrário, o princípio da competitividade (nos dizeres de Carlos Ari Sundfeld, "segundo o qual a estrutura do procedimento há de estar montada e funcionar de modo a efetivamente ensejar a disputa, o confronto entre os licitantes" – cf. *Licitação e Contato Administrativo*, p. 21) praticamente obriga que, sempre que possível, tal prescrição seja incorporada aos editais. E isso será tanto mais relevante quando estivermos diante de objetos que envolvam serviços especializados, não muito comuns, de domínio restrito ou natureza especializada.

5. Note-se que a subcontratada especialista indicada pelo licitante para executar parcela especializada do escopo não há de ser submetida às exigências integrais de habilitação como se licitante fosse. Se bem é verdade que será aferida sua capacidade técnica específica (na parcela de escopo para qual sua *expertise* é utilizada), nos demais itens tal qualificação será dispensável pois (i) ela subcontratada não manterá relação direta com a Administração e (ii) quem responderá pela integralidade das obrigações será o contratado principal (cf. art. 72 da Lei 8.666/1993).

Ensinou Hely Lopes Meirelles, doutrinador de muito acato em épocas passadas, que "a desqualificação (...) com base na 'desclassificação' de seus subcontratados não encontra apoio na lei nem no edital. De fato, a recusa destes subcontratados resultou apenas de desconhecimento, por parte da Comissão, do verdadeiro sentido da habilitação e das normas legais, regulamentares e do edital, como vimos no corpo deste parecer. Mas, mesmo que assim não fosse, a decisão continuaria ilegítima, porque o Consulente, que, nos termos do edital, deverá ser o único responsável pela execução do contrato, demonstrou possuir a necessária qualificação jurídica e financeira, para o objeto da concorrência" (cf. *Estudos e Pareceres de Direito Público*, vol. III, p. 157).

6. A admissão de comprovação de capacidade técnico-operacional por meio de atestados detidos por subcontratadas nomeadas não é, entre nós, uma novidade absoluta. A Administração Pública, ciente do seu dever de facilitar a maior competição nos certames que promove, ora e vez tem incluído tais cláusulas em editais mais complexos. Bons exemplos neste caminhar têm sido encontrados no âmbito da Secretaria de Transportes Metropolitanos no Estado de São Paulo.

6.1 Em licitação para contratação das obras da *Ligação Barra Funda – Roosevelt – LK8* (Edital Concorrência Internacional n. 84660), a Companhia Paulista de Trens Metropolitanos – CPTM, expressamente consagrou essa forma de habilitação parcial inserindo no edital a seguinte Cláusula:

"2. Critérios de Qualificação

"2.1. A qualificação será baseada no preenchimento de todos os critérios mínimos de aprovação/não aprovação seguintes, referentes à experiência específica do Licitante, capacidade dos recursos humanos e posição financeira, conforme demonstrado pelas informações do Licitante, nos formulários anexados à Proposta (critérios específicos para consórcios são indicados no parágrafo 2.7 abaixo). A experiência e os recursos de subcontratados não serão levados em consideração na determinação do atendimento pelo Proponente quanto aos critérios de qualificação. Exceções poderão ser feitas para os seguintes itens de fornecimento relevantes, cuja experiência *pode ser atendida pela experiência de um Subcontratado*

Nominado Exclusivo. Subcontratados Exclusivos não poderão ser utilizados por mais e um Proponente.

"a) Bloqueios eletrônicos

"b) Bloqueios mecânicos

"c) Caixa de extremidade e cancelas

"d) Equipamento Concentrador de Sinais."

6.2 Mais recentemente, na licitação para as obras de implantação da Linha 4 do Metrô (Concorrência n 41301212), a Cia. do Metropolitano de São Paulo foi na mesma toada, admitindo que alguns serviços especializados fossem objeto de comprovação de capacidade técnico-operacional por meio de subcontratada indicada. Fê-lo assim:

"(a3)

"A Proponente, diretamente ou através da indicação de uma ou mais subcontratadas especialistas claramente identificadas, nos termos do item 4.4. do GITA, deverá comprovar que executou satisfatoriamente projeto de obras civis, projeto de sistemas e implantação de via permanente, conforme segue:

"Empresas projetistas brasileiras quer como membros, quer como subcontratadas devem comprovar suas experiências em projeto através de atestados emitidos em nome do profissional (como técnico responsável) que pertença ao quadro de pessoal da Proponente ou subcontratada em data anterior à data da primeira publicação deste Edital de Pré-qualificação."

7. Tenho certo, portanto, que a legislação de regência não impede que as exigências de comprovação de capacidade técnico-operacional de alguns dos escopos de uma licitação seja obtida mediante o concurso de uma empresa indicada como subcontratada, portanto não licitante isolada ou membro de consórcio. O requisito para tal desiderato (além é claro de possuir atestados aptos a comprovar a experiência exigida pelo edital) é que o licitante apresente compromisso firme da subcontratada detentora da *expertise* de que, caso logre vencer o certame, ela se incumbirá de executar, dentro da melhor técnica, essa parcela das obrigações. Mantida sempre a integral responsabilidade do contratado principal.

2. A licitação para concessões de serviço público

8. Referindo-se a questão a uma licitação, em tese, para outorga de concessão, poder-se-ia argumentar que as regras aplicáveis ao geral das licitações e dos contratos administrativos não teriam serventia em sede da delegação da prestação de serviço público pelo particular. Talvez esse raciocínio fosse, também ele, legatário de certa e antiga doutrina que, muito influenciada pelo direito civil francês, vê caráter personalíssimo em tudo. Porém, não vejo como esposar este entendimento.

8.1 A afastar o raciocínio que interditaria a possibilidade de, numa licitação para concessão, se admitir a comprovação de capacidade técnico-operacional para parcela específica e especializada do escopo mediante aporte da *expertise* de subcontratado nomeado há argumentos de ordem doutrinária e legal.

8.2 Tenho resistido a uma tendência – um verdadeiro desvio que leva à aproximação do direito pátrio do sistema jurídico islâmico onde os aiatolás (tal como nossos sábios e acatados doutrinadores) dizem o Direito – de imaginar que a doutrina é fonte prevalecente de direito, sobrepondo-se até mesmo ao direito positivo. Porém, ainda que para firmar posição sobre a questão posta bastasse a lei, ouso entrar no tema por meio de breve incursão doutrinária.

9. Há um quase consenso de que concessão – como contrato administrativo em geral e como espécie particular desse gênero ainda mais – é um contrato *intuitu personae*. Como já referi acima, todo ajuste antecedido de procedimento de escolha que considera aspectos subjetivos do contratante, guarda o contrato administrativo um vínculo pessoal com este. Porém, tal afirmação virou entre nós quase um *mantra* que, repetido exaustivamente, oblitera o raciocínio jurídico. Felizmente, nos últimos tempos, luzes têm sido postas sobre a questão. Marçal Justem Filho já assevera, nas últimas edições do seu *Comentários* que o regime das licitações é incompatível com o caráter *intuitu personae* do contrato. "O regime jurídico que disciplina a Administração Pública, no Brasil, elimina a possibilidade de contratações *intuitu personae* — ou, mais precisamente, contratações desta ordem são absolutamente excepcionais, recaindo no âmbito da inexigibilidade de licitação". O caráter pessoal não pode significar um traço personalíssimo, tal como se fosse condição do contrato sua execução exclusivamente pelo originalmente contratado.

10. Ora, por força constitucional (art. 175), não se admite concessão outorgada mediante contratação direta. A delegação, diz a Carta, deverá ser sempre precedida de certame licitatório. Disso decorre que, se aplicado o raciocínio defendido por Marçal, chegaríamos a concluir que não se aplica, às concessões, o caráter pessoal que a doutrina mais tradicional procurava imprimir aos contratos de concessão. Recorro novamente às suas palavras "Não há algum tipo de vínculo psicológico entre o poder concedente e o concessionário, do qual se pudesse extrair a necessidade imperiosa de execução de tarefas pessoal e diretamente por ele" (*Teoria Geral das Concessões de Serviço Público*, p. 521).

11. Vê-se pois que, mesmo na doutrina, o caráter pétreo da pessoalidade estrita da concessão vem sendo revisto e admite temperos. Porém, para bem resolver a questão se há que analisá-la à luz da legislação. Comecemos pela Lei Federal 8.987/1995.

11.1 Em nenhum momento o regime de concessões ali previsto dá indicações de que a concessão teria caráter inarredavelmente pessoal. Muito ao revés. Tanto que a Lei federal de Concessões prevê, expressamente, (i) a possibilidade de subconcessão (art. 26) que é a subdelegação da prestação e exploração integral da própria prestação do serviço; e (ii) a possibilidade de transferência da concessão (art. 27), ou seja, o trespasse da própria delegação. No primeiro caso, exige-se meramente a autorização do poder concedente. No segundo, a prévia anuência.

11.2 Não fosse por isso, e teríamos o afastamento total da concepção personalíssima do contrato de concessão ditada pelo art. 20 da Lei Federal 8.987/1995 que faculta ao poder concedente prever no edital a exigência de que o licitante vencedor constitua empresa de propósito específico para celebrar o contrato. Vale dizer: admite que a concessionária seja pessoa jurídica distinta daquela(s) que se sagraram vencedoras do certame.

12. Naquilo que aqui importa, é também expressa a previsão legal no sentido de que o concessionário poderá transferir a terceiros a execução de atividades que integram o rol de escopos da concessão (ou seja, atividades necessárias para implementar e prestar os serviços concedidos). A clareza da prescrição legal não me parece admitir dúvidas sérias quanto a esta possibilidade. Diz o art. 25, § 1º, da Lei Federal 8.987/1995:

"1º. Sem prejuízo da responsabilidade a que se refere este artigo, a concessionária poderá contratar com terceiros o desenvolvimento de atividades inerentes, acessórias ou complementares ao serviço concedido, bem como a implementação de projetos associados."

Ora, nos limites de minha capacidade de cognição não consigo ver possibilidade de se sustentar que, no regime da Lei Federal 8.987/1995, não possa o concessionário contar com terceiros (portanto sem vínculo com o licitante vencedor ou com os controladores da concessionária) para executar parcelas integrantes do rol de atividades que integram a concessão (lembremos o texto legal: *atividades inerentes ao serviço concedido*). Se a lei faculta esta possibilidade (e ela não se refere apenas a parcelas ancilares ao escopo principal), não poderá o edital ou o contrato interditar essa possibilidade ao concessionário.

13. Poder-se-ia alegar que o regime de concessões no Estado de São Paulo é um pouco distinto do regime federal. É verdade que sendo a lei paulista (Lei Estadual 7.835/1992) anterior à Lei federal e versando esta sobre regras gerais de contratação (cf. art. 22, XXVII) esta teria ab-rogado as disposições daquela no que colidentes. Porém, mesmo que assim não fosse, verifico que, apesar de mais restrito, o art. 9º, § 2º, contempla a possibilidade de subcontratação pelo concessionário "desde que isso não implique transferência da prestação do serviço público concedido, oneração de seu custo ou detrimento de sua qualidade". Portanto, também por aqui não resultaria interdição àquilo de que se cogita.

14. Admitida que é a contratação de terceiros para realizar parcela das obrigações cometidas no bojo da concessão – sem que o concessionário se desonere pela integralidade de suas obrigações perante o poder concedente – e possível esta ainda que não prevista no edital, tenho comigo que muito mais possível é prever e regrar tal possibilidade no próprio ato convocatório.

Vou além. Se o concessionário pode se servir de terceiros para realizar parcelas inerentes ao objeto da concessão, mais coadunado com o regime licitatório será permitir que a comprovação de capacidade técnica do licitante (potencial futuro concessionário) já leve em conta a qualificação técnica daquele que – sob responsabilidade do delegatário – efetivamente se incumbirá desta parcela do objeto concedido.

15. Pode haver ainda quem, num arroubo argumentativo, sustentasse que a hipótese em cogitação (possibilidade de demonstração de qualificação técnica em serviços específicos mediante atestados de subcontratado nomeado) colidiria com a definição de concessão constante do art. 2º, II, da Lei Federal 8.987/1995. Isso porque lá vemos explicitado que o serviço público será delegado "à pessoa jurídica ou consórcio de empresas que demonstre capacidade para seu desempenho". Daí que alguém mais criativo ou cioso das definições legais poderia dizer que nas licitações para concessão o licitante (empresa ou consórcio) é que deverá atender, sozinho, às exigências do edital. Embora interessante, esta hermenêutica não resiste a um singelo lampejo de interpretação sistemática ou teleológica.

15.1 A interpretação sistemática afasta tal tese porque, conforme vimos ao comentar o art. 20, em regra quem "desempenhará" a concessão não será o consórcio licitante, mas, nos dizeres da lei "empresa constituída antes da celebração do contrato". Portanto, não são as integrantes do consórcio que prestarão os serviços concedidos. Sempre haverá uma relação de suporte, de transferência de *expertise*, de modo a assegurar que a pessoa jurídica prestadora do serviço tenha capacidade e qualificação (fornecidas por seus controladores ou por terceiros, pouco importa) para bem se desincumbir da prestação.

Ora, se há já no art. 20 o pressuposto de experiência transferida na cadeia de controle da concessionária, não haveria porque dizer que colide com a definição do artigo 2º, II, regra editalícia que simplesmente faculte a utilização de experiência de outrem, pela concessionária, mediante contrato já expressamente autorizado pela mesma lei (art. 25, § 2º).

15.2 Já a interpretação teleológica (finalística) tampouco permite sustentar a tese em testilha. Já disse e repito. Pela Constituição as exigências de demonstração de capacidade e qualificação só são prestantes para assegurar à Administração que o objeto contratual (execução de obra, prestação de serviço público) será bem executado. Ora, quando um licitante individual ou um consórcio apresentam (a) um compromisso firme e irretratável de uma empresa de executar parcela do escopo contratual em regime de subcontratação; (b) comprovação de que essa subcontratada indicada possui capacidade técnico-operacional compatível com a exigida pelo edital para este escopo específico e (c) compromisso do licitante assumindo a responsabilidade pela integral execução do objeto, incluindo a parcela que será subcontratada, resta plenamente atingida a finalidade das exigências de qualificação.

De resto, a partir do momento em que o consórcio licitante detém compromisso de fornecimento de bens ou prestação de serviços por subcontratado especialista e qualificado, a relação jurídica obrigacional (compromisso do fornecedor ou prestador de serviços específicos) passa a integrar o seu acervo de direitos e obrigações (o que define, sabemos, o plexo obrigacional – empresa). Portanto, passa esse consórcio a deter a capacidade para bem executar o objeto.

Dá-se o mesmo que ocorre quando um licitante comprova a disponibilidade de um equipamento essencial à execução do contrato mediante não prova de deter o maquinário, mas compromisso firme do fabricante de disponibilizar-lhe tal bem.

Ou seja, é possível, perfeitamente possível, no regime vigente de licitações, que a prova de "capacidade para seu desempenho" dê-se através de compromissos firmados com terceiros, desde que estes sejam firmes e o terceiro seja qualificado.

16. Também no caso das concessões há exemplos práticos de emprego, nas licitações, de cláusula editalícia contemplando a possibilidade de demonstração de qualificação técnica em serviços específicos mediante atestados de subcontratado nomeado.

16.1 Nas licitações promovidas pela Agência Nacional de Energia Elétrica – ANEEL, ora em andamento, para concessão de linhas de transmissão de energia, vemos essa possibilidade expressamente prevista no edital. Assim, as exigências de qualificação técnica devem ser demonstradas assim:

"7.10.1. Pré-qualificação técnica:

"a) comprovante de registro e regularidade do(s) responsável(eis) técnico(s), da PROPONENTE ou da CONTRATADA, para efeito de comprovação da qualificação profissional, requerida na alínea 'c' a seguir, no Conselho Regional de Engenharia, Arquitetura e Agronomia – CREA;

"b) comprovação, através de atestados emitidos pelo ONS – OPERADOR NACIONAL DO SISTEMA ELÉTRICO ou organizações estrangeiras com atribuição similar, declarando que a PROPONENTE, ou a CONTRATADA, opera linhas de transmissão e subestações em tensões iguais ou superiores a 220kV."

E CONTRATADA, para o edital, é nada mais nada menos do que o subcontratado de que venha a se utilizar a Concessionária para implementar parcelas inerentes à concessão (especialmente as obras de implantação das linhas de transmissão). Essa é a definição do edital:

"2. Definições

"XI. CONTRATADA: empresa com a qual a PROPONENTE tenha celebrado contrato ou termo de compromisso para prestação de serviços de construção, montagem, operação e manutenção para atendimento da capacitação técnica visando o cumprimento do objeto deste LEILÃO."

16.2 Alguém poderia dizer que essa *permissividade* não granjeia pelas paragens bandeirantes. Nada mais falso. Nos editais para concessão da exploração de rodovias no Estado de São Paulo, encontraremos disposição exatamente no mesmo sentido:

"Edital n. 008/CIC/97 (o dispositivo se repetiu em vários outros do Programa)

"7.2.4. Documentos de qualificação técnico-operacional constituídos de:

"7.2.4.2. Se o preferir, poderá o LICITANTE atender à exigência disposta no inciso I deste item, mediante apresentação de compromisso de empresa que atenda aos requisitos do item 7.2.5.1. para formalização dos contratos de assistência técnica, que ocorrerá até 2 (dois) dias úteis antes da assinatura do CONTRATO.

"7.2.4.2.2. O contrato de assistência técnica de que trata o item anterior deverá ter prazo de vigência que abranja, no mínimo, 2 (dois) anos consecutivos, contados da data do início da CONCESSÃO."

17. Portanto, quer à luz da melhor doutrina, quer à luz da lei, quer ainda pela praxe mais recente das concessões no Brasil e em São Paulo, nada há que impeça ou desaconselhe a admissão, em editais de licitação para concessão de serviços públicos, que a capacidade técnico-operacional para parcelas especializadas do escopo seja atendida mediante apresentação de acervo técnico detido por empresa com a qual o licitante tenha ajustado compromisso firme de subcontratação.

Isso, mesmo que esta empresa, por óbvio, não seja integrante do consórcio licitante e, portanto, não se submeta às demais exigências habilitatórias, uma vez que não estabelecerá relação contratual direta coma Administração (poder concedente).

O REGIME JURÍDICO DOS MONOPÓLIOS FEDERAIS DO PETRÓLEO E GÁS NATURAL NO SISTEMA CONSTITUCIONAL BRASILEIRO

VLADIMIR DA ROCHA FRANÇA

Mestre em Direito Público pela UFPE
– Doutor em Direito Administrativo da PUC-SP
– Professor Adjunto do Departamento de Direito Público da UFRN
e do Curso de Direito da Faculdade Câmara Cascudo
– Advogado e Consultor na área do Direito Público

1. Introdução. 2. Liberdade econômica na Constituição Federal. 3. Notas sobre a distinção entre "serviço público" e "atividade econômica". 4. Monopólios federais no setor petrolífero: 4.1 Evolução dos monopólios federais do petróleo e gás natural na Constituição Federal – 4.2 Bases constitucionais do regime jurídico dos monopólios federais no setor petrolífero. 5. Considerações finais.

1. Introdução

A atual matriz energética brasileira tem sua espinha dorsal nos bens e serviços disponibilizados pela indústria do petróleo e gás natural [cf. Barreto 2005].

Apesar do pioneirismo brasileiro no campo das energias renováveis, esse setor é considerado essencial para a subsistência e desenvolvimento da economia nacional.

A Constituição Federal vigente, promulgada em 5.10.1988, procurou atender a essas demandas ao classificar aspectos importantes do setor petrolífero como *monopólios da União*.[1] É o que se depreende da análise do art. 177 da CF.

1. Este trabalho toma como parâmetro o texto constitucional atualizado até a Emenda Constitucional 55, de 20.9.2007.

O objetivo do presente trabalho é examinar o regime jurídico[2] dos monopólios federais no contexto do sistema constitucional brasileiro, e sob a perspectiva da Ciência do Direito.[3]

2. Liberdade econômica na Constituição Federal

Na ordem econômica instituída com a Constituição Federal reconhece-se a atividade econômica como campo de atuação da iniciativa privada.[4] Ainda que o Estado Brasileiro tenha um perfil intervencionista, comprometido com a justiça social e o desenvolvimento, não há dúvida de que o sistema constitucional brasileiro adotou uma ordem jurídico-econômica de viés capitalista [cf. Bastos 2000; Grau 2002; e Tavares 2003].

A liberdade econômica é direito fundamental no sistema constitucional brasileiro. Observa-se que a livre iniciativa é fundamento do Estado Democrático de Direito e da ordem econômica.[5] Mais adiante, no art. 170, parágrafo único, da Lei Maior assegura-se a todos o livre exercício de qualquer atividade econômica, independentemente de autorização de órgãos públicos, salvo nos casos previstos em lei.

Embora não seja um preceito expresso no catálogo do Título II da Constituição Federal, a liberdade econômica pode ser perfeitamente deduzida do direito de propriedade e da liberdade de trabalho, direitos fundamentais expressamente consagrados no art. 5º, XXII e XIII, da CF. Acresça-se ainda a dignidade da pessoa humana, valor avesso aos modelos totalitários de Estado.[6]

Trata-se, enfim, de direito individual oponível contra o Estado que tem posição de direito fundamental no sistema constitucional brasileiro. A norma constitucional que o protege tem eficácia contida e aplicabilidade imediata, especialmente diante do art. 5º, § 1º, da CF.[7]

Isso significa dizer que, na ausência de lei, o particular pode exercer livremente a atividade econômica. Nesse diapasão, a garantia da legalidade protege o particular contra intervenções arbitrárias da Administração, pois se exige lei para a imposição de condicionamentos à atuação

2. *Regime jurídico* é o conjunto de princípios e regras que disciplinam uma atividade ou instituto específico no sistema do direito positivo. No presente ensaio toma-se "princípio" na acepção defendida por Celso Antônio Bandeira de Mello: "Princípio (...) é, por definição, mandamento nuclear de um sistema, verdadeiro alicerce dele, disposição fundamental que se irradia sobre diferentes normas compondo-lhes o espírito e servindo de critério para sua exata compreensão e inteligência exatamente por definir a lógica e a racionalidade do sistema normativo, no que lhe confere a tônica e lhe dá sentido harmônico. É o conhecimento dos princípios que preside a intelecção das diferentes partes componentes do todo unitário que há por nome sistema jurídico positivo" [2006:902-903].

3. Sobre a ciência do direito, cf. [Kelsen 1991] e [Vilanova 1997].

4. A *atividade econômica* compreende a produção e circulação de bens e serviços no mercado com escopo de lucro.

5. V. os arts. 1º, IV, e 170, *caput*, da CF.

6. V. art. 1º, III, da CF.

7. Sobre as *normas constitucionais de eficácia contida*, assim leciona José Afonso da Silva: "Normas constitucionais de eficácia contida (...) são aquelas em que o legislador constituinte regulou suficientemente os interesses relativos a determinada matéria, mas deixou margem à atuação restritiva por parte da competência discricionária do Poder Público, nos termos que a lei estabelecer ou nos termos de conceitos gerais nelas enunciados" [2008:116].

dos particulares na economia [cf. Bandeira de Mello 2006].

Mas a proteção da liberdade econômica não se restringe apenas à exigência de veículo introdutor específico para o estabelecimento de requisitos para o exercício da atividade econômica. Convém observar que o particular tem o direito de escolher o que, como e para quem vai produzir bens e oferecer serviços no mercado, numa ordem jurídica capitalista [cf. Hayek 1994; Moreira 1987; e Nusdeo 1997]. Também é imprescindível a tutela da propriedade privada e da liberdade contratual, instrumentos intrínsecos à liberdade econômica [cf. Hayek 1994; Rosenfield 2008].

Mesmo assim, a liberdade econômica não é absoluta no sistema constitucional brasileiro. Como todo direito fundamental, ela pode sofrer limitações estatais, para harmonizá-la com outros direitos igualmente consagrados na Constituição Federal. O *princípio da proporcionalidade* serve de parâmetro obrigatório na análise da validade constitucional das medidas determinadas pelo Estado para atender a tal escopo [cf. Dimoulis e Martins 2007].

É importante lembrar, ainda, que, consoante a ideologia constitucional, a liberdade econômica pressupõe que os agentes econômicos tenham os meios de subsistência mínimos para que possam usufruir desse direito fundamental [cf. Grau 2002]. Também trabalha com a premissa de que o mercado é insuficiente, por si só, para preservar a livre concorrência, condição indispensável para o bom desenvolvimento da economia capitalista [cf. Salomão Filho 2001; Scaff 2001].

De certo modo, o princípio da função social da propriedade, associado a outros preceitos fundamentais como a defesa do meio ambiente e a defesa do consumidor, oferece para o Poder Público a obrigação constitucional de intervir na liberdade econômica para ajustá-la ao ideal de bem-estar social [cf. França 1999; Scaff 2001].

O art. 174, *caput*, da CF entrega ao Estado a competência de regular a economia, mediante as funções de fiscalização, incentivo e planejamento, com o fim de harmonizar a liberdade econômica com os demais princípios e direitos fundamentais do Estado Democrático de Direito.

É certo que o Poder Público carece de legitimidade constitucional para impor o cumprimento de metas econômicas à iniciativa privada, uma vez que o planejamento é "determinante para o setor público e indicativo para o setor privado".[8] Mas o ideal de desenvolvimento sócio-econômico positivado na Constituição Federal atribui ao Estado o papel de tutor da justiça social, cabendo-lhe formular e implementar políticas públicas destinadas a garantir a existência digna de todos, conforme os ditames da justiça social.[9]

Merece, ainda, destaque que o Estado deve reprimir o abuso do poder econômico

8. V. o art. 174, *caput*, parte final, da CF. Ao examinar os dispositivos constitucionais que tratam da livre iniciativa, observou Celso Antônio Bandeira de Mello: "É fundamental realçar – repita-se – que tais autorizações não dizem respeito, nem podem dizer respeito, aos *aspectos econômicos* do empreendimento, pois no que a isto concerne os agentes econômicos são livres. Têm assegurados pela Constituição seus direitos à liberdade de iniciativa, à liberdade de concorrência e à garantia de que o planejamento econômico que o Poder Público faça apresentar-se-lhes-á com caráter meramente indicativo, não podendo implicar sujeição ou cerceio algum à liberdade econômica que lhes é reconhecida pela Lei Magna. A não ser assim, o art. 170, o inciso IV do mesmo preceptivo e o art. 174 seriam palavras vãs, juridicamente inexistentes" [2006:755] (grifos nossos).

9. V. os arts. 3º, 170, *caput*, e 193 da CF.

que vise à dominação dos mercados, à eliminação da concorrência e ao aumento arbitrário dos lucros, nos termos do art. 173, § 4º, da Lei Maior. Esse comando não deixa de ter relação com a dignidade humana e os princípios do rol do art. 170 da CF [cf. Scaff 2001].

Em regra a atividade econômica deve ser prestada sob o regime jurídico de livre iniciativa. Trata-se de um regime jurídico de direito privado, fundado nos princípios da autonomia privada, igualdade e legalidade, ao lado daqueles constantes do art. 170 da CF. Nele, o particular tem o direito de exercer livremente a atividade econômica, devendo respeitar as normas de ordem pública vigentes.

Para a compreensão do regime jurídico de livre iniciativa é importante ter em vista que o particular é o titular da atividade econômica. Tanto que a Constituição Federal teve a cautela de delimitar as hipóteses e instrumentos de atuação do Estado na economia.

No sistema constitucional brasileiro a intervenção do Estado na economia pode ocorrer das seguintes maneiras: (i) mediante a regulação,[10] pelos instrumentos previstos no art. 174, *caput*, da CF; (ii) pela criação de entes estatais para a exploração direta de atividade econômica, em face de imperativo de segurança nacional ou de relevante interesse coletivo, nos moldes do art. 173 da CF; e (iii) por meio de exploração de atividades econômicas sob regime de monopólio, segundo o art. 177 da CF.

Como os monopólios da União no setor petrolífero constituem o foco do presente estudo, somente serão feitas considerações pertinentes às outras modalidades de intervenção quando isto for julgado importante para a melhor compreensão do objeto em apreço.

Mas, antes de fazê-lo, é importante apresentar breves apontamentos sobre a distinção entre *serviço público* e *atividade econômica* na Constituição Federal.

3. Notas sobre a distinção entre "serviço público" e "atividade econômica"

De imediato, cumpre asseverar que a prestação de serviços públicos não pode ser enquadrada juridicamente como exploração de atividade econômica pelo Estado [cf. Bandeira de Mello 2006; França 2003].

10. *Regulação* é, aqui, entendida como a atividade administrativa que envolve o exercício das prerrogativas de controle, incentivo e planejamento quando destinadas à concretização de políticas públicas na ordem econômica, na ordem social ou nos serviços públicos. Sobre o *planejamento* já tivemos oportunidade de dizer o seguinte: "A função de planejamento não deve ser vista nem entendida como uma função autônoma em relação às tradicionais funções do Estado (legislação, administração e jurisdição), mas sim uma nova característica, uma nova atribuição jurídica do Estado Intervencionista ou Estado Social (como se queira denominá-lo). Nem deve ser encarada como elemento restrito ao subsistema constitucional da economia, haja vista terem a educação, a moradia, a seguridade social, o trabalho, a saúde, entre outras questões que obtiveram uma importância jurídica maior com o Estado Intervencionista, inegável impacto no desenvolvimento da Nação. Deve, sim, ser compreendida como matéria que pode inspirar o produto normativo veiculado mediante lei material, concretizado mediante uma medida jurídica individual e concreta, estando submetida toda a ação estatal dele decorrente aos meios de controle constitucionalmente previstos (podendo essa questão ser ou não submetida à apreciação jurisdicional, dependendo da opção do direito positivo)" [França 2000:32].

Sob a ótica de outras ciências, mostra-se inequívoco que vários serviços de interesse público podem ser perfeitamente prestados pelos agentes econômicos privados sem prejuízo de seu interesse lucrativo [cf. Bresser Pereira 1998]. Há setores respeitados da doutrina que chegam a classificar o serviço público como uma espécie de atividade econômica no contexto da Constituição Federal [cf. Grau 2002].[11]

Mas a relevância econômica de um bem ou serviço não é condição necessária nem suficiente para sua tipificação como atividade econômica dentro do sistema do direito positivo. Do mesmo modo, o fato de o bem ou serviço ter relevância para a coletividade não obriga juridicamente à sua classificação como serviço público.

Também é bastante duvidosa a proposta no sentido de associar o serviço público à concretização dos direitos fundamentais [cf. Justen Filho 2008]. Recorde-se a íntima relação entre a atividade econômica e os direitos fundamentais que têm lastro na autonomia privada e na propriedade privada.

A chave-mestra da distinção entre *serviço público* e *atividade econômica* reside na identificação do regime jurídico que o ordenamento jurídico vigente atribui ao bem ou serviço posto à disposição do mercado.

Noutro giro: *uma atividade somente pode ser qualificada como serviço público se o ordenamento jurídico em vigor lhe conferir o regime jurídico de serviço público*. Idêntico raciocínio para a atividade econômica: *uma prestação específica de bens e serviços para o mercado somente será juridicamente classificada como atividade econômica caso o sistema do direito positivo a sujeite ao regime jurídico da livre iniciativa ou ao regime jurídico de monopólio da União*.

O art. 175 da CF impõe ao Estado o dever de prestar os serviços públicos. Três elementos precisam estar presentes para que uma atividade seja serviço público: (i) a atividade ser de competência de um dos entes federativos, nos termos da Lei Maior; (ii) a atividade envolver a prestação de utilidades ou comodidades materiais para os administrados; e (iii) a Lei Maior ter sujeitado a atividade ao regime jurídico-administrativo.[12]

Há serviços públicos que podem ser prestados pelo particular. Para tanto, é preciso que haja realização de processo licitatório e a celebração de contratos de concessão ou permissão de serviços públicos. Conforme o art. 175, parágrafo único, da Lei Maior, as concessões e permissões de serviços públicos são contratos administrativos sob forte regulação do poder concedente. Mas não se deve perder de vista que esses negócios jurídicos asseguram ao concessionário (ou permissionário) o direito ao equilíbrio econômico-financeiro e a perspectiva de lucro.

Convém esclarecer que a lei pode reservar parcela dos serviços de competência do ente federativo ao regime de autorização, viabilizando sua exploração pelos agentes econômicos para o atendimento de interesses privados. Neste caso, a atividade do particular não será serviço público, mas sim atividade econômica sob o regime jurídico de livre iniciativa e regulação prevista no art. 174 da CF [cf. França 2003].

11. Posição que, aliás, chegamos a adotar no passado [cf. França 2000].

12. *Regime jurídico-administrativo* é o conjunto de normas jurídicas que disciplinam a função administrativa, apresentando como princípios fundamentais a prevalência do interesse público sobre o interesse privado e a indisponibilidade dos interesses públicos pela Administração [cf. Bandeira de Mello 2006; França 2000].

É interessante registrar que os serviços públicos passíveis de prestação por meio de concessão ou permissão envolvem bens e serviços imprescindíveis para a economia e que podem envolver intuito lucrativo.[13] Razão pela qual se opta por denominá-los de *serviços públicos econômicos* [cf. França 2003].

Além dos princípios específicos do serviço público,[14] os serviços públicos econômicos também ficam sujeitos aos princípios constitucionais da ordem econômica quando há dois ou mais concessionários (ou permissionários) no mesmo setor. Notadamente a *livre concorrência* e a *defesa do consumidor*, princípios que deverão ser obrigatoriamente tutelados na regulação dessas atividades pelo poder concedente.

4. Monopólios federais no setor petrolífero

4.1 Evolução dos monopólios federais do petróleo e gás natural na Constituição Federal

Foi opção soberana do poder constituinte classificar um rol específico de atividades do setor petrolífero como monopólio da União.

Na primeira versão do art. 177 da Lei Maior havia a vedação ao ingresso da iniciativa privada nos setores da indústria do petróleo e gás natural, que compunham o elenco de atividades sujeitas ao monopólio da União.[15]

Com o advento da Emenda Constitucional 9, de 9.11.1995, houve profunda reformulação do art. 177 da Lei Maior e, por conseguinte, do regime constitucional do monopólio do petróleo e do gás natural, permitindo maior participação da iniciativa privada em bens e serviços que antes eram privativos da Petrobrás e suas subsidiárias.

4.2 Bases constitucionais do regime jurídico dos monopólios federais no setor petrolífero

A União é a proprietária das jazidas de petróleo e gás natural existentes no território nacional, na plataforma continental e na zona econômica exclusiva.[16] Além disso, esse ente federativo detém o monopólio de aspectos estratégicos da indústria do petróleo e gás natural.

Essa decisão jurídico-institucional tem sido associada ao princípio da soberania, pois envolve uma dimensão extremamente relevante para a defesa

13. Há serviços públicos que têm maior pertinência à ordem social (educação, seguridade social, cultura, desporto etc.). São os *serviços públicos sociais*, caracterizados por não serem exclusivos do Estado, sendo admitida sua prestação pelos particulares sob regime de fomento. Entretanto, os agentes econômicos privados podem fornecer para o mercado bens e serviços similares sob o regime jurídico de livre iniciativa, sob forte regulação estatal. Sobre a matéria, cf. [França 2003].

14. A saber: obrigatoriedade, continuidade, regularidade, igualdade, universalidade, mutabilidade, modicidade, eficiência e controle [cf. Bandeira de Mello 2006; França 2003; Grotti, 2000].

15. Assim, consolidava-se mais uma vez no Brasil o regime instituído pela Lei federal 2.004, de 3.10.1953, e pelo Decreto federal 40.845, de 28.1.1957. Por meio desses diplomas normativos o Conselho Nacional do Petróleo foi designado como órgão diretivo e fiscalizador e se confiou à empresa *Petróleo Brasileiro S/A* – a Petrobrás (designada *Petrobrás* até os anos 1990) – o direito de atuar com exclusividade na exploração nos campos ora designados nos incisos I a IV do dispositivo constitucional sob exame [cf. Martins 2006; Menezello 2000].

16. V. arts. 176, *caput*, e 21, V e IX, da CF.

nacional e para o desenvolvimento sócio-econômico brasileiro [cf. Martins 2006; Menezello 2000].

Segundo o art. 177, I a IV, da CF, são monopólios da União: (i) a pesquisa e a lavra das jazidas de petróleo e gás natural e outros hidrocarbonetos fluidos; (ii) a refinação do petróleo nacional ou estrangeiro; (iii) a importação e exportação dos produtos e derivados básicos resultantes das atividades previstas nos incisos anteriores; (iv) o transporte marítimo do petróleo bruto de origem nacional ou de derivados básicos de petróleo produzidos no País, bem assim o transporte, por meio de conduto, de petróleo bruto, seus derivados e gás natural de qualquer origem.

O art. 177, § 1º, da CF outorgou à União a prerrogativa de contratar empresas estatais ou privadas para a realização das atividades do setor petrolífero sujeitas a monopólio federal, desde que observadas as condições previstas em lei.

O art. 177, § 2º, da CF, por sua vez, fixa o conteúdo obrigatório para a lei que regerá as contratações previstas no § 1º do mesmo dispositivo constitucional: (i) a garantia do fornecimento dos derivados de petróleo em todo o território nacional; (ii) as condições de contratação; e (iii) a estrutura e atribuições do órgão regulador do monopólio da União.

O art. 20, § 1º, da CF assegura aos Estados, ao Distrito Federal e aos Municípios, bem como a órgãos da Administração direta da União, participação no resultado da exploração de petróleo ou gás natural no respectivo território, plataforma continental ou zona econômica exclusiva, ou compensação financeira por essa exploração.

Para disciplinar os monopólios da União no setor petrolífero, bem como outros aspectos fundamentais da indústria do petróleo e gás natural, foi editada a Lei federal 9.748, de 6.8.1997.

A partir desses dispositivos constitucionais é lícito tecer algumas considerações relevantes para o regime jurídico dos bens e serviços em apreço.

O regime jurídico dos monopólios federais é composto pelos princípios constitucionais da atividade econômica e, portanto, constitui um regime jurídico de direito privado [cf. Bandeira de Mello 2006; Grau 2002]. El*e se diferencia do regime jurídico de livre iniciativa porque os agentes econômicos privados somente poderão atuar no campo demarcado pelo art. 177 da CF quando contratados pela União para tal finalidade.*

Não se deve perder de vista que o monopólio federal é uma atividade econômica cujo titular é o Poder Público, e não o particular. Constitui, sem sombra de dúvida, uma exceção ao prescrito no art. 170, parágrafo único, da CF.

Por força dos princípios da isonomia e da licitação,[17] as contratações fundadas no art. 177, § 1º, da CF deverão ser precedidas de processo concorrencial que assegure a todos os interessados, empresas estatais e empresas privadas, igualdade de condições na disputa.

Não se pode afastar a possibilidade de a União optar por contratar uma empresa estatal sem a realização de licitação, haja vista o princípio da soberania. Entretanto, essa situação exige previsão legal expressa e decisão fundamentada da autoridade competente.

Os contratos de exploração dos monopólios sob exame não transformam o contratado em delegado da União nem têm o mesmo regime jurídico das concessões do art. 176 da CF.[18] Todavia, não se olvide

17. V. arts. 5º, *caput* e inciso II, e 37, XXI, da CF.

18. As atividades de exploração de jazidas e recursos minerais distintos do petróleo e gás

que o contratado tem direito de propriedade sobre o resultado da exploração que lhe foi concedida.[19] Acredita-se também que o princípio da propriedade privada não tolera que esses contratos estabeleçam bens reversíveis como nas concessões de serviços públicos.

Os contratados pela União devem atuar por sua própria conta e risco e em nome próprio, sem prejuízo de sua responsabilidade pelas perdas e danos decorrentes da execução do negócio jurídico sob análise. Não há espaço, aqui, para a responsabilidade subsidiária do Poder Público. Este somente poderá ser responsabilizado no que diz respeito à sua atuação como agente normativo e regulador do monopólio federal com lastro no art. 37, § 6º, da CF.

Lei federal[20] deverá disciplinar as condições de contratação dessas avenças, com o cuidado de não exaurir sua utilidade econômica bem como o de não afrontar o regime imposto pela Lei Maior.[21] É crucial que o diploma legal citado assegure igualmente as participações e compensações garantidas no art. 20, § 1º, da CF.

Com relação ao proprietário do solo no qual se realiza a atividade contratada, é natural que a lei federal também outorgue o direito de participação, seja em razão do art. 176, § 2º, da CF, seja em virtude do princípio da propriedade privada.

Os bens e serviços da indústria do petróleo e gás natural que não se encontram no rol do art. 177, I a IV, da CF devem ser considerados atividades econômicas sujeitas ao regime jurídico de livre iniciativa,[22] salvo na hipótese do art. 25, § 2º, do texto constitucional.[23] Uma lei que ampliasse (ou restringisse) a abrangência dos monopólios federais seria inconstitucional, diante do arts. 1º, IV, e 170, parágrafo único, da Lei Maior. Somente uma emenda constitucional poderia fazê-lo de maneira válida.

De toda sorte, todo o setor petrolífero está sujeito à regulação nos moldes do art. 174 da Lei Maior. Além da proteção aos princípios constitucionais da ordem econômica, cabe à União garantir o fornecimento de derivados de petróleo em todo o território nacional. Para tanto, a Lei Maior prevê a criação de um "órgão

natural não são monopólios federais, estando sujeitas ao regime de livre iniciativa. O que o art. 176 da CF implicitamente prevê é um contrato administrativo específico – a concessão de uso de bem público –, que permite à União gerenciar bens minerais de sua propriedade. V. STF, ADI 3.273-DF, rel. Min. Carlos Britto, rel. para o acórdão Min. Eros Grau, *DJU* 2.3.2007, p. 25; STF, ADI 3.366-DF, rel. Min. Carlos Britto, rel. para o acórdão Min. Eros Grau, *DJU* 2.3.2007, p. 26.

19. V. STF, ADI 3.273-DF, rel. Min. Carlos Britto, rel. para o acórdão Min. Eros Grau, *DJU* 2.3.2007, p. 25; STF, ADI 3.366-DF, rel. Min. Carlos Britto, rel. para o acórdão Min. Eros Grau, *DJU* 2.3.2007, p. 26.

20. V. o art. 22, IV, da CF.

21. A Lei federal 9.478/1997 prevê a celebração de *concessões* para a exploração dos monopólios federais no setor petrolífero. Em rigor, elas seriam contratos de direito privado da Administração, com a presença de prerrogativas especiais em favor da União [cf. Aragão 2002]. Mas há quem defenda que esses negócios jurídicos são contratos administrativos [cf. Menezello 2000].

22. Como a revenda de combustíveis, por exemplo. Também não há como enquadrar a pesquisa ou exploração de energias renováveis como monopólio da União, ainda que a matéria exija forte regulação estatal, em face do princípio da defesa do meio ambiente.

23. Os serviços de fornecimento de gás canalizado são serviços públicos de competência dos Estados-membros e do Distrito Federal [cf. Bandeira de Mello 2006]. Por conseguinte, não envolvem monopólio da União.

regulador do monopólio da União", que deverá naturalmente exercer poder de polícia administrativa sobre os bens e serviços da indústria de petróleo e gás natural que não foram excluídos do regime jurídico da livre iniciativa.[24]

Não é ocioso lembrar que o planejamento realizado com base no art. 174, *caput*, da Constituição Federal é determinante para os monopólios da União. Afinal, eles compõem o setor público da economia.

5. Considerações finais

Os monopólios da União apresentam um regime jurídico próprio, marcado pela presença dos princípios constitucionais da ordem econômica e por forte regulação estatal. No setor petrolífero eles ganham especial destaque, uma vez que incidem sobre os principais momentos da cadeia produtiva da indústria do petróleo e gás natural.

Qualquer marco regulatório que se queira outorgar ao setor petrolífero passa necessariamente pela Lei Maior. Do contrário as leis e atos normativos que a afrontarem padecerão de inconstitucionalidade, frustrando os eventuais ganhos técnico-econômicos pretendidos por seus idealizadores e entusiastas.

Referências bibliográficas

ARAGÃO, Alexandre dos Santos [2002]. "Concessões e autorizações petrolíferas e o poder normativo da Agência Nacional de Petróleo". *RDA* 228/243-272. Rio de Janeiro, Renovar (abril-junho/2002).

———— [2005]. "Princípios de direito regulatório do petróleo". In: ROSADO, Marilda (coord.). *Estudos e Pareceres: Direito do Petróleo e Gás Natural*. Rio de Janeiro, Renovar (pp. 313-322).

BANDEIRA DE MELLO, Celso Antônio [2006]. *Curso de Direito Administrativo*. 20ª ed. São Paulo, Malheiros Editores.

BARRETO, Celso de Albuquerque [2005]. "Geopolítica do petróleo: tendências mundiais pós-guerra do Iraque de 2003. Brasil: situação e marco regulatório". In: ROSADO, Marilda (coord.). *Estudos e Pareceres: Direito do Petróleo e Gás Natural*. Rio de Janeiro, Renovar (pp. 1-28).

BASTOS, Celso [2000]. *Direito Econômico Brasileiro*. São Paulo, Celso Bastos Editor.

BRESSER-PEREIRA, Luiz Carlos [1998]. *Reforma do Estado para a Cidadania: a Reforma Gerencial Brasileira na Perspectiva Internacional*. Brasília, Editora 34.

DIMOULIS, Dimitri, e MARTINS, Leonardo [2007]. *Teoria Geral dos Direitos Fundamentais*. São Paulo, Ed. RT.

FRANÇA, Vladimir da Rocha [1999]. "Perfil constitucional da função social da propriedade". *Revista de Informação Legislativa* 141/9-21. Ano 36. Brasília, Senado Federal/Secretaria Especial de Editoração e Publicações/Subsecretaria de Edições Técnicas (janeiro-março/1999).

———— [2000]. *Invalidação Judicial da Discricionariedade Administrativa no Regime Jurídico-Administrativo Brasileiro*. Rio de Janeiro, Forense.

———— [2003]. "Reflexões sobre a prestação de serviços públicos por entidades do Terceiro Setor". *RTDP* 42/90-104. São Paulo, Malheiros Editores.

24. Atualmente, a Agência Nacional de Petróleo, Gás Natural e Biocombustíveis-ANP, autarquia especial instituída pela Lei federal 9.478/1997 com estrutura de agência reguladora. Sobre a matéria, cf. [Aragão 2005; Martins 2006; Menezello 2000].

GRAU, Eros Roberto [2002]. *A Ordem Econômica na Constituição de 1988 (Interpretação e Crítica)*. 7ª ed. São Paulo, Malheiros Editores.

GROTTI, Dinorá Adelaide Musetti [2000]. "Teoria dos serviços públicos e sua transformação". In: SUNDFELD, Carlos Ari (coord.). *Direito Administrativo Econômico*. São Paulo, Malheiros Editores.

HAYEK, Friedrich August von [1994]. *O Caminho da Servidão*. Trad. de Anna Maria Capovilla, José Ítalo Stelle e Liane de Morais Ribeiro. Rio de Janeiro, Biblioteca do Exército Editora.

JUSTEN FILHO, Marçal [2008]. *Curso de Direito Administrativo*. 3ª ed. São Paulo, Saraiva.

KELSEN, Hans [1991]. *Teoria Pura do Direito*. 3ª ed., trad. de João Baptista Machado. São Paulo, Martins Fontes.

MARTINS, Daniela Couto [2006]. *A Regulação da Indústria do Petróleo Segundo o Modelo Constitucional Brasileiro*. Belo Horizonte, Fórum.

MARTINS, Leonardo, e DIMOULIS, Dimitri [2007]. *Teoria Geral dos Direitos Fundamentais*. São Paulo, Ed. RT.

MENEZELLO, Maria D'Assunção Costa [2000]. *Comentários à Lei do Petróleo: Lei Federal 9.478, de 6.8.1997*. São Paulo, Jurídico Atlas.

MOREIRA, Vital [1987]. *A Ordem Jurídica do Capitalismo*. Lisboa, Caminho.

NUSDEO, Fábio [1997]. *Curso de Economia: Introdução ao Direito Econômico*. São Paulo, Ed. RT.

ROSENFIELD, Denis Lerrer [2008]. *Reflexões sobre o Direito à Propriedade*. Rio de Janeiro, Elsevier.

SALOMÃO FILHO, Calixto [2001]. *Regulação da Atividade Econômica (Princípios e Fundamentos Jurídicos)*. São Paulo, Malheiros Editores.

SCAFF, Fernando Facury [2001]. "Ensaio sobre o princípio da lucratividade". *RDA* abril-junho de 2001/323-347. Rio de Janeiro, Renovar/FGV.

SILVA, José Afonso da [2008]. *Aplicabilidade das Normas Constitucionais*. 7ª ed. São Paulo, Malheiros Editores.

TAVARES, André Ramos [2003]. *Direito Constitucional Econômico*. São Paulo, Método.

VILANOVA, Lourival [1997]. *As Estruturas Lógicas e o Sistema do Direito Positivo*. São Paulo, Max Limonad.

LICITAÇÃO – INABILITAÇÃO INDEVIDA SOB ALEGAÇÃO DE DÉBITOS FISCAIS INEXPRESSIVOS

CELSO ANTÔNIO BANDEIRA DE MELLO

Professor Titular de Direito Administrativo
e Professor Emérito da PUC-SP

CONSULTA

A existência de pretensão fiscal concernente a alegados débitos tributários mas inexpressivos, ou seja, de pequena monta em relação ao patrimônio e recursos financeiros disponíveis pelo licitante e que correspondem a parcela modesta em relação ao valor dos compromissos a serem assumidos caso venha a vencer o certame licitatório, pode ser causa bastante para sua inabilitação, *sub color* de que lhe falta a "regularidade fiscal" a que alude o art. 27, IV, da Lei 8.666, de 21.6.1993, atualizada pela Lei 8.883, de 8.6.1994?

À indagação respondo nos termos que seguem.

PARECER

1. Licitação, como se sabe, é o "procedimento administrativo pelo qual uma pessoa governamental, pretendendo alienar, adquirir ou locar bens, realizar obras ou serviços, outorgar concessões, permissões de obra, serviço ou de uso exclusivo de bem público, segundo condições por ela estipuladas previamente, convoca interessados na apresentação de propostas, a fim de selecionar a que se revele mais conveniente em função de parâmetros antecipadamente estabelecidos e divulgados" (cf. nosso *Curso de Direito Administrativo*, 10ª ed., São Paulo, Malheiros Editores, 1998, p. 333).

2. Trata-se, como liminarmente indicado, de um procedimento administrativo. Assim, na licitação há uma sucessão itinerária e encadeada de atos sucessivos que, embora tenham, cada um, finalidade específica, tendem todos a um resultado final e conclusivo em função do qual se entrosam e harmonizam. Eis por que se decompõe em fases representativas dos diferentes momentos nos quais se expressam as decisões principais que conduzem ao objetivo do certame. Em suma: o que se quer, e se pode validamente querer, ao longo de tal percurso, é *única e exclusivamente* preparar idoneamente o advento do ato no qual deve abicar: a eleição da melhor proposta.

Segue-se que suas distintas fases – e entre elas a da habilitação – têm por escopo resolver tópicos relevantes para que se desemboque no ato final. Daí que os atos em que culminam ditas fases, de direito, nada mais têm que buscar senão o suficiente e indispensável para o atingimento daquele propósito aludido, ou seja: aportar na escolha da proposta mais satisfatória. Donde – o que é curial –, qualquer exigência imposta aos concorrentes e aferida nestes vários momentos da trajetória do certame haverá de se conformar e adequar ao intento que explica e justifica o desencadeamento da seriação de atos em questão.

Disto resulta que toda demasia, todo excesso, *toda imposição feita aos licitantes além do necessário para cumprir dito projeto, só servirá para prejudicar o escopo da licitação* (observância do princípio constitucional da isonomia e selecionar a proposta mais vantajosa – art. 3º da Lei 8.666/1993). Ou seja, o que desborde destas balizas só concorrerá para empecer sua razão de existir, trazendo agravos à boa realização daquele *específico* interesse público – *do qual ela é o veículo concebido como idôneo, pertinente* – e às finalidades que lhe presidem a instituição. É isto mesmo que resulta dos próprios dizeres do art. 37, XXI, da CF, que interdita exigências outras além das indispensáveis à garantia do cumprimento das obrigações.

É ao lume de tal perspectiva que se haverá de examinar o disposto no art. 27 da lei nacional disciplinadora das normas gerais sobre licitação (Lei 8.666, de 21.6.1993, atualizada pela Lei 8.883, de 8.6.1994) quando estabelece que dos interessados em disputá-la exigir-se-á documentação relativa à *regularidade fiscal* (inciso IV). Para esclarecer-lhe o possível alcance é indispensável, desde logo, registrar que *a licitação não é, nem pode ser, via oblíqua para constranger o contribuinte a satisfazer pretensões fiscais*.

3. Deveras, a adoção de providências administrativas (com ou sem base legal) como fórmula de indiretamente constranger o contribuinte à satisfação de pretensões tributárias é assunto antigo e que, no passado, frequentou o STF inúmeras vezes, dando margem às Súmulas 70, 323 e 547 – que é a que mais diretamente interessa para o caso vertente. Seu teor é o seguinte: "Não é lícito à autoridade proibir que o contribuinte em débito adquira estampilhas, despache mercadorias nas alfândegas e exerça suas atividades profissionais".

Analisando-a, Roberto Rosas, em seu *Direito Sumular – Comentários às Súmulas do STF*" (São Paulo, Ed. RT) [*13ª ed., São Paulo, Malheiros Editores, 2006, p. 276*], anotou: "O Tribunal Pleno decidiu que a Fazenda deve cobrar seus créditos através de execução fiscal, sem impedir direta ou indiretamente a atividade profissional do contribuinte (*RTJ* 45/629). Posteriormente reafirmou sua orientação (RE 63.026 e 63.647)".

Com efeito, acertadamente o Excelso Pretório várias vezes decidiu que a instituição de impedimento ao exercício de atividades profissionais (mercantis, industriais etc.) como forma de induzir ao pagamento de tributos *afrontava a garantia constitucional do livre exercício delas*. E o fez tanto à vista do art. 141, § 4º, da Constituição de 1946 quanto dos diplomas constitucionais posteriores (arts. 153, § 23, da Carta de 1967 e 5º, XIII, da CF de 1988).

4. Particularmente interessantes foram os julgados a seguir referidos:

STF, Tribunal Pleno (matéria constitucional), RE 60.644-RJ rel. Min. Gonçalves de Oliveira, j. fevereiro/1968, v.u. (*RTJ* 45/629), cuja ementa reza: "Sanção fiscal – Interpretação do Decreto-lei n. 5, de 1937, que vedava aos contribuintes o exercício de suas atividades mercantis por estarem em débito com a Fazenda Nacional – Revogação em face do art. 150, § 4º, da CF – Precedente do STF (RE n. 63.047)".

Já neste RE 63.047, a que se reporta a ementa, o despacho que o admitiu – transcrito pelo Min. Gonçalves de Oliveira – anotava: "Este Tribunal, por reiteradas vêzes, têm se pronunciado pela incompatibilidade entre a norma do § 4º do art. 141 da CF de 1946, aliás mantida na Carta recentemente promulgada, com o preceito do invocado, Decreto-lei n. 5, de 1937, que veda aos contribuintes o exercício de suas atividades mercantis por estarem em débito com a Fazenda Nacional".

Ulteriormente, em julgamento de abril/1968, no RE 63.026 (*RTJ* 51/817), a matéria foi amplamente discutida no Plenário, sendo relator para o acórdão o Min. Aliomar Baleeiro, reiterando-se o entendimento da inviabilidade da restrição. É a seguinte sua ementa: "*Solve et repete*. Não é lícito à autoridade proibir o contribuinte em débito de adquirir estampilhas, despachar mercadorias nas alfândegas e exercer as suas atividades profissionais".

Em maio/1968, no RE 61.367-SP, Tribunal Pleno (matéria constitucional), rel. Min. Thompson Flores (*RTJ* 47/377), *já nem mesmo foi conhecido o recurso*, dada a pacificação da matéria, pelo quê assim se pronunciou seu Relator:

"A respeito da matéria já se formou nesta Côrte jurisprudência, através de vários julgados, dando como inconstitucional a atividade fiscal que, com as sanções impostas, bloqueia a atividade profissional lícita do contribuinte.

"Recentemente mesmo, em sessão de 17 de abril último, ao ser julgado o RE n. 63.026, de São Paulo, do qual foi relator o Min. Amaral Santos, compacta maioria reafirmou a tese da inconstitucionalidade.

"Embora tenha ponto de vista próprio deduzido em voto proferido no julgamento rememorado, aceito a orientação do Tribunal.

"Em tais condições tenho que ditas sanções conflitam com a garantia a que se refere o art. 150, § 23, da Constituição vigente, acolhendo, pois, a prejudicial de inconstitucionalidade.

"Em conclusão, não conheço do recurso, eis que é pacífica a orientação da declaração de inconstitucionalidade das sanções impostas."

O referido acórdão está assim ementado: "Sanções políticas nas obrigações fiscais. Desde que comprometam a atividade profissional do contribuinte, ainda que em débito com o Fisco, são inconstitucionais".

5. Já muito mais recentemente, *sob o império da atual Constituição*, em julgamento de outubro/1990, o egrégio STF, em sessão plenária e por decisão unânime, nos ERE 115.427-SP, sendo relator o Min. Carlos Velloso (*RT* 662/209), recusou-se mesmo a conhecer dos embargos de divergência interpostos pelo Estado de São Paulo ao propósito de restrições ao exercício de atividade profissional decorrentes do chamado "regime especial" do ICM, estabelecidas como forma de compelir ao pagamento de tributos. O acórdão está assim ementado:

"Constitucional – Tributário – ICM: regime especial – Restrições de caráter punitivo – Liberdade de trabalho – CF de 1967, art. 153, § 23; CF de 1988, art. 5º, XIII.

"1. O 'regime especial do ICM', autorizado em lei estadual, porque impõe restrições e limitações à atividade comercial do contribuinte, viola a garantia constitucional da liberdade de trabalho (CF de 1967, art. 153, § 23; CF de 1988, art. 5º, XIII), constituindo forma oblíqua de cobrança do tributo, assim execução política que a jurisprudência do STF sempre repeliu (Súmulas ns. 70, 323 e 547).

"2. Embargos de divergência conhecidos e improvidos.

"3. No caso, os acórdãos indicados como divergentes cuidaram do tema sob o ponto de vista legal, enquanto o acórdão embargado decidiu a questão tendo em vista a Constituição – Inocorrência, por isso, de divergência capaz de autorizar os embargos.

"4. Embargos não conhecidos."

Em decisão ainda posterior, da 4ª Turma do TRF-3ª Região (12.3.1997), no AI 40.825-SP, voltou a ser reafirmada, e por votação unânime, a tese de que o Poder Público não pode, para constranger ao pagamento de tributos, adotar medidas que cerceiem o exercício da livre atividade profissional, que isto vulnera não só o princípio constitucional da liberdade de trabalho, ofício ou profissão, consagrada no art. 5º, XIII, da CF, *mas também o do contraditório e da ampla defesa*, assegurado no art. 5º, LV. Quanto a este último aspecto, o Relator do acórdão, Juiz Homar Cais, encampou trecho da precisa manifestação do Ministério Público no feito, cujo teor é o seguinte:

"O fato de a Administração Tributária reter o CGC das pessoas jurídicas com a finalidade de obrigá-las ao pagamento de seus débitos fere o direito à defesa e ao contraditório garantidos ao contribuinte. Isto porque o Fisco tem à sua disposição, com o advento da Lei n. 6.830/1980, uma forma de cobrar, através de procedimento legal (execução fiscal), os créditos que possua.

"A garantia do contribuinte de não ter afastado o seu direito ao devido processo legal, e, consequentemente, à ampla defesa e ao contraditório, é uma decorrência da própria Constituição Federal e da Lei de Execução Fiscal."

É, pois, claro a todas as luzes que se incompatibiliza com o texto constitucional previsão de medida que iniba o exercício de atividade profissional lícita, de qualquer gênero (industrial, comercial ou de serviços), com o fito de constranger o contribuinte a atender a pretensões tributárias insatisfeitas, as quais devem ser buscadas pela via própria, e não por meios transversos. Claro igualmente é, como atestam os acórdãos transcritos – os quais substanciam jurisprudência antiga, firme e pacífica –, que o STF fulmina por inconstitucionais medidas de tal natureza, provenham elas de ato administrativo ou de lei.

6. Note-se, de outro lado, que o texto constitucional, em seu art. 37, XXI, ao mencionar a obrigatoriedade de licitação, de um lado, só refere exigências atinentes a qualificação técnica e econômica, inadmitindo exigências que superem o necessário para o cumprimento das obrigações. À vista deste dispositivo constitucional, Maria Sylvia Zanella Di Pietro advertira, ainda ao tempo do Decreto-lei 2.300, que a exigência de regularidade fiscal "não encontra abrigo na Constituição atual, já que a regularidade jurídico-fiscal não se enquadra nos conceitos de capacidade técnica e econômica a que se refere o art. 37, XXI" (*Direito Administrativo*, 3ª ed., São Paulo, Atlas, p. 244). Ao depois, já perante a lei atual, enfatizou que a licitação não é instrumento de controle de regularidade fiscal, pois a lei prevê outras formas de controle volvidas a esta finalidade (ob. cit., 9ª ed., 1998, p. 284).

Igual ensinamento está expresso em comentadores do Decreto-lei 2.300, após a promulgação da Lei Magna de 1988. Toshio Mukai, depois de indicar que o objetivo do art. 37, XXI, da Lei Magna é obstar a exigências não relacionadas com a garantia do cumprimento das obrigações, averbou: "Já, a exigência de regularidade fiscal escapa àquele fim, pois enquanto o débito eventual estiver na via administrativa este fato não tem repercussão direta na situação econômica da empresa; tê-lo-á quando o débito estiver em execução judicial, porque aqui há a penhora de bens daquela (representando 'execução patrimonial'). Além disso, a regularidade fiscal constitui uma coação indireta do Poder Público para que a empresa se mantenha em dia com os cofres públicos. Portanto, de um lado, não é indispensável à garantia do cumprimento das obrigações, sendo excessiva e não proporcional ao fim visado pelo texto, e, de outro lado, nada tem que ver com esse fim. Como consequência, a regularidade fiscal não pode ser admitida em face da Constituição" (*Estatuto Jurídico de Licitações e Contratos Administrativos*, São Paulo, Saraiva, 1990, pp. 60-61).

7. Comentos de equivalente teor encontram-se também em Ivan Barbosa Rigolin (*Manual Prático das Licitações*, São Paulo, Saraiva, 1991, pp. 31-32 e 232).

Diogo de Figueiredo Moreira Neto, além de observar que a exigência de comprovação de regularidade fiscal não é norma geral de licitação, nem de contrato, nem de direito tributário, averbou: "Ainda assim, deve-se levar em linha de conta que tal exigência legal pode configurar um desvio de poder do legislador, que, tendo meios próprios para cobrar tributos, estaria usando de um meio oblíquo para coagir os contribuintes a quitá-los. Com isso a lei violaria o princípio isonômico (art. 5º, *caput*), pois ter os tributos quitados, ou não, nada tem a ver com a aptidão técnica e econômica de uma empresa para oferecer as maiores vantagens como contratante da Administração" (in *RDA* 189/50).

Maria Garcia, em coletânea de *Estudos sobre a Lei de Licitação e Contratos*, por ela mesma coordenada, anota que a restrição imposta pela lei, ao demandar dos afluentes ao certame "regularidade fiscal", não se afeiçoa ao texto constitucional brasileiro, pois "representa cerceamento evidente ao exercício de trabalho, ofício ou profissão (CF, art. 5º, XIII), prejudicados os direitos ao contraditório e ampla defesa (art. 5º, LV), dado que o interessado poderá ver-se eventualmente compelido a pagar o que não deve, ou no montante exigido, a fim de participar da concorrência; verdadeira pena sem prévia cominação legal (art. 5º, XXXIX) e sem manifestação da autoridade competente (art. 5º, LIII) – na verdade, espera-se do Estado uma atuação direta e eficiente na exigência dos seus créditos, basicamente pelo controle e fiscalização, e que a liberdade de participação no processo licitatório somente possa ser obstaculizada se o patrimônio necessário à qualificação econômico-financeira se encontrar em processo final de execução" (ob. cit., pp. 71-72).

8. Não se argumente que o texto constitucional, hoje, autoriza limitação desta ordem, a teor do art. 195, § 3º, ao estabelecer que "a pessoa jurídica em débito com o sistema da seguridade social, como estabelecido em lei, não poderá contratar com o Poder Público nem dele receber benefícios ou incentivos fiscais ou creditícios". Dito argumento prova justamente o contrário. Prova que no caso específico em que desejou autorizar o condicionamento de relações com o Poder Público à prévia satisfação de pretensões tributárias foi necessário contemplá-lo expressamente, abrindo, dessarte, uma única exceção ao que resultava do próprio modelo constitucional. Ou seja: foi privilegiada superiormente a seguridade social, mediante permissão de bloqueio de relações negociais com o Poder Público da pessoa jurídica que estivesse em débito com o sistema da seguridade social, *como estabelecido em lei*. De sorte que a exigência de regularidade perante dito sistema, esta, sim – e tão somente ela –, pode ser legalmente estabelecida como requisito para disputar certame licitatório; o que, todavia, evidentemente, não libera a instituição da mesma exigência em relação a *tributos outros*.

9. Daí por que, já na 4ª ed. de nosso *Curso de Direito Administrativo* (São Paulo, Malheiros Editores, 1993, p. 266), em face do art. 25 do Decreto-lei 2.300, que também demandava regularidade fiscal, alertávamos: "Falha na regularidade fiscal ao nosso ver só pode ser fator inabilitante quando os débitos forem de tal monta que possam colocar em risco 'a garantia do cumprimento das obrigações', pois os requisitos para participar do certame licitatório, em face da Constituição (art. 37, XXI), não podem ir além do propósito de acautelar a segurança do negócio posto em certame, conforme já se anotou". Ulteriormente, à vista do art. 27 da superveniente Lei 8.666, tornamos a reiterar tal ponto de vista nas sucessivas edições da mesma obra (v. pp. 336-337 e nota de rodapé 39 da 10ª ed., 1998), com maior largueza de argumentação.

10. Com efeito, entendimento diverso do exposto é inadmissível. Não resiste a um exame de razoabilidade. Deveras, é noção corrente e moente em direito administrativo que seus diversos institutos têm, cada qual, sua própria identidade, sua específica serventia, sua destinação natural, de tal sorte que não é indiferente o uso de um ou outro para a busca das finalidades perseguíveis. Tal uso incorreto das competências se denomina *desvio de poder*, pois há um extravio dele em relação à finalidade que lhe corresponderia ante a norma que lhe serviria idoneamente de calço. Em suma: o ato maculado deste vício direciona-se a um resultado diverso daquele ao qual teria de aportar ante o objetivo da norma habilitante. Para nele incorrer é desnecessário que seu expedidor esteja animado de objetivos viciosos. É suficiente que divirja do fim que lhe seria próprio. Bem o disse Seabra Fagundes: 'Não importa que a diferente finalidade com que tenha agido seja moralmente lícita. Mesmo moralizada e justa, o ato será inválido, por divergir da orientação legal'" (ob. cit., pp. 72-73).

O desvio de poder não é mácula jurídica privativa dos atos administrativos. Pode se apresentar, igualmente, por ocasião do exercício de atividade legislativa ou jurisdicional. Ou seja: *leis* e decisões judiciais são igualmente suscetíveis de incorrer no aludido vício, porquanto umas e outras são, também, emanações das competências públicas, as quais impõem fidelidade às finalidades que as presidem. Assim, se o legislador ou o juiz delas fizerem uso impróprio, a dizer, divorciado do sentido e direcionamento que lhes concernem, haverão traído as competências que os habilitavam, e os atos que produzirem resultarão enodoados pela indelével jaça do desvio de poder.

Assim como o ato administrativo está assujeitado à lei, às finalidades nela prestigiadas, a lei está assujeitada à Constituição, aos desideratos ali consagrados e aos valores encarecidos neste plano superior.

Demais disto, assim como um ato administrativo não pode buscar escopo distinto do que seja *específico* à *específica* norma legal que lhe sirva de arrimo, também não pode a lei buscar objetivo diverso do que seja inerente ao específico dispositivo constitucional a que esteja atrelada a disposição legiferante expedida. Ou seja, se a Constituição habilita legislar em vista de dado escopo, a lei não pode ser produzida com traição a ele.

Caio Tácito, em precioso artigo intitulado "O desvio de poder no controle dos atos administrativos, legislativos e jurisdicionais" (*RDA* 188/1 e ss.), enumera decisões do STF nas quais o desvio de poder é reconhecido como vício suscetível de macular a produção legislativa, e traz à colação precisamente casos em que foram impostas providências restritivas de direitos com o fito de forçar o contribuinte a satisfazer pretensões tributárias, afirmando: "É inadmissível a interdição de estabelecimento ou a apreensão de mercadorias como meio coercitivo para cobrança de tributo (Súmulas 70 e 323)". Idem quanto à fulminação dos Decretos-leis 5 e 42, de 1937. Como explica o mestre Caio Tácito, a Suprema Corte, "dilatando o princípio à inconstitucionalidade dos Decretos-leis 5 e 42, de 1937 – que restringiam indiretamente a atividade comercial de empresas em débito, impedindo-as de comprar selos ou despachar mercadoria –, implicitamente configurou o abuso de poder legislativo (Súmula 547 e acórdão no RE 63.026, *RDA* 10/209)" (artigo cit., p. 7).

11. É sabido e ressabido que a licitação é instituto volvido à satisfação do princípio da isonomia e à busca do negócio mais vantajoso para o promotor do certame, interessando, pois, ampliar ao máximo o universo dos proponentes, contanto que não se comprometa a segurança da relação a ser travada. De resto, é isto mesmo que o texto constitucional indica no art. 37, XXI – como já se assinalou –, pois inadmite exigências excedentes desse desiderato. A regularidade fiscal, em si mesma, nada tem a ver com isto, *salvo se a existência de presumidos débitos alcance montante capaz de pôr em causa a segurança do futuro contrato*.

Por outro lado, a via jurídica prevista para a cobrança de créditos tributários é a execução fiscal, e não outra qualquer, tendo o contribuinte direito a que se respeite o "devido processo legal", assegurando-se-lhe o contraditório e ampla defesa, consoante preveem os incisos LIV e LV do art. 5º da Lei Maior. Segue-se que não pode, por vias indiretas, ser constrangido a abrir mão de tais garantias, pena de ficar coartado no exercício do direito, também constitucionalmente reconhecido, no inciso XIII do mesmo artigo, de livre exercício de seu trabalho, ofício ou profissão.

Disto tudo se conclui, inadversavelmente, que débitos fiscais de pequena monta em relação ao patrimônio e disponibilidades do afluente ao certame licitatório e ao montante do compromisso que se propõe a assumir, caso vença a licitação, não podem, de modo algum, ser tidos como causa de inabilitação, seja porque nada têm a ver com a segurança do negócio, único bem jurídico que, a teor da Constituição, autorizaria restrições aos eventuais candidatos, seja porque implicariam constrangimento inconstitucional aos supra-aludidos direitos.

12. Isto tudo posto e considerado, à indagação da consulta respondo:

A existência de pretensão fiscal concernente a alegados débitos tributários inexpressivos, ou seja, de pequena monta em relação ao patrimônio e recursos financeiros disponíveis pelo licitante e que correspondem, pois, a parcela modesta em relação ao valor dos compromissos a serem por ele assumidos caso venha a vencer o certame licitatório, jamais poderia ser causa de inabilitação, pois a "regularidade fiscal" a que alude o art. 27, IV, da Lei 8.666, de 21.6.1993, atualizada pela Lei 8.883, de 8.6.1994, para se compatibilizar com a Constituição, há de ser entendida como reportada à ausência de débitos tributários em montante capaz de pôr em risco a segurança da proposta do concorrente.

É o meu parecer.

ARRENDAMENTO PORTUÁRIO – DIFERENÇAS NO REGIME DE EXPLORAÇÃO DE TERMINAIS DE USO PRIVATIVO E TERMINAIS DE USO PÚBLICO – USO PRIVATIVO DE CARÁTER MISTO – OBRIGATORIEDADE DE MOVIMENTAÇÃO DE CARGA PRÓPRIA MÍNIMA, SUFICIENTE PARA ASSEGURAR A VIABILIDADE ECONÔMICA DO EMPREENDIMENTO – POSICIONAMENTO EM SENTIDO CONTRÁRIO PROFERIDO PELA ANTAQ – VIOLAÇÃO A PRINCÍPIOS CONSTITUCIONAIS E AO MARCO REGULATÓRIO APLICÁVEIS À MATÉRIA

Adilson Abreu Dallari

Professor Titular de Direito Administrativo da PUC-SP

1. Considerações iniciais. 2. A legislação aplicável. 3. Considerações doutrinárias. 4. Conclusões.

CONSULTA

ABRATEC-Associação Brasileira dos Terminais de Contêineres de Uso Público, por intermédio de seus ilustres advogados, integrantes do renomado escritório Justen, Pereira, Oliveira e Talamini-Sociedade de Advogados, honra-nos com a formulação de consulta sobre a viabilidade do fornecimento de parecer versando sobre os fatos e os quesitos relatados nos termos que seguem.

A Constituição brasileira atribuiu à União a competência para explorar os portos, diretamente ou mediante concessão, permissão ou autorização (art. 21, XII, "f"). Sob outro prisma, a União editou a Lei 8.630/1993, conhecida como *Lei de Modernização de Portos*. O diploma disciplinou a exploração da atividade portuária e distinguiu entre os terminais de uso público e os terminais de uso privativo.

O art. 4º, § 2º, previu que a exploração de terminais portuários por particulares pode fazer-se sob modalidade de uso público ou de uso privativo. Não houve definição formal sobre a figura do terminal portuário de uso público, tendo a lei se restringido a estabelecer, no § 3º do art. 4º, que "a exploração de instalação portuária de uso público fica restrita à área do porto organizado ou à área da instalação portuária pública de pequeno porte" (redação dada pela Lei 11.518/2007).

Já, a instalação portuária de uso privativo é aquela "explorada por pessoa jurídica de direito público ou privado, dentro ou fora da área do porto, utilizada na movimentação de passageiros ou na movimentação ou armazenagem de mercadorias, destinados ou provenientes de transporte aquaviário" (art. 1º, § 1º, V, com a redação da Lei 11.314/2006).

Por outro lado, as instalações portuárias de uso privativo compreendem três modalidades, tal como determinado no art. 4º, § 2º, II. Admitem-se o uso privativo exclusivo ("para movimentação de carga própria"), misto ("para movimentação de carga própria e de terceiros") e de turismo ("para movimentação de passageiros").

A partir de 1995 o Governo Federal promoveu licitações para outorga de arrendamento dos terminais de uso público, dentre os quais apresentavam grande relevância aqueles que movimentavam contêineres. O critério de julgamento das licitações foi a maior oferta de remuneração pelo arrendamento. Como decorrência, as empresas arrendatárias desembolsaram valores vultosos em favor do Estado Brasileiro. Além disso, realizaram investimentos de grande porte para a recuperação e ampliação das infra e superestruturas portuárias. Ao longo do tempo esses terminais vêm desempenhando com grande eficiência a movimentação de carga e descarga de contêineres, não obstante a necessidade de observância de uma grande variedade de deveres e obrigações em face das autoridades públicas. Ressalte-se que as arrendatárias pagam à Administração Federal valores relativos tanto à ocupação das áreas como proporcionais à movimentação realizada.

Durante longo período verificou-se também a instalação de terminais de uso privativo, especialmente no setor de cargas a granel. Existem presentemente 57 terminais nessa situação (em comparação com 95 terminais de uso público).

Em 2005 a ANTAQ editou a Resolução 517, destinada a disciplinar os terminais de uso privativo. O ato reconheceu que a autorização para terminais privativos de uso misto seria concedida mediante a comprovação de que o operador movimentaria carga própria em quantitativos suficientes para assegurar a viabilidade econômica do empreendimento. Logo, a movimentação de carga de terceiros seria admitida, mas não poderia ser o objeto principal e essencial da atuação do terminal.

Ocorre que, ao longo do tempo, três empreendimentos privados foram instaurados visando à implantação de terminais de uso privativo misto para movimentação de contêineres *sem* o efetivo cumprimento do requisito da carga própria. A autorização para dois desses empreendimentos foi requerida antes da vigência da Resolução

517 (mas já na vigência da Lei 8.630). O terceiro teve a autorização requerida depois da edição da referida resolução. Todos os três empreendimentos envolveram a afirmativa formal de que existiria movimentação de carga própria, mas as asserções não refletem a realidade de sua atividade. A carga própria a ser movimentada nesses terminais ou é inexistente ou se apresenta como totalmente irrelevante. A viabilidade econômica desses empreendimentos depende inquestionavelmente da movimentação de cargas de terceiros.

O tema foi examinado perante a ANTAQ, existindo parecer interno no sentido de que a ausência de fixação de um quantitativo mínimo de carga própria da Lei 8.630 legitimaria a instalação de terminal de uso privativo misto destinado a operar com qualquer quantitativo, por mais mínimo e irrelevante que fosse.

Por outro lado, a ANTAQ anunciou formalmente sua intenção de promover a revisão da Resolução 517, visando a eliminar o requisito da carga própria para a autorização para terminais privativos de uso misto.

Em termos práticos, isso significa que a prevalência da interpretação acima referida acarretará que os três terminais já existentes e um número indefinido de outros no futuro poderão ser instalados no Brasil. Esses terminais poderão operar exclusivamente com carga de terceiros, prestando serviço ao público em geral em regime jurídico distinto daquele sob o qual operam as arrendatárias de terminais de uso público. Pode-se estimar que o resultado será a destruição dos terminais de uso público, os quais se sujeitam ao regime de serviço público. Ou seja, as arrendatárias de terminais de uso público devem prestar serviços públicos universais, de modo permanente e ininterrupto, sujeitando-se ao regime trabalhista diferenciado. O prazo dos arrendamentos é limitado a 25 anos (prorrogáveis por outro tanto), ao final do qual os bens e melhorias revertem ao patrimônio público.

Mas os terminais de uso privativo atuam sob regime de livre iniciativa e concorrência, sem obrigatoriedade de prestação de serviço universal e não subordinados ao regime trabalhista portuário. Todos os investimentos realizados são consolidados no patrimônio do particular, pois as autorizações são outorgadas por prazo indeterminado e sem limite de tempo. Enfim, as arrendatárias são obrigadas a pagar importâncias à administração dos portos, inclusive em virtude da movimentação das cargas. Já, as empresas privadas não enfrentarão qualquer ônus financeiro correspondente.

Em vista de tais pressupostos, a Consulente, entidade associativa que congrega as empresas arrendatárias de instalações portuárias de uso público que operam contêineres, pretende exercitar a defesa dos interesses de seus associados – e, nesse sentido, propõe nesta consulta a análise jurídica em relação às seguintes questões:

(a) É compatível com a Constituição uma política pública destinada a eliminar a existência de serviços públicos de movimentação de cargas portuárias?

(b) Em face da Lei 8.630, pode-se admitir que uma instalação portuária de uso privativo misto se destine a operar exclusivamente com carga de terceiros?

(c) É correta a interpretação de que, por ter o art. 4º, § 2º, II, da Lei 8.630 silenciado sobre quantitativo mínimo de carga própria a ser movimentada nas instalações portuárias de uso privativo misto, seria lícito ao particular operar com quantidades irrelevantes e mínimas de carga própria (em face dos quantitativos de carga de terceiros movimentados)?

(d) Em face da legislação e da regulação editada pela ANTAQ, é legítima a operação de instalação portuária de uso privativo misto sem a observância do requisito de carga mínima?

(e) Em face da legislação e da regulação editada pela ANTAQ, é legítima a operação de instalação portuária de uso privativo misto que movimente quantidades irrelevantes de carga própria?

(f) Em face da legislação e da regulação editada pela ANTAQ, o particular titular de autorização para operar instalação portuária de uso privativo misto está obrigado a respeitar as condições quanto à movimentação de carga própria indicadas por ele próprio, por ocasião do requerimento da autorização correspondente?

(g) Em face da legislação e da regulação por ela própria editada, a ANTAQ está constrangida a fiscalizar a observância pelos particulares do requisito da movimentação de carga própria?

(h) Em face da legislação e da regulação editada pela ANTAQ, o particular pode ser dispensado da observância do requisito da carga própria mediante o argumento da realização de vultosos investimentos na implantação de infraestrutura?

(i) O sistema jurídico brasileiro protege a equação econômico-financeira do arrendamento portuário oneroso outorgado mediante licitação?

(j) A eventual alteração da legislação, de modo a facultar a livre movimentação de cargas por terminais de uso privativo, poderá acarretar direito de indenização em favor dos atuais arrendatários de instalações de uso público?

PARECER

1. Considerações iniciais

Conforme restou evidenciado no relato dos fatos que ensejaram a presente consulta, é possível traçar dois momentos distintos (antes e depois da edição da Resolução 517/2005 da ANTAQ) que caracterizaram as outorgas efetuadas pelo Poder Público no setor portuário, especificamente no tocante a arrendamentos de terminais de uso público e a autorizações para instalação e exploração de terminais de uso privativo.

Num primeiro momento, o ano de 1995 (logo depois de editada a chamada *Lei dos Portos*, Lei 8.630, de 25.2.1993) marcou o início de licitações para outorgas de arrendamentos de terminais de uso público, destacando-se aqueles que têm por objeto a movimentação de contêineres.

Desde aquela data igualmente verificaram-se consideráveis outorgas de autorizações para a construção, instalação e exploração de terminais de uso privativo, ainda que em menor escala daquela verificada no regime de arrendamento para terminais de uso público.

Essa duas modalidades de outorgas são substancialmente diferentes. Para demonstrar a distinção entre uma e outra, convém, em primeiro lugar, evidenciar as peculiaridades que se encontram presentes nos arrendamentos de terminais de uso público, que são marcadas pelas características inerentes ao regime público dessa modalidade de outorga.

A primeira e a mais óbvia particularidade está na exigência de procedimento licitatório para a outorga dos arrendamentos de terminais de uso público. Nos certames licitatórios lograram-se vencedores aqueles que ofertaram a maior remuneração pelo arrendamento, cabendo ainda às arrendatárias arcar com pagamentos proporcionais à movimentação realizada.

Além disso, as empresas vencedoras ficam obrigadas a efetivamente realizar os vultosos investimentos que compunham seu caderno de obrigações frente à Administração Pública, sob pena de sofrer os efeitos das sanções contratuais típicas do regime legal que rege os contratos administrativos.

Outro ponto, não menos importante em relação aos que foram citados, refere-se à observância de dois princípios básicos inerentes ao regime jurídico de direito público, de suma relevância na execução do objeto contratual, que acaba por distinguir este pacto daqueles instrumentos dotados de índole privada, quais sejam: as obrigações de *universalização* e *continuidade*, destinadas a assegurar os interesses públicos presentes nesse tipo de outorga e que acarretam limitações e ônus não existentes nos contratos privados.

Mais um aspecto tradicionalmente considerado em sede de contratos de concessão de serviços públicos (que são análogos aos contratos de arrendamento) está relacionado com o regime dos bens vinculados à prestação do serviço, os quais revertem ao poder concedente uma vez findo o prazo contratual. No caso dos arrendamentos de terminais de uso público a reversão dos bens é cláusula obrigatória em todos os contratos.

É importante salientar que, em virtude da diferença da natureza dos regimes adotados em contratos de arrendamento e autorizações, nenhuma das regras relacionadas acima, dentre outras, é aplicável às detentoras deste segundo instrumento.

Na outorga de autorização não há um prévio procedimento licitatório (o interessado é quem solicita), não há contrato (trata-se de uma outorga unilateral), não há tempo determinado e, em relação à última característica relatada, as empresas autorizadas a construir e operar terminais privativos poderão incorporar ao seu patrimônio todos os bens utilizados na execução dos serviços. Este regime somente se justifica diante do pressuposto de que as autorizatárias irão movimentar cargas próprias.

Traçado esse primeiro quadro, passa-se à abordagem do segundo período temporal que ganha relevo para fins do presente exame, que se deu exatamente a partir de 17.10.2005, data na qual foi editada a Resolução 215 pela ANTAQ, que delineou mais claramente o conjunto de regras especialmente voltado para a disciplina de autorizações para exploração de terminais portuários de uso privativo.

Como se verá mais adiante de forma detalhada, no tocante ao ponto mais relevante para os fins deste estudo, esse mencionado instrumento normativo estatui, em conformidade com o disposto na Lei dos Portos, que a modalidade de terminal de uso privativo serve para, precipuamente, movimentar cargas próprias, de sorte que, mesmo na modalidade "mista", deverá obrigatoriamente prever a movimentação de carga própria mínima, de modo que seja suficiente, por si só, a sustentar a implantação do empreendimento.

Não obstante a clareza da regra, corroborada por força de outras passagens constantes do mesmo diploma, deu-se início à prática, em alguns casos, de descumprimento do quesito relativo à carga própria mínima em sede de empreendimentos autorizados sob o regime misto para fins de movimentação de contêineres.

As situações especificamente descritas pela Consulente reportam-se a dois pedidos de autorização apresentados antes mesmo da edição da Resolução 517 e a um pleito ofertado após o início da vigência da norma. Nos casos apresentados, ou o requisito normativo referente à carga própria não se verificou na prática ou, então, foi realizado em níveis insignificantes.

Certo é que nesses exemplos citados a movimentação de carga própria, considerada de modo isolado, seria insuficiente para a sustentabilidade do negócio, que, na verdade, é assegurada pela movimentação de cargas de terceiros. Em todos esses casos a ANTAQ não está exigindo o cumprimento da exigência determinada pela lei e estipulada também em sua Resolução 517/2005.

Conforme relatado na formulação da consulta, a própria agência adotou uma interpretação no tocante a essa exigência de movimentação de cargas próprias, no sentido de que qualquer quantitativo, por menor e mais irrelevante que se apresente, seria apto a viabilizar a autorização para instalação e a exploração de um terminal de uso privativo misto, lastreando tal entendimento no fato de que a Lei federal 8.630/1993, a Lei de Portos, não estipulou um determinado quantitativo mínimo de carga própria.

Se esse entendimento vier a ser efetivamente adotado, estar-se-á certamente abrindo margem para uma concorrência desleal, na medida em que arrendatárias e autorizatárias passariam a competir diretamente, porém sob a égide de diferentes regimes, que resultam em um tratamento contratual infinitamente mais penoso para as primeiras e por via de consequência, mais vantajoso para as segundas.

O mesmo se diz em relação ao princípio da licitação. A partir do momento em que se permitir que as autorizatárias passem a gozar dos mesmos benefícios conferidos às arrendatárias no tocante à abrangência do objeto contratual a ser executado mas sem que haja a contrapartida de regras obrigacionais que levem em conta os encargos decorrentes de um regime de direito público, estará evidenciada uma flagrante burla à exigência de licitação.

Isso porque as arrendatárias, diferentemente das autorizatárias, submeteram-se a um processo rigoroso de seleção de candidatos, oportunidade em que propostas comerciais foram avaliadas de forma objetiva e condicionadas por regras que determinaram elevados investimentos por parte das empresas vencedoras – investimentos, esses, que, ao final do contrato, reverterão ao patrimônio público.

As autorizatárias, ao contrário, obtiveram seus instrumentos de outorga sem a prévia realização de um processo competitivo e oneroso, e por se submeterem a um regime jurídico de direito privado estão liberadas de todos aqueles encargos e ônus inerentes aos contratos administrativos de arrendamento.

E, como se não bastasse o equivocado entendimento da ANTAQ, a ponto de gerar, de plano, esses primeiros questionamentos brevemente abordados acima, é de se ressaltar que a Agência, conforme também está relatado na formulação da consulta, anunciou formalmente sua intenção de promover uma revisão da Resolução 517, com o propósito de eliminar o requisito da carga própria para a autorização de terminais privativos de uso misto.

A orientação acima descrita revela típica hipótese em que são adotados dois pesos e duas medidas. Isso porque, de um lado, estendem-se às autorizatárias condições de prestação de serviço nos mesmos moldes garantidos às arrendatárias, possibilitando-se em ambos os casos a movimentação exclusiva de cargas de terceiros. Ao mesmo tempo, as autorizatárias continuarão operando em regime de direito privado, não lhes sendo transferidos encargos que são infinitamente maiores tratando-se de regime de direito público. O desequilíbrio contratual para as arrendatárias que resultaria de uma condição de tal ordem é evidente.

De plano já se pode vislumbrar que, se o sistema jurídico diferenciou esses dois conceitos, não seria possível aglutiná-los e torná-los idênticos, mormente por meio de um simples parecer emitido pela própria Agência, a qual expediu regulamentação em sentido contrário ao agora esposado

(Resolução 517), sendo certo que tal parecer se apresenta em total descompasso com o ordenamento jurídico como um todo.

Diante das breves considerações expostas, já é possível afirmar que se, porventura, prevalecer o entendimento em princípio firmado pela ANTAQ, no sentido de legitimar situações nas quais foi desprezada a carga própria mínima para fins de sustentabilidade do empreendimento, e a se admitir que a Agência passará a descartar definitivamente tal exigência dos futuros autorizatários, estar-se-á diante de uma típica situação de desvio de poder, ou mesmo de pura arbitrariedade, podendo-se, ainda, cogitar da ocorrência de improbidade administrativa, pela inobservância dos princípios constitucionais que regem a Administração Pública.

2. A legislação aplicável

Antes de abordar o arcabouço legal e regulamentar especificamente dirigido ao regramento da exploração de portos, há de se iniciar a presente abordagem jurídica pela nossa Lei Maior e certos princípios insertos em seu texto que constituem a base de todo o raciocínio que será feito subsequentemente.

E, como o estudo no qual se assenta a presente consulta restará fundamentalmente debruçado em princípios, torna-se imprescindível iniciar esta abordagem com o entendimento sobre o conceito e a função precípua a que se destinam os verdadeiros vetores de interpretação do nosso ordenamento jurídico.

Geraldo Ataliba, em sua obra *República e Constituição* (2ª ed., atualizada por Rosoléa Miranda Folgosi, São Paulo, Malheiros Editores, 1995, p. 33), apresenta-nos os traços definidores dos princípios: "O sistema jurídico – ao contrário de ser caótico e desordenado – tem profunda harmonia interna. Esta se estabelece mediante uma hierarquia segundo a qual algumas normas descansam em outras, as quais, por sua vez, repousam em princípios que, de seu lado, se assentam em outros princípios mais importantes. Dessa hierarquia decorre que os princípios maiores fixam as diretrizes gerais do sistema e subordinam os princípios menores. Estes subordinam certas regras que, à sua vez, submetem outras".

Os princípios, portanto, constituem diretrizes mestras do sistema jurídico no qual se encontram inseridos, que têm como finalidade precípua nortear os objetivos e desideratos a serem perseguidos pela sociedade e pelo Poder Público.

Disso resulta que esses valores deverão ser sempre prestigiados, em qualquer circunstância; e, nesse sentido, são eles que ditarão a conduta daqueles que se acham subordinados ao respectivo sistema.

No caso em exame, para que se possa chegar ao final a um entendimento sólido e firme no tocante à legislação ordinária aplicável aos fatos descritos na consulta é preciso, primeiramente, subir ao nível constitucional e, neste nível, abordar o significado e a relevância dos princípios constitucionais que irão orientar e condicionar a interpretação das normas constantes da legislação ordinária.

É nesse sentido a lição da eminente Min. Carmen Lúcia Antunes Rocha:

"Os princípios constitucionais são os conteúdos primários diretores do sistema jurídico normativo fundamental de um Estado. Dotados de originalidade e superioridade material sobre todos os conteúdos que formam o ordenamento constitucional, os valores firmados pela sociedade são transformados pelo Direito em princípios. Adotados pelo constituinte, sedimentam-se nas normas, tornando-se, então, pilares que informam e conformam o Direito que rege as relações jurídicas no Estado. São eles, assim, as colunas mestras da grande construção do Direito, cujos fundamentos se afirmam no sistema constitucional.

"Os princípios constitucionais são predeterminantes do regramento jurídico. As decisões políticas e jurídicas contidas no ordenamento constitucional obedecem a diretrizes compreendidas na principiologia informadora do sistema de Direito estabelecido pela sociedade organizada em Estado.

"Princípios jurídicos constitucionais não se propõem; proclamam-se. Não se cuida de propostas. São opções constituintes projetadas no sistema constitucional expressa ou implicitamente. E são eles as opções identificadoras das raízes do sistema constitucional. Neles estão o espírito e os fins do sistema. Indicam eles – ou, antes, demonstram – a tendência ideológica do sistema jurídico, determinando primária e originariamente a concretização do que eles expressam no conjunto de normas jurídicas" (*Princípios Constitucionais da Administração Pública*, Belo Horizonte, Del Rey, 1994, p. 25).

Feita essa menção preliminar concernente aos princípios, em especial os de ordem constitucional, passam a ser avaliados, na sequência, os preceitos que mais diretamente se aplicam ao objeto da consulta.

Em primeiro lugar deve ser mencionado, exatamente, o art. 1º da CF, que acolhe e afirma o princípio republicano. A República é o governo dos iguais, no sentido de que não comporta nem tolera a existência de castas ou classes. Os que exercem temporariamente o poder são pessoas que receberam de seus iguais um mandato político. A República é incompatível tanto com a outorga de privilégios quanto com a criação de especiais dificuldades em detrimento de determinados integrantes do corpo social.

Essa igualdade é reafirmada até de maneira redundante no art. 5º da CF, ao dizer que "todos são iguais perante a lei", garantindo a todos o direito à "igualdade". Resta apenas esclarecer que essa regra fundamental da igualdade se dirige a todos os brasileiros e estrangeiros residentes no País, sendo aplicável também, da mesma forma, às pessoas jurídicas de direito privado criadas no País.

Mais adiante, no art. 37, a CF relaciona os princípios fundamentais que condicionam a atuação de todos os setores da Administração Pública, nestes termos: "Art. 37. A Administração Pública direta e indireta de qualquer dos Poderes da União, dos Estados, do Distrito Federal e dos Municípios obedecerá aos princípios da legalidade, impessoalidade, moralidade, publicidade e eficiência e, também, ao seguinte: (...)".

O primeiro princípio aí mencionado é o da legalidade, que tem raízes no já referido art. 5º, em cujo inciso II está dito que "ninguém será obrigado a fazer ou deixar de fazer alguma coisa senão em virtude de lei". Cabe destacar, entretanto, que o princípio da legalidade opera de maneira mais acentuada com relação à Administração Pública, pois, enquanto os particulares podem fazer tudo aquilo que a lei não proíbe, os agentes públicos somente podem fazer aquilo que a lei autoriza ou determina.

Em face do princípio constitucional da legalidade, é certo que nenhuma autoridade, de qualquer dos Poderes, inclusive do Poder Judiciário, tem competência para criar, modificar ou extinguir direitos dos particulares sem que algum dispositivo legal tenha previamente estabelecido tal prerrogativa.

O princípio constitucional da legalidade não foi derrogado nem enfraquecido pelo advento das chamadas *políticas públicas*, dado que tais políticas públicas somente podem ser estabelecidas por lei. São coisas completamente diferentes criar ou estabelecer uma política pública para um específico setor e exigir a prática de atos decorrentes de política pública legalmente estabelecida.

Política pública não é um substituto da lei, mas, sim, uma nova forma de expressão de comandos legais. A atividade da Administração Pública continua sendo desenvolvida em nível infralegal, dando cumprimento a comandos legalmente estabelecidos. O que se pode observar com o advento dos chamados *direitos de terceira geração* (difusos e coletivos) é que, além de regular o relacionamento entre o indivíduo isolado e a Administração Pública, prescrevendo condutas determinadas para situações específicas, a lei estabelece princípios diretrizes e objetivos que condicionam a atuação concreta dos órgãos e entidades da Administração Pública.

As políticas públicas são opções políticas e, por isso, são formuladas por quem dispõe de capacidade política, por quem recebeu da ordem jurídica competência para decidir sobre o que é bom, necessário, conveniente, oportuno e prioritário para a satisfação dos interesses qualificados como públicos. Por isso mesmo é que são condicionantes da atuação administrativa na prática de atos específicos e determinados, conforme ensina a doutrina: "A escolha das diretrizes da política, os objetivos de determinado programa, não são simples princípios de ação, mas são os vetores para a implementação concreta de certas formas de agir do Poder Público, que levarão a resultados desejados. E essa é a conexão das políticas públicas com o direito administrativo. Cada vez mais os atos, contratos, regulamentos e operações materiais encetados pela Administração Pública, mesmo no exercício de competências discricionárias, devem exprimir não a decisão isolada e pessoal do agente público, mas escolhas politicamente informadas que por essa via demonstrem os interesses públicos a concretizar" (Maria Paula Dallari Bucci, *Direito Administrativo e Políticas Públicas*, São Paulo, Saraiva, 2002, pp. 267-268).

As políticas públicas destinam-se precipuamente a condicionar a atuação da própria Administração Pública, dos órgãos e entidades dotados de poder/dever para sua execução, mas podem também condicionar a atuação de particulares. Em qualquer caso, somente serão válidas se houverem sido estabelecidas por lei, em razão, exatamente, do princípio constitucional da legalidade, acima mencionado.

Voltando ao texto constitucional e a seus princípios, é preciso retornar ao art. 1º, cujo inciso IV menciona, entre os princípios fundamentais da República, "os valores sociais do trabalho e da livre iniciativa".

O dispositivo constitucional que mais especificamente identifica o conteúdo desse último princípio é o art. 170, ao enumerar as diretrizes que nortearão a ordem econômica fundada na livre iniciativa, conforme se transcreve parcialmente: "Art. 170. A ordem econômica, fundada na valorização do trabalho humano e na livre iniciativa, tem por fim assegurar a todos existência digna, conforme os ditames da justiça social, observados os seguintes princípios: (...) IV – livre concorrência; (...)".

A importância da livre iniciativa e da liberdade de concorrência é evidenciada pelo § 4º do art. 173, que impõe ao Poder Público o dever de repudiar o abuso do poder econômico que vise à dominação dos mercados, à eliminação da concorrência e ao aumento arbitrário dos lucros.

A exegese do texto constitucional aponta para o seguinte caminho: a legislação infraconstitucional tem o dever não apenas de reprimir o abuso do poder econômico que vise à eliminação da concorrência, mas a obrigação estatal se revela principalmente na via positiva, na medida em que *compete ao Estado estimular a livre concorrência*. Em nenhuma hipótese poderão os agentes públicos atuar no sentido de, direta ou indiretamente, afetar ou prejudicar a livre concorrência.

Esta diretriz, que milita em favor do mercado, da sociedade e do próprio Poder Público, somente pode e deve interferir na ordem econômica para estimular e garantir a livre concorrência.

Reflexamente, protegem-se pela *livre iniciativa* e, paralelamente, pela *livre concorrência* a liberdade de trabalho, de todas as formas de produção, sejam elas de caráter individual ou coletivo, e, por conseguinte, a *dignidade da pessoa humana*, que, por sua vez, é um dos fundamentos republicanos do Estado Democrático de Direito, tal qual dispõe o art. 1º, III, da Magna Carta.

Entretanto, no caso em exame, empresas que obtiveram autorizações para exercer a exploração de instalações portuárias em caráter privado, basicamente envolvendo movimentação de cargas próprias, não estão procedendo nos termos em que lhes foi outorgada a autorização pela autoridade competente e de acordo com o ordenamento vigente.

A tolerância da autoridade governamental afeta e ofende o princípio da livre e justa concorrência, na medida em que as arrendatárias, contando com encargos pesadíssimos decorrentes do regime de direito público que se aplica aos seus contratos, estarão, em última análise, disponibilizando aos consumidores o mesmo serviço agora estendido às autorizatárias, sendo que a estas se aplica um regramento obrigacional muito mais flexível e menos oneroso, tipicamente aplicável ao regime do direito privado.

Obviamente, as autorizatárias terão condição de ofertar preços muito mais atrativos aos interessados, mas não em razão de sua eventual competência para gerir seus próprios negócios – o que seria legítimo se estivéssemos diante de condições simétricas de competição entre essas duas frentes –, mas, sim, em virtude de uma concorrência desleal e em detrimento do preceito constitucional que determina ao Poder Público o dever de manter um ambiente concorrencial sadio, de forma a ensejar condições justas e adequadas para o bom desenvolvimento dos negócios em benefício da própria sociedade.

Mas, além disso, a ANTAQ, ao pretender afastar o requisito da carga própria mínima no âmbito de autorizações de exploração de terminal de uso privativo misto, está ofendendo também o princípio constitucional, mais específico, da licitação, constante do art. 37, XXI, da CF: "Art. 37. (...): (...) XXI – ressalvados os casos especificados na legislação, *as obras, serviços, compras e alienações serão contratados mediante processo de licitação pública que assegure igualdade de condições a todos os concorrentes*, com cláusulas que estabeleçam obrigações de pagamento, mantidas as condições efetivas da proposta, nos termos da lei, o qual somente permitirá as exigências de qualificação técnica e econômica indispensáveis à garantia do cumprimento das obrigações" (grifamos).

Como se sabe, "licitação" é um procedimento administrativo através do qual o Poder Público, no exercício de suas funções administrativas, confere oportunidade aos eventuais interessados de se submeterem às condições estabelecidas no ato convocatório para fins de execução do objeto ofertado, devendo, para tanto, apresentar propostas que serão avaliadas de acordo com critérios objetivos dispostos no edital e selecionando-se, ao final, aquela que se apresentar como a mais vantajosa às necessidades do ente público.

Em princípio, os contratos celebrados pela Administração Pública com particulares devem ser precedidos de licitação. Cabe destacar que a Lei de Licitações e Contratações Administrativas (Lei 8.666, de 21.6.1993) proíbe, expressamente, celebrar contratos com quem não tenha participado do correspondente procedimento licitatório (art. 50), vedando, ainda, a celebração de contratos por tempo indeterminado (art. 57, § 3º).

Além disso, o art. 175 da CF estabelece que a outorga a particulares da prerrogativa de prestar serviços públicos deve ser sempre precedida de licitação. Mais diretamente, o art. 21, XII, "f", diz que compete à União explorar, diretamente ou mediante autorização concessão ou permissão, os portos marítimos.

Abra-se um parêntesis para dizer que a Constituição não menciona o "arrendamento", mas esta modalidade de outorga se assemelha à concessão e à permissão, que são modalidades de contrato, enquanto a mera autorização é, em princípio, uma outorga unilateral (daí por que pode ser conferida por tempo indeterminado).

No caso em exame, verificamos que o princípio da licitação foi plenamente atendido quando da contratação das empresas arrendatárias dos chamados terminais de uso público para movimentação de cargas em geral, por tempo determinado.

A questão que se coloca em pauta diz respeito às autorizações que vêm sendo concedidas sem a observância efetiva do requisito de movimentação de carga própria suficiente para a sustentabilidade do negócio, em desacordo com a regulamentação vigente e, mais que isso, em descompasso com a própria lógica do mercado em análise e com o regime privado que se aplica a essas companhias.

A partir do momento em que a ANTAQ permite que as autorizatárias deixem de cumprir essa condição, a Agência acaba por igualar situações que a Constituição e as leis disciplinam de maneira diferente. Ou seja, a ANTAQ está conferindo a quem não se submeteu a uma disputa licitatória, e nem celebrou um contrato comutativo e oneroso, as mesmas prerrogativas de quem cumpriu todas as exigências e requisitos inerentes à celebração de um contrato administrativo, mas sem os ônus correspondentes.

Deveras, ao se admitir que empresas autorizatárias que não se submeteram a um procedimento licitatório, tal qual as arrendatárias, passem a desempenhar o mesmo papel que estas últimas, uma vez que estariam oferecendo o mesmo serviço sem, contudo, estarem submetidas às mesmas regras obrigacionais aplicáveis no âmbito de um regime de direito público, restará inevitavelmente configurada burla à licitação, afora o prejuízo de todos os demais princípios correlacionados a esse preceito – quais sejam: os princípios da igualdade, legalidade, impessoalidade, moralidade, publicidade e eficiência, citando-se apenas os principais deles.

Não bastasse a violação de todos esses preceitos de ordem constitucional, o próprio arcabouço regulatório do setor portuário também está sendo desatendido, conforme se passará a demonstrar, após uma pequena digressão sobre a interpretação das normas jurídicas.

Interpretar um texto normativo é algo mais que ler a sequência de palavras que o integram. Por certo, qualquer pessoa alfabetizada é capaz de ler um texto normativo, mas somente alguém dotado de conhecimentos técnicos científicos em Direito é capaz de apreender todo o seu conteúdo, retirando daí ilações de ordem prática.

Antes de se aplicar qualquer disposição normativa a um caso concreto é preciso interpretá-la, até para se saber se ela se aplica efetivamente ao específico caso em pauta.

O que é *interpretar um dispositivo legal*? Quem responde com excepcional clareza a essa pergunta é Eros Roberto Grau, na parte inicial de sua obra *Licitação e Contrato Administrativo* (São Paulo, Malheiros Editores, 1995, pp. 5-6): "A interpretação do Direito é atividade voltada ao discernimento de enunciados semânticos veiculados por preceitos (disposições, textos) – o intérprete desvencilha a norma do seu invólucro (o texto); neste sentido, o intérprete 'produz a norma'. Atividade que se presta a transformar disposições (textos, enunciados) em normas, a interpretação é meio de expressão dos conteúdos normativos das disposições, meio através do qual o juiz desvenda as normas contidas nas disposições. Por isso, as normas resultam da interpretação, e podemos dizer que elas, enquanto disposições, não dizem nada – elas dizem o que os intérpretes dizem que elas dizem. A interpretação é um processo intelectivo através do qual, partindo-se de fórmulas linguísticas contidas nos atos normativos (os textos, enunciados, preceitos, disposições), alcançamos a determinação do seu conteúdo normativo".

A doutrina já evoluiu o suficiente para saber que um dispositivo legal normalmente comporta uma pluralidade de interpretações. Cabe ao intérprete e aplicador da norma, diante das circunstâncias do caso concreto e, principalmente, à luz do conjunto normativo do qual a norma específica é apenas uma parte, buscar a melhor interpretação possível, a mais consentânea com os princípios fundamentais que delineiam a ordem jurídica.

Para isso é preciso se valer da interpretação sistemática: "Destarte, assumindo ótica mais elucidativa, a interpretação sistemática deve ser entendida como uma operação que consiste em atribuir, topicamente, a melhor significação, dentre várias possíveis, aos princípios, às normas estritas (ou regras) e aos valores jurídicos, hierarquizando-os num todo aberto, fixando-lhes o alcance e superando antinomias em sentido amplo, tendo em vista bem solucionar os casos sob apreciação" (Juarez Freitas, *A Interpretação Sistemática do Direito*, 3ª ed., São Paulo, Malheiros Editores, 2003, p. 80).

Com base em tais ensinamentos, e muito especialmente à luz dos princípios acima mencionados, pode-se, agora, examinar a legislação mais diretamente relacionada ao questionamento em exame.

Em primeiro plano, a Lei federal 8.630/1993, que dispõe sobre o regime jurídico da exploração dos portos organizados e das instalações portuárias, contém alguns dispositivos bastante relevantes para o deslinde das questões suscitadas.

Logo de início a norma esclarece o significado de "instalação portuária de uso privativo":

"Art. 1º. (...).

"§ 1º. Para os efeitos desta Lei, consideram-se: (...) V – instalação portuária de uso privativo – a explorada por pessoa jurídica de direito público ou privado, dentro ou fora da área do porto, utilizada na movimentação de passageiros ou na movimentação ou armazenagem de mercadorias, destinados ou provenientes de transporte aquaviário."

Esse conceito legal de "instalação portuária de uso privativo" é realmente muito vago, não possibilitando um exato conhecimento dessa modalidade sem o necessário exame de outros dispositivos correlatos, como é o caso do art. 4º, que se refere às diferentes modalidades de outorgas: "Art. 4º. Fica assegurado ao interessado o direito de construir, reformar, ampliar, melhorar, arrendar e explorar instalação portuária, dependendo: I – de *contrato de arrendamento*, celebrado com a União no caso de exploração direta, ou com sua concessionária, sempre através de licitação, quando localizada dentro dos limites da área do porto organizado; II – de *autorização* do órgão competente, quando se tratar de instalação portuária pública de pequeno porte, de estação de transbordo de cargas ou de terminal de uso privativo, desde que fora da área do porto organizado, ou quando o interessado for titular do domínio útil do terreno, mesmo que situado dentro da área do porto organizado".

Fica absolutamente claro que a lei estabeleceu dois distintos regimes jurídicos de outorga para situações necessariamente distintas quanto aos pressupostos, objetos e às finalidades. Isso fica bem evidente logo mais adiante, no § 2º desse mesmo dispositivo, quando a lei se refere a duas modalidades distintas de instalações portuárias: "§ 2º. A exploração da instalação portuária de que trata este artigo far-se-á sob uma das seguintes modalidades: I – *uso público*; II – *uso privativo*: a) *exclusivo, para movimentação de carga própria*; b) *misto, para movimentação de carga própria e de terceiros*; c) de turismo, para movimentação de passageiros; d) estação de transbordo de cargas" (grifamos).

O texto legal é cristalino neste aspecto. Uma das modalidades é a de uso público, cujo regime jurídico é aquele do inciso I. Outra modalidade é a de uso privativo, cujo regime jurídico é aquele correspondente ao inciso II. Por sua vez, a modalidade de exploração de instalação portuária de uso privativo comporta quatro espécies, quais sejam: *exclusivo, misto, de turismo e estação de transbordo de cargas*.

Para os fins deste estudo é possível deixar de lado as duas últimas espécies e verificar com mais detença as duas primeiras espécies, correspondentes às letras "a" e "b", com a advertência de que, logicamente, se são duas espécies do gênero "uso privativo", alguma diferença fundamental há de haver entre elas.

O traço comum às duas é o de que ambas servem à movimentação de cargas próprias. O diferencial está em que apenas na espécie "mista" se fala textualmente em possibilidade de movimentação de carga de terceiros, *porém necessariamente aliada à movimentação de carga própria. É gritantemente óbvio que não existe uma terceira modalidade de outorga de autorização para movimentação exclusiva de cargas de terceiros.*

Melhor dizendo: a modalidade de autorização é típica, específica e fundamentalmente destinada à movimentação de carga própria, podendo, entretanto, excepcionalmente, movimentar também cargas de terceiros. Mas nunca exclusivamente ou majoritariamente cargas de terceiros.

Embora a Lei de Portos não determine expressamente uma margem mínima de movimentação de carga própria, a conclusão de que esse item deva comportar o núcleo principal do objeto da autorização é óbvia, diante de uma interpretação sistemática do ordenamento aliada ao conteúdo dos próprios preceitos legais anteriormente destacados.

Note-se que a lei não diferencia coisas idênticas e muito menos atribui as mesmas consequências a situações que diferem entre si. A lei não contém palavras inúteis. Caberá sempre ao intérprete proceder a uma análise sistemática do ordenamento e, dessa forma, extrair os conceitos cabíveis às expressões legais.

O raciocínio acima pode parecer elementar – e de fato o é –, mas é necessário para se perceber que quando a lei portuária cuidou de traçar duas modalidades distintas de exploração de instalações – sendo elas de uso *público* e *privativo* – certamente não o fez para que se pudesse extrair de seu texto que a espécie mista decorrente da segunda modalidade poderia alcançar o mesmo fim a que se destina a modalidade de uso público.

Da mesma forma, não podemos considerar que as duas expressões se referem a conceitos idênticos – afinal, como se disse, a lei não contém palavras inúteis, nem se pode atribuir ao legislador um disparate, conforme adverte Carlos Maximiliano (*Hermenêutica e Aplicação do Direito*, 9ª ed., Rio de Janeiro, Forense, 1984, p. 166): "Deve o Direito ser interpretado inteligentemente: não de modo que a ordem legal envolva um absurdo, prescreva inconveniências, vá ter a conclusões inconsistentes ou impossíveis".

Essa interpretação inteligente foi feita, sim, pela ANTAQ, ao editar a Resolução 517. Com efeito, a regulamentação editada pela ANTAQ teve o zelo de esclarecer de uma vez por todas a regra relativa à carga própria mínima no âmbito de instalações de uso privativo. Essa resolução não inovou; apenas deixou mais claro aquilo que estava na lei, e ofereceu um parâmetro para que se pudesse separar o acessório do principal.

O art. 5º da Resolução 517, de 18.10.2005, ao versar sobre a documentação necessária para se obter autorização para a construção, exploração e ampliação de terminal portuário de uso privativo, obrigou a interessada, no seu inciso II, "c", a apresentar declaração "especificando as cargas próprias que serão movimentadas no terminal, com *movimentação anual mínima estimada que justifique, por si só*, de conformidade com o estudo técnico especializado, *a sua implantação*, e, com relação às cargas de terceiros, se houver, a natureza destas".

Seja qual for a espécie a que se refira a instalação de uso privativo (exclusiva ou mista), haverá sempre a necessidade de se apontar uma movimentação de carga própria mínima que justifique a implantação do terminal.

A regra acha-se reforçada no âmbito do art. 12, quando são apontadas as obrigações afetas às autorizadas, *in verbis*: "Art. 12. São obrigações da autorizada: (...) XV – realizar a movimentação mínima anual de carga própria na conformidade do especificado na declaração de que trata o art. 5º, inciso II, alínea 'c'".

Vale, ainda, destacar que o eventual descumprimento do dever de realizar a movimentação mínima de carga própria constitui infração sujeita a multa, nos termos do art. 16, XIV, cujo mandamento segue transcrito: "Art. 16. São infrações: (...) XIV – deixar de efetuar, injustificadamente, a movimentação mínima anual de carga própria constante da declaração de que trata o art. 5º, inciso II, alínea 'c', ou, para o caso dos terminais já em operação, a movimentação de carga própria de acordo com o objeto do terminal (multa de até R$ 50.000,00)".

Como emerge claramente do marco regulatório no campo portuário, não há qualquer dúvida de que não basta proceder a qualquer movimentação de carga própria, por mais ínfima que seja, para legitimar a autorização de exploração de instalação de uso privativo de espécie mista, como pretendeu sustentar a ANTAQ. Muitíssimo menos ainda será possível reconhecer formalmente (por meio de nova resolução) à autorizatária o "direito" de deixar de proceder à movimentação de carga própria por completo, conforme noticiado na formulação da consulta.

A admissão de qualquer uma das duas hipóteses retratadas acima significará colocar em xeque não apenas as regras legais e regulamentares absolutamente claras quanto à obrigatoriedade de movimentação de carga própria suficiente para a sustentação do empreendimento a ser levado a efeito, mas notadamente o próprio ordenamento jurídico como um todo, na medida em que princípios de índole constitucional mostram-se inquestionavelmente atingidos com a consumação dos fatos relatados.

Nem mesmo por lei seria possível a outorga de uma autorização para a movimentação exclusiva de carga de terceiros, pois a CF, no mencionado art. 175, deixa perfeitamente claro que somente é possível outorgar a particulares a prerrogativa de prestar serviço público (para o público em geral, atuando no lugar do Poder Público) por meio de um contrato, precedido de licitação.

É importante lembrar que à ANTAQ compete zelar pela regularidade de todos os atos objeto da presente consulta, tendo em vista a própria índole das obrigações que são afetas às agências reguladoras em geral – dever que, no caso em específico, acha-se positivado em virtude de determinação legal.

Nesse sentido, a Lei federal 10.233/2001, que, dentre outros assuntos, criou a Agência Nacional de Transportes Aquaviários-ANTAQ, apresenta, em seu art. 27, a esfera de atuação da autarquia. Alguns incisos revelam-se especialmente importantes para demonstrar que a lei trata diferentemente a outorga de autorização (ato unilateral) para a execução de um serviço privado e a outorga de um contrato (bilateral, que pode ter a forma de concessão, permissão ou arrendamento) para a prestação de serviço público: "Art. 27. Cabe à ANTAQ, em sua esfera de atuação: (...) V – celebrar atos de outorga de permissão ou autorização de prestação de serviços de transporte pelas empresas de navegação fluvial, lacustre, de travessia, de apoio marítimo, de apoio portuário, de cabotagem e de longo curso, observado o disposto nos arts. 13 e 14, gerindo os respectivos contratos e demais instrumentos administrativos; (...) XXI – fiscalizar o funcionamento e a prestação de serviços das empresas de navegação de longo curso, de cabotagem, de apoio marítimo, de apoio portuário, fluvial e lacustre; XXII – autorizar a construção e a exploração de terminais portuários de uso privativo, conforme previsto na Lei n. 8.630, de 1993; (...) XXV – celebrar atos de outorga de concessão para a exploração da infraestrutura aquaviária e portuária, gerindo e fiscalizando os respectivos contratos e demais instrumentos administrativos."

O art. 28 é igualmente ilustrativo nesse ponto: "Art. 28. A ANTT e a ANTAQ, em suas respectivas esferas de atuação, adotarão as normas e os procedimentos estabelecidos nesta Lei para as diferentes formas de outorga previstos nos arts. 13 e 14, visando a que: I – a exploração da infraestrutura e a prestação de serviços de transporte se exerçam de forma adequada, satisfazendo as condições de regularidade, eficiência, segurança, atualidade, generalidade, cortesia na prestação do serviço e modicidade nas tarifas; II – os instrumentos de concessão ou permissão sejam precedidos de licitação pública e celebrados em cumprimento ao princípio da livre concorrência entre os capacitados para o exercício das outorgas, na forma prevista no inciso I, definindo claramente: a) *(vetado)*; b) limites máximos tarifários e as condições de reajustamento e revisão; c) pagamento pelo valor das outorgas e participações governamentais, quando for o caso; d) prazos contratuais".

Como se pode notar, a lei trata diferentemente a outorga unilateral e a celebração de um contrato, exatamente porque na autorização para construção e exploração de terminal de uso exclusivo o particular autorizatário estará, em princípio, cuidando da movimentação de suas próprias cargas, em caráter privado, enquanto as formas contratuais (permissão, concessão, arrendamento) são de observância obrigatória quando se tratar de prestação de serviço público, aberto ou disponível para todos os interessados, sob um regime jurídico de direito público.

Em resumo, no presente momento a ANTAQ está obrigada a cumprir a própria orientação normativa consubstanciada na Resolução 517, uma vez que esse instrumento serve exatamente para assegurar a atuação isonômica da Agência, que não poderá conferir tratamento privilegiado a quem quer que seja, não podendo, portanto, dispensar alguns de cumprir as exigências que foram estabelecidas para todos.

Mesmo que venha a editar uma nova resolução, é certo que não poderá outorgar autorizações unilaterais para movimentação de carga de terceiros, dado que o atendimento ao público em geral configura típico serviço público e, nesse caso, somente pode ser delegado a particulares por meio de contrato precedido de licitação.

Não há como, licitamente, nem agora nem no futuro, "transformar" as autorizações para a exploração de terminais de uso privativo em autorizações para a exploração de terminais de uso público, pois não é dado à ANTAQ igualar situações jurídicas que a Constituição e a lei tratam distintamente.

Como é sabido, o princípio da isonomia é violentado tanto mediante o tratamento desigual aos iguais quanto mediante o tratamento igual aos que são diferentes. Desde a remota Antiguidade é sabido que a verdadeira igualdade consiste em tratar desigualmente os desiguais, na medida de sua desigualdade.

3. Considerações doutrinárias

Conquanto a própria regulamentação específica sobre o assunto ora tratado se mostre absolutamente convergente com o sentido que se extrai da interpretação sistemática do ordenamento jurídico, convém retornar um pouco ao ponto de partida, para reafirmar o destaque especial aos princípios que em primeiro lugar conferem respaldo ao entendimento esposado.

Todos os princípios constitucionais são relevantes e dotados de eficácia imediata, mas há um princípio que sobreleva todos outros, o *princípio da igualdade*, ou *da isonomia*, dado que ocupa, sem dúvida alguma, posição privilegiada no sistema, tanto por ser um dos primeiros princípios implícita e expressamente afirmados pelo texto constitucional quanto por sua reiteração no mesmo texto e, acima de tudo, por sua inseparável conexão com o princípio republicano.

O princípio da isonomia é uma decorrência imediata do princípio republicano, motivo pelo qual o insuperável Geraldo Ataliba, às pp. 133 e ss. de seu *República e Constituição* (São Paulo, Ed. RT, 1985) [*2ª ed., 4ª tir., São Paulo, Malheiros Editores, 2007, p. 160*], afirmou que ele se irradia sobre todos os dispositivos constitucionais, afetando tanto a elaboração das leis quanto todos os atos administrativos:

"Não teria sentido que os cidadãos se reunissem em *República*, erigissem um Estado, outorgassem a si mesmos uma Constituição, em termos republicanos, para consagrar instituições que tolerassem ou permitissem – seja de modo direto, seja indireto – a violação da igualdade fundamental, que foi o próprio postulado básico, condicional da ereção do regime. Que dessem ao Estado – que criaram em rigorosa isonomia cidadã – poderes para serem usados criando privilégios, engendrando desigualações, favorecendo grupos ou pessoas, ou atuando em detrimento de quem quer que seja. A *res pública* é de todos e para todos. Os poderes que de todos recebem devem traduzir-se em benefícios e encargos iguais para todos os cidadãos. De nada valeria a legalidade se não fosse marcada pela igualdade.

"A igualdade é, assim, a primeira base de todos os princípios constitucionais e condiciona a própria função legislativa, que é a mais nobre, alta e ampla de quantas funções o povo, republicanamente, decidiu criar. A isonomia há de se expressar, portanto, em todas as manifestações de Estado, as quais, na sua maioria, se traduzem concretamente em atos de aplicação da lei, ou seu desdobramento. Não há ato ou forma de expressão estatal que possa escapar ou subtrair-se às exigências da igualdade.

"Nos casos em que as competências dos órgãos do Estado – e estes casos são excepcionais – não se cinjam à aplicação da lei, ainda aí a isonomia é princípio que impera e domina. Onde seja violado, mistificado, fraudado, traído, há inconstitucionalidade a ser corrigida de ofício ou mediante pronta correção judicial. Toda violação da isonomia é uma violação aos princípios básicos do próprio sistema, agressão a seus mais caros fundamentos e razão de nulidade das manifestações estatais. Ela é como que a *pedra de toque* do regime republicano."

Falando de atuação da Administração Pública, o princípio que vem imediatamente em seguida é o *princípio da legalidade*, dada a sua íntima conexão com o princípio da igualdade.

O significado, o alcance e a finalidade do princípio da legalidade foram magnificamente expostos por Celso Antônio Bandeira de Mello na seguinte passagem:

"Para avaliar corretamente o princípio da legalidade e captar-lhe o sentido profundo cumpre atentar para o fato de que ele é a tradução jurídica de um propósito político: o de submeter os exercentes do poder em concreto – o administrativo – a um quadro normativo que embargue favoritismos, perseguições ou desmandos. Pretende-se através da norma geral, abstrata e por isso mesmo impessoal, a lei, editada, pois, pelo Poder Legislativo – que é o colégio representativo de todas as tendências (inclusive minoritárias) do corpo social –, garantir que a atuação do Executivo nada mais seja senão a concretização desta vontade geral.

"O princípio da legalidade contrapõe-se, portanto, e visceralmente, a quaisquer tendências de exacerbação personalista dos governantes. Opõe-se a todas as formas de poder autoritário, desde o absolutista, contra o qual irrompeu, até as manifestações caudilhescas ou messiânicas típicas dos países subdesenvolvidos" (*Curso de Direito Administrativo*, 15ª ed., São Paulo, Malheiros Editores, 2003, p. 91).

No âmbito do exercício das atividades econômicas e, muito especialmente, quando se trata do exercício de atividades públicas pelos particulares, é absolutamente essencial para assegurar a igualdade que o Poder Público assegure e estimule a livre concorrência: "A livre concorrência é um dos alicerces da estrutura liberal da economia e tem muito que ver com a livre iniciativa. É dizer, só pode existir a livre concorrência onde há livre iniciativa. (...). Assim, a livre concorrência é algo que se agrega à livre iniciativa, e que consiste na situação em que se encontram os diversos agentes produtores de estarem dispostos à concorrência de seus rivais" (Celso Bastos, *Curso de Direito Constitucional*, São Paulo, Celso Bastos Editor, 2002, p. 459).

A doutrina não deixa margem a dúvida quanto ao prestígio que a Lei Máxima pretendeu atribuir à livre concorrência e, no mesmo sentido, ao repúdio que se tem em relação ao inverso do seu conteúdo: a concorrência desleal.

Trata-se de uma situação que deve obrigatoriamente ser evitada através da ação disciplinadora do Estado; e se, eventualmente, esse caráter preventivo falhar ou, pior ainda, se os agentes públicos atuarem no sentido de proporcionar ou favorecer a concorrência desleal, é certo que a ordem jurídica, inclusive mediante a atuação do Poder Judiciário, dispõe de meios hábeis para a correção desse desvio de conduta, mesmo que isso ocorra de maneira disfarçada, mediante o chamado *desvio de poder*.

Desvio de poder é uma ilegalidade disfarçada; é uma ilicitude com aparência de legalidade. Ao vício propriamente jurídico agrega-se o vício ético; o embuste, a intenção de enganar. Pelo desvio de poder violam-se, simultaneamente, os princípios da legalidade e da moralidade administrativa.

Em razão dessa intenção do agente, diversa da finalidade com a qual se anuncia que o ato foi praticado, a doutrina costuma designar o desvio de poder também como *desvio de finalidade*. Usando essa nomenclatura, Diógenes Gasparini (*Direito Administrativo*, 2ª ed., São Paulo, Saraiva, 1992, p. 59) assim expõe o que é o *desvio de poder*:

"De fato, ocorre desvio de finalidade quando o agente exerce sua competência para alcançar fim diverso do interesse público. Vale dizer: o agente público que somente pode praticar ato ou agir voltado para o interesse público acaba por praticar ato ou atuar para satisfazer a um interesse privado. É o que ocorre quando o agente público desapropria para vingar-se de seu desafeto político que é o proprietário do bem expropriado, ou quando determina a construção de uma escola para valorizar o plano de loteamento de seu correligionário. Nessas hipóteses costuma-se dizer que o desvio de finalidade é genérico: o interesse passa de público para particular.

"Ainda há desvio de finalidade quando a autoridade administrativa vale-se de um dado instrumental jurídico destinado por lei a alcançar um certo fim para obter outro, ainda que de interesse público."

Com sua insuperável clareza, o saudoso Hely Lopes Meirelles (*Direito Administrativo Brasileiro*, 15ª ed., São Paulo, Ed. RT, 1990, p. 92) [*36ª ed., São Paulo, Malheiros Editores, 2010, pp. 114-115*] assim descreve esse fenômeno: "O *desvio de finalidade* ou *de poder* verifica-se quando a autoridade, embora atuando nos limites de sua competência, pratica o ato por motivos ou com fins diversos dos objetivados pela lei ou exigidos pelo interesse público. O desvio de finalidade ou de poder é, assim, a violação ideológica da lei, ou, por outras palavras, a violação moral da lei, colimando o administrador público fins não queridos pelo legislador, ou utilizando motivos e meios imorais para a prática de um ato administrativo aparentemente legal".

O desvio de poder nunca é confessado, somente se identifica por meio de um feixe de indícios convergentes, dado que é um ilícito caracterizado pelo disfarce, pelo embuste, pela *aparência* de legalidade, para encobrir o propósito de atingir um fim contrário ao Direito, exigindo um especial cuidado por parte do Poder Judiciário.

Conforme demonstrado à saciedade, a autorização de exploração de instalações portuárias de uso privativo deve se dar nos estritos termos em que foi concebida pelo arcabouço legal e regulamentar, eis que em plena consonância com a orientação principiológica aplicável ao caso. A eventual dispensa do requisito referente à carga própria como o elemento principal da autorização (sendo a carga de terceiros meramente acessória) acarretará a configuração de uma ilicitude e, mesmo, de uma inconstitucionalidade.

Conforme sempre nos ensinou Celso Antônio Bandeira de Mello (*Curso de Direito Administrativo*, 24ª ed., São Paulo, Malheiros Editores, 2007, p. 658), pouco importa a nomenclatura ou o rótulo que acompanha determinado instituto, mas a relevância de uma noção jurídica está necessariamente aliada ao regime jurídico a que se relaciona. Daí que, segundo seu entendimento, qualquer noção jurídica "só tem préstimo e utilidade se corresponder a um dado sistema de princípios e regras; isto é, a um regime, a uma disciplina peculiar".

Nesse sentido, o mesmo autor (ob. cit., p. 605) nos ensina que "as palavras são meros rótulos que sobrepomos às coisas. Seria desejável que às realidades distintas fossem dadas titulações diferentes, para evitar confusões e extrapolações indevidas".

Veja-se que no caso vertente sequer podemos atribuir qualquer falha à legislação por eventualmente utilizar nomenclatura idêntica para se referir a noções jurídicas distintas. Muito pelo contrário, tanto a lei como a regulamentação vigente designaram duas distintas modalidades de outorgas com *nomen juris* diversos. Logo, não seria possível extrair do texto legal ou regulamentar qualquer confusão de conceitos, não sendo possível que a ANTAQ permita que alguém atue com o rótulo de autorização para executar aquilo que corresponde substancialmente ao arrendamento.

As normas que disciplinam a Administração Pública são cogentes e, nesse sentido, a ANTAQ é obrigada a cumpri-las, incluindo obviamente os princípios, as leis e os regulamentos expedidos por ela mesma – sem o quê seria ferido o princípio da isonomia.

Por último, é importante que se afirme que a concordância da ANTAQ com o desvirtuamento do terminal de uso privativo, além de colocar em xeque a boa-fé com que agiram as arrendatárias ao participarem de uma licitação para a execução de determinado objeto – sem contar, obviamente, com um quadro de concorrência desleal assentido pela própria Administração –, traz à tona um problema de responsabilidade ética.

Quando se fala em *ética* de uma forma geral, em qualquer relação jurídica ou na convivência social, não se está a supor simplesmente um mero cumprimento de formalidades ou leis, mas sim de um imperativo moral. Muito bem colocado é o ensinamento de Emerson Gabardo a respeito da *ética da responsabilidade*: "A atuação dos agentes do Estado, principalmente os políticos, exige a apreensão de alguns dos caracteres daquilo que Max Weber denominou ser a 'ética da responsabilidade'. É indiscutível que o Estado não deve ser uma seguradora universal, mas é preciso que ofereça segurança aos cidadãos. Segurança contra a mudança das regras jurídicas ditadas em função da maior ou menor disponibilidade do caixa do governo, por exemplo. Segundo o autor, a ética da responsabilidade condiciona-se pela avaliação das consequências dos atos praticados. Portanto, na perspectiva do Direito, o foco central implica a ponderação das consequências que os atos estatais produziriam na esfera jurídica de seus cidadãos" ("Responsabilidade objetiva do Estado em face dos princípios da eficiência e da boa-fé", in Luciano Ferraz e Fabrício Motta (coords. e co-autores), *Direito Público Moderno – Homenagem Especial do Professor Paulo Neves de Carvalho*, Belo Horizonte, Del Rey, 2003, p. 293).

Na medida em que o indevido favorecimento conferido pela ANTAQ às autorizatárias acarretar um prejuízo às empresas arrendatárias, é certo que estas poderão invocar a responsabilidade objetiva, prevista no art. 37, § 6º, da CF, para obter a correspondente indenização.

4. Conclusões

Com base nos fundamentos legais e doutrinários apresentados, pode-se, agora, responder direta e objetivamente aos quesitos formulados, os quais passam a ser recapitulados na sequência:

(a) É compatível com a Constituição uma política pública destinada a eliminar a existência de serviços públicos de movimentação de cargas portuárias?

Resposta: Não. O art. 21, XII, "f", da CF não deixa margem a dúvidas ao classificar a atividade concernente à exploração de portos marítimos como serviço público, ressaltando-se que o *caput* permite seu desempenho de forma direta pela União ou indiretamente através de terceiros, mediante autorização, concessão ou permissão.

Uma vez que a própria Carta Constitucional concedeu o *status* de serviço público à exploração de portos marítimos – o que obviamente contempla, em seu núcleo, a atividade de movimentação de cargas portuárias –, não é possível, seja por meio de políticas públicas, seja por meio de legislação infraconstitucional, retirar-lhe essa natureza.

Nos termos do art. 175 da CF, a outorga a particulares de delegação para a prestação de serviço público somente pode ser feita sob regime de concessão ou permissão. A autorização somente é admitida para a exploração de instalações portuárias de uso privativo.

(b) Em face da Lei 8.630, pode-se admitir que uma instalação portuária de uso privativo misto se destine a operar exclusivamente com carga de terceiros?

Resposta: Não. Sendo a exploração dos portos um serviço público federal, a autorização para construção e exploração de terminais de uso privativo já é uma figura excepcional, que não comporta interpretação e aplicação ampliativa. Pode-se admitir que quem detenha tal autorização possa, em caráter acessório, movimentar cargas de terceiros. Entretanto, a movimentação exclusiva de cargas de terceiros somente pode ser feita por detentores de contrato administrativo de arrendamento de terminal de uso público.

A admissão de operação exclusiva de cargas de terceiros no âmbito das instalações portuárias de uso privativo significaria igualar o objeto das autorizações àquele previsto no âmbito dos arrendamentos, lembrando-se que ambos representam institutos regidos por regimes jurídicos completamente diferentes.

A operação exclusiva de carga de terceiros por meros autorizatários configura vício de inconstitucionalidade, por violação aos princípios da igualdade, da livre concorrência e da licitação, além de contrariar a própria legislação e a regulamentação especificamente aplicáveis ao caso, podendo ser enquadrada como ato de improbidade.

(c) É correta a interpretação de que, por ter o art. 4º, § 2º, II, da Lei 8.630 silenciado sobre quantitativo mínimo de carga própria a ser movimentada nas instalações portuárias de uso privativo misto, seria lícito ao particular operar com quantidades irrelevantes e mínimas de carga própria (em face dos quantitativos de carga de terceiros movimentados)?

Resposta: O silêncio da lei é absolutamente irrelevante do ponto de vista jurídico para o fim de supostamente legitimar a conduta pretendida pelos autorizatários.

A interpretação sistemática supre perfeitamente essa suposta lacuna, pois o ordenamento jurídico como um todo obriga os detentores das autorizações a observar um regime diferente daquele previsto para os arrendatários.

A CF, em seu art. 21, XII, menciona três distintos regimes jurídicos: autorização, concessão e permissão. Se o fez é porque cada um desses institutos obedece a um conjunto de princípios que de alguma forma os diferencia. Diante disso, pode-se admitir a outorga unilateral de autorização para a exploração de terminais de uso privativo, mas não é admissível a exploração do serviço público de movimentação de cargas de terceiros senão mediante contratos de concessão ou de permissão, sendo que o arrendamento corresponde a essa duas modalidades de contratos administrativos.

Além disso, a Resolução 517 é imperativa quanto à obrigatoriedade de observância ao quesito da carga própria mínima que por si só sustente a implantação a ser levada a efeito, sob pena, inclusive, de aplicação de sanções em caso de descumprimento dessa obrigação.

(d) Em face da legislação e da regulação editada pela ANTAQ, é legítima a operação de instalação portuária de uso privativo misto sem a observância do requisito de carga mínima?

Resposta: Não. A operação de instalação portuária de uso privativo destina-se precipuamente à movimentação de carga própria. Excepcionalmente, em caráter acessório, pode-se admitir a movimentação de cargas de terceiros, mas sempre em caráter acessório, e nunca como atividade principal ou exclusiva.

(e) Em face da legislação e da regulação editada pela ANTAQ, é legítima a operação de instalação portuária de uso privativo misto que movimente quantidades irrelevantes de carga própria?

Resposta: Não. A Resolução 517 da ANTAQ, em consonância com a Constituição e com a lei, expressamente exige que a movimentação de carga própria, por si só, justifique a implantação do terminal de uso privativo.

Em face e por força do princípio constitucional da isonomia, a resolução é de observância obrigatória pela própria ANTAQ, que, de resto, deve observar a Constituição e as leis, que não permitem a movimentação de carga de terceiros senão em caráter acessório, jamais podendo ser a atividade principal do terminal de uso privativo.

(f) Em face da legislação e da regulação editada pela ANTAQ, o particular titular de autorização para operar instalação portuária de uso privativo misto está obrigado a respeitar as condições quanto à movimentação de carga própria indicadas por ele próprio, por ocasião do requerimento da autorização correspondente?

Resposta: Sim. Em princípio, como condição de obtenção da autorização para exploração de terminal de uso privativo, o particular autorizatário assumiu a obrigação de, principalmente, movimentar cargas próprias, não podendo eximir-se do cumprimento dessa obrigação.

Cumpre esclarecer que as condições referentes à movimentação de carga própria nos terminais privativos acham-se previstas na Lei federal 8.630/1993 e no âmbito da Resolução 517/2005 editada pela ANTAQ. Não se trata, portanto, de mera e livre estipulação voluntária que possa ser alterada por entendimento entre outorgante e outorgado.

Pode-se afirmar que o autorizatário se acha absolutamente vinculado aos requisitos vigentes no momento da emissão da autorização pela ANTAQ. A manutenção desse ato de outorga depende necessariamente da permanência dos mesmos requisitos que ensejaram a autorização naquele primeiro momento.

(g) Em face da legislação e da regulação por ela própria editada, a ANTAQ está constrangida a fiscalizar a observância pelos particulares do requisito da movimentação de carga própria?

Resposta: Sim. A competência que a lei confere a um agente público traz consigo o dever de exercê-la. Assim sendo, é um poder/dever da Agência proceder à fiscalização do bom desenvolvimento dos serviços por ela regulados, por força do disposto no art. 27, V, VI, XIX, XX e XXII, e no art. 28 da Lei federal 10.233/2002.

(h) Em face da legislação e da regulação editada pela ANTAQ, o particular pode ser dispensado da observância do requisito da carga própria mediante o argumento da realização de vultosos investimentos na implantação de infraestrutura?

Resposta: Não. O argumento não é válido para legitimar a dispensa do requisito da carga própria, na medida em que o particular deve obrigatoriamente estar plenamente ciente da relação econômico-financeira que regerá seu empreendimento ao pleitear a autorização para explorar o terminal privativo.

Portanto, constitui responsabilidade única e exclusiva da empresa outorgada, no momento da apresentação de sua proposta, calcular os custos e benefícios que decorrerão daquela atividade, não cabendo à mesma postular a inobservância de uma condição de caráter obrigatório a fim de amortizar investimentos que deveriam estar previamente delineados em sua equação financeira.

Sendo a autorização uma outorga unilateral para uma operação portuária em caráter privado, não se aplica a ela a garantia de manutenção do equilíbrio econômico típico dos contratos de concessão e permissão de serviços públicos. Mesmo em sede de avenças regidas pelo direito público não se trataria de um argumento válido para fins de readequação do equilíbrio econômico contratual.

(i) O sistema jurídico brasileiro protege a equação econômico-financeira do arrendamento portuário oneroso, outorgado mediante licitação?

Resposta: Sim. O equilíbrio econômico-financeiro constitui uma garantia inerente aos contratos administrativos, amparada, em primeiro lugar, na CF, em seu art. 37, XXI, e também pela legislação ordinária que rege os contratos administrativos em geral, e muito especialmente os contratos de concessão e permissão de serviços públicos.

O dispositivo constitucional mencionado versa sobre a obrigatoriedade de licitação para a realização de obras, serviços, compras e alienações pelo Poder Público, *mantidas as condições efetivas da proposta*. Esta última expressão corresponde exatamente ao conceito de equilíbrio econômico-financeiro do contrato, tal como decorrente da licitação.

(j) A eventual alteração da legislação, de modo a facultar a livre movimentação de cargas por terminais de uso privativo, poderá acarretar direito de indenização em favor dos atuais arrendatários de instalações de uso público?

Resposta: Uma eventual nova legislação nesse sentido estaria, em primeiro lugar, maculada pelo vício de inconstitucionalidade, por afronta aos princípios constitucionais da igualdade, da livre concorrência e da licitação, sendo incompatível, também e especialmente, com o disposto no art. 175 da CF.

Na improvável hipótese de que isso venha a ocorrer, é certo que as atuais arrendatárias sofreriam um sensível dano econômico.

Assim, por força da garantia constitucional de manutenção do equilíbrio econômico dos contratos administrativos, à Administração contratante caberá a recomposição de todos os prejuízos sofridos pelas arrendatárias em razão do desequilíbrio contratual resultante de um novo cenário legislativo.

Além disso, o art. 37, § 6º, da CF assegura o direito à indenização por danos causados pela atuação de agentes públicos, não fazendo distinção entre atos materiais, administrativos, legislativos ou judiciais, bastando haver um nexo entre o comportamento dos agentes públicos e dano experimentado pelo particular.

S.m.j., é o parecer.

São Paulo, 29 de abril de 2008

PODER DE POLÍCIA E PODER DA POLÍCIA

Sérgio Cedano

Juiz de Direito no Estado de São Paulo
– Especialista e Mestrando em Direito Administrativo pela PUC-SP

1. Introdução. 2. O poder de polícia e seus limites. 3. Polícia administrativa e polícia judiciária. 4. O controle judicial da segurança pública.

1. Introdução

O presente artigo tem por objetivo analisar alguns aspectos do poder de polícia – em especial a distinção entre *polícia administrativa* e *polícia judiciária* –, traçar algumas características básicas sobre o instituto, os limites de atuação e a possibilidade de seu controle judicial.

O poder "de" polícia é que fundamenta o poder "da" polícia. Esta sem aquele seria arbítrio, verdadeira ação policial divorciada do Estado de Direito.

Da lição de Rafael Bielsa é possível afirmar que: "A ideia de Estado é inseparável da ideia de polícia. E o 'poder de polícia' é o fundamento da 'ação policial'".[1]

Ressaltamos que, modernamente, não é possível utilizar a clássica divisão do direito administrativo – polícia judiciária e polícia administrativa – de forma estanque, pois o órgão que, no exercício da atividade policial preventiva (polícia administrativa), não atuar de forma eficiente e deixar deflagrar a infração penal deve, imediata e automaticamente, desenvolver a atividade policial repressiva (polícia

1. Rafael Bielsa, *Ciencia de la Administración*, p. 315.

judiciária) – fazendo, então, atuar todas as normas de direito processual penal, inclusive, se for o caso, com a prisão em flagrante do infrator, colheita de provas etc., com vista ao sucesso da persecução criminal.

O exercício do poder de polícia é manifestado no exercício da função administrativa, enquanto atividade estatal dirigida ao atingimento de determinado objetivo, que sempre será de interesse público.

É da posição de supremacia do interesse publico sobre o privado, aliada ao benefício coletivo, que se extrai o fundamento de validade para o poder de polícia, que não é ilimitado, mas orientado pelos princípios constitucionais de um Estado Democrático de Direito, em especial o imperativo da dignidade da pessoa humana.

2. O poder de polícia e seus limites

O crescimento do Estado e o surgimento de novas e complexas relações sociais trazem, em contrapartida, o aumento da conflituosidade entre os indivíduos integrantes de um determinado território. As garantias fundamentais constitucionalmente asseguradas aos cidadãos precisam ser cada vez mais relativizadas em torno de um denominador comum que atenda aos interesses da coletividade.

Direitos fundamentais como a propriedade, a livre circulação, a livre iniciativa, deixam de ostentar a natureza de garantias absolutas e intangíveis e passam a ser sopesados e interpretados não mais em função de interesses individuais, mas numa dimensão coletiva, social e solidária.

Cabe ao Estado, pois, garantir a convivência harmônica entre as pessoas, operando como um fator de equilíbrio nos conflitos entre os indivíduos, evitando a perturbação da ordem e assegurando a livre fruição dos direitos de cada um, na exata medida assegurada pela ordem jurídica.

Para tanto, é preciso dotar o Estado do poder de polícia, enquanto mecanismo de contenção dos abusos do direito individual em benefício do interesse público, que diz respeito aos mais variados setores da sociedade, tais como segurança nacional, moral, saúde, meio ambiente, defesa do consumidor, patrimônio cultural, propriedade.

José Cretella Jr.[2] aponta os três elementos que necessariamente devem constar da definição de poder de polícia. O primeiro elemento, de natureza subjetiva, diz respeito à fonte de onde provém: o Estado – ficando, pois, de lado qualquer proteção de natureza particular. O segundo elemento, de natureza teleológica, refere-se ao fim a que se propõe, qual seja, assegurar a paz, a tranquilidade, a boa ordem, para cada um e para todos os membros da comunidade. Por fim, o terceiro elemento, de natureza objetiva, diz respeito, *in concreto*, às limitações a qualquer tipo de atividade que possa perturbar a vida em comum.

Assim, conclui-se que o poder de polícia é inerente à atividade pública, não podendo ser delegados ao particular os denominados atos de império do Estado.

A indelegabilidade dos atos de império faz-se presente no exercício da atuação policial de segurança pública, pois apenas ao Estado é lícito proceder à busca pessoal no caso de fundada suspeita de posse de arma proibida ou de objetos ou papéis que constituam corpo de delito (art. 244 do CPP); ao particular é vedado realizar revista pessoal. Apenas o agente público

2. José Cretella Jr., *Direito Administrativo do Brasil*, vol. IV ("Poder de Polícia"), pp. 36-37.

pode exigir a identificação de pessoas, situação não permitida ao particular. A realização de prisão em flagrante é obrigação dos órgãos policias, mas facultativa ao particular (art. 301 do CPP).

Para dar cumprimento à tarefa de garantir a harmônica convivência entre as pessoas, o poder de polícia é dotado de atributos que lhe são próprios, quais sejam: a discricionariedade, a autoexecutoriedade e a coercibilidade.

O atributo da *discricionariedade* confere ao administrador, no exercício do poder de polícia, a liberdade de escolha para definir o melhor momento de agir, o meio de atuação que considera o mais adequado, além da sanção considerada cabível.

A *autoexecutoriedade*, por sua vez, confere ao ato de polícia a possibilidade da pronta atuação, independentemente da necessidade de recorrer previamente ao Poder Judiciário.

Pelo atributo da *coercibilidade*, as medidas de polícia são dotadas de imposição coativa, a despeito da vontade do particular fiscalizado. É o atributo da coercibilidade do ato de polícia que justifica, inclusive, o emprego da força física quando houver oposição do infrator, observadas a proporcionalidade e moderação na oposição da resistência injustificada.

É evidente que a posição de supremacia dos interesses perseguidos pela Administração Pública confere prerrogativas ao agente do Estado que são desconhecidas na esfera do direito privado.

Mas ao lado dessas prerrogativas há as restrições a que está sujeita a Administração, limitando a atividade administrativa aos próprios elementos intrínsecos dos atos administrativos em geral, à consecução da finalidade pública e à observância dos princípios da Administração.

Com efeito, o ato de polícia é um ato administrativo, e, como tal, sujeita-se aos mesmos requisitos de existência, quais sejam: o sujeito competente; o objeto lícito, possível e moral; a forma determinada em lei; a observância das razões fáticas e jurídicas autorizadoras da prática do ato de polícia; e a finalidade de interesse público.[3]

Além dos aspectos de estrutura do próprio ato de polícia, enquanto ato administrativo, é preciso observar que o agente público, em razão do Estado de Direito, sofre condicionamentos e restrições na atuação administrativa, devendo obediência aos princípios expressos e implícitos insertos no texto constitucional (art. 37 da CF e art. 111 da Constituição do Estado de São Paulo), que constituem garantias dos administrados contra abusos e desmandos.

A CF, logo no seu art. 1º, reconhece que toda atuação estatal se encontra orientada pelo postulado fundamental da dignidade da pessoa humana, enquanto princípio político constitucionalmente conformador, orientado a explicitar uma valoração política fundamental do legislador constituinte.

Neste contexto, adverte Ingo Wolfgang Sarlet[4] que não restam dúvidas de que todos os órgãos, funções e atividade estatais encontram-se vinculados ao postulado da dignidade da pessoa humana, impondo-se-lhes, além do dever de respeito e proteção, a obrigação de promover as condições que viabilizem e removam toda sorte de obstáculos que estejam a impedir as pessoas de viverem com dignidade.

A dignidade da pessoa humana é simultaneamente limite e tarefa dos Po-

3. Maria Sylvia Zanella Di Pietro, *Direito Administrativo*, pp. 168-175.

4. Ingo Wolfgang Sarlet, *Dignidade da Pessoa Humana e Direitos Fundamentais*, pp. 114-121.

deres estatais. Como limite, a dignidade implica não apenas que a pessoa não pode ser reduzida à condição de mero objeto da ação própria e de terceiros, mas também o fato de a dignidade gerar direitos fundamentais (negativos) contra atos que a violem ou exponham a graves ameaças. Como tarefa, da previsão constitucional (explícita ou implícita) da dignidade da pessoa humana decorrem deveres concretos de tutela por parte dos órgãos estatais, no sentido de proteger a dignidade de todos, assegurando-lhe também por meio de medidas positivas (prestações) o devido respeito e promoção.[5]

É com a leitura dos direitos fundamentais (art. 1º, III, da CF) que os demais princípios constitucionais da Administração Pública devem ser revisitados, ampliando, assim, o dever de obediência ao princípio da legalidade como, na verdade, dever de respeito ao sistema jurídico como um todo, compreendendo, inclusive, a Constituição Federal. Nesse sentido doutrinam Sérgio Ferraz e Adilson Abreu Dallari.[6]

Do mesmo modo, o poder de polícia encontra-se orientado pelo princípio da impessoalidade, impondo ao Poder Público o dever de tratar a todos os administrados sem discriminações inconstitucionais.

O Estado de Direito pressupõe que a atividade administrativa seja exercida com presteza, perfeição e rendimento funcional. O princípio da eficiência é o mais moderno princípio da função administrativa, que já não se contenta em ser desempenhada apenas com legalidade, exigindo resultados positivos para o serviço público e satisfatório atendimento das necessidades da comunidade e de seus membros.[7]

O poder de polícia caracteriza-se pelo predomínio da competência discricionária, o que confere liberdade de decisão. Ocorre, porém, que o exercício dessa prerrogativa estatal não pode ser utilizado de modo desproporcional, com violação desmedida aos direitos e garantias fundamentais.

O princípio da proporcionalidade pode ser entendido como a adequação entre meios e fins da atuação administrativa, de modo a evitar a imposição de obrigações, restrições e sanções em medida superior àquelas estritamente necessárias ao atendimento do interesse público.

José Joaquim Gomes Canotilho[8] reconhece a função positiva do princípio da proporcionalidade, informando materialmente os atos do Poder Público, impondo (a) conformidade de meios, (b) exigibilidade (ou necessidade) e (c) proporcionalidade em sentido restrito.

A *conformidade* impõe que a medida adotada para a realização do interesse público deve ser apropriada aos fins que ela persegue. Ou seja, a conduta administrativa há de ser idônea ao atingimento do interesse público posto em jogo. É, pois, o vínculo de pertinência entre a finalidade buscada pela norma e os meios assumidos pelo agente.

A *exigibilidade* tem relação com a menor onerosidade ou desvantagem possível ao particular. A Administração deve, na escolha das opções definidas pela lei, apontar aquela que menor desvantagem traga ao administrado. A escolha deve,

5. Ingo Wolfgang Sarlet, *Dimensões da Dignidade. Ensaios de Filosofia do Direito e Direito Constitucional*, p. 32.

6. Sérgio Ferraz e Adilson Dallari, *Processo Administrativo*, p. 55.

7. Hely Lopes Meirelles, *Direito Administrativo Brasileiro*, p. 89.

8. José Joaquim Gomes Canotilho, *Direito Constitucional*, p. 120.

pois, recair sobre o comportamento administrativo imprescindível e certo ao atingimento dos fins legais.

Não basta a medida ser adequada e necessária, é preciso avaliar se o resultado obtido com a intervenção é "proporcional" à carga coativa da mesma.[9]

A proporcionalidade deve ser aferida segundo os valores do homem médio,[10] em congruência com as posturas normais já adotadas pela Administração Pública, sob pena de o agente superar a demarcação de seu "poder", porque ultrapassa necessário para se desincumbir do "dever" de bem cumprir a lei. Todo ato desproporcionado é inválido, já que praticado com excesso em relação à competência.[11]

Sobre o assunto cabe destacar recente decisão do STF onde ficou evidenciada a necessidade da aplicação do princípio da proporcionalidade no uso de algemas durante a atuação policial do Estado, compatibilizando a ausência de lei precedente, dispondo sobre a matéria, com os valores fundamentais do Estado de Direito. Vejamos: "No tocante à necessidade ou não do uso de algemas, aduziu-se que esta matéria não é tratada, específica e expressamente, nos Códigos Penal e de Processo Penal vigentes. Entretanto, salientou-se que a Lei de Execução Penal (art. 199) determina que o emprego de algema seja regulamentado por decreto federal, o que ainda não ocorreu. Afirmou-se que, não obstante a omissão legislativa, a utilização de algemas não pode ser arbitrária, uma vez que a forma juridicamente válida do seu uso pode ser inferida a partir da interpretação dos princípios jurídicos vigentes, especialmente o princípio da proporcionalidade e o da razoabilidade. Citaram-se, ainda, algumas normas que sinalizam hipóteses em que aquela poderá ser usada (CPP, arts. 284 e 292; CF, art. 5º, III, parte final, e X; as regras jurídicas que tratam de prisioneiros adotadas pela ONU, n. 33; o Pacto de San José da Costa Rica, art. 5º, n. 2). Entendeu-se, pois, que a prisão não é espetáculo, e que o uso legítimo de algemas não é arbitrário, sendo de natureza excepcional, e deve ser adotado nos casos e com as finalidades seguintes: (a) para impedir, prevenir ou dificultar a fuga ou reação indevida do preso, desde que haja fundada suspeita ou justificado receio de que tanto venha a ocorrer; (b) para evitar agressão do preso contra os próprios policiais, contra terceiros ou contra si mesmo. Concluiu-se que, no caso, não haveria motivo para a utilização de algemas, já que o paciente não demonstrara reação violenta ou inaceitação das providências policiais – Ordem concedida para determinar às autoridades tidas por coatoras que se abstenham de fazer uso de algemas no paciente, a não ser em caso de reação violenta que venha a ser por ele adotada e que coloque em risco a sua segurança ou a de terceiros, e que, em qualquer situação, deverá ser imediata e motivadamente comunicado ao STF".[12]

Para que o ato de polícia possa ser objeto de controle é mister que a autoridade administrativa demonstre, prévia ou concomitantemente à sua prática, as razões de fato e de direito que orientaram a tomada de decisão.

É no exercício do policiamento ostensivo, principalmente durante abordagem

9. Egon Bockmann Moreira, *Processo Administrativo*, pp. 81-82.

10. Lúcia Valle Figueiredo, *Curso de Direito Administrativo*, p. 47.

11. Celso Antônio Bandeira de Mello, *Discricionariedade e Controle Jurisdicional*, p. 98.

12. HC 89.429-RO, rela. Min. Cármen Lúcia, j. 22.8.2006.

ou revista pessoal realizada em transeuntes, que a motivação será fator determinante a legitimar a atuação policial no caso concreto, demonstrando "a fundada suspeita" inserta no art. 244 do CPP, afastando eventual abuso de autoridade.

É com a explicitação dos motivos que se torna possível avaliar a correta atuação do administrador; permitindo, inclusive, recorrer ao Poder Judiciário, questionando o que foi decidido.

Sobre o tema, segue acórdão do STF onde foi questionada a motivação na atuação do poder de polícia, demonstrando que o policial agiu com base em critérios puramente subjetivos: "Busca pessoal. Por ausência de justa causa, a Turma deferiu *habeas corpus* para determinar o arquivamento do termo circunstanciado de ocorrência por meio do qual se autuara o paciente pela prática do crime de desobediência (CP, art. 330), em razão de o mesmo haver se recusado a ser revistado por policial militar quando chegava à sua casa. Considerou-se que a motivação policial para a revista – consistente no fato de o paciente trajar 'blusão' passível de encobrir algum tipo de arma – não seria apta, por si só, a justificar a fundada suspeita de porte ilegal de arma, porquanto baseada em critérios subjetivos e discricionários".[13]

Com efeito, o uso do poder constitui prerrogativa da autoridade pública, que deve fazê-lo sem abuso. Usar normalmente do poder é empregá-lo segundo as normas legais, a moral da instituição, a finalidade do ato e as exigências do interesse público. Abusar do poder é empregá-lo fora da lei, sem utilidade pública.[14]

O excesso de poder pode tipificar crime de abuso de autoridade quando incide nos tipos penais previstos na Lei 4.898, de 9.12.1965, caracterizando, assim, ato arbitrário. É oportuno mencionar que o desvio de poder também ocorre por omissão do agente público, que deixa de agir quando deveria fazê-lo, animado por intenções pessoais, favoritismos ou, enfim, objetivando finalidade alheia à da regra de competência que o habilitava.

Por fim, é oportuno lembrar que o Poder Judiciário é, por excelência, a via tradicional de garantia contra os abusos e excessos do Poder Público. O controle da legalidade, da proporcionalidade e da finalidade dos atos administrativos impede que a atuação policial possa ser posta a serviço de interesses que não se compatibilizam com a finalidade pública.[15]

3. Polícia administrativa e polícia judiciária

No poder de polícia que o Estado exerce encontramos a clássica dicotomia *polícia administrativa/polícia judiciária*, de acordo com o modo de atuação da Administração.

A principal diferença que a doutrina aponta está no caráter *preventivo* da polícia administrativa e no *repressivo* da polícia judiciária. A primeira visa a impedir a ocorrência do ilícito; e a segunda, a atuar após a sua ocorrência, apurando e punindo seus infratores.

Hely Lopes Meirelles[16] também aponta como critério de diferenciação o seu ob-

13. HC 81.350-GO, rel. Min. Ilmar Galvão, j. 13.11.2001.

14. Hely Lopes Meirelles, *Direito Administrativo Brasileiro*, p. 95.

15. Caio Tácito, *Poder de Polícia e Polícia do Poder. Direito Administrativo da Ordem Pública*, p. 104.

16. Hely Lopes Meirelles, *Direito Administrativo Brasileiro*, p. 115.

jeto de incidência: a polícia administrativa recai sobre bens, direitos e atividades, ao passo que a polícia judiciária atua sobre as pessoas, individualmente ou indiscriminadamente.

O critério de diferenciação que utiliza o momento da atuação policial não é, contudo, absoluto, pois a polícia administrativa tanto pode agir preventivamente como repressivamente. Acontece que, na verdade, a polícia administrativa é preponderantemente preventiva e excepcionalmente repressiva; sua maneira normal de atuação é a prevenção (como, por exemplo, proibindo o porte de arma ou a direção de veículos automotores), mas também realiza a repressão (a exemplo do que ocorre quando apreende a arma utilizada indevidamente).

A mesma observação foi levantada pelo professor Celso Antônio Bandeira de Mello ao rejeitar o caráter preventivo e repressivo como critério de distinção entre as duas polícias, porque "frequentemente a Administração, no exercício do poder de polícia administrativa, age repressivamente".[17]

O professor Celso Antônio chega a exemplificar: "A dissolução de um comício, de uma passeata, atos típicos da polícia administrativa, tem lugar apenas quando se revelam perturbadores da tranquilidade pública, isto é, quando já feriram o interesse protegido pelo poder de polícia e, em consequência, já causaram um dano, uma perturbação, à coletividade".

Adotamos o critério de diferenciação apontado pelo professor Álvaro Lazzarini[18] ao estabelecer que, na verdade, a distinção entre as polícias está na ocorrência, ou não, do ilícito penal. No mesmo sentido, o professor Celso Antônio dispõe: "A importância da distinção entre polícia administrativa e polícia judiciária está em que a segunda rege-se na conformidade da legislação processual penal e a primeira pelas normas administrativas".

Assim, se um órgão estiver no exercício da atividade policial preventiva (polícia administrativa) e ocorrer a infração penal, nada justifica que ele não passe, imediata e automaticamente, a desenvolver a atividade policial repressiva (polícia judiciária), fazendo, então, atuar todas as normas de direito processual penal, inclusive, se for o caso, com a prisão em flagrante do infrator, colheita de provas etc., com vista ao sucesso da persecução criminal.[19]

Não é outro o ensinamento do professor Clóvis Beznos ao concluir que: "(...) não é traço característico da polícia administrativa a sua atuação preventiva, nem mesmo serve para apartá-la da polícia judiciária. Na verdade, o que distingue essas duas atividades é o fato de que, enquanto a polícia administrativa se preordena a impedir ou paralisar as atividades antissociais, a polícia judiciária se predispõe a promover a responsabilização dos infratores da ordem jurídico-penal. Na verdade, o que as aparta mais nitidamente é o fato de que a polícia administrativa rege-se por normas administrativas, enquanto a polícia judiciária tem seu regime ditado por normas processuais penais".[20]

Diogo de Figueiredo Moreira Neto complementa as informações, diferenciando a polícia judiciária da polícia administrativa com base no objeto e a finalidade da atuação:

17. Celso Antônio Bandeira de Mello, *Curso de Direito Administrativo*, p. 520.

18. Álvaro Lazzarini, *Estudos de Direito Administrativo*, p. 203.

19. Idem, p. 204.

20. Clóvis Beznos, *Poder de Polícia*, p. 45.

"Quanto à finalidade, a diferença está na repressão: enquanto no exercício da polícia administrativa a repressão é própria da Administração que a emprega discricionariamente e executoriamente até restabelecer a ordem pública, no exercício da polícia judiciária a repressão é própria e exclusiva do Poder Judiciário, não cabendo o uso da discricionariedade e da executoriedade senão instrumentalmente, no estrito limite para a Administração lograr a apresentação do responsável pela violação à ordem pública, eventualmente tipificada como conduta punível, à Justiça.

"Quanto ao objeto, a diferença reside na amplitude de ação da polícia administrativa, que, para manter todos os aspectos da ordem pública, pode incidir sobre pessoas, individual ou coletivamente consideradas, sobre direitos, bens e atividades, enquanto a ação da polícia judiciária, para submeter ao Poder Judiciário aquelas violações específicas da ordem pública tipificadas como crimes e contravenções penais, recai apenas sobre a pessoa dos indivíduos, singularmente considerados."[21]

Na verdade, para a polícia judiciária o poder de polícia é um meio, um instrumento de ação, para atingir um objetivo: apresentar um delinquente à Justiça. Para a polícia administrativa o poder de polícia é um meio, um instrumento, para restabelecer executoriamente, pela dissuasão, de preferência, pela força, se necessário, o império da ordem pública.

O critério de distinção adotado traz consequência quanto à abrangência do uso da força no poder de polícia, como aponta Diogo de Figueiredo Moreira Neto: "(...) é que o uso da força pela polícia judiciária se volta à coação legal de pessoas singularmente consideradas (indiciados e acusados), absolutamente necessária à sua condução à barra dos tribunais, que faz a repressão *a posteriori*. O uso da força pela polícia administrativa, preventiva e repressivamente, se dirige contra a ação de pessoas, singularmente ou coletivamente consideradas, que, na prática de ações, criminais ou não, ocasionem perturbação da ordem pública, fazendo a repressão no momento em que ela ocorra, até restabelecê-la".

À vista de tais considerações, a polícia judiciária, embora possa usar de meios coercitivos, não é preventiva nem repressiva, mas *preparatória* da repressão – levar o responsável *punível* pela perturbação à Justiça, a quem, verdadeiramente, compete promover a repressão.

Neste mesmo sentido exprime-se Marcello Caetano:[22] uma vez ocorrido o *dano social*, expressão propositadamente ampla, "importa atalhar de modo a restringi-lo sem o deixar de ampliar" – isso seria polícia administrativa.

De outra parte, se o caso do dano consistir na violação de uma norma penal, a impunidade do violador constituirá a confissão pública da ineficácia da lei e um incentivo a novas violações: há que intervir para investigar os termos em que se verificou a infração e descobrir o infrator, de modo a habilitar o Ministério Público a perseguir o responsável perante os tribunais. Este é o ramo de polícia chamado polícia judiciária, e que não é, de modo algum, uma atividade repressiva: a repressão dos crimes compete aos tribunais.

Não há como negar que a polícia judiciária, embora seja repressiva ou

21. Diogo de Figueiredo Moreira Neto, *Direito Administrativo da Segurança Publica. Direito Administrativo da Ordem Pública*, p. 121.

22. Marcello Caetano, *Princípios Fundamentais do Direito Administrativo*, p. 342.

preparatória em relação ao indivíduo infrator, é também preventiva em relação ao interesse geral, porque, punindo-o, tenta evitar que o indivíduo volte a incidir na mesma infração.[23]

Desta forma, pelo sistema constitucional vigente, em relação às atividades policiais não se pode mais aceitar a divisão estanque entre polícia administrativa e polícia judiciária. Na atual ordem ganhou destaque e preponderância a *polícia de segurança pública*, destinada à preservação da ordem pública e da incolumidade das pessoas e do patrimônio. Por análise da nova sistemática, detecta-se que a polícia de segurança pública é o gênero, enquanto as polícias de prevenção, de repressão, de investigação, de fronteiras e a polícia judiciária são suas espécies.

Por tudo o que foi dito, evidencia-se que não é a qualificação do órgão policial em civil ou militar que irá implicar o exercício de atividade de polícia judiciária ou administrativa. Ainda, não será o título universitário do agente público que qualificará a atividade policial desenvolvida. O que a qualificará será, sempre, a atividade policial em si mesma desenvolvida.[24]

A Polícia é a instituição estatal destinada à manutenção da ordem e dos bons costumes, encarregada de preservar a tranquilidade dos cidadãos e do patrimônio, dentro da noção de prestação de serviços de segurança pública, incumbida da preservação, repressão e investigação de infrações penais e administrativas (infração ambiental).

A Constituição Federal incumbiu precipuamente às Polícias Militares dos Estados o policiamento ostensivo e a "preservação da ordem pública" (art. 144, § 5º). A despeito de a Constituição Federal de 1988 não conter a mesma referência constante do art. 13, § 4º, da Constituição de 1967,[25] a Polícia Militar continua, no atual ordenamento constitucional, com a mesma atribuição de manutenção da ordem pública.

A Polícia Militar é, pois, a polícia de manutenção da ordem pública, como se extrai expressamente do ordenamento constitucional brasileiro, em consonância com a realidade atual, pois é a força policial que, sem dúvida alguma, está mais próxima da sociedade e que, portanto, demanda maior abrangência na atuação policial. Atualmente utiliza-se a designação "polícia comunitária" ou "polícia-cidadã" para demonstrar os diversos setores de atuação da Polícia Militar, indo além da prevenção e repressão do ilícito penal, ou seja, da polícia de segurança, que atua especificamente no combate à criminalidade e perseguição dos delinquentes.

Portanto, a missão primordial das Polícias Militares é a manutenção da ordem pública em policiamento ostensivo, com elementos fardados, que, pela sua presença, como força de dissuasão, previnem ou reprimem movimentos perturbadores da tranquilidade pública, impedindo atos individuais ou coletivos que atentem contra a segurança interna, as atividades lícitas, os bens públicos ou particulares, a saúde e o bem-estar das populações e a vida dos cidadãos, mantendo a situação de garantia e normalidade que o Estado assegura, ou deve assegurar, a todos os membros da sociedade.[26]

23. Maria Sylvia Zanella Di Pietro, *Direito Administrativo*, p. 96.

24. Álvaro Lazzarini, *Estudos de Direito Administrativo*, p. 204.

25. Art. 13, § 4º, da Constituição de 1967/1969: "As polícias militares, instituídas para a manutenção da ordem pública (...)".

26. Hely Lopes Meirelles, *Direito Administrativo da Ordem Pública. Polícia de Manutenção da Ordem Pública e suas Atribuições*, pp. 154-155.

Incumbe, pois, à Polícia Militar amplo espectro de atribuições, que vão desde a atividade de prevenção do ilícito, penal ou administrativo, pela mera presença física do policial ostensivamente reconhecido pelo emprego da farda e viatura, passando pela imediata repressão à violação cometida, autuando o infrator ou detendo o criminoso, até medidas preparatórias que conduzirão o criminoso às barras da Justiça.

Desse modo, merece crítica a decisão do STF no julgamento da ADI 3.614, em 20.9.2007, que reconheceu a ilegitimidade da Polícia Militar para lavrar termo circunstanciado diante das denominadas infrações de pequeno potencial ofensivo.

A resposta ao tema diz respeito à abrangência do termo "autoridade policial". O STF reconheceu que apenas os delegados de polícia podem lavrar o termo circunstanciado, pois os policiais militares são meros agentes da autoridade.

O professor Álvaro Lazzarini sempre rechaçou esse entendimento, estendendo aos oficiais da Polícia Militar o qualificativo de autoridades policiais.

De fato, o policial militar: (a) é organismo do Estado; (b) exerce, efetivamente, o poder público, sendo seus atos administrativos de polícia dotados dos atributos da autoexecutoriedade e de inegável e irresistível coercibilidade (são imperativos aos seus destinatários, que os devem acatar, sob pena de a execução ser realizada, inclusive, com o emprego da força física para remover o obstáculo que se lhes oponha); (c) age *motu proprio*, tomando as decisões de polícia, com discricionariedade (atributo do discricionarismo do ato de polícia), valorando a atividade policiada e as sanções que deva impor, conforme critérios de conveniência e oportunidade, salvo quando ocorra hipótese de vinculação de sua vontade (hipótese que normalmente ocorre com o regramento processual penal), de modo que (d) guia-se, para assim proceder, por sua prudência, dentro dos limites da lei; (e) traçando normas e ordenando comportamentos a serem observados pelos administrados, certo que, (f) em sua atividade, o policial militar não age como particular e não visa apenas aos meios, mas aos fins do Estado de Direito.[27]

O art. 4º do CPP estabelece que "a polícia judiciária será exercida pelas autoridades policiais no território de suas respectivas jurisdições e terá por fim a apuração das infrações penais e da sua autoria", não descartando a possibilidade de que "a competência definida neste artigo não excluirá a de autoridades administrativas, a quem por lei seja cometida a mesma função". O referido artigo poderia ter restringindo o alcance da norma, mas não o fez; tendo, portanto, aplicabilidade ao policial civil e ao policial militar.

O art. 69 da Lei 9.099, de 26.9.1995, também faz referência ao termo "autoridade policial", dispondo que: "(...) a autoridade policial que tomar conhecimento da ocorrência lavrará termo circunstanciado e o encaminhará imediatamente ao Juizado, com o autor do fato e a vítima, providenciando-se as requisições dos exames periciais necessários".

No mesmo sentido o Provimento 806, de 24.7.2003, do Conselho Superior da Magistratura de São Paulo, publicado no *DOJ* de 4.8.2003, que reconheceu o policial militar como autoridade competente, ao tomar conhecimento de ocorrência envolvendo infração de menor potencial ofensivo, para lavrar o competente termo circunstanciado, nos termos do art. 69 da Lei 9.099, de 26.9.1995, encaminhando o autor imediatamente ao Poder Judiciário.

27. Álvaro Lazzarini, *Direito Administrativo da Ordem Pública*, pp. 58-59.

4. *O controle judicial da segurança pública*

O tema passa pela controvérsia sobre a possibilidade de controle judicial das políticas públicas.

Parte da doutrina e da jurisprudência chama a atenção para a possibilidade de intervenção judicial nas opções políticas do governo, restringindo o âmbito de discricionariedade da Administração no cumprimento da ordem social constitucional, ampliando a possibilidade de maior judicialização dos conflitos.

A discricionariedade e a interdependência entre os Poderes não podem constituir obstáculos ao controle judicial das políticas públicas, em especial da segurança pública, sob pena de afronta ao princípio da inafastabilidade do controle do Poder Judiciário diante da lesão ou ameaça de lesão a direitos constitucionalmente assegurados.

A segurança pública (art. 144 da CF) é um regime permanente de proteção do cidadão em situação de estabilidade institucional, para a manutenção da ordem interna e proteção do cidadão no interior do País, com o intuito de uma convivência normal em sociedade e busca da harmonia social.

O fornecimento de segurança pública é um serviço primário, essencial, de relevância pública, de uso comum do povo (*uti universi*), em caráter geral, beneficiando todos os cidadãos e a população fixa ou flutuante. Visa a tutelar a segurança da população, em face da necessidade de o Estado garantir a defesa da vida, saúde e patrimônio do cidadão, bens jurídicos ameaçados pela prática do delito (art. 144, *caput*, da CF). O bem jurídico imediato tutelado é a segurança pública; o mediato, a ordem pública, o cidadão e o patrimônio.[28] Todos os órgãos policiais enumerados pelo art. 144 da CF (Polícia Federal, Polícia Rodoviária Federal, Polícia Ferroviária Federal, Polícias Militares, Polícias Civis), além da Guarda Municipal, são usados e destinados ao cumprimento do dever de prestar o serviço da segurança pública de forma adequada e eficiente.

Com efeito, a interpretação sistemática da Constituição, em especial a conjugação dos arts. 6º e 37, *caput*, leva ao entendimento de que o Texto Maior instituiu o *princípio da eficiência da segurança pública* ao dispor, no seu art. 144, sobre a obrigação do Estado na prestação de serviço de segurança pública com a finalidade de proteger a vida e a incolumidade do cidadão e do seu patrimônio.[29]

A sociedade e o Ministério Público exercem importante controle da atuação policial, podendo, inclusive, participar da fixação e alteração da política de segurança pública do Estado. É perfeitamente razoável pensar na formação de uma associação constituída na forma do art. 5º da Lei 7.347/1985, e que, portanto, demonstre representatividade adequada, legitimada a propor ação civil pública, questionando a atuação, aplicação e execução das políticas de segurança pública em determinada região da cidade.

Valter Foleto Santim,[30] inclusive, invoca a maior participação do Ministério Público na implementação das políticas

28. Valter Foleto Santin, *O Controle Judicial da Segurança Pública*, p. 119.

29. Idem, p. 120.

30. Valter Foleto Santim, "A participação do Ministério Público e do cidadão na política de segurança pública", artigo publicado no *site* do Ministério Público de São Paulo: *www.mp.sp.gov.br* (acesso em 27.4.2005).

de segurança pública, sugerindo ao Poder competente a adoção de medidas destinadas à prevenção e controle da criminalidade.

O pedido de intervenção judicial na política de segurança pública e no serviço de segurança é possível juridicamente, porque inexiste norma vedando a sindicabilidade deste direito constitucional à segurança pública e constitui verdadeiro mecanismo de participação e de exigência de segurança pública em nível eficiente.

O CONCEITO DE *NORMA GERAL* E A REGRA DO VALOR MÍNIMO ÀS PARCERIAS PÚBLICO-PRIVADAS (INCISO I DO § 4º DO ART. 2º DA LEI 11.079/2004)

FERNANDO VERNALHA GUIMARÃES

Doutor em Direito do Estado pela UFPR
– Professor da Pós-Graduação da Faculdade de Direito de Curitiba e de outras instituições
– Consultor do Ministério do Planejamento, Orçamento e Gestão
(Unidade de Parceria Público-Privada)
– Advogado e Consultor em Direito Público

1. Introdução. 2. O conteúdo jurídico das normas gerais. 3. O inciso I do § 4º do art. 2º configura norma geral?: 3.1 Síntese dos fundamentos que conduzem ao reconhecimento da regra do inciso I do § 4º do art. 2º.

1. Introdução

A Lei Geral de Parceria Público-Privada (PPP) excluiu o cabimento de PPPs cujo valor do contrato seja inferior a R$ 20.000.000,00. A prescrição, veiculada no inciso I do § 4º do art. 2º da Lei Geral de PPP, contém-se na parte da lei dedicada às *normas gerais*. Um aspecto de grande importância está em investigar a natureza desta norma, desvendando-a norma geral ou norma de aplicação restrita à esfera federal. O enfrentamento é relevante, pois que, a prevalecer a vontade formal da lei, tomando-a por norma geral, é inegável o cabimento restritivo (de um ponto de vista prático) do modelo de PPPs à imensa maioria dos Municípios brasileiros. Esta tem sido, aliás, uma crítica constantemente oposta pela doutrina à definição legislativa desta norma como *norma geral*.[1]

1. Sustentando não ser "norma geral" aquele dispositivo, v.: Gustavo Binenbojm, "As parcerias público-privadas (PPPs) e a Constituição",

Lembre-se que a CF, no inciso XXVII do art. 22, atribuiu competência privativa à União para legislar sobre *normas gerais* de licitação e contratação, em todas as modalidades, para as Administrações Públicas diretas, autárquicas e fundacionais da União, Estados, Distrito Federal e Municípios. Fazendo uso desta competência, a União editou a Lei 11.079/2004, a qual veicula normas gerais e especiais (aplicáveis à União) sobre uma *modalidade* de contrato administrativo nominada *parceria público-privada*. Em campo próprio deste diploma reservado à veiculação de normas gerais está a regra do inciso I do § 4º do art. 2º.

O exame acerca da (in)constitucionalidade deste dispositivo à luz dos limites da competência reservada à União para a edição de normas gerais reclama, preliminarmente, a busca por uma noção jurídica de "norma geral".

2. *O conteúdo jurídico das normas gerais*

O conceito de "norma geral" é um daqueles temas que geram disputas intermináveis na doutrina. Uma das razões deve-se à sua própria indeterminação. Por maior que seja o avanço da doutrina na construção de critérios a ampliar as zonas de certeza positiva e negativa na aplicação do conceito aos casos concretos, é inevitável a sobrevivência de um espaço cinzento, de uma zona de indeterminação (ainda que *determinável* nos casos particulares, quando, então, será sobreposta pelas zonas de certeza positiva ou negativa). Daí por que afirma Floriano Azevedo Marques Neto que o máximo possível, tratando-se de normas gerais, é uma delimitação genérica do conceito, "o estabelecimento de um *standard* jurídico" que permita, diante de situações concretas, concluir pelo caráter genérico ou específico de uma dada norma jurídica.[2]

O tema das normas gerais é complexo e situa-se numa área que se poderia dizer de tensão federativa. Falar de "normas gerais" pressupõe tomar em consideração o sistema político-jurídico (político-administrativo e legislativo) de distribuição de competências desenhado pela Constituição. De um ponto de vista de repartição vertical de competências legislativas, normas desta natureza importam o alinhamento da disciplina legal de certos temas pelas órbitas federadas, naquilo que dependem de alguma unidade a manter coerência político-legislativa no âmbito da Federação. Por isso, versam sempre genericamente sobre questões e regras fundamentais de conexão de todas as esferas federadas, com abrangência unificadora que alcança todo o território nacional. Dada sua vocação generalizante de pautas fundamentais e vinculantes de todos os entes federados, não esgotam os temas veiculados, mas deixam espaços regulatórios a serem preenchidos à conta do exercício da competência legislativa própria dos demais entes que não a União – constitucionalmente encarregada da edição de *normas gerais* a propósito de certos temas.

Uma noção então imediatamente associada à de "norma geral" é a de "lei

Revista Eletrônica de Direito Administrativo Econômico, pp. 10-11; Egon Bockmann Moreira, "Breves notas sobre a Parte Geral da Lei das Parcerias Público-Privadas", in José Augusto Dias de Castro e Luciano Benetti Timm (orgs.), *Estudos sobre Parcerias Público-Privadas*, São Paulo, Thomson, 2006, pp. 49-50.

2. Floriano Azevedo Marques Neto, "Normas gerais de licitação – Doação e permuta de bens de Estados e de Municípios – Aplicabilidade de disposições da Lei federal 8.666/1993 aos entes federados", *RTDP* 12/176, São Paulo, Malheiros Editores, 1995.

nacional". A locução "norma geral" é empregada para designar a abrangência (geral) do conteúdo veiculado por lei vinculante de todos os entes federados. Nesta acepção, norma geral é *lei nacional*, isto é: vigente em todo o território nacional e vinculante de todas as ordens federadas. Reconhecem-se no âmbito da Federação – como explica Kelsen, num raciocínio perfeitamente aplicável ao sistema nacional – *normas centrais*, criadas por um órgão legislativo central – a legislatura da Federação –, e *normas locais*, criadas por órgãos legislativos locais – a legislatura dos Estados componentes. "As normas centrais formam uma ordem jurídica central por meio da qual é constituída uma comunidade jurídica central parcial que abarca todos os indivíduos residentes dentro do Estado Federal. Essa comunidade parcial constituída pela ordem jurídica central é a 'Federação'. Ela é parte do Estado Federal total, assim como a ordem jurídica central é parte da ordem jurídica total do Estado Federal. As normas locais, válidas apenas para partes definidas do território inteiro, formam ordens jurídicas locais por meio das quais são constituídas comunidades jurídicas parciais. Essas unidades jurídicas parciais são os 'Estados componentes'. Desse modo, cada indivíduo pertence, simultaneamente, a um Estado componente e à Federação. O Estado Federal, a comunidade jurídica total, consiste, assim, na Federação, uma comunidade jurídica central, e nos Estados componentes, várias comunidades jurídicas locais."[3]

As *leis nacionais* são, assim, leis que, editadas pelo Poder Central (União), alcançam todo o território nacional, vinculando União, Estados-membros e Municípios. Ao passo que as *leis federais*, tal como conhecidas do Direito Brasileiro, vinculam apenas a União. Logo, e a par do sistema distributivo de competências fixado na Constituição, União, Estados-membros e Municípios titularizam competências legislativas, tendo aptidão para inovar o ordenamento mediante produção de regras expedidas por suas instâncias legislativas. As regras editadas pela União poderão ser *nacionais*, quando vinculantes de todas as ordens federadas, e exclusivamente *federais*, quando vinculantes apenas da União. Neste enfoque, as normas gerais serão sempre leis nacionais, porquanto se projetam sobre todo o território nacional, vinculando todos os entes federados.

Sob um ângulo teleológico, a existência da norma geral justifica-se no federalismo cooperativo, que vê na necessidade de uniformização de certos interesses um ponto básico da colaboração, como refere Tércio Sampaio Ferraz Jr. Assim, "toda matéria que extravase o interesse circunscrito de uma unidade (estadual, em face da União; municipal, em face do Estado) ou porque é comum (todos têm o mesmo interesse) ou porque envolve tipologias, conceituações que, se particularizadas num âmbito autônomo, engendrariam conflitos ou dificuldades no intercâmbio nacional, constitui matéria de norma geral".[4]

Decorre que, enquanto o *efeito* jurídico da norma geral editada pela União, no âmbito da repartição vertical de competências, está em vincular as competências legislativas dos demais entes federados (caracterizando-se como uma *lei nacio-*

3. Kelsen, *Teoria Geral do Direito e do Estado*, trad. de Luís Carlos Borges, São Paulo, Martins Fontes, 1998, p. 452.

4. Tércio Sampaio Ferraz Jr., "Normas gerais e competência concorrente – Uma exegese do art. 24 da CF", *RTDP* 7/19, São Paulo, Malheiros Editores, 1994, p. 19. V. também Lúcia Valle Figueiredo, "Competências administrativas dos Estados e Municípios – Licitações", *RTDP* 8/25-38, São Paulo, Malheiros Editores, 1994.

nal), sua *finalidade* é estabelecer uma uniformidade regulatória acerca de aspectos centrais de matérias afeitas à competência legislativa (complementar) dos demais entes, para evitar ou atenuar a potencialidade de tensões entre leis produzidas por distintas esferas da Federação, cumprindo-se um papel organizador da produção legislativa no âmbito da Federação.

A ideia de que a norma geral presta-se à uniformização de certos temas genéricos permite compreender que, considerada em sua essência e conteúdo, apresenta-se abrangente mas não completa. Seus temas-objeto não devem, na maioria dos casos, receber configuração exaustiva e detalhada, a ponto de esvaziar por completo ou além de certos limites as competências concorrentes das outras esferas federadas. Se assim for poderá configurar-se invasão da competência legislativa dos demais entes. Logo, normas desta natureza não só não excluem como pressupõem o exercício de competência legislativa suplementar por outros entes federados.

Dois aspectos, então, podem ser bem destacados a propósito da configuração jurídica das normas gerais: (a) são normas genéricas e unificadoras, na acepção de envolverem matérias cuja relevância permeia todas as esferas federadas, que merecem tratamento uniforme a reduzir o risco de tensões regulatórias (por assim dizer) entre as unidades federadas; e (b) são normas (como regra) incompletas, pois exigem, como regra, a suplementação de regulação pelos demais entes federados, que, dentro de uma certa moldura normativa desenhada pela norma geral, exercerão competência legislativa complementar, preenchendo aquele vazio normativo a partir do tratamento legislativo de questões de interesse regionalizado ou local.[5]

Deve-se pontuar, contudo, que a característica da não completude da norma geral não há de ser acolhida como seu *pressuposto de validade*. Afirma-se sua feição abrangente e não exaustiva como uma característica que marcará seu estereótipo jurídico (por assim dizer) em grande parte dos casos. Mas não se nega a hipótese de uma regra geral alcançar nível acentuado de absorção de dado microcampo temático, desde que subjacentemente se tenha um interesse nacional prezado pela disciplina da norma (que exija uma regulação uniformizada pelos entes federados). O que se quer referir é que, para que seja válida, a disciplina da norma geral deverá recobrir valores nacionalmente relevantes, desde a necessidade de se alinhar a regulação de certo tema pelos entes federados. Uma decorrência desta faceta estará em admitir seu caráter generalizante e não esgotativo. Eventualmente, contudo, haverá norma geral válida, cuja disciplina atende ao pressuposto de uniformização de temas de interesse nacional, sem que se reserve espaço regulatório à competência legiferante dos outros entes federados.[6]

5. Lembra-se, aqui, a ponderação de Raul Machado Horta, que vê na norma geral uma norma *não exaustiva*: "É conceitualmente legislação incompleta, de forma que a legislação estadual, partindo da legislação federal de normas gerais, possa expedir normas autônomas, afeiçoando as normas gerais às exigências variáveis e às peculiaridades locais de cada ordenamento jurídico estadual" (*Direito Constitucional*, 2ª ed., Belo Horizonte, Del Rey, 1999, p. 357).

6. Em sentido próximo é a posição de Floriano Azevedo Marques Neto: "Um segundo ponto que merece observação é a impossibilidade de as normas gerais esgotarem a matéria que regulam. Ainda que em teoria isso seja verdade, pode haver situações em que, em virtude da importância do tema e de suas particularidades, exista pouco espaço para inovação ou particularização por parte das autoridades estaduais. É o caso, por exemplo, da regulação em matéria de licitações, que foi praticamente exaurida por lei federal. Isso porque, no

No problema da incompletude das normas gerais importa que a disciplina do tema, como um todo, deixe espaço para o exercício de regulação supletiva pelos outros entes, ainda que certas regras gerais possam tender ao esgotamento de aspectos específicos do tema, de interesse nacional.[7]

É relevante perceber, então, que as normas gerais, ao contrário do que se tem dito, não se esgotam na veiculação de princípios e diretrizes. Vão além, muitas vezes. Veiculam disciplina *genérica* mas não necessariamente *principiológica*. Importam a unificação regulatória de temas de interesse nacional, que transcendem o interesse regional e local, mas que não se traduzem em disciplina própria dos princípios. Adotada a distinção entre *regras* e *princípios*, pode-se afirmar que normas gerais veiculam tanto regras como princípios. Ainda que os princípios sejam sempre e necessariamente normas dotadas de altíssimo grau de abstração e generalidade, as regras também poderão ter por objeto disciplina geral acerca de certa matéria. Será lícito à União legislar sob um formato fechado e condicional

caso, era mais relevante assegurar a uniformidade nas contratações da Administração Pública, como um único conjunto, que refletir eventuais particularidades regionais. O que se pode entender pela prescrição que veda à lei geral esgotar a matéria regulada há de ser a vedação a que esta invada o campo de especificidade e particularidade reservado à lei regional ou local. Inexistente a margem para a disciplina especificante regional ou local, descaberá falar em vedação ao exaurimento pela lei" (*Competências Federativas na Regulamentação de Estações Radio-base*, disponível em *www.manesco.com.br*, 2006, p. 28).

7. É interessante trazer a visualização desse problema pela ótica da Corte Constitucional alemã, a propósito do tema das leis-quadro: "Uma regulamentação federal não ultrapassa os limites postos a normas de quadro quando ela, segundo o seu conteúdo e objetivo, é apta e necessitada de uma suplementação através de um ato livre de vontade por parte do legislador estadual no sentido de que somente a referida suplementação da obra legislativa sobre o assunto a ser ordenado a torne completa e exeqüível (*BVerfGE* 4, 115, 130). (...). O fato de que normas federais contenham dispositivos completos que, de acordo com o alcance do seu objeto de regulamentação, não deixam mais espaço para a legislação estadual (como o Decreto Federal de Notas) ainda não ultrapassa a competência de quadro se – como aqui – a regulamentação, vista como um todo, continue apta e necessitada de suplementação mediante legislação estadual (*BVerfGE* 25, 142, 152). Enquanto a regulamentação jurídica federal não ultrapassa os limites da competência de quadro não há motivo para ver uma falta de competência no fato de que a regulamentação não tenha sido efetuada pelo próprio legislador federal, mas – na base de uma delegação legal – por parte de um ministro federal mediante edição de decreto" (Andreas Joachim Krell, "A constitucionalidade da regulamentação da Lei de Consórcios Públicos (n. 11.107/2005) por decreto presidencial", *Revista de Direito do Estado* 5/350-351, Rio de Janeiro, Renovar, 2006).

Como comenta Krell, "a princípio as leis alemãs de quadro sempre devem estar aptas a receber suplementação por parte dos Estados. No entanto, razões em favor do 'bem integral' (*Gesamtwohl*) da Federação são capazes de tornar menos rígidos os limites da definição desse quadros temáticos. A própria Corte Constitucional (*BVerfG*) já decidiu que o legislador federal, na base do art. 75 LF, poderia também 'esgotar a normatização de aspectos pontuais de uma matéria', ordenando-a de forma integral, e até criar normas de eficácia imediata perante os cidadãos. Assim, determinados pontos temáticos de uma lei-quadro podem ser objeto de regulação plena, caso o assunto guarde elevado 'interesse numa nova regulação federal uniforme rapidamente aplicável' e a própria lei seja concebida numa forma que deixe ao legislador estadual espaços suficientes a serem preenchidos" (Andreas Joachim Krell, "A constitucionalidade da regulamentação da Lei de Consórcios Públicos (n. 11.107/2005) por decreto presidencial", cit., *Revista de Direito do Estado* 5/349-350).

das regras assuntos de interesse nacional e geral, sem esgotar o campo regulatório explorável pelos Estados-membros e Municípios. Assim, a regra inserta no art. 65 da Lei 8.666/1993, que fixa parâmetros rígidos para a alterabilidade dos contratos administrativos, há de ser tomada por norma geral, porquanto subjaz à sua disciplina um interesse nacional acerca da uniformização de assuntos implicados com diversos valores consagrados na base dos institutos da licitação e do contrato administrativo. Mas seu formato é de regra jurídica, apresentando uma hipótese de incidência rígida e formada por conceitos determinados, que opera sob um esquema de subsunção. Por isso, não vejo – como vê a maioria da doutrina que se ocupou deste tema – uma necessária associação entre o conteúdo das normas gerais e a disciplina dos princípios.

Talvez um defeito de compreensão do problema pela doutrina que reconhece no conteúdo das normas gerais fundamentalmente a veiculação de princípios esteja em resumir a distinção entre *regras* e *princípios* no seu grau de abstração e generalidade, usando-se desta escala para espelhar a variação de abrangência entre normas gerais (interesse nacional) e normas específicas (interesse regional e interesse local). Mas a equiparação é equivocada, porquanto estas tipologias diferem por diversos outros aspectos[8] – investigação que não cabe no presente estudo.

Por isso, norma geral não é equiparável à norma-princípio, isto é: não tem por conteúdo necessariamente a veiculação de princípios e diretrizes. Melhor é referir uma disciplina de *base* como conteúdo das normas gerais, própria a regular aspectos essenciais e centrais de certa matéria, deixando-se (como regra) margem para a disciplina de assuntos periféricos pelos demais entes federados. Limita-se a esfera de competência legislativa das normas gerais às matérias consideradas centrais, essenciais e gerais acerca de certo campo temático, extrapolado quando se adentra a regulação de questões periféricas, que descem a detalhamentos e minudências alusivas à situação regional ou local.

Quando, portanto, o legislador constitucional outorga competência à União para a disciplina de normas gerais sobre dado tema, está a lhe reservar competência para a regulação de aspectos *centrais*, *gerais* e *essenciais* sobre ele, que exigem tratamento uniformizado em todo o território nacional.

3. O inciso I do § 4º do art. 2º configura norma geral?

Fornecida a noção jurídica de "norma geral", ocupo-me da análise do conteúdo

8. Observe-se que, enquanto as *regras* funcionam num esquema de subsunção, os *princípios* são normas vocacionadas à ponderação, sendo, assim, sopesáveis e relacionáveis entre si numa dimensão de *peso*, de *importância – dimension of weight*. Diferem das *regras*, que são aplicáveis numa relação do tudo-ou-nada (*all-or-nothing fashion*): se os fatos descritos pela norma ocorrerem, ou a norma é válida, e neste caso o comando ofertado deve ser aceito, ou a norma é inválida, caso em que ela em nada contribui para a decisão. Diferentemente, os princípios são passíveis de se virem afastados uns em relação a outros; o confronto dessas normas se resolve, à luz da proporcionalidade, pelo "peso" e pela "importância" que cada princípio assume no sistema. Portanto, estas noções não diferem unicamente no que diz com seu grau de abstração e generalidade, mas caracterizam formatos jurídicos distintos, que revelam funções distintas no âmbito da hermenêutica (v. Ronald Dworkin, *Taking Rights Seriously*, Cambridge, Harvard University Press, 1999, pp. 24, 26 e 27).

da regra do inciso I do § 4º do art. 2º, com vistas a responder à indagação acerca de seu caráter de norma geral ou específica.

Neste percurso pretenderei analisar se esta norma veicula disciplina que se poderia tomar por geral, central ou essencial relativamente ao campo de regulação próprio delimitado pela identidade temática da matéria reservada à competência das normas gerais editáveis pela União (isto é: no âmbito do tratamento regulatório das *modalidades* de contratos administrativos), e se recobre um interesse nacional, capaz de exigir o tratamento unitário por todo o território nacional.

Deve-se pressupor, neste enfrentamento, que "central", "essencial" ou "geral" são noções que, opondo-se a "específico", "particular", "regional" ou "local", recobrem conceitos *relativos*, cuja compreensão depende de sua situação em contextos previamente delimitados. Uma disciplina central ou geral sobre *licitação* pode não corresponder a uma disciplina central ou geral sobre *direito administrativo*, dado que este universo temático é bem mais amplo que aquele. A escala de generalidade ou de *descentralidade* que informa o raciocínio proposto só se justifica em relação a certo campo temático. Isso me parece óbvio. Mas é importante fixar essa ideia, para que se possa melhor situar esse tão difícil exame sobre o caráter geral ou não geral da regra do inciso I do § 4º do art. 2º, relacionando primariamente esses conceitos ao seu terreno de aplicação.

Parta-se, então, do fato de que a norma constitucional atribuiu privativamente à União competência para legislar acerca de normas gerais em matéria de *contratos*,[9] em todas as suas *modalidades*, como se tira da letra do dispositivo. Tem a União, por isso, competência privativa para legislar sobre *normas gerais* no terreno das *modalidades contratuais*. É dentro desse campo temático – das *modalidades contratuais* – que se deve buscar contrastar o cunho geral, regional ou local relativamente aos temas regulados.

9. Há quem entenda pela inexistência de outorga constitucional à União para legislar sobre normas gerais em matéria de contrato administrativo.

É o que defendeu Floriano Azevedo Marques Neto, para quem a competência dada pela Constituição à União não alcança o regramento da *execução de contratos* (que seria de "economia interna do poder contratante"), mas tão só (o regramento) acerca da *contratação*, o que traduz, em sua ótica, a delegação de competência para legislar sobre procedimentos gerais de contratação direta. Justifica o jurista o parecer nos seguintes termos: "Note-se que a expressão 'contratação' – *v.g.*, ato ou procedimento de contratar, mas não de gerir e gerenciar o contrato – pode ser entendida como a fórmula do constituinte para outorgar à União poderes para regulamentar os casos de contratação direta. Pelo entendimento aqui esboçado, seria plausível sustentar que a Carta Maior não deu à União poderes para editar normas dos contratos, mas somente para uniformizar os procedimentos gerais (a) de licitação – quando esta couber – e (b) de contratação direta" ("Contrato administrativo: superveniência de fatores técnicos dificultadores da execução de obra – Inaplicabilidade dos limites de 25% de acréscimos", *Boletim de Direito Administrativo* 1998/116, São Paulo, NDJ).

Ouso discordar de Floriano – o que é sempre difícil. Como já sustentei em outro local, ao se utilizar das expressões "licitação" e "contratação" o texto constitucional deixa bem vincado que a esfera de competência privativa da União não se resume à edição de normas gerais sobre o *processo de formação dos contratos* (o que se identifica pela expressão "licitação"), mas envolve, ainda, o próprio contrato. Fosse a intenção do texto delimitar a esfera de competência ao regramento acerca da licitação e de processos de contratação direta, não faria sentido a inclusão da expressão "contratação". Ou seja: a prevalecer o entendimento de que a locução "contratação" se limita a indicar as hipóteses de *contratação direta*, ter-se-ia de reconhecer que sua inclusão no texto

Quando se configura juridicamente certa modalidade de contrato administrativo, tipificando-a, está-se, não há dúvida, regulando tema próprio de norma geral. A configuração das notas *básicas* e centrais de certa modalidade contratual específica merece regulação por normas gerais, as quais abrangem a fixação da hipótese do *tipo contratual*, a fixação das hipóteses de vedação à sua aplicação, a fixação de diretrizes e parâmetros acerca de sua alterabilidade, do tratamento do equilíbrio econômico-financeiro etc., e todas as questões que cumpram diretrizes ou princípios aplicáveis às contratações, como economicidade, razoabilidade, eficiência etc.

Ficam à conta da legislação complementar de Estados-membros e Municípios questões particulares, como a fixação de procedimentos complementares, prazos e parametrizações acessórias etc.

Aliás, um dado que reforça a evidência de que a regulação dos tipos legais em seus aspectos essenciais merece tratamento uniforme por todo o território nacional tira-se da disciplina dispensada pela Constituição ao direito dos contratos. A delimitação ou a configuração de um *tipo contratual*, no que há de essencial – como, por exemplo, a delimitação jurídica de seu cabimento –, é aspecto que transcende a organização administrativa particular das Administrações e alcança interesses outros da sociedade, tocando o *direito do contrato*. E o tema dos contratos desde sempre mereceu da Constituição disciplina uniforme no território nacional, regulado por *lei nacional* mediante exercício de competência legislativa privativa da União (inciso I do art. 22 da CF). É da Constituição que se extrai, então, a predominância do interesse nacional subjacentemente à disciplina do direito dos contratos. Delimitar e regular exaustivamente certa modalidade contratual alusiva ao direito civil e ao direito comercial é missão reservada à lei nacional, por exigir a Constituição, neste particular, um tratamento jurídico coerente em todo o território nacional. Numa visão sistemática do texto constitucional, ter-se-ia de reconhecer que a disciplina atinente à delimitação e à configuração básica de modalidade contratual-administrativa (fixando-se suas notas centrais) deve merecer tratamento por *norma geral*, sendo daí parcela central e geral daquele campo

tem função supérflua, eis que a própria expressão "licitação" a pressupõe. Regrar sobre licitação, então, é sobretudo regrar sobre seu cabimento, identificando hipóteses em que ela (a licitação) é exigível, inexigível ou dispensável. Uma vez que a Constituição Federal erigiu a licitação como regra a toda e qualquer contratação, as únicas hipóteses admissíveis de contratação direta são aquelas em que há ausência de exigibilidade da licitação (inexigibilidade ou dispensa). A contratação direta significa, por isso, a ausência de licitação. Versar sobre contratação direta, portanto, é versar acerca dos casos de ausência de licitação. Logo, bastaria referir a competência para legislar sobre *licitação* para abranger a disciplina sobre *contratação direta*. Como não se pode presumir, por força de princípio hermenêutico fundamental, que o texto constitucional contenha palavras supérfluas ou faça uso de tautologia, extrai-se a conclusiva tese de que a expressão "contratação" quer significar as matérias relativas aos *contratos* propriamente, envolvendo aí a disciplina acerca de sua execução e conclusão.

É em sentido próximo, ainda, o escólio de Alice González Borges, que, em monografia específica sobre o tema, já apontou como *normas gerais propriamente ditas* as "normas gerais de licitações e contratos administrativos, fundamentalmente construtoras de uma teoria geral dos contratos administrativos, dentro da categoria dos contratos em geral, pertencente à Teoria Geral do Direito, como espécie autônoma e diferenciada" (*Normas Gerais no Estatuto de Licitações e Contratos Administrativos*, São Paulo, Ed. RT, p. 48).

normativo, na interpretação do inciso XXVII do art. 22 da CF.[10]

A questão que se sucede é se a disciplina do valor-piso da modalidade do contrato administrativo PPP conforma um elemento próprio e central desse tipo contratual. Isto é: minha missão é investigar se o valor-piso prescrito pela Lei 11.079/2004 configura uma nota *geral* ou *essencial* do *tipo* da PPP (da *modalidade* da PPP). Este exame poderá desdobrar-se em dois passos: investigando-se, antes, (i) se a configuração do valor-piso em contrato de PPP perfaz um tema central e integrativo deste tipo e, seguidamente, (ii) se o valor-piso, tal como *parametrizado* pela norma, contém-se nos limites de uma disciplina geral sobre PPP.

Pois bem. Um ponto de partida, como referência de sistematização dos elementos constitutivos do tipo legal do contrato, é oferecido pela classificação tripartite proposta pela "doutrina dos elementos do contrato", segmentando-o em elementos essenciais (*essentialia*), naturais (*naturalia*) ou acidentais (*acidentalia*).[11] Neste domínio, uma das conquistas da doutrina dos *essentialia*[12] para fins de qualificação de arranjos fáticos aos tipos legais correspondentes, está em decifrar a seleção dos índices constitutivos do contrato que retratam a *essência* do tipo. Usando-se este aporte, tentarei verificar se o valor-piso relativamente ao modelo

10. Há quem veja naquele dispositivo *norma geral de direito financeiro*, recusando a classificação que o acolhe como *norma geral sobre contrato administrativo*. É o caso de Luiz Tarcísio Teixeira Ferreira, que afirma se tratar de norma de direito financeiro "por versar a obtenção de receita pública – neste caso, de receita de financiamento, de caráter, portanto, não coativo (não tributária), já não importando se ocorre ou não seu ingresso e contabilização no caixa do Estado ou, por outra, se o que se verifica é a sua aplicação direta em obras e serviços de infraestrutura. Mas terá caráter financeiro principal e necessariamente pelo lado da despesa pública, já que implica (i) o nascimento de obrigação de pagamento – que poderá ser satisfeita pelo parceiro público até mesmo de modo direto ao financiador (art. 5º, § 2º, II) –, decorrendo dela (ii) a sua necessária contabilização, (iii) a obrigação de planejamento de orçamento plurianual, (iv) o endividamento de longo prazo da pessoa pública e tocando, certamente, (v) a questão da gestão fiscal responsável" (*Parcerias Público-Privadas – Aspectos Constitucionais*, Belo Horizonte, Fórum, 2006, p. 37).

11. Explica Pedro Pais de Vasconcelos que, "num processo conceptual-subsuntivo, como é o dos 'elementos do contrato', os elementos essenciais fixam os limites da subsunção e, assim, os critérios do juízo binário de inclusão ou de exclusão. Para a inclusão é necessário e suficiente que no caso se verifiquem todos os elementos essenciais; para a exclusão é suficiente que falte um dos *essentialia*, seja qual ele for". Já, os *naturalia*, que integram também estruturalmente o tipo, correspondem à disciplina regulativa do tipo (cuja vigência está implícita no tipo, de tal modo que não precisa ser clausulada pelas partes para vigorar, porque é de sua "natureza"). Sob certo ângulo, então, a relação entre os *essentialia* e os *naturalia* retrata a relação entre a previsão e a estatuição. Os *acidentalia*, por sua vez, definem-se por exclusão das partes. "Designam tudo o que seja estipulado e que não constitua elemento essencial ou natural. Para terem vigência precisam ser estipulados" (Pedro Pais de Vasconcelos, *Contratos Atípicos*, Coimbra, Livraria Almedina, 1995, p. 82).

12. A doutrina dos *essentialia*, como doutrina que busca a definição dos *elementos essenciais* de um negócio para operar sua qualificação a certo tipo, pressupõe investigá-los a partir de duas ordens de elementos: (a) os que caracterizam o contrato como ato realizado entre as partes; (b) os que conformam o contrato-regulação ou o tipo legal do contrato, definidores de sua noção legal. Este segundo ângulo é o que apresenta relevância para o enfrentamento proposto no presente estudo, onde se pretende investigar os elementos essenciais do tipo legal da PPP, demonstrando-se que o valor-piso compõe esta seleção, sendo que defini-lo é regular aspecto essencial do próprio tipo.

da PPP perfaz os índices centrais do tipo capazes de espelhar a essência do modelo, como sua *função*, *configuração* e *sentido*. No dizer de Pedro Pais de Vasconcelos, os elementos essenciais, dentro dos elementos do tipo (legal), seriam aqueles cuja seleção é definidora da subsunção.[13] Se a regra do valor-piso compuser o conjunto dos elementos característicos e definidores (centrais, portanto) do tipo, penso que recobrirá matéria afeta à norma geral.

Examine-se-a, antes, sob o ângulo da *função* do tipo. A função ou causa[14] do contrato é explicada pela doutrina como a função objetiva do tipo legal. Refere-se costumeiramente como tal à função econômica ou social do contrato.[15] Como caracterização legal de uma operação econômica, o tipo do contrato recobrirá sempre uma certa função econômica ou social que pode ser apreendida pela sua tipificação. Visto sob sua funcionalidade, o modelo da PPP apresenta vocação para atrair investimentos a empreendimentos em infraestrutura. O valor-piso, neste contexto, delimita investimentos mínimos a serem realizados pelo parceiro privado. Entendendo-se, como entendo, o valor do contrato como o montante equivalente ao financiamento encarregado ao parceiro privado no ajuste de PPP, evidencia-se uma função precípua revelada pela regra do valor-piso em exigir quantitativo mínimo de financiamento capaz de deferir ao parceiro privado-colaborador certos "benefícios" que decorrem da disciplina jurídica da PPP, como o regime de prazos alongados e o sistema especial de garantias.

Ainda sob o ângulo da funcionalidade das PPPs, que se justificam como um meio de imprimir eficiência e economicidade aos ajustes com vistas a implementar e incrementar infraestrutura pública, o estabelecimento de um valor-piso evita a elevação dos custos transacionais (como se verá adiante), o que poderia resultar da aplicação do modelo a arranjos de pequeno porte financeiro, em vista da existência de elevados custos que se poderiam dizer insensíveis à dimensão econômico-financeira do contrato, atinentes a estudos e projetos para assegurar a viabilidade de uma PPP.

Além da *função* como índice do tipo, a *configuração* do contrato-tipo é um outro elemento importante na composição da sua *essência*. O modo como se articulam as peças integrativas do tipo definem um desenho próprio de cada tipo, imprimindo-lhe identidade (fisiológica, por assim dizer). No âmbito de sua articulação, de sua justaposição, a subtração de peças integrativas da configuração de um tipo pode produzir sua desfiguração, desequilibrando uma relação de correspondência que deve informar a convivência harmoniosa entre seus elementos constitutivos, e que se retrata especialmente numa relação equilibrada entre hipóteses da *previsão* e comandos da *estatuição* (ainda que na estruturação do *tipo* não se verifique tão claramente a configuração dúplice que caracteriza a norma jurídica, como regra). Neste particular, meu propósito é verificar se o valor-piso integra a *configuração* do tipo – vale dizer: se sua subtração poderia desequilibrar o desenho do tipo legal; se na articulação sistêmica dos elementos essenciais da configuração do tipo da PPP a prescrição do valor-piso encaixa-se como peça central na conformação

13. Pedro Pais de Vasconcelos, *Contratos Atípicos*, cit., p. 84.

14. Para uma crítica à *causa* como critério autônomo de qualificação v. Rui Pinto Duarte, *Tipicidade e Atipicidade dos Contratos*, Coimbra, Livraria Almedina, 2000, pp. 94 e ss.

15. Pedro Pais Vasconcelos, *Contratos Atípicos*, cit., pp. 124-125.

do tipo-previsão, de molde a justificar o tipo-regulação (estatuição).

Parece-me fora de dúvida que o valor-piso é um dado *pressuposto* para a construção do regime jurídico das PPPs, justificador, sobretudo, de comandos fundamentais que dão identidade ao regime jurídico peculiar do modelo. A exigência de valor mínimo do contrato como pressuposto de validade de uma PPP encontra sua razão de ser na formatação (financeira) deste modelo contratual, no seu regime jurídico próprio. Alguns efeitos jurídicos da aplicação do modelo justificam-se naquele dimensionamento. Alude Carlos Ari Sundfeld (tomando o *valor do contrato* como sendo o valor de investimento a ser provido pelo parceiro privado) que "os R$ 20.000.000,00 são o montante de investimento privado considerado mínimo pela lei para justificar a outorga, ao contratado, dos benefícios do regime da concessão – o prazo longo, as proteções especiais em caso de rescisão etc.".[16] Agrego que a previsão de um fundo garantidor a garantir o cumprimento das obrigações do parceiro público acolhido pelo modelo de PPP também se legitima na dimensão do porte financeiro do contrato e na duração alongada de sua execução. Logo, todas estas características apresentam-se sistemicamente vinculadas, sendo que o valor mínimo do contrato não nasce como um elemento autônomo, capaz de ser relativizado sem atingir a essência genética do modelo. Não se trata de mero complemento ou detalhamento de uma disciplina básica da PPP, mas é um verdadeiro elemento configurativo da essência do modelo.

Portanto, e ao contrário do que se pode pensar, eliminar ou relativizar a parametrização do porte financeiro mínimo da PPP incorre no risco de desnaturar a modalidade contratual, desequilibrando as relações de causa e efeito pressupostas na base desse modelo.

Indo além, pode-se dizer, ainda, que o valor-piso serve e se integra ao *sentido* do tipo das PPPs. O *sentido*, ao lado de outros aspectos, é um índice do tipo, na observação de Pedro Pais de Vasconcelos. Os tipos contratuais têm um sentido próprio que lhes dá coerência. "Os tipos contratuais são microssistemas móveis de elementos ordenados entre si, sob um determinado critério directivo." Após definir a *configuração* como o modo de ordenação interna dos elementos do tipo, explica o *sentido* como o critério diretivo desta configuração. "O sentido é o que dá unidade ao contrato e ao tipo contratual, é o que dá critério à sua configuração. É o código genético-organizativo."[17] Desse prisma, é conclusivo que a configuração normativa do modelo das PPPs está orientada a regular hipóteses de contratos que envolvam grandes empreendimentos, que comportem investimentos expressivos aportáveis pelo parceiro privado (assegurados pela imposição de um valor-piso), assegurando-lhe garantias especiais. Há, pois, uma função relevante na formação do *sentido* do tipo das PPPs reservada à regra do inciso I do § 4º do art. 2º.

Assim, parece correto admitir que aquela prescrição está integrada na base do regime das PPPs, sendo elemento configurativo *essencial* de seu tipo legal. Pois a delimitação das notas essenciais do tipo contratual parece ser objeto próprio de norma geral, apta a regular, em aspectos centrais e gerais, modalidades de contrato administrativo.

16. Carlos Ari Sundfeld, *Guia Jurídico* ..., p. 34.

17. Pedro Pais de Vasconcelos, *Contratos Atípicos*, cit., p. 149.

Até aqui é conclusivo, segundo o entendimento que defendo, ter a regra do § 4º do art. 2º, como uma peça-chave na definição da modalidade contratual da PPP, caráter de *norma geral*.

Mas, diriam alguns, se é certo que a definição de um valor-piso na hipótese da PPP pode mesmo ser acolhida como elemento central da criação dessa modalidade de contrato – o que autoriza a conclusão de que poderá ser fixada por norma geral –, o que se recusa, em última análise, é o caráter restritivo da parametrização concretamente imposta pela norma, que torna inacessível o uso da modalidade de contato por unidades federadas de menor porte financeiro, avançando-se, então, em competência legislativa suplementar dos demais entes, em vista da proteção do interesse regional e local. A defesa desta tese pressupõe reconhecer que, sendo o contrato de PPP um contrato financeiro, por constituir via para o financiamento de empreendimentos em infraestrutura e ter sua configuração atrelada a níveis de capital envolvidos na execução de seu objeto, sua parametrização no que diz com valores mínimos do contrato há de ser nivelada autonomamente pelos entes regionais e locais, dado que a cada um corresponde porte econômico-financeiro distinto. Supõe-se, neste giro, sendo certa a necessidade de se fixar um valor-piso para a disciplina da PPP (por ser um elemento integrativo de sua configuração), que a calibragem do valor-piso deverá proceder-se caso a caso, por se relacionar a características locais e regionais.

Um possível efeito jurídico desta tese – admitindo-se que o valor-piso é mesmo um elemento integrativo do tipo desta modalidade, mas negando-se o caráter de norma geral quanto à parametrização do valor-piso – estaria em aceitar a exigência de valor-piso como vinculante de todas as esferas federadas, ainda que se reconheça a possibilidade de cada uma destas ordens parametrizá-lo de acordo com interesses regionais e locais. Ou seja: neste viés, Estados e Municípios (e o Distrito Federal) não poderiam desatender à exigência ou simplesmente estabelecer normas que eliminassem a exigência de um valor-piso. Mas lhes caberia a edição de regra modificativa do conteúdo numérico do valor-piso veiculado pelo inciso I do § 4º do art. 2º. Talvez se pudesse dizer que, ainda quanto aos efeitos jurídicos que decorreriam do acolhimento desta tese, as demais ordens federadas estariam obrigadas ao atendimento do valor-piso disciplinado pela Lei 11.079/2004 até que produzissem suas legislações específicas, matizando-o relativamente aos interesses regionais e locais.

Insisto em rejeitar a tese que pretende negar o caráter de norma geral daquela regra. Agora o faço sob a perspectiva do conteúdo mais específico da norma, tomando-se em causa os parâmetros de sua definição. Se acima pretendi demonstrar que a espécie temática objeto daquela regra afigura-se *central* e *geral*, atendendo à exigência do tipo normativo das normas gerais, tentarei agora demonstrar que ela segue assim qualificada ainda sob o ângulo da parametrização mais específica traçada pelo seu conteúdo, isto é: quando delimita parâmetros financeiros exigentes para admitir a validade da roupagem contratual concebida.

Nesta missão, pretenderei demonstrar que aquela regra, tal como parametrizada, recobre um *interesse nacional* que justifica a uniformização da disciplina em todo o território nacional.

Por primeiro chamarei a atenção para uma finalidade jurídico-organizativa própria dos sistemas jurídicos – própria, portanto, do sistema do contrato administrativo. Trata-se de dizer que, sob uma perspectiva externa ao modelo da PPP – mas interna ao subsistema do direito do contrato administrativo[18] –, aquela prescrição guarda uma função jurídico-organizativa, com propósito de melhor delimitar as modalidades contratuais genericamente desenhadas, evitando-se a superposição de regimes jurídicos. Particularmente, essa função releva-se mais evidente quando se toma em conta a modalidade de concessão administrativa, cujo objeto é equiparável sob alguns ângulos ao objeto dos contratos administrativos gerais (ao contrato de prestação de serviços regido pela Lei 8.666/1993). Assim, a fixação daquele parâmetro (conjuntamente com o estabelecimento de prazo mínimo e outros condicionantes) justifica-se no propósito de evitar a sobreposição de regimes jurídicos, distanciando a concessão administrativa do modelo dos contratos administrativos gerais regidos pela Lei 8.666/1993. O papel de bem preservar a funcionalidade de regimes jurídicos especiais deve ser reservado à disciplina da norma geral. As linhas mestras à contratação administrativa que hão de ser obedecidas em todo o território nacional devem acolher uma adequada delimitação funcional dos tipos postos à disposição da Administração. Como aludiram os diversos pareceres que vieram à luz ainda durante a gestação do projeto de PPP, a proposta de se fixar valor mínimo para os contratos desta natureza amparou-se no objetivo de preservar a aplicação do regime jurídico da Lei 8.666/1993 para ajustes menos expressivos, evitando-se a migração generalizada ao modelo das PPPs (dada a atratividade à Administração da engenharia financeira pressuposta).[19] Alude-se então ao risco da banalização do modelo das parcerias, incorrendo-se numa espécie de desorganização do sistema administrativo-contratual vigente no Direito Brasileiro no que toca à separação (e identificação) funcional de seus modelos constitutivos. As parcerias serão, assim, uma tipologia geneticamente vocacionada a projetos de maior envergadura financeira.

Ainda sob um ângulo externo ao modelo, a exigência de valor mínimo do contrato parece fundar-se num postulado

18. Abrangente dos modelos do contrato administrativo geral (Lei 8.666/1993), do contrato de concessão de serviços públicos (Lei 8.987/1995) e do contrato de PPP (Lei 11.079/2004).

19. Essa preocupação vem evidenciada no voto do Relator, senador João Tenório, ao transitar pela Comissão de Serviços de Infraestrutura do Senado o Projeto de Lei da Câmara 10/2004 (PL 2.546/2003, na Casa de origem), alterado posteriormente para a versão final do Substitutivo que deu origem à Lei Geral das PPPs, em que se consignou: "Em que pese a todos os argumentos aqui lançados, tendo em vista as negociações mantidas com os representantes do Poder Executivo, e até mesmo para viabilizar a aprovação consensual do Substitutivo, atendendo a pleito que nos foi apresentado pelos representantes do Poder Executivo, os quais sustentam que, em algumas hipóteses, poder-se-ia justificar a adoção do modelo de PPP para os contratos de execução de obra, houvemos por bem manter os incisos III e IV, mas prevendo valor mínimo para a contratação, com vistas a evitar que as PPPs se tornem lugar-comum e façam da Lei Geral de Licitações letra morta. Com efeito, a adoção do modelo de PPP na execução pura e simples de obra para a Administração Pública, nos termos do Projeto, abriria a possibilidade de se afastar dos contratos de obra pública, de uma maneira generalizada, o regime da Lei n. 8.666, de 1993, o que não nos parece razoável. Esse diagnóstico ainda é mais preocupante quando notamos que o Projeto sequer fixou limites financeiros ou temporais mínimos para a classificação de um contrato como de PPP. Nesse ponto, também entendemos pertinentes as preocupações manifestadas pelo Sinduscon/SP, que propugna a supressão dos mencionados incisos, mas cremos que a fixação de um limite financeiro mínimo, somada ao limite temporal que introduzimos no art. 2º, presta-se a afastar a banalização do uso das PPPs em contratos de execução de obra pública".

de economicidade e eficiência, sendo perceptível um interesse nacional em prestigiar a concentração de recursos em grandes investimentos em infraestrutura e evitar a perda de escala dos recursos. Por isso também, há forte espaço para a consolidação da presunção de constitucionalidade da norma (como norma geral), como bem apanha Marcos Juruena.[20] Cumpre aquela norma, pois, função voltada à eficiência e à economicidade na manipulação de recursos destinados a projetos estruturantes.

Esta razão, de cunho econômico, prende-se à questão dos *custos de transação*. A realização completa de um projeto de PPP envolve inevitavelmente custos altíssimos e insensíveis à grandeza e ao porte do contrato de PPP. Especialmente, a missão de avaliação de riscos pressupõe uma multiplicidade de estudos de elevada complexidade. "Harmonizar a diversidade de interesses é tarefa complexa e que envolve consultores, técnicos, *advisors* financeiros e muitos advogados, o que faz com que os *project finance* sejam soluções onerosas" – apontam Cláudio Augusto Bonomi e Oscar Malvessi.[21] Considerados os inúmeros mecanismos de mitigação de risco, materializados na forma de contratos, conclui-se que "o empreendimento necessita dispor de um nível de resultados suficiente para suportar esses encargos, estabelecendo-se, dessa forma, uma premissa decorrente. Empreendimentos de pequeno porte não são adequados para essa estruturação financeira, pois não possuem massa crítica suficiente para absorver todos esses dispêndios".[22]

Verifica-se, então, inexistir uma relação de proporcionalidade entre o porte financeiro de uma PPP, ou o valor estimado do contrato, e as despesas de produção do projeto. Isso acarreta uma espécie de perda de economia de escala à medida que decresce o valor do contrato. Como o valor dos custos de um projeto de PPP apresenta-se pouco sensível a variações na dimensão econômico-financeira do projeto, quanto maior for o porte financeiro do empreendimento, melhor será o aproveitamento econômico do custo do projeto, menores serão os custos de transação envolvidos na operação.[23]

Essa uma das razões pelas quais se constata que no Brasil, assim como fora dele, têm sido quase inexistentes *project finance* inferiores a US$ 100,000,000.00.[24]

20. Como refere o autor: "É claro que o objetivo da norma foi evitar a descaracterização das concessões comuns, com emprego pulverizado de recursos, o que retira a escala de grandes investimentos, dos quais o País carece, podendo ser aplicado um juízo de presunção de constitucionalidade em função de estar a norma geral fixando uma densificação do princípio da economicidade, evitando a perda de escala dos recursos e a inviabilização de projetos de grande porte. Tanto isso é certo que o art. 4º, I, explicita a diretriz de eficiência nas missões e no emprego dos recursos da sociedade" (Marcos Juruena Villela Souto, *Direito Administrativo das Parcerias*, Rio de Janeiro, Lumen Juris, 2005, p. 36).

21. Cláudio Augusto Bonomi e Oscar Malvessi, *Project Finance no Brasil – Fundamentos e Estudos de Casos*, São Paulo, Atlas, 2002, p. 23.

22. Idem, ibidem.

23. Como anotam Robert Cooter e Thomas Ulen, os custos de transação em muitos contratos são pequenos em relação ao excedente derivado da cooperação; "en otros casos estos costos de transacción son grandes en relación con el excedente derivado de la cooperación. En efecto, estos costos de transacción son a menudo tan grandes en relación con el excedente que impiden la cooperación" (*Derecho y Economía*, México, Fondo de Cultura Económica, 1998, p. 267).

24. Cláudio Augusto Bonomi e Oscar Malvessi, *Project Finance no Brasil – Fundamentos e Estudos de Casos*, p. 23.

Portanto, é preciso entender a norma à luz também da diretriz de eficiência e ganhos de produtividade que se impõe às PPPs (incisos I e VII do art. 4º). Modelar ajustes de PPP a partir de contratos de pequena dimensão econômico-financeira importa suportar custos transacionais elevados. A finalidade de reduzir custos de transação, ampliando a economicidade e a eficiência nas contratações administrativas, orientou, por isso, a configuração de um valor-piso para contratos de PPP.

Todas estas ponderações conduzem a afirmar a natureza daquela norma como *norma geral*. E acrescento: norma geral acerca de *contrato administrativo*, recusando a tese de que o dispositivo versaria sobre *norma geral de direito financeiro*. Ainda que já se tenha como superada a tese segundo a qual os institutos da licitação e do contrato administrativo respeitariam ao direito financeiro (e não ao direito administrativo propriamente dito) – polêmica que se instalou na vigência da Constituição passada[25] –, fato é que algumas peculiaridades do modelo das PPPs nitidamente alusivas ao direito financeiro têm conduzido alguns autores a ver nesta modalidade objeto do campo regulatório do direito financeiro. Mais precisamente, a exigência de valor mínimo do contrato – lido por aqueles autores como valor a ser investido pelo parceiro privado na esfera da parceria – é admitida como norma de direito financeiro, o que lhes dá a convicção de ser norma geral de direito financeiro. No entanto, e sem recusar a existência de normas de direito financeiro no bojo do modelo das PPPs, não me parece que a regra que fixa valor mínimo do contrato assim se qualifique. É que, como referi, esta disciplina é elemento constitutivo da configuração jurídica da modalidade da PPP, respeita à delimitação do tipo contratual da parceria. Ainda que indiretamente reflita no tratamento do direito financeiro, como, de resto, reflete um sem-número de outros temas abrigados no campo do direito administrativo, deve ser tratada como questão de direito contratual administrativo.

Os argumentos da contratese, engenhosamente construídos por Luiz Tarcísio Teixeira Ferreira, resumem-se a reconhecer que (a) versa a norma acerca de obtenção de receita de financiamento (não importando se ocorre, ou não, seu ingresso e contabilização no caixa do Estado); (b) tem a norma caráter financeiro principal e necessariamente pelo lado da despesa pública, já que "implica (i) o nascimento de obrigação de pagamento – que poderá ser satisfeita pelo parceiro público até mesmo de modo direto ao financiador (art. 5º, § 2º, II) –, decorrendo dela (ii) a sua necessária contabilização, (iii) a obrigação de planejamento de orçamento plurianual, (iv) o endividamento de longo prazo da pessoa pública e tocando, certamente, (v) a questão da gestão fiscal responsável".[26]

25. A cogitação relembra a polêmica instalada ainda ao tempo da Constituição passada, quando, não havendo previsão acerca da competência privativa da União para legislar sobre normas gerais de licitação e contrato administrativo, inferiam alguns, daquele texto, que esses institutos correspondiam ao campo do direito financeiro, emprestando, assim, a competência privativa da União para editar normas gerais sobre direito financeiro (alínea "c" do inciso XVII do art. 8º) à regulação das licitações e contratos administrativos. Mas a discussão restou superada com a expressa previsão da nova Carta da competência inscrita no inciso XXVII do art. 22, atribuindo-se à União competência privativa para legislar sobre normas gerais de licitação e contrato administrativo.

26. Luiz Tarcísio Teixeira Ferreira, *Parcerias Público-Privadas – Aspectos Constitucionais*, cit., p. 37.

Com respeito aos argumentos levantados, não vejo nestas hipóteses situações que singularizariam os contratos de parceria (especialmente a *concessão administrativa*, que é a modalidade que melhor cabe nas críticas apontadas) sob o ângulo financeiro. Isto é: as situações apontadas poderiam ser reconduzidas a qualquer atividade contratual administrativa. Explico: a obtenção de receita sem contabilização como tal, como uma operação *indiretamente* financeira (ou financeira de um ponto de vista prático), ocorre em toda contratação administrativa, uma vez que, sob certo ângulo, o contratado, seja num contrato concessório, seja num contrato administrativo geral, financia a execução das prestações que serão tomadas pela Administração ao final do adimplemento, a partir do pagamento de um preço. Esse financiamento é operação subjacente a todo contrato, sendo que admiti-la como objeto do direito financeiro seria absorver o instituto do contrato administrativo nesse ramo do Direito, eliminando daí a utilidade da prescrição inscrita no inciso XXVII do art. 22 da CF.

Aliás, e relativamente às concessões patrocinadas, o mecanismo de "obtenção de receita" (que aproveita apenas mediatamente à Administração), autoalimentador do sistema de remuneração concessório, em nada destoa do sistema convencional das concessões, desde sempre tratadas como matéria própria dos domínios do direito administrativo.

Pelo lado da despesa pública, não vejo, por igual, a singularização do tratamento das PPPs ao problema. O nascimento de obrigação de pagamento também decorre de todo contrato administrativo, sendo que a hipótese de satisfação do crédito do parceiro privado diretamente ao agente financiador em nada foge ao tratamento do contrato administrativo ou da teoria dos contratos. Trata-se, esta, de uma garantia à figura do agente financiador do projeto. Situações similares podem ser encontradas no regime tradicional das concessões (comuns) de serviços públicos – e jamais se cogitou de tratá-las à luz do direito financeiro. Por outro lado, as decorrências indicadas também não são situações alheias ao regime convencional dos contratos administrativos. Lembre-se que a contabilização de despesas futuras em plano plurianual é exigida nos contratos de prestação continuada regidos pelo art. 57 da Lei 8.666/1993, assim como a gestão fiscal responsável repousa sobre toda atividade administrativa que gera despesas à Administração.

Por isso, aquela regra é norma (geral) de direito administrativo.

3.1 Síntese dos fundamentos que conduzem ao reconhecimento da regra do inciso I do § 4º do art. 2º

Resumindo tudo, posso dizer que a norma do inciso I do § 4º do art. 2º, ao veicular a exigência de um valor mínimo para ajustes de PPP, é, sim, *norma geral de direito administrativo*, uma vez que:

(a) A exigência de valor-piso é peça constitutiva de aspectos essenciais do tipo legal da PPP. Como a Constituição outorgou competência privativa à União para legislar sobre normas gerais de modalidade de contrato administrativo, a veiculação de elemento central ou essencial da configuração do tipo legal é, fora de dúvida, matéria afeta à norma geral.

(b) A exigência de valor-piso recobre um interesse nacional, que lhe exige a unificação de tratamento jurídico em todo o território nacional. O interesse transcendente se demonstra: (b.1) na própria configuração normativa de modalidade de contrato administrativo em seus traços formativos, como é o valor-piso. A subtração ou relativização do valor-piso poderá produzir a desfiguração do modelo, desequilibrando a relação de correspondência que há entre ele e certos comandos do regime jurídico da PPP; (b.2) na função organizacional do sistema jurídico do contrato administrativo, prestando-se o valor-piso a melhor delimitar o uso do modelo da PPP relativamente a outros regimes – o que ganha relevância na autonomização da PPP, vista sob o figurino da concessão administrativa, em contraste com o contrato administrativo geral (Lei 8.666/1993); (b.3) por recobrir a prescrição do valor-piso aplicação dos princípios da economicidade e da eficiência, ao prestigiar a concentração de recursos em grandes investimentos em infraestrutura e evitar sua perda de escala e, ainda, ao promover a economia dos custos de transação, uma vez que as PPPs envolvem (em todos os casos) altíssimos custos de projetos, insensíveis à grandeza do contrato, o que exige, para evitar seu uso antieconômico, que o contrato tenha expressiva dimensão econômico-financeira.

ÓRGÃO PARTICIPANTE NA CONDIÇÃO DE "CARONA" NO SISTEMA DE REGISTRO DE PREÇOS

BEATRIZ PEREIRA DA SILVA
Procuradora da Fazenda Nacional
– Pós-Graduanda em Direito Constitucional na Escola Superior de Direito Constitucional

1. Introdução. 2. Breves considerações sobre o Sistema de Registro de Preços. 3. Interpretação literal versus *interpretações teleológica e sistemática. 4. Conclusão.*

1. Introdução

O objeto do presente artigo é a análise acerca da possibilidade de um órgão participante da Ata de Registro de Preços que não tenha indicado a quantidade de bem que necessitaria adquirir (por erro ou ocorrência de situação inesperada) aderir à Ata, na condição de "carona".

Imagine-se a seguinte situação: o órgão gerenciador "A" objetivava a aquisição de papel "A4", grampeador e lápis. Os órgãos "B", "C" e "D" foram convidados e participaram da Ata de Registro de Preços. A licitação foi realizada e formou-se Ata. O órgão "C" verificou que, por um lapso, não havia indicado a necessidade de aquisição de papel. É possível, então, aderir à Ata, na qualidade de "carona", para adquirir novo quantitativo?

Não se abordará no presente artigo a constitucionalidade ou inconstitucionalidade do "carona", previsto no art. 8º do Decreto 3.931/2001, tendo em vista que nomes de peso já se manifestaram a respeito.[1] Não obstante as respeitáveis e

1. A título de exemplo, *manifestando-se favoravelmente ao instituto*, cf.: Jorge Ulisses Jacoby Fernandes, "'Carona' em Sistema de Registro de Preços: uma opção inteligente para redução de custos e controle", in *Sistema de Registro de Preços e Pregão Presencial e Eletrônico*, 3ª ed., 1ª reimpr., Belo Horizonte, Fórum, 2009; *manifestando-se contrariamente*: Marçal Justen Filho, *Comentários à Lei de Licitações e Contra-*

fundadas críticas, até o presente momento o referido decreto vigora em nosso ordenamento jurídico, sendo certo que sua aplicação é cada vez mais difundida, gerando inúmeras questões – dentre elas a que é objeto do presente trabalho.

Após breves considerações acerca do Sistema de Registro de Preços, apontaremos os conceitos de "órgão participante" e "órgão não-participante" ("carona"), para, então, analisarmos a questão proposta.

2. Breves considerações sobre o Sistema de Registro de Preços

Desde o Decreto-lei 2300, de 21.11.1986, havia previsão legal para o Sistema de Registro de Preços. Todavia, esse instituto não era muito utilizado pelos administradores.

Com o advento da Emenda Constitucional 19, de 4.6.1998, que alterou diversas normas constitucionais para a chamada *Reforma Administrativa do Estado*, desenvolveu-se a concepção da Administração Gerencial pautada pela desburocratização, controle de resultados e eficiência do serviço público, de forma que o Sistema de Registro de Preços, por sua praticidade e agilidade, vem, desde então, ganhando destaque.

O Sistema de Registro de Preços está previsto no art. 15 da Lei 8.666/1993, e na órbita federal sua regulamentação ocorreu com a edição do Decreto 2.743/1998 e depois pelo Decreto 3.931/2001, alterado pelo Decreto 4.342/2002.

Jacoby Fernandes conceitua o Sistema de Registro de Preços da seguinte forma: "É um procedimento especial de licitação que se efetiva por meio de uma concorrência ou pregão *sui generis*, selecionando a proposta mais vantajosa, com observância do princípio da isonomia, para eventual e futura contratação pela Administração".[2]

Nesse Sistema, além do órgão responsável pelo procedimento e gerenciamento da ata – órgão gerenciador –, é possível a existência de outros órgãos que se utilizarão do mesmo Sistema: os órgãos participantes e os órgãos não-participantes, conhecidos como "caronas".

As figuras do órgão gerenciador, órgão participante e órgão não-participante ("carona") estão previstas e devidamente descritas no mencionado Decreto 3.931/2001:

"Art. 1º. (...).

"Parágrafo único. Para os efeitos deste Decreto, são adotadas as seguintes definições: (...) III – Órgão Gerenciador – órgão ou entidade da Administração Pública responsável pela condução do conjunto de procedimentos do certame para registro de preços e gerenciamento da Ata de Registro de Preços dele decorrente; e IV – *Órgão Participante – órgão ou entidade* ***que participa dos procedimentos iniciais do SRP e integra a Ata de Registro de Preços***" (destacou-se).

A previsão do "carona", por sua vez, está contida no art. 8º, *in verbis*:

"Art. 8º. A Ata de Registro de Preços, durante sua vigência, poderá ser utilizada por qualquer órgão ou entidade da Administração *que não tenha participado do certame licitatório*, mediante prévia consulta ao órgão gerenciador, desde que

tos Administrativos, 10ª ed., São Paulo, Dialética, 2004, pp. 160-161.

2. Jorge Ulisses Jacoby Fernandes, "'Carona' em Sistema de Registro de Preços: uma opção inteligente para redução de custos e controle", cit., in *Sistema de Registro de Preços e Pregão Presencial e Eletrônico*, 3ª ed., 1ª reimpr., p. 30.

devidamente comprovada a vantagem" (destacou-se).

"Carona", portanto, "é o apelido que vem ganhando notoriedade para designar o preceituado no art. 8º e seus §§ do Decreto federal 3.931, de 19.9.2001, que regulamenta o Sistema de Registro de Preços no âmbito da Administração Pública Federal, cujo teor permite que um órgão ou entidade que não tenha participado da licitação que deu origem à Ata de Registro de Preços adira a ela, desde que durante sua vigência e desde que aceito pelo fornecedor, sendo-lhe facultado contratar até 100% do quantitativo registrado na Ata".[3]

3. Interpretação literal **versus** *interpretações teleológica e sistemática*

Uma vez apontados os conceitos de "órgão gerenciador", "órgão participante" e "órgão não-participante" ("carona"), pode-se iniciar a análise da questão objeto do presente estudo.

Diante de erro de estimativa ou de fato superveniente (aumento inesperado de serviços, por exemplo) é possível que órgão que tenha participado da Ata de Registro de Preços de diversos itens participe novamente, na qualidade de "carona"?

Duas interpretações são possíveis.

A primeira delas consiste na *interpretação literal* do art. 8º do Decreto 3.931/2001. Com efeito, o critério que distingue o órgão participante do "carona" é o momento do ingresso no Sistema de Registro de Preços. O primeiro toma parte dos procedimentos iniciais (ou seja, na fase interna da licitação), enquanto o segundo simplesmente adere à Ata após o procedimento de licitação e registro dos preços, desde que seja autorizado pelo órgão gerenciador, podendo ou não ser aceito pelo fornecedor.[4]

Sobre o tema, transcrevem-se as lições de Jorge Ulisses Jacoby Fernandes, para quem:

"*O órgão participante se vincula ao SRP desde o início do procedimento*. Para isso, todavia, deverá informar o seu interesse em participar, a estimativa do consumo, a expectativa do cronograma de consumo e as especificações do objeto. Posteriormente, confirmará se a descrição do objeto definido pelo órgão gerenciador corresponde ao que pretende. Após receber a Ata de Registro de Preços, indica o seu órgão gerenciador e promove as aquisições com observância dos demais procedimentos.

3. Joel de Menezes Niebuhr, "'Carona' em Ata de Registro de Preços: atentado veemente aos princípios de direito administrativo", *RTDP* 46/175-182, São Paulo, Malheiros Editores, 2004.

4. A distinção entre *órgãos participantes* e meramente *usuários* não é só relativa ao tempo do ingresso no SRP do órgão gerenciador. Em síntese, os órgãos participantes têm as seguintes vantagens: têm suas expectativas de consumo previstas no ato convocatório; têm dos fornecedores o compromisso de fornecimento; têm direito de requisitar, automaticamente, todos os objetos previstos no SRP. Já, o atendimento dos pedidos dos órgãos meramente usuários fica na dependência de: prévia consulta e anuência do órgão gerenciador; indicação pelo órgão gerenciador do fornecedor ou prestador de serviço; aceitação, pelo fornecedor, da contratação pretendida, condicionada esta a não gerar prejuízo aos compromissos assumidos na Ata de Registro de Preços; e, embora a norma seja silente a respeito, deverão ser mantidas as mesmas condições do registro, ressalvadas apenas as renegociações promovidas pelo órgão gerenciador, que se fizerem necessárias (Jorge Ulisses Jacoby Fernandes, "'Carona' em Sistema de Registro de Preços: uma opção inteligente para redução de custos e controle", cit., in *Sistema de Registro de Preços e Pregão Presencial e Eletrônico*, 3ª ed., 1ª reimpr., p. 670).

"*O Decreto [*n. 3931/2001*] permite a qualquer órgão e entidade que não tenha assumido, **na época própria, a posição formal de órgão participante** a utilização da Ata de Registro de Preços*"[5] (destacou-se).

Adiante, o mesmo autor leciona:

"Órgãos participantes são aqueles que, no momento da convocação do órgão gerenciador, comparecem e participam da implantação do SRP, informando os objetos pretendidos, qualidade e quantidade. Sua atuação é prevista no art. 1º, inciso IV, do Decreto 3.931/2001.

"Órgãos não-participantes ('caronas'): são aqueles que, não tendo participado na época oportuna, informando suas estimativas de consumo, requerem, posteriormente, ao órgão gerenciador, o uso da Ata de Registro de Preços."

Extrai-se da regra do *caput* do art. 8º do Decreto 3.931/2001, supratranscrita, e das lições de Jacoby Fernandes que a condição para ser "carona" é não ter participado do certame licitatório.

Se determinado órgão efetivamente participou do certame, integrou a Ata, informando os itens que pretendia adquirir e as quantidades, então, por uma interpretação literal, não poderá aderir à Ata na condição de "carona".

A interpretação decorre de previsão expressa na legislação que rege a matéria. Diante do princípio da legalidade, não haveria margem de liberdade para o órgão participante aderir posteriormente à Ata de Registro, na medida em que o art. 8º do Decreto 3.931/2001 apenas autoriza a adesão de órgãos que não tenham participado da licitação.

5. Jorge Ulisses Jacoby Fernandes, "'Carona' em Sistema de Registro de Preços: uma opção inteligente para redução de custos e controle", cit., in *Sistema de Registro de Preços e Pregão Presencial e Eletrônico*, 3ª ed., 1ª reimpr., pp. 325 e 669-670.

Em que pese a esse entendimento, destaca-se que as *interpretações sistemática e teleológica* são igualmente possíveis e mais satisfatórias, fundadas na finalidade da licitação e nos princípios da economicidade e da eficiência, que também regem as licitações e contratos administrativos.

Se o edital previu a aquisição de vários itens, é certo que cada item corresponde a uma licitação específica e pode gerar um contrato. Os itens são agrupados em um único edital, ocorrendo "diversas licitações" em um único procedimento, em que cada item, com suas peculiaridades, é julgado separadamente. O fundamento da realização da licitação por itens reside na praticidade, conveniência e economia para a Administração Pública.

"A licitação por itens corresponde, na verdade, a uma multiplicidade de licitações, cada qual com existência própria e dotada de autonomia jurídica, mas todas desenvolvidas conjugadamente em um único procedimento, documentado nos mesmos autos. (...). Na licitação por itens há um único ato convocatório, que estabelece condições gerais para a realização de certames que se processarão conjuntamente, mas de modo autônomo. O ato convocatório discrimina diferentes objetos, cada qual considerado como um 'item'. A autonomia se revela pela faculdade outorgada aos licitantes de produzir propostas apenas para alguns itens. Os requisitos de habilitação são apurados e cada proposta é julgada em função de cada item. Há diversos julgamentos, tanto na fase de habilitação quanto na de exame de propostas. Mesmo que materialmente haja um único documento, haverá tantas decisões quantos sejam os itens objeto de avaliação."[6]

6. Marçal Justen Filho, *Comentários à Lei de Licitações e Contratos Administrativos*, cit., 10ª ed., pp. 209-210.

Sobre essa figura largamente utilizada pela Administração Pública é interessante destacar que o Tribunal de Contas da União não apenas admite, mas entende que é obrigatória a adjudicação por item, desde que o objeto seja divisível e que não haja prejuízo para a Administração.[7]

Utilizaremos o exemplo dado na introdução deste artigo. Suponha-se uma Ata de Registro que contenha três itens (papel, grampeador e lápis). Resta claro, então, que temos diversas licitações em um único procedimento. Dos três itens licitados, determinado órgão participou de dois. Como cada item corresponde a uma licitação autônoma, apenas com disciplina comum em um mesmo edital, podemos afirmar que não houve participação desse órgão em outro item (vale dizer, em uma licitação), sendo possível sua adesão à Ata na condição *própria* de "carona" no item restante.

Em um primeiro argumento favorável à adesão, o órgão, então, é qualificado como *participante* nos itens "grampeador" e "lápis", por exemplo, e como "carona" no item "papel".

Outra linha de argumentação em favor da adesão do órgão participante na condição de "carona" seria extraída da finalidade da licitação.

De acordo com o art. 5º da Lei de Introdução ao Código Civil, "na aplicação da lei, o juiz atenderá aos fins sociais a que ela se dirige e às exigências do bem comum".

Nesta esteira, no caso das licitações, podemos destacar o art. 3º da Lei 8.666/1993: "Art. 3º. A licitação destina-se a garantir a observância do princípio constitucional da isonomia e a selecionar a proposta mais vantajosa para a Administração e será processada e julgada em estrita conformidade com os princípios básicos da legalidade, da impessoalidade, da moralidade, da igualdade, da publicidade, da probidade administrativa, da vinculação ao instrumento convocatório, do julgamento objetivo e dos que lhes são correlatos".

Depreende-se, então, que a licitação não constitui um fim em si mesma. O instituto tem dois objetivos claros: alcançar a proposta mais vantajosa para a Administração Pública e assegurar a participação de interessados na disputa para contratar com as pessoas governamentais.

No caso em tela, em que já houve um procedimento licitatório, que culminou com o registro dos melhores preços, existe a possibilidade de o órgão participante aderir posteriormente à Ata, na condição de "carona", *desde que esteja devidamente comprovada a vantagem econômica* para a Administração Pública, pois é essa uma das finalidades precípuas da licitação.

Ademais, impedir a adesão do órgão participante nessa situação fere diretamente o princípio da razoabilidade. Isto porque *qualquer outro órgão ou entidade* que não tenha participado do certame licitatório pode ser "carona", nos termos do art. 8º do Decreto 3.931/2001. Se é possível a qualquer outro órgão aderir à Ata na condição de "carona" com fundamento na vantajosidade da contratação, por que não o órgão participante que, por um erro ou

7. Nesse sentido a Súmula 247 do TCU: "É obrigatória a admissão da adjudicação por item, e não por preço global, nos editais das licitações para a contratação de obras, serviços, compras e alienações cujo objeto seja divisível, desde que não haja prejuízo para o conjunto ou complexo ou perda de economia de escala, tendo em vista o objetivo de propiciar a ampla participação de licitantes que, embora não dispondo de capacidade para a execução, fornecimento ou aquisição da totalidade do objeto, possam fazê-lo com relação a itens ou unidades autônomas, devendo as exigências de habilitação adequar-se a essa divisibilidade".

situação inesperada, deixou de indicar o quantitativo de determinado item?

Assim, uma das finalidades da licitação, qual seja, a vantajosidade da contratação, fundamenta a possibilidade de o órgão participante aderir posteriormente à Ata, na condição de "carona".

Temos, então, dois resultados interpretativos opostos e excludentes entre si. Qual deve prevalecer?

Ao tratar da apreciação do resultado da interpretação, ensina Carlos Maximiliano:

"Prefere-se o sentido mais conducente ao resultado mais favorável, que melhor corresponda às necessidades da prática e seja mais humano, benigno, suave.

"É antes de crer que o legislador haja querido exprimir o conseqüente e adequado à espécie do que o evidente injusto, descabido, inaplicável, sem efeito. Portanto, dentro da letra expressa procure-se a interpretação que conduza à melhor conseqüência para a coletividade."[8]

O que leva à melhor necessidade da prática, de maneira consequente e mais benéfica à coletividade, pode ser extraído dos princípios constitucionais: a obrigatoriedade de observância dos princípios da eficiência e da economicidade, que devem pautar a atuação do administrador.

Como anteriormente mencionado, a tônica vigente na Administração Pública, após a Emenda Constitucional 19/1998, é a *eficiência no serviço público*.[9] Assim, existe o dever de eficiência gerencial na atuação do agente público, que decorre da observância dos princípios da eficiência e da economicidade na atuação administrativa.

Sobre o *princípio da eficiência*, inserido pela Emenda Constitucional 19/1998 no *caput* do art. 37 da CF, destacamos os ensinamentos de Maria Sylvia Zanella Di Pietro: "O princípio da eficiência apresenta, na realidade, dois aspectos: pode ser considerado em relação ao *modo de atuação do agente público*, do qual se espera o melhor desempenho possível de suas atribuições, para lograr os melhores resultados; e em relação ao *modo de organizar, estruturar, disciplinar a Administração Pública*, também com o mesmo objetivo de alcançar os melhores resultados na prestação do serviço público"[10] (destaques no original).

Sobre o *princípio da economicidade* transcrevem-se as precisas lições de Marçal Justen Filho, para quem: "Mas a economicidade significa, ainda mais, o dever de eficiência. Não bastam honestidade e boas intenções pra validação de atos administrativos. *A economicidade impõe adoção da solução mais conveniente e eficiente sob o ponto de vista da gestão dos recursos públicos. Toda atividade administrativa envolve uma relação sujeitável a enfoque de custo/benefício.* O desenvolvimento da atividade implica produção de custos em diversos níveis. Assim, há custos relacionados com o tempo, com a mão-de-obra

8. Carlos Maximiliano, *Hermenêutica e Aplicação do Direito*, 19ª ed., Rio de Janeiro, Forense, 2005, p. 135.

9. Como aponta Márcio Cammarosano: "À margem das controvérsias quanto ao reconhecimento do princípio da eficiência no Direito Brasileiro, ninguém olvida que da sua explicitação no texto constitucional decorreram produções legislativas e administrativas que deram um novo rumo à Administração Pública, direcionando-a à atuação gerencial" ("Sistema de Registro de Preços: breves considerações", *Revista do Advogado* 107/132-139, São Paulo, AASP, dezembro/2009).

10. Maria Sylvia Zanella Di Pietro, *Direito Administrativo*, 20ª ed., 2ª reimpr., São Paulo, Atlas, 2007, p. 75.

etc. Em contrapartida, a atividade produz certos benefícios – também avaliáveis em diversos âmbitos"[11] (destacamos).

Dentro desse contexto, e pautando-se nas lições acima transcritas, constata-se que toda regulamentação do procedimento do Sistema de Registro de Preços, inclusive com a previsão do órgão participante e do "carona", tem o escopo de conferir caráter desburocratizante e agilidade às contratações da Administração Pública, buscando maior eficiência e economicidade no atendimento ao interesse público.

Assim, se já existe a Ata de Registro (precedida de licitação) e se, por um erro, não houve indicação de quantitativo de determinado item pelo órgão participante, exigir a abertura de novo processo licitatório, com todos os gastos e recursos humanos inerentes, *poderia implicar inobservância da economicidade e da eficiência*, princípios norteadores da atuação do administrador.

É sabido que os custos com o processo de licitação são muito altos. Além das despesas com servidores destacados para essa atividade, há dispêndio com publicação de editais, desenvolvimento de sistemas informatizados, materiais e problemas logísticos. Não se pode olvidar, ainda, a questão do tempo necessário para a realização do procedimento.

Ora, se já existe uma Ata com o registro dos preços mais vantajosos para a Administração, resultante de licitação aberta a todos os interessados, entende-se que a abertura de nova licitação poderia ser ineficiente e dispendiosa, contrariando claramente o interesse público.

Ressalte-se que apenas o órgão contratante pode afirmar e atestar, no caso concreto, se novo processo licitatório seria menos vantajoso para a Administração Pública, por meio de pesquisa de mercado específica. Caso não exista essa comprovação, nova licitação deverá ser realizada, atendendo ao disposto no art. 37, XXI, da CF.

É importante destacar novamente que a adesão à Ata na condição de "carona" não ocorre de maneira indiscriminada. Com efeito, o órgão que pretende aderir à Ata deve obrigatoriamente observar as formalidades contidas no art. 15 da Lei 8.666/1993 e no Decreto 3.931/2001, quais sejam: pesquisa de mercado, em que haja claro cotejo dos valores praticados no mercado com aquele constante da Ata; comprovação da vantagem econômica de maneira expressa e motivada; prévia consulta ao órgão gerenciador; indicação dos possíveis fornecedores e preços pelo órgão gerenciador; aceitação do fornecedor, desde que não haja prejuízo das obrigações assumidas; observância do limite de 100% da Ata.

Além dessas exigências, entendemos que o órgão participante que pretende aderir à Ata na condição de "carona" deverá justificar pormenorizadamente a ocorrência do erro ou do fato superveniente para a aquisição de novo quantitativo do bem pretendido.

4. Conclusão

Pelo exposto, conclui-se que, desde que devidamente comprovada a vantajosidade econômica da adesão, há a possibilidade de adesão do órgão participante na qualidade de "carona" em Ata de Registro de Preços de diversos itens nos quais ele originalmente não tenha participado, tendo em vista que é a interpretação que melhor atende à finalidade da licitação, bem como os princípios da economicidade

11. Marçal Justen Filho, *Comentários à Lei de Licitações e Contratos Administrativos*, cit., 10ª ed., p. 60.

e eficiência e, principalmente, o interesse público.

Bibliografia

CAMMAROSANO, Márcio. "Sistema de Registro de Preços: breves considerações". *Revista do Advogado* 107. São Paulo, AASP, dezembro/2009.

DI PIETRO, Maria Sylvia Zanella. *Direito Administrativo*. 20ª ed., 2ª reimpr. São Paulo, Atlas, 2007.

FERNANDES, Jorge Ulisses Jacoby. "'Carona' em Sistema de Registro de Preços: uma opção inteligente para redução de custos e controle". In: *Sistema de Registro de Preços e Pregão Presencial e Eletrônico*. 3ª ed., 1ª reimpr. Belo Horizonte, Fórum, 2009.

JUSTEN FILHO, Marçal. *Comentários à Lei de Licitações e Contratos Administrativos*. 10ª ed. São Paulo, Dialética, 2004.

MAXIMILIANO, Carlos. *Hermenêutica e Aplicação do Direito*. 19ª ed. Rio de Janeiro, Forense. 2005.

NIEBUHR, Joel de Menezes. "'Carona' em Ata de Registro de Preços: atentado veemente aos princípios de direito administrativo". *RTDP* 46. São Paulo, Malheiros Editores, 2004.

CONCURSO PÚBLICO – REVISÃO JUDICIAL DE CRITÉRIO DE CORREÇÃO DE PROVA, FIXADO PELA COMISSÃO DE CONCURSO EM DESCOMPASSO COM OS PRINCÍPIOS INFORMADORES DO EXERCÍCIO DA FUNÇÃO ADMINISTRATIVA, ESPECIALMENTE OS PRINCÍPIOS DA RAZOABILIDADE E DA PROPORCIONALIDADE

STJ – 5ª Turma – RMS 27.566-CE – Rela. para o acórdão Min. Laurita Vaz – Recorrente: Erick Omar Soares Araújo – Recorrido: Estado do Ceará – j. 17.11.2009.

Ementa: Administrativo – Concurso público – Juiz Substituto da Magistratura do Estado do Ceará – Controle judicial do ato administrativo – Limitação – Oportunidade e conveniência – Exigência do enunciado da questão não valorada no espelho de correção da Prova de Sentença Penal – Ausência de razoabilidade – Ofensa aos princípios da confiança e da moralidade – Inclusão de novo item no espelho de correção – Redistribuição dos pontos.

1. É cediço que o controle judicial do ato administrativo deve se limitar ao exame de sua compatibilidade com as disposições legais e constitucionais que lhe são aplicáveis, sob pena de restar configurada invasão indevida do Poder Judiciário na Administração Pública, em flagrante ofensa ao princípio da separação dos Poderes.

2. Desborda do juízo de oportunidade e conveniência do ato administrativo, exercido privativamente pelo administrador público, a fixação de critérios de correção de prova de concurso público que se mostrem desarrazoados e desproporcionais, o que permite ao Poder Judiciário realizar o controle do ato, para adequá-lo aos princípios que norteiam a atividade

administrativa, previstos no art. 37 da Carta Constitucional.

3. Mostra-se desarrazoado e abusivo a Administração exigir do candidato, em prova de concurso público, a apreciação de determinado tema para, posteriormente, sequer levá-lo em consideração para a atribuição da nota no momento da correção da prova. Tal proceder inquina o ato administrativo de irregularidade, pois atenta contra a confiança do candidato na Administração, atuando sobre as expectativas legítimas das partes e a boa-fé objetiva, em flagrante ofensa ao princípio constitucional da moralidade administrativa.

4. Recurso ordinário provido.

ACÓRDÃO – Vistos relatados e discutidos estes autos: Acordam os Ministros da 5ª Turma do Superior Tribunal de Justiça, na conformidade dos votos e das notas taquigráficas a seguir, por maioria, dar provimento ao recurso, nos termos do voto da Sra. Min. Laurita Vaz, que lavrará o acórdão. Votaram com a Sra. Min. Laurita Vaz os Srs. Mins. Arnaldo Esteves Lima e Napoleão Nunes Maia Filho.

Votaram vencidos os Srs. Min. Jorge Mussi e Félix Fischer, que negavam provimento ao recurso.

Sustentaram Oralmente: Dr. Raphael Sampaio Malinverni (pelo recorrente) e Ministério Público Federal.

Brasília (DF), 17 de novembro de 2009 (data do julgamento) – *Laurita Vaz*, relatora.

RELATÓRIO – *O Sr. Min. Jorge Mussi*: Erick Omar Soares Araújo interpõe recurso ordinário em mandado de segurança, com fundamento no art. 105, II, "b", da Constituição Federal, contra acórdão do Tribunal Pleno do Tribunal de Justiça do Estado de Ceará assim ementado:

"Administrativo e Processual Civil – Mandado de segurança – Litisconsórcio Necessário, dilação probatória e competência da Justiça Federal – Critérios de correção de provas – Insindicabilidade.

"Preliminarmente. 1.1 Litisconsórcio necessário e Justiça Federal. Não é litisconsorte necessário o agente delegado (FUB), que atua como mero órgão executor, afastada, no ensejo, a competência da Justiça Federal. 1.2 Litisconsórcio necessário e demais candidatos. Não há litisconsórcio necessário com os demais candidatos aprovados, os quais somente têm direito a ser classificados segundo as regras do edital. 1.3 Necessidade de dilação probatória. Não reclama dilação probatória discussão que envolve unicamente questão de direito.

"2. Mérito. 2.1 A insindicabilidade do juízo de conveniência e oportunidade da Administração quanto à escolha dos critérios de correção. Malfere o princípio da separação dos Poderes a impetração que visa à alteração no critério de correção de provas através da mera substituição da vontade do administrador pela do administrado.

"3. Segurança denegada.

"4. Decisão unânime (fls. 150)."

Opostos embargos de declaração, foram rejeitados (fls. 197).

Após o julgamento dos embargos declaratórios, o recorrente aviou petição de recurso ordinário, antes da publicação do acórdão dos aclaratórios. Sobrevindo a intimação pelo *Diário da Justiça* daquela localidade, renovou a apresentação de seu apelo ordinário.

Em suas razões, o recorrente inicia sua insurgência mencionando que o Tribunal de origem distorceu os motivos da impetração e, *de forma apressada e preconceituosa*, concluiu que a intenção era nova correção de prova de concurso e discussão de critérios de Banca Examinadora. Para que, novamente, não ocorra esse equívoco, esclarece que *jamais teve como objetivo recorreção de prova em concurso público*, mas, tão-somente, *sanar ilegalidade decorrente da omissão de quesito na correção* (fls. 206).

Menciona que, ao receber o espelho de correção da prova discursiva de penal (P3), identificou a ausência de um item determinado pelo quesito da prova, o qual *sequer foi avaliado na planilha de correção divulgada pela Comissão do Concurso* (fls. 206). A referida falha da Comissão foi vislumbrada pelo Desembargador que proferiu decisão liminar garantindo-lhe a participação nas demais fases do concurso (prova oral e títulos), "*tendo sido aprovado em todas, obtendo, assim classificação final no certame*" (fls. 207).

No julgamento do mérito, aduz, foi-lhe denegada a ordem sob o argumento de "*insindicabilidade do juízo de conveniência e oportunidade da Administração quanto à escolha dos critérios de correção*, sem, no entanto, apreciar os argumentos fáticos e jurídicos do recorrente" (fls. 207). Acentua que a omissão na correção do quesito pode ser facilmente identificada com a leitura do Comando da Prova e do espelho de correção publicado pela Banca.

Afirma que a Administração, ao executar o ato administrativo de correção da prova, utiliza como base um ato anterior relativo à elaboração da prova proposta ao candidato, à qual deve manter-se vinculada. Segundo defende, da mesma forma que a norma editalícia é cogente, as demais, editadas pela Comissão do Concurso com base nela, tornam-se obrigatórias e legais, como ocorre com os enunciados e comandos de prova (fls. 211).

Afirma que anexou ao mandado de segurança a cópia de sua prova, na qual constam o enunciado da Prova de Sentença Penal – P3 e a resposta, circunstância que evidencia a desconsideração de 40 das *120 linhas de sua resposta porque não incluiu no espelho de correção o mais importante item do quesito "Argumento Apresentado pelas Partes*", que o Comando de Prova determinava fosse abordado na resposta.

Em contra-razões, o Estado do Ceará alega que, embora o recorrente *se esforce em afirmar o contrário, na realidade, o móvel do mandado de segurança se voltou a impugnar os critérios escolhidos pela Banca Examinadora do concurso em testilha para valorar as respostas às questões de ordem subjetiva* (fls. 288).

Afirma, ainda, que a pretensão do recorrente ofende o princípio da isonomia, porquanto almeja instituir tratamento mais benéfico em relação aos demais candidatos, os quais tiveram suas provas corrigidas com base em critérios mais rígidos.

Em parecer, a douta Subprocuradoria-Geral opinou pelo não conhecimento do recurso, em razão da sua extemporaneidade (fls. 305-309).

É o relatório.

VOTO – *O Sr. Min. Jorge Mussi* (relator): Inicialmente, cumpre afastar a intempestividade do recurso ordinário suscitada pelo *Parquet* Federal, porquanto a jurisprudência desta Casa não mais considera intempestivo o recurso interposto antes da publicação do acórdão, desde que seja posterior ao julgamento.

Esse foi o entendimento firmado pela egrégia Corte Especial nos EREsp n. 492.461-MG, que, acompanhando o voto divergente da eminente Min. Eliana Calmon, Relatora para o acórdão, pontuou que as decisões judiciais, "sejam monocráticas ou colegiadas, depois de divulgadas oficialmente, por qualquer meio, podem ser alvo de recurso, independentemente de publicação no *Diário de Justiça*".

Ainda nesse diapasão: "Processual civil – Embargos de declaração – Interposição do recurso especial antes da publicação do acórdão, mas depois de sua divulgação por meio eletrônico – Precocidade afastada – Tempestividade – Precedente da Corte Especial: EREsp n. 492.461, *DJU* 17.11.2004 – Embargos de declaração rejeitados" (EDcl no REsp n. 1.084.645-SP, rel. Min. Teori Albino Zavascki, 1ª Turma, j. 5.5.2009, *DJe* 11.5.2009).

Ainda que assim não fosse, após a referida publicação o recorrente cuidou de ratificar os termos do apelo anteriormente interposto.

Quanto ao mérito, trata-se de mandado de segurança impetrado por candidato ao cargo de Juiz Substituto de Primeira Entrância do Poder Judiciário cearense contra ato de Desembargador-Presidente da Comissão Examinadora do concurso, consubstanciado na divulgação do resultado provisório das provas subjetivas, do qual não constou o nome do recorrente.

Nestes autos, insurge-se o impetrante, forte na alegação de que a planilha de avaliação utilizada pelo CESPE na correção da Prova de Sentença Penal (P3) estaria viciada, por não incluir o item relativo à fundamentação, como requerido pelo enunciado da prova, em ofensa ao determinado no edital.

Em sede prelibatória a liminar foi deferida para determinar à autoridade coatora receber a inscrição definitiva do candidato, suspendendo, assim, a sua desclassificação, na condição *sub judice* (fls. 83).

Após o processamento do *mandamus*, a Corte de Justiça cearense, por seu Órgão Pleno, denegou a segurança sob o fundamento de que "o avaliador escolhe os critérios segundo a sua conveniência e oportunidade, não sendo obrigado a valorar a parte da sentença referente à fundamentação, como gostaria o impetrante".

E concluiu: "Não há lei ou norma editalícia a lhe conferir parâmetros de correção, notadamente para exigir a reserva de pontos para a fundamentação da sentença solicitada na prova prática" (fls. 157).

Irresignado, busca o recorrente a reforma do referido julgado.

Sobre demandas que discutem concurso público, como cediço, a atuação do Poder Judiciário limita-se ao exame da legalidade do certame, vedada a apreciação dos critérios utilizados pela Banca Examinadora para formulação de questões e atribuição das notas aos candidatos, sob pena de indevida incursão no mérito administrativo.

Elucidativa a lição do saudoso mestre Hely Lopes Meirelles:

"Ao Poder Judiciário é permitido perquirir todos os aspectos da legalidade e legitimidade para descobrir e pronunciar a nulidade do ato administrativo onde ela se encontre, e seja qual for o artifício que a encubra. O que não se permite ao Judiciário é pronunciar-se sobre o mérito administrativo, ou seja, sobre a conveniência, oportunidade, eficiência ou justiça do ato, porque, se assim agisse, estaria emitindo pronunciamento de administração, e não de jurisdição judicial.

"O mérito administrativo, relacionando-se com conveniências do governo ou com elementos técnicos, refoge do âmbito do Poder Judiciário, cuja missão é a de aferir a conformação do ato com a lei escrita, ou, na sua falta, com os princípios gerais do Direito" (in *Direito Administrativo Brasileiro*, 27ª ed., Malheiros Editores, São Paulo, 2002, p. 674).

Nesse diapasão é a jurisprudência desta Turma:

"Agravo regimental – Recurso ordinário – Mandado de segurança – Concurso público – Prova – Critérios de correção – Apreciação do Poder Judiciário – Impossibilidade – Ato administrativo – Fundamentação – Ocorrência.

"I – Em concurso público, compete ao Poder Judiciário tão-somente a verificação de questões pertinentes à legalidade do edital e ao cumprimento das suas normas pela Comissão responsável, não podendo, sob pena de substituir a Banca Examinadora, proceder à avaliação das questões das provas – Precedentes deste egrégio STJ.

"II – Na hipótese, o ato administrativo da Banca Examinadora, que alterou o gabarito, restou devidamente fundamentado.

"Agravo regimental desprovido" (AgR no RMS n. 26.999-PR, rel. Min. Félix Fischer, 5ª Turma, j. 5.3.2009, *DJe* 23.3.2009).

De igual norte o precedente da egrégia 1ª Turma:

"Processual civil – Administrativo – Mandado de segurança – Concurso público – Ingresso nos Serviços Notariais e de Registros Públicos – Prova de títulos – Valoração dos títulos.

"1. *O Poder Judiciário não pode substituir a Banca Examinadora, tampouco se imiscuir nos critérios de correção de provas e de atribuição de notas, posto que sua atuação cinge-se ao controle jurisdicional da legalidade do concurso público* – Precedentes da Corte: RMS n. 26.735-MG, 2ª Turma, *DJU* 19.6.2008; RMS n. 21.617-ES, 6ª Turma, *DJU* 16.6.2008; AgR no RMS n. 20.200-PA, 5ª Turma, *DJU* 17.12.2007; RMS n. 22.438-RS, 1ª Turma, *DJU* 25.10.2007; e RMS n. 21.781-RS, 1ª Turma, *DJU* 29.6.2007.

"2. *In casu*, a pretensão engendrada no mandado de segurança *ab origine* atinente à revisão da pontuação da prova de títulos, atribuída pela Comissão de Concurso para ingresso nos Serviços Notariais e Registrais do Estado do Rio Grande do Sul, pretendendo que fossem conferidos 1,9 (um vírgula nove) pontos às duas obras jurídicas publicadas e 0,2 (zero vírgula dois) pontos ao certificado de participação em seminário, esbarra em óbice intransponível, consubstanciado na ausência de direito líquido e certo, máxime porque a mencionada pontuação decorreu de valoração engendrada pela Comissão à luz de critérios estabelecidos no edital que rege o certame *in foco*, fato que, evidentemente, revela a ausência de ilegalidade e, *a fortiori*, afasta o controle judicial.

"3. A título de argumento *obiter dictum*, a Banca Examinadora atribuiu pontos pela extensão da obra, *in casu*, 'resumos', e a participação em simpósio apenas como ouvinte, e não na qualidade de debatedor, refugindo à *ratio essendi* da qualificação exigida no edital.

"4. Recurso ordinário desprovido" (RMS n. 22.456-RS, rel. Min. Luiz Fux, 1ª Turma, j. 4.11.2008, *DJe* 1.12.2008).

Dessa orientação não destoa a jurisprudência do excelso Supremo Tribunal Federal:

"*Ementa:* Recurso extraordinário – Concurso público. Também esta Corte já firmou o entendimento de que não cabe ao Poder Judiciário, no controle jurisdicional da legalidade, que é o compatível com ele, do concurso público, substituir-se à Banca Examinadora nos critérios de correção de provas e de atribuição de notas a elas (assim no MS n. 21.176, Plenário, e RE 140.242, 2ª Turma). Pela mesma razão, ou seja, por não se tratar de exame de legalidade, não compete ao Poder Judiciário examinar o conteúdo das questões formuladas para, em face da interpretação dos temas que integram o programa do concurso, aferir, a seu critério, a compatibilidade, ou não, deles, para anular as formulações que não lhe parecerem corretas em face desse exame. Inexiste, pois, ofensa ao art. 5º, XXXV, da Constituição – Recurso extraordinário não conhecido" (RE n. 268244, rel. Min. Moreira Alves, 1ª Turma, j. 9.5.2000, *DJU* 30.6.2000, p. 90, *Ement.* 01997-19/04131, *RTJ* 174-02/00713).

Na espécie, sob o argumento de existência de vício no espelho de prova, pela ausência de avaliação de um dos itens exigidos no comando de prova, o recorrente revela o interesse em discutir os critérios utilizados pela Banca Examinadora para a solução da questão.

In casu, colhe-se do processado o comando da prova tido por descumprido pela Banca Examinadora:

"Sentença Penal (P3)

"(...).

"Diante da situação hipotética acima relatada, na condição de juiz, redija uma sentença penal, *com dispensa do relatório*, abordando, da forma mais completa possível, os argumentos apresentados pelas partes, à luz da jurisprudência majoritária do Supremo Tribunal Federal (STF) e do Superior Tribunal de Justiça (STJ), e, na eventual procedência da pretensão punitiva, faça a dosimetria da pena, fixe o regime prisional e manifeste-se sobre o direito de apelar em liberdade" (grifos no original – fls. 56).

De outra parte, a análise do espelho de correção da prova discursiva de Sentença Penal, juntado a fls. 55, relaciona quais os itens adotados para orientação do avaliador no caso concreto:

ASPECTOS MACROESTRUTURAIS – (P3) – SENTENÇA PENAL		
Itens avaliados	**Valor**	**Nota**
1. Apresentação textual (legibilidade, respeito às margens e indicação de parágrafos)	0,00 a 0,50	0,50
2. Desenvolvimento do tema (demonstração do conhecimento jurídico aplicado)		
2.1 Legitimidade do Ministério Público	0,00 a 2,00	0,50
2.2 Dosimetria da pena	0,00 a 2,00	0,50
2.3 Atenuante da menoridade e da confissão espontânea	0,00 a 1,00	0,75
2.4 Aumento da pena – agente casado	0,00 a 1,50	1,13
2.5 Regime prisional	0,00 a 1,50	0,75
2.6 Apelar em liberdade	0,00 a 1,50	0,75

RESULTADO	
Nota no conteúdo (NC = soma das notas obtidas em cada item)	4,88
Número total de linhas efetivamente escritas (TL)	120
Número de erros (NE)	27
Nota na Prova Discursiva – P3 – Sentença Penal	4,43

E do Edital n. 172/2004 extrai-se o item em destaque: " 11.5.1 Cada texto das provas subjetivas será avaliado quanto ao domínio do conteúdo – demonstração de conhecimento jurídico aplicado – e à modalidade escrita de Língua Portuguesa".

De acordo com o recorrente, o espelho de correção da prova em litígio foi omisso quanto ao argumento de mérito apresentado pela defesa no caso hipotético (inconstitucionalidade da presunção de violência pelo consentimento da vítima). Dessa forma, segundo aduz, desrespeitou o enunciado da prova que requereu abordagem *da forma mais completa possível* (fls 56).

Todavia, da norma editalícia observa-se que a avaliação das provas subjetivas levaria em consideração a demonstração do *conhecimento jurídico aplicado*. E este, com relação à Prova de Sentença Penal, abrangeria uma ou mais das seguintes áreas de conhecimento: Direito Penal, Processual Penal, Constitucional, Tributário e Administrativo (conforme tabela de fls. 33, constante do edital).

Daí por que conclui-se que a Administração reservou para si a eleição dos tópicos que considerou relevantes para a aferição do conhecimento jurídico do candidato. Não se antevê, na espécie, qualquer desconformidade com o comando de prova ou com o edital, o qual somente especificou de modo amplo que a prova subjetiva pretendia o exame de amplo conhecimento dos concorrentes, a fim de selecionar os mais habilitados para a função pública.

O procedimento adotado pela Banca Examinadora não configura ofensa ao princípio da legalidade insculpido no *caput* do art. 37 da Constituição Federal, mas, sim, o exercício da competência discricionária da Administração Pública.

Discricionariedade, na dicção de Celso Antônio Bandeira de Mello, é "a margem de 'liberdade' que remanesça ao administrador para eleger, segundo critérios consistentes de razoabilidade, um, dentre pelo menos dois comportamentos, cabíveis perante cada caso concreto, a fim de cumprir o dever de adotar a solução mais adequada à satisfação da finalidade legal, quando, por força da fluidez das expressões da lei ou da liberdade conferida no mandamento, dela não se possa extrair objetivamente uma solução unívoca para a situação vertente" (in *Curso de Direito Administrativo*, 25ª ed., revista e atualizada até a Emenda Constitucional n. 56, de 20.12.2007, São Paulo, Malheiros, 2008, p. 957).

Evidentemente que a observância desses limites do campo de liberdade não se exclui da apreciação do Judiciário. Em se tratando de concurso público, e mais especificamente de avaliação de provas, caberá o controle da legalidade, inclusive, no tocante ao conhecimento prévio dos critérios que serão adotados pela Comissão Examinadora, se serão adequados à finalidade que almeja o procedimento licitatório.

Não obstante, s.m.j., no caso concreto, ao requerer do candidato domínio do conteúdo que estipulou e deter-se apenas nos aspectos que julgou pertinentes, sem esgotar as peculiaridades do caso hipotético, a Banca não extravasou de seu poder. Isso porque, a par do caráter eminentemente subjetivo dessa espécie de prova (sentença), o edital normatizou o assunto de maneira ampla no citado item 11.5.1: "Cada texto das provas subjetivas será avaliado quanto ao domínio do conteúdo – demonstração de conhecimento jurídico aplicado – e à modalidade escrita de Língua Portuguesa".

Acrescenta-se, outrossim, ter sido esse o mesmo critério de avaliação utilizado para a correção de todos os demais candidatos, circunstância que afasta eventual afronta ao princípio da isonomia. Ao contrário, adotar-se a interpretação sugerida pelo recorrente implicaria, isto, sim, em ofensa ao mencionado princípio, além de configurar indevida incursão no mérito administrativo.

Com semelhante entendimento, cita-se, por oportuno, o seguinte julgado da egrégia 2ª Turma:

"Processual civil e administrativo – Embargos de declaração – Alegação de contradição – Configuração de vício a ser sanado – Concurso público – Cartório – Item do edital que atribui competência à Comissão Organizadora para dirimir dúvidas acerca de previsões editalícias – Interpretação que desfavorece o candidato-impetrante – Ofensa à isonomia e a moralidade – Inocorrência.

"1. À luz do que dispõe o item 17.2 do Edital n. 001/1999, a Comissão Organizadora possui plenos poderes para decidir os pontos sobre os quais pairem dúvidas sobre o edital ou sobre as questões omissas.

"2. Dizia o inciso II do item 17.1 do edital que 'trabalhos jurídicos publicados, de autoria única, e apresentação de temas em congressos relacionados com os serviços notariais e registrais [*equivaleriam a*] 01 (um) ponto por trabalho publicado ou tema exibido, até o máximo de 02 (dois) pontos' (fls. 25).

"3. A respeito desse item do edital instaurou-se divergência de interpretação entre os candidatos do concurso, pois não estava claro se tanto os trabalhos jurídicos publicados quanto a apresentação de temas em congresso deveriam estar relacionados com os Serviços Notariais e de Registro, ou se a exigência se referiria somente ao último caso.

"4. Exercendo a atribuição conferida pelo item 17.2 do edital, a Comissão Organizadora entendeu que os trabalhos jurídicos publicados e a apresentação de temas em congressos deveriam estar relacionados com os Serviços Notariais e de Registro, o que não ocorria no caso do candidato-impetrante.

"5. *Assumir que o fato de a Comissão ter sanado a dúvida apenas depois de ter recebido os títulos viola os princípios da igualdade, da impessoalidade e da moralidade é partir da premissa de que tal decisão tinha como escopo único prejudicar o candidato-impetrante, o que não se pode admitir no caso, pois os parâmetros adotados pela Comissão não só são razoáveis como também foram aplicáveis a toda a universalidade de candidatos que se submeteram à fase de títulos. A interpretação dita restritiva valeu para todos eles, e não somente para o impetrante. É evidente que a adoção de tal interpretação não teve como objetivo prejudicar o impetrante, embora ocasionalmente isso possa ter ocorrido.*

"6. Embargos de declaração opostos por Manoel Alves Arruda Filho acolhidos com efeitos modificativos para negar provimento ao recurso ordinário – Prejudicados os embargos de declaração opostos por Luciano Dias Bicalho Camargos" (EDcl no RMS n. 18.420-MG, rel. Min. Mauro Campbell Marques, 2ª Turma, j. 10.2.2009, *DJe* 11.3.2009) (grifou-se).

Ante o exposto, por não se constatar ofensa a direito líquido e certo do recorrente, nega-se provimento ao recurso ordinário.

É o voto.

VOTO-VENCEDOR – *A Sra. Min. Laurita Vaz*: Trata-se de recurso ordinário em mandado de segurança interposto por Erick Omar Soares Araújo, com fundamento no art. 105, inciso II, alínea "b", da Constituição Federal contra acórdão do Tribunal de Justiça do Estado do Ceará cuja ementa foi assim redigida, *in verbis*:

"Administrativo e processual civil – Mandado de segurança – Litisconsórcio necessário, dilação probatória e competência da Justiça Federal – Critérios de correção de provas – Insindicabilidade.

"Preliminarmente. 1.1 Litisconsórcio necessário e Justiça Federal. Não é litisconsorte necessário o agente delegado (FUB), que atua como mero órgão executor, afastada, no ensejo, a competência da Justiça Federal. 1.2 Litisconsórcio necessário e demais candidatos. Não há litisconsórcio necessário com os demais candidatos aprovados, os quais somente têm direito a ser classificados segundo as regras do edital. 1.3 Necessidade de dilação probatória. Não reclama dilação probatória discussão que envolve unicamente questão de direito.

"2. Mérito. 2.1 A insindicabilidade do juízo de conveniência e oportunidade da Administração quanto à escolha dos critérios de correção. Malfere o princípio da separação dos Poderes a impetração que visa à alteração no critério de correção de provas através da mera substituição da vontade do administrador pela do administrado.

"3. Segurança denegada.

"4. Decisão unânime" (fls. 150).

Nas razões recursais, alegou o recorrente o seguinte, conforme o bem-lançado relatório do Ministro Relator, Jorge Mussi, ao qual peço vênia para transcrevê-lo, *in verbis*:

"Em suas razões, o recorrente inicia sua insurgência mencionando que o Tribunal de origem distorceu os motivos da impetração e, de forma apressada e preconceituosa, concluiu que a intenção era nova correção de prova de concurso e discussão de critérios de Banca Examinadora. Para que, novamente, não ocorra esse equívoco, esclarece que jamais teve como objetivo recorreção de prova em concurso público, mas, tão-somente, sanar ilegalidade decorrente da omissão de quesito na correção (fls. 206).

"Menciona que, ao receber o espelho de correção da prova discursiva de penal (P3), identificou a ausência de um item determinado pelo quesito da prova, o qual sequer foi avaliado na planilha de correção divulgada pela Comissão do Concurso (fls. 206). A referida falha da Comissão foi vislumbrada pelo Desembargador que proferiu decisão liminar garantindo-lhe a participação nas demais fases do concurso (prova oral e títulos), '*tendo sido aprovado em todas, obtendo, assim classificação final no certame*' (fls. 207).

"No julgamento do mérito, foi-lhe denegada a ordem sob o argumento de '*insindicabilidade do juízo de conveniência e oportunidade da Administração quanto à escolha dos critérios de correção, sem, no entanto, apreciar os argumentos fáticos e jurídicos do recorrente*' (fls. 207). Acentua que a omissão na correção do quesito pode ser facilmente identificada com a leitura do Comando da Prova e do espelho de correção publicado pela Banca.

"Afirma que a Administração, ao executar o ato administrativo de correção da prova, utiliza como base um ato anterior relativo à elaboração da prova proposta ao candidato, à qual deve manter-se vinculada. Segundo defende, da mesma forma que a norma editalícia é cogente, as demais, editadas pela Comissão do Concurso com base nelas, tornam-se obrigatórias e legais, como ocorre com os enunciados e comandos de prova (fls. 211).

"Afirma que anexou ao mandado de segurança a cópia de sua prova, na qual constam o enunciado da Prova de Sentença Penal – P3 e a resposta, circunstância que evidencia a desconsideração de 40 das 120 linhas de sua resposta, porque não incluiu no espelho de correção o mais importante item do quesito 'argumento apresentado pelas partes', que o Comando de Prova determinava fosse abordado na resposta.

"Em contra-razões, o Estado do Ceará alega que, embora o recorrente *se esforce em afirmar o contrário, na realidade, o móvel do mandado de segurança se voltou a impugnar os critérios escolhidos pela Banca Examinadora do concurso em testilha para valorar as respostas às questões de ordem subjetiva* (fls. 288).

"Afirma, ainda, que a pretensão do recorrente ofende o princípio da isonomia, porquanto almeja instituir tratamento mais benéfico em relação aos demais candidatos, os quais tiveram suas provas corrigidas com base em critérios mais rígidos.

"Em parecer, a douta Subprocuradoria-Geral opinou pelo não conhecimento do recurso, em razão da sua extemporaneidade (fls. 305/309)."

É o relatório.

De início, cumpre ressaltar que é entendimento consolidado, no âmbito deste Superior Tribunal de Justiça, que, em concurso público, não cabe ao Poder Judiciário reavaliar os critérios utilizados para formulação e avaliação das questões das provas e para atribuição das notas aos candidatos, ficando sua competência limitada ao exame da legalidade do procedimento administrativo.

Tal entendimento tem seus alicerces fincados, ao fim e ao cabo, no princípio da separação dos Poderes, que impede que o Poder Judiciário adentre o denominado mérito administrativo, pois a ele é vedado imiscuir-se no juízo de oportunidade e conveniência do ato administrativo, este privativo do administrador público.

Sobre o tema, elucidativa é a lição de José dos Santos Carvalho Filho, *litteris*:

"O controle judicial sobre os atos da Administração *é exclusivamente de legalidade*. Significa dizer que o Judiciário tem o poder de confrontar qualquer ato administrativo com a lei ou com a Constituição e verificar se há ou não compatibilidade normativa. Se o ato for contrário à lei ou à Constituição, o Judiciário declarará a sua invalidação, de modo a não permitir que continue produzindo efeitos ilícitos.

"O que é vedado ao Judiciário, como corretamente têm decidido os Tribunais, é apreciar o que se denomina normalmente de *mérito administrativo*, vale dizer, a ale é interditado o poder de reavaliar critérios de conveniência e oportunidade dos atos, que são privativos do administrador público. Já tivemos a oportunidade de destacar que, a se admitir essa reavaliação, estar-se-ia possibilitando que o juiz exercesse também a função administrativa, o que não corresponde obviamente à sua competência. Além do mais, a invasão de atribuições é vedada na Constituição em face do sistema da tripartição de Poderes (art. 2º)

"Alguns autores têm cometido o exagero de ampliar os limites de atuação do Judiciário, invocando princípios que, em última análise, acabam por recair no aspecto fundamental – o exame da legalidade. A despeito dessa evidente distorção, os Tribunais, sensíveis às linhas que demarcam a autuação dos Poderes, têm sistematicamente rejeitado essa indevida ampliação e decidido que o controle do mérito dos atos administrativos é da competência exclusiva da Administração" (in *Manual de Direito Administrativo*, 12ª ed, Lumen Juris Editora, 2005, Rio de Janeiro, p. 920).

Assim, como bem ressaltado pelo ilustre doutrinador, o controle do ato administrativo pelo Poder Judiciário deve se limitar ao exame de sua compatibilidade com as disposições legais e constitucionais que lhe são aplicáveis, sob pena de restar configurada invasão indevida do Poder Judiciário na Administração Pública, em flagrante ofensa ao princípio da separação dos Poderes.

Norteada por essas diretrizes, entendo que, no caso dos autos – no qual o recorrente pretende a revisão da correção da prova subjetiva de Sentença Penal (P3) do certame público para ingresso na Magistratura do Estado do Ceará –, o ato administrativo impugnado desbordou os limites da razoabilidade e proporcionalidade, o que permitirá sua revisão pelo Poder Judiciário, como se demonstrará.

Pois bem. O enunciado da questão relativa à Sentença Penal (P3), após a exposição da situação-problema, foi assim redigido, conforme se verifica a fld. 245, *in verbis*: "Diante da situação hipotética acima relatada, na condição de juiz, redija uma sentença penal, com dispensa do relatório, abordando, *da forma mais completa possível, os argumentos apresentados pelas partes*, à luz da jurisprudência majoritária do Supremo Tribunal Federal (STF) e do Superior Tribunal de Justiça (STJ), e, na eventual procedência da pretensão punitiva, faça a dosimetria da pena, fixe o regime prisional e manifeste-se sobre o direito de apelar em liberdade" (sem grifos no original).

Como se percebe, há expressa determinação de que o candidato, em sua resposta, aborde "da forma mais completa possível" os temas trazidos pelas partes a título de argumentação. Ou seja, frise-se: *há comando expresso de que todos os argumentos deveriam ser objeto de análise pelo candidato quando da elaboração de sua sentença penal.*

Vale ressaltar que a sentença penal, como ato judicial que é, tem seus elementos integrantes fixados em lei, sendo certo que a fundamentação constitui-se o elemento mais importante, pois é exatamente dela que decorrem todas as conclusões a que chega o magistrado, inclusive as relativas à tipicidade, à dosimetria e à fixação do regime prisional.

Nessa esteira, não se mostra proporcional e razoável que o administrador expressamente determine que os argumentos das partes sejam abordados da forma mais completa possível – impondo ao candidato expender tempo de prova e energia preciosos na análise de todos argumentos elencados na questão – e depois não levá-los em consideração quando da correção da prova.

Não pode o avaliador exigir do candidato, em prova de concurso público, o desenvolvimento de determinado tema para, posteriormente, sequer levá-lo em consideração no momento da correção. Tal proceder inquina o ato administrativo de ilegalidade, pois atenta contra a confiança do candidato na Administração, atuando sobre as expectativas legítimas das partes e a boa-fé objetiva, o que, ao final, implica flagrante ofensa ao princípio constitucional da moralidade, que norteia a atividade da Administração.

A propósito:

"Administrativo e civil – Recurso especial – Ação ordinária – Cobrança de valores públicos – Liminar que autorizou pagamento de tratamento de saúde no Exterior – Revogação superveniente – Efeitos sobre situações consolidadas – Súmula n. 405/STF – Prestígio às expectativas legítimas – Boa-fé objetiva.

"(...).

"***5. Princípio da boa-fé objetiva e caráter particular desta decisão***. O Direito contemporâneo leva em conta as expectativas legítimas das partes e a boa-fé objetiva. É óbvio que a solução aqui exposta não pode ser aplicada a todos os casos. Há de ser vista *modus in rebus*, com ponderação e prudência, sem qualquer vocação a se projetar como um precedente aspirante à universalidade. Veda-se a cobrança dos valores recebidos de boa-fé pela recorrida neste caso e presentes as circunstâncias dos autos. O sacrifício ora realizado em detrimento da segurança jurídica, mas em favor da Justiça, é tópico e excepcional.

"*6. **Princípio da confiança, pretensão à proteção e moralidade administrativa.*** Prestigia-se o primado da confiança, assente no § 242 do Código Civil alemão e constante do ordenamento jurídico brasileiro como cláusula geral que ultrapassa os limites do Código Civil (arts. 113 e 187 c/c o art.422) e que influencia na interpretação do direito público, a ele chegando como subprincípio derivado da moralidade administrativa. Ao caso aplica-se o que a doutrina alemã consagrou como 'pretensão à proteção' (*Schutzanspruch*), que serve de fundamento à mantença do acórdão recorrido.

"Recurso especial improvido, prejudicado o agravo regimental" (REsp n. 944.325-RS, 2ª Turma, rel. Min. Humberto Martins, *DJe* 21.11.2008).

Na espécie, a despeito de constar expressamente na situação hipotética descrita pelo examinador na questão da Sentença Penal (P3), como argumento da defesa, o tema relativo ao consentimento da vítima em face da tese de inconstitucionalidade da presunção de violência não foi incluído no espelho de correção da prova, tal como o foi, por exemplo, a questão da legitimidade do Ministério Público, aventada também como argumento da parte.

Saliente-se, *ad argumentandum tantum*, a relevância da questão da presunção de violência, omitida do espelho de correção, para a coerência e congruência da fundamentação da sentença e sua conclusão, pois ela influenciaria diretamente a tipicidade da conduta, e, por conseguinte, a própria aplicação da pena.

A esse propósito, vale destacar os seguintes trechos da bem-lançada decisão concessiva da liminar no presente caso, da lavra do Juiz convocado José Eliezer Pinto, *in verbis*:

"No caso em espécie, *esse 'legislar abusivo' estaria deflagrado,* ***primu ictu oculi****, na exigência de apreciação de todos os argumentos fornecidos pelas partes do processo fictício* embasador da Prova de Sentença Penal, sem que, no entanto, um desses argumentos, a saber, a tese de consentimento da vítima como bastante para elidir a tipicidade da conduta, por inconstitucionalidade da presunção de violência em face da proibição da responsabilização penal objetiva, tenha sido objeto de aferição, por não constar sequer do espelho de correção.

"Em outras palavras, exigiu-se dos candidatos a apreciação de um aspecto que, em final juízo, nenhum peso ou importância, mínima que seja, recebera da Comissão Julgadora. O critério adotado (norma jurídica que define a aprovação ou não aprovação do candidato), por conseguinte, fugiu das raias da razoabilidade.

"Sobremaneira, a construção dos critérios de correção das provas de concurso, embora atrelados, aprioristicamente, a um juízo de conveniência e oportunidade por parte do administrador responsável por sua aplicação, não são tão livres quanto parecem ser, devendo, antes de mais nada, observar os princípios da proporcionalidade e da razoabilidade.

"(...).

"Por conseguinte, além de não vislumbrar, *prima facie*, invasão ao mérito administrativo, compreende-se, na seqüência desta apreciação judicial, que o critério adotado (não atribuir pela resposta ao item referente à constitucionalidade da presunção de violência nenhuma avaliação, apesar de solicitada a sua apreciação no enunciado da questão) teria, sim, extrapolado os limites da razoabilidade, sujeitando-se, dessa maneira, ao controle judicial.

"A correção desse vício, *in hoc casu*, seria a de admitir, por consectário lógico, que, com a *redistribuição da pontuação, acrescentando mais um item passível de atribuição de pontos na Prova de Sentença Penal, poderia o impetrante alcançar a nota mínima (5,0), efetivamente atingi-la.*

"De sorte que, logrando tal nota, a sua não-convocação para a inscrição definitiva redundaria, em perfunctória análise, na efetiva agressão a direito líquido e certo do impetrante, qual seja, o de ter sua prova *integral e devidamente corrigida*, abrindo-se oportunidade para que se mostre ou não merecedor da pontuação mínima exigida. É o que me basta para reconhecer a relevância dos fundamentos do *writ*" (fls. 82-83).

Assim sendo, entendo que tem o candidato, ora recorrente, direito líquido e certo, amparável pela via do *mandamus*, de que a fundamentação da sentença penal por ele elaborada, na qual abordou as questões expressamente exigidas pelo Comando da questão da prova, seja avaliada pela Banca Examinadora, a qual, redistribuindo a pontuação atribuída a cada item do espelho de correção, deverá incluir o item relativo à tese de consentimento da vítima como bastante para elidir a tipicidade da conduta, por inconstitucionalidade da presunção de violência em face da proibição da responsabilização penal objetiva.

Mister se faz, por fim, ressaltar que os efeitos decorrentes da presente decisão judicial somente alcançarão o ora recorrente, que, tempestivamente, impetrou o presente *writ*, buscando a tutela de seus interesses, a qual se limitou, de acordo com o pedido constante da exordial, à pretensão de que os argumentos relativos ao consentimento da vítima e à inconstitucionalidade da tese de violência presumida fossem devidamente avaliados pela Comissão Examinadora.

Ante o exposto, *dou provimento* ao presente recurso ordinário em mandado de segurança, no sentido de que a autoridade impetrada determine à Comissão Examinadora do concurso público *sub examine* que inclua no espelho de correção da Prova de Sentença Penal (P3) o item relativo à tese de consentimento da vítima como bastante para elidir a tipicidade da conduta, por inconstitucionalidade da presunção de violência, em face da proibição da responsabilização penal objetiva, de modo que seja devidamente valorado, redistribuindo-se a pontuação total por todos os itens constantes do espelho de correção, conforme seu juízo de oportunidade e conveniência.

É como voto.

CERTIDÃO DE JULGAMENTO – 5ª Turma; número registro: 2008/0178740-0 RMS 27566/CE; número origem: 2005000848729; pauta: 17.11.2009; julgado: 17.11.200; rel. Min. Jorge Mussi; relatora para o acórdão Min. Laurita Vaz; Presidente da sessão Min. Napoleão Nunes Maia Filho; Subprocuradora-Geral da República Dra. Lindôra Maria Araújo; Secretário Bel. Lauro Rocha Reis.

Autuação: recorrente: Erick Omar Soares Araújo (advogados: Erick Omar Soares Araújo (em causa própria) e outro); recorrido: Estado do Ceará (procuradores: Daniel Maia Teixeira e outro(s)).

Assunto: Direito administrativo e outras matérias de direito público – Concurso público/Edital – Anulação e correção de provas/Questões.

Sustentação Oral: Sustentaram oralmente: Dr. Raphael Sampaio Malinverni (pelo recorrente) e Ministério Público Federal.

Certidão: Certifico que a egrégia 5ª Turma, ao apreciar o processo em epígrafe na sessão realizada nesta data, proferiu a seguinte decisão:

"A Turma, por maioria, deu provimento ao recurso, nos termos do voto da Sra. Min. Laurita Vaz, que lavrará o acórdão.

"Votaram com a Sra. Min. Laurita Vaz os Srs. Mins. Arnaldo Esteves Lima e Napoleão Nunes Maia Filho.

"Votaram vencidos os Srs. Mins. Jorge Mussi e Félix Fischer, que negavam provimento ao recurso."

Superior Tribunal de Justiça

Brasília, 17 de novembro de 2009 – *Lauro Rocha Reis*, Secretário.

POSSIBILIDADE DE AJUIZAR AÇÃO CIVIL PÚBLICA PARA DISCUTIR A FIXAÇÃO DO VALOR DE TARIFA, MAJORADA DE FORMA SUPOSTAMENTE ABUSIVA PELO PODER CONCEDENTE

STF – 2ª Turma – RE 228.177-MG – Rel. Min. Gilmar Mendes – Recorrente: Ministério Público Estadual – Recorridas: Transete/Transporte Coletivo Sete Lagoas Ltda. e outra – j. 17.11.2009.

Ementa: Recurso Extraordinário. 2. Ação Civil Pública – Ministério Público. 3. Tarifa de transporte público – Cálculo – Precedentes da V. Turma. 4. Recurso extraordinário provido.

ACÓRDÃO – Vistos, relatados e discutidos estes autos: Acordam os Ministros do Supremo Tribunal Federal, em 2ª Turma, na conformidade da ata do julgamento e das notas taquigráficas, por unanimidade de votos, dar provimento ao recurso extraordinário.

Brasília, 17 de novembro 2009 – *Gilmar Mendes*, pres. e relator.

RELATÓRIO – *O Sr. Min. Gilmar Mendes*: Trata-se de recurso extraordinário, interposto pelo Ministério Público do Estado de Minas Gerais, contra acórdão da 4ª Câmara Cível do Tribunal de Justiça do Estado de Minas Gerais, cuja ementa possui o seguinte teor (fls. 420): "Ação civil pública – Transporte coletivo urbano – Tarifas públicas – Erro de cálculo – Pedido de correção do cálculo e alteração de cláusulas contratuais e de critérios para fixação de tarifas – Inadmissibilidade – Ação que não pode ser manejada para este fim – Atos discricionários que se inserem na competência ínsita ao Poder Executivo – Ministério Público – Destinação institucional – Sentença mantida – Recurso desprovido".

O entendimento do Tribunal *a quo* está consignado no voto-condutor do acórdão:

"(...) a hipótese dos autos não encontra amparo na ação civil pública. Aludida ação se presta a tutelar o meio ambiente, consumidor, bens e direitos de valor artístico, estético, histórico, turístico, paisagístico e qualquer outro interesse ou direito difuso ou coletivo (art. 12 da Lei n. 7.347/1985). A ação civil pública não pode ser manejada para correção de erro de cálculo de preço público e tampouco para estabelecer critérios para fixação de tarifas públicas. Estas são funções específicas da Administração Pública, a quem compete, no uso de seu poder discricionário, fixar preços públicos, de acordo com dados concretos, utilizando-se de critérios técnicos que levem à justa retribuição do capital investido pelas empresas concessionárias ou permissionárias. (...).

"Ressalte-se que a tarifa é forma de remuneração de serviços públicos que tem por objetivo dar comodidade aos usuários ou satisfazê-los em suas necessidades particulares. Desta feita, é de se concluir que tais serviços não interessam a toda a comunidade. (...)."

O recurso extraordinário está fundado no art. 102, III, "a", por ofensa aos arts. 52, XXXV, e 175, parágrafo único, III, da Constituição.

Eis os fundamentos utilizados pelo recorrente (fls. 447-457):

"Destarte, ainda que se admita que o ato administrativo combatido seja discricionário (com cuja posição não concordamos, conforme veremos abaixo), não poderia o Magistrado, diante da informação de que o ato está assentado em dado técnico acometido de erro matemático, deixar de apreciá-lo, uma vez que o exame não estaria afeto ao mérito administrativo, mas à legalidade.

"(...) .

"Entretanto, no caso dos autos, o administrador público não tem a faculdade de estipular tarifa de transporte coletivo com respaldo em conveniência e oportunidade, pois está vinculado aos critérios estabelecidos no contrato de concessão, ou seja, vinculado à planilha de custo e ao interresse público (Cláusula 16, fls. 82).

"Desta feita, se a planilha de custo contém erro material, o ato se constituiu com vício de motivação, tornando-o ilegal.

"(...).

"Além disso, o interesse público a que todo ato está vinculado também foi desconsiderado, pois a majoração equivocada beneficiou exclusivamente a empresa concessionária, em prejuízo dos destinatários do serviço público."

O Subprocurador-Geral da República, Dr. Roberto Monteiro Gurgel Santos, manifestou-se pelo provimento do recurso, em parecer assim ementado (fls. 513):

"Constitucional e processual civil – Ministério Público – Ação civil pública – Reajuste de tarifa de transporte público coletivo de passageiros – Defesa da legalidade da política tarifária – Proteção de interesse coletivo – Possibilidade jurídica do pedido – Legitimação ministerial.

"Parecer pelo conhecimento e provimento do recurso."

É o relatório.

VOTO – *O Sr. Min. Gilmar Mendes* (relator): Discute-se no presente recurso extraordinário se a ação civil pública pode ser utilizada pelo Ministério Público para impugnar majoração supostamente abusiva de tarifa de transporte coletivo público.

A 1ª Turma desta Corte já possui entendimento firmado sobre o assunto: "Ação civil pública – Legitimidade – Ministério Público – Transporte coletivo – Passagem – Preço. O Ministério Público é parte legítima para propor ação civil pública voltada a infirmar preço de passagem em transporte coletivo" (RE n. 379.495, rel. Marco Aurélio, *DJU* 20.4.2006).

O voto-condutor do acórdão, proferido pelo Relator, Min. Marco Aurélio, esclareceu o tema em debate:

"Observe-se que os parâmetros deste processo não guardam semelhança com os que levaram a Corte – no julgamento dos RE ns. 195.056-1-PR e 213.631-0-MG, relatados, respectivamente, pelos Mins. Carlos Velloso e Ilmar Galvão, com acórdãos publicados no *DJU* de 14.11.2003 e de 7.4.2000 – a concluir não contar o Ministério Público com legitimidade para a ação civil pública em se tratando de aumento abusivo de tributo. Em momento algum é discutida questão tributária, em si, mas o preço do transporte coletivo, que, é sabença geral, extravasa o campo dos interesses individuais. Tem-se situação concreta em que se faz em jogo interesses difusos a envolver segmentos indeterminados da sociedade, surgindo a natureza indivisível, considerado até mesmo o inciso I do parágrafo único do art. 81 do Código do Consumidor. Ora, impróprio seria pensar-se, no tocante ao preço das passagens, em atuação individual daqueles que são transportados. Está-se diante de situação concreta a atrair a competência do Ministério Público tal como prevista no art. 129, inciso III, da Constituição Federal: (...).

"Inegavelmente – prossegue o Min. Marco Aurélio –, a relação é de prestação de serviços, submetida ao Código do Consumidor, mostrando-se adequada a legitimidade prevista no texto da Lei Maior e repetida no art. 82 do referido Código – Lei n. 8.078, de 11.9.1990. Também não cabe potencializar, a ponto de se afastar a preservação de direitos difusos, a autonomia municipal. A fixação da tarifa é, de início, incumbência do Município, mas isso não obstaculiza o questionamento em juízo a partir do acesso assegurado constitucionalmente."

Esse entendimento é consentâneo com a jurisprudência desta Corte sobre o cabimento da ação civil pública para proteção de interesses difusos e coletivos e a respectiva legitimação do Ministério Público para utilizá-la, nos termos dos arts. 127, *caput*, e 129, III, da Constituição Federal (RE n. 163.231–3-SP, rel. Min. Maurício Corrêa, *DJU* 29.6.2001; RE n. 195.056-1-PR, rel. Min. Carlos Velloso, *DJU* 30.5.2003; RE n. 213.015-0-DF, rel. Min. Néri da Silveira, *DJU* 24.5.2002; RE n. 208.790-4-SP, rel. Min. Ilmar Galvão, *DJU* 15.12.2000; RE n. 262.134-0-MA, rel. Min. Celso de Mello, *DJU* 2.2.2007).

Vale recordar o precedente do RE n. 163.231-3-SP. Na ocasião, o Min. Néri da Silveira deixou enfatizado que aquele julgamento abria a primeira oportunidade ao Supremo Tribunal Federal de analisar a fundo a questão da legitimidade do Ministério Público para a propositura da ação civil pública. Dizia o Min. Néri: "(...) esta, sem dúvida, é a primeira ação dessa natureza submetida a julgamento no Plenário. A questão relativa à legitimidade do Ministério Público para a propositura da ação civil pública está recém-chegando ao Supremo Tribunal".

A ementa desse julgado contém a síntese do entendimento adotado pelo Tribunal:

"*Ementa:* Recurso extraordinário – Constitucional – Legitimidade do Ministério Público para promover ação civil pública em defesa dos interesses difusos, coletivos e homogêneos – Mensalidades escolares: capacidade postulatória do *Parquet* para discuti-las em juízo.

"1. A Constituição Federal confere relevo ao Ministério Público como instituição permanente, essencial à função jurisdicional do Estado, incumbindo-lhe a defesa da ordem jurídica, do regime democrático e dos interesses sociais e individuais indisponíveis (CF, art. 127).

"2. Por isso mesmo *detém o Ministério Público capacidade postulatória não só para a abertura do inquérito civil, da ação penal pública e da ação civil pública para a proteção do patrimônio público e social, do meio ambiente, mas também de outros interesses difusos e coletivos* (CF, art. 129, 1 e III).

"3. Interesses difusos são aqueles que abrangem número indeterminado de pessoas unidas pelas mesmas circunstâncias de fato e coletivos aqueles pertencentes a grupos, categorias ou classes de pessoas determináveis, ligadas entre si ou com a parte contrária por uma relação jurídica base.

"3.1 A indeterminidade é a característica fundamental dos interesses difusos e a determinidade a daqueles interesses que envolvem os coletivos.

"4. Direitos ou interesses homogêneos são os que têm a mesma origem comum (art. 81, III, da Lei n. 8.078, de 11.9.1990), constituindo-se em subespécie de direitos coletivos.

"4.1 *Quer se afirmem interesses coletivos ou particularmente interesses homogêneos,* ***stricto sensu****, ambos estão cingidos a uma mesma base jurídica, sendo coletivos, explicitamente dizendo, porque são relativos a grupos, categorias ou classes de pessoas, que, conquanto digam respeito às pessoas isoladamente, não se classificam como direitos individuais para o fim de ser vedada a sua defesa em ação civil pública, porque sua concepção finalística destina-se à proteção desses grupos, categorias ou classe de pessoas*.

"5. As chamadas mensalidades escolares, quando abusivas ou ilegais, podem ser impugnadas por via de ação civil pública, a requerimento do órgão do Ministério Público, pois, ainda que sejam interesses homogêneos de origem comum, são subespécies de interesses coletivos, tutelados pelo Estado por esse meio processual, como dispõe o art. 129, inciso III, da Constituição Federal.

"5.1 Cuidando-se de tema ligado à educação, amparada constitucionalmente como dever do Estado e obrigação de todos (CF, art. 205), está o Ministério Público investido da capacidade postulatória, patente a legitimidade *ad causam* quando o bem que se busca resguardar se insere na órbita dos interesses coletivos, em segmento de extrema delicadeza e de conteúdo social tal que, acima de tudo, recomenda-se o abrigo estatal – Recurso extraordinário conhecido e provido para, afastada a alegada ilegitimidade do Ministério Público, com vistas à defesa dos interesses de uma coletividade, determinar a remessa dos autos ao Tribunal de origem, para prosseguir no julgamento da ação."

Como se vê, o Tribunal entendeu que é função institucional do Ministério Público promover o inquérito civil e a ação civil pública para a proteção não apenas do patrimônio público e social e do meio ambiente, mas também de "outros interesses difusos e coletivos", nos termos do art. 129, inciso III, da Constituição da República.

É certo que, como bem ressaltou o Min. Sepúlveda Pertence na ocasião desse julgamento, "não é sem tormentos a demarcação precisa do âmbito de legitimação do Ministério Público para a ação civil pública". Segundo Pertence, "é certo que o art. 129, III, outorga ao Ministério Público a legitimação para a 'ação civil pública' na defesa não apenas dos clássicos interesses difusos nominados, mas também a de outros interesses difusos e coletivos. E não demarca, nem dá critério de demarcação de quais seriam os interesses coletivos confiados à tutela do Ministério Público, ainda que em concorrência com outras entidades".

A legislação infraconstitucional define alguns desses interesses e direitos difusos e coletivos.

A Lei n. 7.347/1985 especifica a ordem urbanística, a ordem econômica e a economia popular, os direitos do consumidor, os bens e direitos de valor artístico, estético, histórico, turístico e paisagístico etc. (art. 1º).

A Lei Complementar n. 75/1993 dispõe, ainda, que a ação civil pública poderá ser ajuizada pelo Ministério Público para a proteção dos interesses individuais indisponíveis, difusos e coletivos, relativos às comunidades indígenas, à família, à criança, ao adolescente, ao idoso, às minorias étnicas e ao consumidor, assim como *outros interesses individuais indisponíveis, homogêneos, sociais, difusos e coletivos* (art. 6º, VII).

A Lei n. 8.265/1993, por sua vez, dispõe que a ação civil pública poderá ser utilizada para a anulação ou declaração de nulidade de atos lesivos ao patrimônio público ou à moralidade administrativa do Estado ou de Município, de suas Administrações indiretas ou fundacionais ou de entidades privadas de que participem, assim como para a proteção de *outros interesses difusos, coletivos e individuais indisponíveis e homogêneos* (art. 25, IV).

Como se pode constatar, o ordenamento jurídico não especifica um rol exaustivo de interesses difusos e coletivos passíveis de proteção pela via da ação civil pública. E nem poderia fazê-lo, pois os direitos e interesses difusos e coletivos são a expressão jurídica de valores historicamente situados, em permanente evolução, conforme novos anseios da sociedade.

Nesse sentido, o Min. Celso de Mello, no citado julgamento do RE n. 163.231-SP, teceu considerações dignas de nota:

"Os interesses meta-individuais, ou de caráter transindividual, constituem valores cuja titularidade transcende a esfera meramente subjetiva, vale dizer, a dimensão puramente individual das pessoas e das instituições. São direitos que pertencem a todos, considerados em perspectiva global. Deles, ninguém, isoladamente, é o titular exclusivo. Não se concentram num titular único, simplesmente porque concernem a todos, e a cada um de nós, enquanto membros integrantes da coletividade.

"Na real verdade, *a complexidade desses múltiplos interesses não permite sejam discriminados e identificados na lei. Os interesses difusos e coletivos não comportam rol exaustivo. A cada momento, e em função de novas exigências impostas pela sociedade moderna e pós-industrial, evidenciam-se novos valores, pertencentes a todo o grupo social, cuja tutela se revela necessária e inafastável. Os interesses transindividuais, por isso mesmo, são inominados, embora haja alguns, mas evidentes, como os relacionados aos direitos do consumidor ou concernentes ao patrimônio ambiental, histórico, artístico, estético e cultural*" (ênfases acrescidas).

Destarte, a Constituição, ao tratar do Ministério Público como instituição permanente e essencial à função jurisdicional do Estado, incumbiu-lhe do indisponível dever de defender a ordem jurídica, o regime democrático e os *interesses sociais* e *individuais indisponíveis* (art. 127, *caput*). E não há dúvida de que o dispositivo constitucional do art. 127, *caput*, remete para os valores fundamentais protegidos pela Constituição, especialmente os expressos em direitos e interesses decorrentes da dignidade da pessoa humana, a soberania, a cidadania, dos valores sociais do trabalho, da livre iniciativa e do pluralismo político, como fundamentos da República, tal como definido no art. 1º.

Esse entendimento foi bem esposado pelo Min. Néri da Silveira no mencionado julgamento do RE n. 163.231-SP:

"Parece, desde logo, extrair-se desse enunciado, [*o Ministro se referia ao art. 127, **caput***] sem necessidade de uma discussão quanto à parte final do inciso III do art. 129 da Constituição, que a resposta ao recurso somente poderia se fazer nos termos em que efetivamente concluiu o ilustre Ministro Relator.

"De fato, os bens aqui trazidos a exame, e a respeito dos quais se discute sobre a legitimidade da ação do Ministério Público, dizem imediatamente com questões da mais profunda essencialidade da ordem constitucional. O art. 1º da Constituição, ao definir a República Federativa do Brasil, assenta que tem este Estado, como fundamentos: a soberania, a cidadania, a dignidade da pessoa humana, os valores sociais do trabalho e da livre iniciativa e o pluralismo político.

"*Os interesses vinculados à manutenção desses valores essenciais de nossa ordem constitucional, que se completam com a enumeração do art. 3º, hão de ser compreendidos na cláusula final do art. 127 da Constituição, a legitimar a ação do Ministério Público em sua defesa. Sempre que se disser com a defesa de interesses vinculados à cidadania, à dignidade da pessoa humana, não só quanto à ordem jurídica, o art. 127 autoriza, desde logo, a ação do Ministério Público*" (ênfases acrescidas).

E prosseguiu o Min. Néri da Silveira: "Só por tais fundamentos – estritamente constitucionais e que decorrem da natureza do Ministério Público como instituição permanente e da função essencial que a ordem constitucional lhe quis atribuir – parece-me que essa legitimidade ressalta desde logo, porque se trata realmente, aqui, de o Ministério Público utilizar um instrumento processual – no caso, processual-constitucional, definido no art. 129, item III, da Lei Maior – para defender valores dessa natureza. *No âmbito infraconstitucional não me parece possível, realmente, opor dificuldade de maior expressão quanto à definição desses interesses coletivos* efetivamente postos à consideração da Corte neste instante" (ênfases acrescidas) .

Assim, em julgado posterior (RE n. 213.015-0-DF, rel. Min. Néri da Silveira, *DJU* 24.5.2002) o Tribunal deixou assentado que, "independentemente da própria lei fixar o conceito de interesse coletivo, é conceito de Direito Constitucional, na medida em que a Carta Política dele faz uso para especificar as espécies de interesses que compete ao Ministério Público defender (CF, art. 129, III)". Nas palavras do Relator, Min. Néri da Silveira, "*distorcer o conceito de interesse coletivo ou dar-lhe conceito distinto do que pretendeu a Constituição é violar a Carta Magna de forma direta*".

Nessa perspectiva, o Tribunal já definiu como cabível a ação civil pública para impugnar o aumento abusivo ou ilegal das mensalidades escolares (RE n. 163.231, *DJU* 29.6.2001; RE n. 185.360, *DJU* 20.2.1998; RE n. 190.976, *DJU* 6.2.1998), entendimento que acabou sumulado no seguinte verbete: "Súmula 643 – O Ministério Público tem legitimidade para promover ação civil pública cujo fundamento seja a ilegalidade de reajuste de mensalidades escolares".

O Tribunal também entende que "o Ministério Público dispõe de legitimidade ativa *ad causam* para ajuizar ação civil pública quando promovida com o objetivo de impedir que se consume lesão ao patrimônio público resultante de contratação direta de serviço hospitalar privado, celebrada sem a necessária observância de procedimento licitatório, que traduz exigência de caráter ético-jurídico destinada a conferir efetividade, dentre outros, aos postulados constitucionais da impessoalidade, da publicidade, da moralidade administrativa e da igualdade entre os licitantes, ressalvadas as hipóteses legais de dispensa e/ou de inexigibilidade de licitação" (RE/AgR n. 262.134-0-MA, rel. Min. Celso de Mello, *DJU* 2.2.2007).

Em outro caso entendeu-se que é cabível a ação civil pública, ajuizada pelo Ministério Público, que tem por objeto a proteção de interessados, na condição de consumidores, na aquisição de casa própria, dos quais foi cobrado preço pela distribuição de informativos ou inscrição em programa habitacional (RE n. 247.134-MS, rel. Min. Carlos Velloso, *DJU* 9.12.2005).

Não se pense que essa leitura da Constituição, especialmente dos arts. 127, *caput*, e 129, inciso III, conferiria ao Ministério Público uma amplíssima competência para a utilização da ação civil pública, a ponto de convertê-lo em substituto processual universal para a defesa judicial de todo e qualquer interesse social.

Esta Corte, por exemplo, já tem entendimento assentado no sentido de que o Ministério Público não tem legitimidade para aforar ação civil pública para o fim de impugnar a cobrança e pleitear a restituição de tributos (RE n. 195.056-1-PR, rel. Min. Carlos Velloso, *DJU* 14.11.2003).

O mesmo entendimento foi aplicado no RE n. 213.631-0-MG, rel. Min. Ilmar Galvão, *DJU* 7.4.2000, em que se decidiu que não cabe ação civil pública para contestar a exigibilidade de taxa de iluminação pública.

Nesse sentido, a Lei n. 7.437/1985, em seu art. 1º, parágrafo único, prescreve que "não será cabível ação civil pública para veicular pretensões que envolvam tributos, contribuições previdenciárias, o Fundo de Garantia do Tempo de Serviço – FGTS ou outros fundos de natureza institucional cujos beneficiários podem ser individualmente determinados" (redação dada pela Medida Provisória n. 2.180-35, de 2001).

No julgamento do citado RE n. 195.056-PR, o Min. Pertence teceu considerações sobre a questão que merecem registro:

"(...) Daí *não se pode extrair, contudo, como parece pretender o recorrente, que qualquer feixe de pretensões individuais homogêneas, seja qual for o seu objeto, possa ser tema de tutela jurisdicional coletiva por iniciativa do Ministério Público.*

"*Não tenho dúvidas em aderir, como os votos que me precederam, ao virtual consenso doutrinário formado no sentido de não bastar à legitimação ao Ministério Público, no particular, a homogeneidade de quaisquer interesses individuais de um número significativo de sujeitos* (*e.g.*: Kazuo Watanabe, "Demanda coletivas e os problemas emergentes da práxis forense", em Sálvio de F. Teixeira (coord.), *As Garantias dos Cidadãos na Justiça*, Saraiva, 1993, p. 185, 186; J. C. Barbosa Moreira, "Os novos rumos do processo civil brasileiro", em *Temas de Direito Processual*, 6ª Série, 1997, p. 63, 73; Teori A. Zavascki, "O Ministério Público e a defesa dos direitos individuais homogêneos", *Revista de Informação Legislativa*, Senado, 1993, 117/173; Rodolfo de C. Mancuso, ob. e loc. cits.; Lúcia V. Figueiredo, "Ação civil pública (...). Posição do Ministério Público", *RTDP* 16/15 2399; Hugo N. Mazzilli, "As atribuições do Ministério Público na Lei Complementar federal 75, de 20.5.1993", *RT* 696/445).

"*Assim, nessa extensão sem limites – e não com a generalidade com que feita pelo jurista insigne – quiçá tenha procedência a cáustica observação crítica de Miguel Reale (**Da Ação Civil Pública em Questões de Direito Público**, Saraiva, 1997, p. 130), de a legitimação* *do Ministério Público para a proteção de direitos individuais homogêneos 'alberga o **risco** de transformar a **comunidade** em um **conglomerado** de **incapazes**'.*

"*Nesse campo dos direitos individuais homogêneos – diversamente do que sucede com os interesses difusos e os coletivos **stricto sensu** – marcadas, como são, essas duas categorias pelas notas de indivisibilidade e de indeterminação absoluta ou relativa de seus titulares (Teori Zavascki, ob. e loc. cits.) – a pretendida legitimação irrestrita do Ministério Público não encontraria fundamento convincente, literal ou sistemático, na ordem jurídica posta.*

"(...).

"A dificuldade está em encontrar o critério de demarcação da área – consensualmente limitada – em que se há de reconhecer a legitimação do Ministério Público para a tutela coletiva de tais direitos individuais derivados de origem comum.

"Opta o Min. Maurício Corrêa por uma diretiva que tem por si a vantagem da objetividade: a fonte constitucional da questionada legitimação do Ministério Público para a defesa dos interesses individuais homogêneos, malgrado contida na alusão genérica do art. 129, XII, aos interesses coletivos em geral, seria uma norma de eficácia limitada, dependente de específica previsão legal.

"A minha visão do problema – que parece mais afinada à doutrina dominante –, se dela perde em objetividade, é menos restritiva que a proposta do Min. Corrêa e não delega ao legislador ordinário o poder de dar maior ou menor efetividade a uma norma da Constituição.

"Como S. Exa., não ponho em dúvida que a lei possa conferir tal legitimidade ao Ministério Público: afinal, sua qualificação para a ação civil pública em defesa de determinada modalidade de direitos subjetivos individuais será uma hipótese a mais de legitimação extraordinária e substituição processual, cuja criação por lei ordinária, guardados os limites da razoabilidade, não encontra óbices constitucionais (assim, incidentemente, o afirmei, não faz muito, com o apoio do Tribunal, no AOr 152, 15.9.1999, *Informativo STF* 162, a propósito da inteligência do art. 5º, XXXI, da Constituição.

"(...).

"*Não lhe reduzo, porém, a admissibilidade a tais previsões legais explícitas: estou em que da própria Constituição é possível derivar outras hipóteses.*

"*E para isso, já neste ponto com o Min. Velloso e a doutrina mais afeita ao tema, considero adequado o apelo ao art. 127 da Constituição, que, delineando em grandes traços o seu papel junto à função jurisdicional do Estado, confia ao Ministério Público 'a defesa da ordem jurídica, do regime democrático e dos interesses sociais e individuais indisponíveis'.*

"(...).

"E, para orientar a demarcação, a. partir do art. 129, III, da área de interesses individuais homogêneos em que admitida a iniciativa do Ministério Público, o que reputo de maior relevo, no contexto do art. 127, não é o incumbir à Instituição a defesa dos interesses individuais indisponíveis, mas, sim, a dos interesses sociais.

"(...).

"*O problema é saber quando a defesa da pretensão de direitos individuais homogêneos, posto que disponíveis, se identifica com o interesse social ou se integra no que o próprio art. 129, III, da Constituição denomina patrimônio social. Não é fácil, no ponto, a determinação do critério da legitimação do Ministério Público.*

"(...) é preciso ter em conta que o interesse social não é um conceito axiologicamente neutro, mas, ao contrário – e dado o permanente conflito de interesses parciais inerente à vida em sociedade –, é idéia carregada de ideologia e valor, por isso relativa e condicionada ao tempo e ao espaço em que se deva afirmar.

"*Donde, de igual modo, ser de repelir que o reconhecimento da presença de interesse social na tutela de determinada pretensão de uma parcela da coletividade possa ser confiada à livre avaliação subjetiva – inevitavelmente carregada de valores pessoais – quer de agente do Ministério Público que a veicule em juízo, quer do órgão jurisdicional a que toque verificar-lhe a legitimação para a ação coletiva; para obviar esse risco de arbitrariedade, a solução há de fundar-se em critérios dotados de um mínimo de objetividade.*

"Penso, como visto, que a adstrição da legitimidade do Ministério Público aos casos de previsão legal expressa, embora razoavelmente objetiva, seria um critério insuficiente para a identificação do interesse social na defesa de direitos coletivos: dado que deriva da Constituição a legitimação do Ministério Público para a hipótese, não se pode reputar exaustivo o critério que delega ao legislador o poder de demarcar a função de um órgão constitucional essencial à jurisdição.

"*Creio, assim, que – afora o caso de previsão legal expressa – a afirmação do interesse social para o fim cogitado há de partir da identificação do seu assentamento nos pilares da ordem social projetada pela Constituição e na sua correspondência à persecução dos objetivos fundamentais da República, nela consagrados*" (ênfases acrescidas).

No caso em análise, há ação civil pública voltada à proteção dos usuários (consumidores) do transporte coletivo público, indeterminados, o que faz transparecer o interesse difuso em jogo, tal como definido pelo art. 81, inciso I, do Código de Defesa do Consumidor. Essa foi a linha do entendimento adotado pela 1ª Turma desta Corte (RE n. 379.495, rel. Marco Aurélio, *DJU* 20.4.2006).

Destarte, não se está diante de tributo, mas de preço público cobrado como contraprestação ao serviço de transporte público urbano.

O parecer do Ministério Público assim analisou o caso:

"No caso concreto, impugna o Ministério Público Estadual contrato de concessão de transporte público urbano de passageiros, reputado ilegal na composição da forma de cálculo das tarifas e na estimativa de vida útil da frota de veículos, o que se refletiria no preço das tarifas, consideradas majoradas indevidamente.

"Nessa atuação, agiu o Ministério Público na evidente defesa de interesses coletivos, em razão da proteção dos interesses de toda a categoria de usuários do transporte coletivo municipal.

"Além disso, ainda que, *ad argumentandum*, se entendessem tais interesses como individuais, é certo que os usuários do transporte público qualificam-se como consumidores, ajustando-se a pretensão de adequado reajuste das tarifas à disciplina do Código de Defesa do Consumidor, notadamente de seu art. 81, III, que autoriza o ingresso do Ministério Público em juízo para a proteção de 'interesses ou direitos individuais homogêneos'.

"Nessa ordem de idéias, não há como negar que a busca de uma correta política tarifária insere-se no conceito de 'serviço adequado' a que alude o art. 22, *caput*, do CDC ('Art. 22. Os órgãos públicos, por si ou suas empresas, concessionárias, permissionárias ou sob qualquer forma de empreendimento, são obrigados a fornecer serviços adequados, eficientes, seguros e, quanto aos essenciais, contínuos')."

Nessa linha de raciocínio, não tem fundamento o argumento, utilizado no acórdão recorrido, de que o Poder Judiciário não poderia se pronunciar sobre o assunto. Trata-se, nesse caso, de controle da legalidade dos atos e contratos firmados pelo Poder Público Municipal para a prestação à população dos serviços de transporte público urbano.

É certo, por outro lado, que o exercício desse controle de legalidade deverá sempre ser realizado *cum grano salis*, cabendo ao Poder Judiciário estar atento para pretensões que traduzam verdadeira tentativa de interferência excessiva na atividade administrativa.

Com essas considerações, deixo assentado meu entendimento no sentido do cabimento da ação civil pública ajuizada pelo Ministério Público com base no art. 127, *caput*, e art. 129, inciso III, da Constituição, assim como na Lei n. 7.437/1985 e na Lei n. 8.625/1993, com o objetivo de impugnar a ilegalidade do reajuste de tarifas de transporte público urbano.

Ante o exposto, conheço do recurso extraordinário e a ele dou provimento, para que se prossiga no exame da matéria discutida.

EXTRATO DE ATA – RE n. 228.177-6-MG; rel. Min. Gilmar Mendes; recorrente: Ministério Público Estadual; recorridas: Transete – Transporte Coletivo Sete Lagoas Ltda. e outra (advs.: Geraldo José de Barros e Silva e outro).

Decisão: Após o voto do Ministro Relator, que conhecia do recurso extraordinário e lhe dava provimento, pediu vista o Sr. Min. Eros Grau. Ausente, justificadamente, neste julgamento, o Sr. Min. Celso de Mello. Presidiu este julgamento o Sr. Min. Gilmar Mendes. 2ª Turma, 1.4.2008.

Presidência do Sr. Min. Celso de Mello. Presentes à sessão os Srs. Mins. Gilmar Mendes, Cézar Peluso, Joaquim Barbosa e Eros Grau. Subprocurador-Geral da República o Dr. Wagner Gonçalves – *Carlos Alberto Cantanhede*, coordenador.

VOTO-VISTA – *O Sr. Min. Eros Grau*: O debate que se trava nos autos diz respeito à legitimidade do Ministério Público para propor ação civil pública com o objetivo de regularizar a forma de cálculo das tarifas de transporte público coletivo urbano no Município de Sete Lagoas/MG, tarifas que teriam sido majoradas indevidamente.

2. O Min. Gilmar Mendes, Relator do feito, votou no sentido de dar provimento ao recurso extraordinário, reconhecendo a legitimidade do Ministério Público para fazê-lo.

3. Peço vênia ao Ministro Relator para divergir.

4. A jurisprudência do Supremo Tribunal Federal definiu entendimento no sentido de que o Ministério Público não tem legitimidade para aforar ação civil pública visando a impugnar a cobrança e pleitear a restituição de tributos (RE n. 195.056, rel. Min. Carlos Velloso, *DJU* 14.11.2003; RE n. 213.631, rel. Min. Ilmar Galvão, *DJU* 7.4.2000).

5. Com efeito, a Constituição do Brasil estabelece, no seu art. 145, II, que União, Estados, Distrito Federal e Municípios podem instituir "taxas, em razão do exercício do poder de polícia ou pela utilização, efetiva ou potencial, de serviços públicos específicos e divisíveis, prestados ao contribuinte ou postos à sua disposição".

6. Nisso, pois, uma determinação impositiva, enunciada pela Constituição: serviços públicos específicos e divisíveis devem ser remunerados através da arrecadação de taxas. A proposição veiculada pelo preceito constitucional é prescritiva, não meramente descritiva. O artigo 145, II, não descreve, prescreve: serviço público deve ser remunerado por taxas.

7. É nítido o enunciado do preceito constitucional: custos do exercício da atividade de poder de polícia e da prestação de serviços públicos – pouco importa se facultativo ou compulsório, desde que específicos e divisíveis – devem ser remunerados mediante a arrecadação de taxas.

8. Daí que essas arrecadações são tributos, ainda e se assumam a forma de tarifa, preço público. Taxa, nem seria necessário repeti-lo, é espécie de tributo (art. 145, *caput*).

9. Transporte coletivo urbano é serviço público, qual expressamente afirma a Constituição (art. 30, V), específico e divisível. A circunstância de ser prestado por concessionário, remunerado sob a forma de tarifa, não transmuta o caráter dessa remuneração, caráter de taxa. Permaneço alinhado à jurisprudência da Corte: o Ministério Público não é parte legítima para, no caso, propor ação civil pública.

Nego provimento ao recurso extraordinário.

DEBATE

O Sr. Min. Gilmar Mendes (pres. e relator): Eu citei num precedente também, um caso já antigo, o RE n. 379.495, da relatoria do Min. Marco Aurélio. E, para mim, penso que a matéria não se mistura com a questão tributária. Eu também estou atinado com V. Exa. no que diz respeito à questão puramente tributária. Aqui, a matéria é relativa aos custos dos serviços prestados pelos permissionários ou concessionários do serviço público.

E isso inclusive tem disciplina específica no Código de Defesa do Consumidor. O art. 22, por exemplo, diz: "Art. 22. Os órgãos públicos, por si ou suas empresas, concessionárias, permissionárias ou sob qualquer outra forma de empreendimento, são obrigados a fornecer serviços adequados, eficientes, seguros e, quanto aos essenciais, contínuos".

O Sr. Min. Eros Grau: Se V. Exa. me permite...

O Sr. Min. Gilmar Mendes (pres. e relator): Sim.

O Sr. Min. Eros Grau: Essa obrigação não veio do Código do Consumidor, isso veio do art. 175 da Constituição.

O Sr. Min. Gilmar Mendes (pres. e relator): Claro, mas estou falando que, em termos de fundamento para a ação civil pública, é o que vai justificar. E por isso, então, eu estou entendendo que, em se tratando de tarifa de transporte público, é legítima a ação do Ministério Público.

VOTO – *O Sr. Min. Joaquim Barbosa*: Peço vênia ao Min. Eros, porque acho que os objetos não se confundem: tarifas com tributos. Peço vênia para acompanhar o Relator.

O Sr. Min. Cézar Peluso: O que se está discutindo é só a legitimidade do Ministério Público?

O Sr. Min. Gilmar Mendes (pres. e relator): A discussão é só essa, porque não se admitiu sequer a propositura da ação. É questão de tarifa abusiva.

O Sr. Min. Cézar Peluso: O Ministério não está agindo em defesa de interesse dos consumidores?

O Sr. Min. Gilmar Mendes (pres. e relator): Sim. Nós temos um precedente, esse que citei – devemos ter outros hoje –, o RE n. 379.495: "O Ministério Público é parte legítima para propor ação civil pública voltada a infirmar preço de passagem de transporte coletivo".

Esse é da relatoria do Min. Marco Aurélio, RE n. 379.495.

O Sr. Min. Eros Grau: Se V. Exa. me permitir, única e exclusivamente para justificar. É que eu faço uma distinção entre o cidadão e o consumidor. Acho que aí a proteção não é ao consumidor. Aí a proteção é ao cidadão. A Constituição inclusive afirma, no art. 30 – é o único serviço que a Constituição diz, declaradamente –, que é serviço público.

O usuário do serviço público não vai ao mercado, vai ao Estado. Mercado e sociedade civil são o mesmo; de outro lado, o Estado. O indivíduo que é cidadão vai ao Estado obter serviço público. Mas não são todos os cidadãos que podem ir ao mercado.

Então, na raiz dessa minha divergência, Presidente, está este conceito básico: aí se trata de direito do cidadão, e não direito do consumidor.

O Sr. Min. Cézar Peluso: O Ministério Público está pretendendo o quê? A restituição?

O Sr. Min. Gilmar Mendes (pres. e relator): Não, está discutindo os critérios de tarifa eventualmente lesiva, a fixação da tarifa.

É um tipo de ação hoje muito comum, no âmbito do serviço público em geral.

O Sr. Min. Eros Grau: A condenação vai para aquele fundo, então?

O Sr. Min. Gilmar Mendes (pres. e relator): Não, aqui nem se trata de condenação, trata-se tão-somente de impedir o aumento, ou buscar a fixação de um preço que se entenda justo.

O Sr. Min. Eros Grau: Agências são as autarquias que, agora, são chamadas de "agências".

O Sr. Min. Gilmar Mendes (pres. e relator): Sim.

O Sr. Min. Eros Grau: São as velhas autarquias?

O Sr. Min. Gilmar Mendes (pres. e relator): É. Estou falando, por exemplo, quando se discute tarifa de energia elétrica. E a discussão tem grande relevância do ponto de vista de repercussão, no caso específico, o transporte coletivo de um pequeno Município, mas ela tem significado nesta também.

Não me parece que aqui seja de se aplicar a orientação dominante para a matéria tributária, trata-se de preço normal. E é cada vez mais comum esse tipo de transferência, de terceirização.

O Sr. Min. Eros Grau: Não há terceirização. O que há é a concessão; o poder concedente ainda detém a titularidade do serviço; não há terceirização nenhuma.

O Sr. Min. Gilmar Mendes (pres. e relator): A questão é de proteção, Min. Eros. Essa é a discussão que nós estamos travando, justamente sobre os mecanismos de proteção.

O Sr. Min. Eros Grau: Se V. Exa. me permitir, existe uma relação entre poder concedente e concessionário. O concessionário não altera as suas tarifas, o preço que ele cobra, sem a autorização do poder concedente. Aí o Ministério Público está querendo se substituir ao poder concedente.

O Sr. Min. Joaquim Barbosa: Essas decisões interferem no direito dos consumidores.

O Sr. Min. Gilmar Mendes (pres. e relator): Claro.

O Sr. Min. Eros Grau: Não há consumidor, aí.

O Sr. Min. Gilmar Mendes (pres. e relator): Tanto é que o poder concedente vem para a ação, ele é chamado, não se trata apenas de intentar ação contra o concessionário. O próprio poder concedente é chamado, porque se discute o critério adotado. É essa a questão. E me parece que se trata, aqui, na verdade, de um modelo de aplicação de direitos fundamentais em relações dessa natureza, em que se imagina uma relação eventual de hipossuficiência.

O Sr. Mário José Gisi (subprocurador-geral da República): Quanto aos pedágios, o Ministério Público tem atuado na fixação da tarifa, e se viu uma diferença significativa na fixação das novas tarifas para as concessões posteriores àquela primeira leva de concessões que foram feitas.

De fato, foi bastante relevante, em termos de política, até nos editais, enfim, nos critérios de definição desses preços.

O Sr. Min. Eros Grau: Mas, se V. Exa. me permitir, aí é outra coisa. Aí é preço, mesmo: preço, preço. Não existe serviço público compulsório. A diferença entre o preço e a arrecadação com natureza tributária é exatamente esta: é que não existe opção outra, quando eu me valho de um serviço público, senão aquele serviço público, tal como ele está sendo prestado. No caso do pedágio eu vou por determinada estrada onde há cobrança de pedágio porque eu quero aquela comodidade. Usei, mais de uma vez, o exemplo, em relação a pedágio, da Via Anchieta. Eu posso ir pela estrada velha de Santos – há até umas curvas cantadas pelo Roberto Carlos –, e não pago pedágio. Eu tenho uma alternativa. Então, nesse caso do pedágio estou de pleno acordo, porque aí é um preço, é uma terceirização mesmo, como diz o Min. Gilmar Mendes. Mas no caso de serviço público, onde não há outra opção, nós estamos diante de uma receita que, tome o nome que tomar, tem natureza tributária.

Mas eu não quero insistir mais.

O Sr. Min. Cézar Peluso: Mas o problema que está me deixando não perplexo, mas em dúvida, é exatamente este: quem defenderia, de um modo coletivo, o interesse desses usuários contra aumentos abusivos de tarifa? Não é caso de ação popular.

O Sr. Min. Gilmar Mendes (pres. e relator): Não.

O Sr. Min. Cézar Peluso: Seria caso de mandado de segurança coletivo?

O Sr. Min. Gilmar Mendes (pres. e relator): Não.

O Sr. Min. Cézar Peluso: Quem defende, coletivamente, esses interesses? Esse é o problema. Temos aqui uma coletividade que pode estar sendo vítima de fixação abusiva, sem um recurso de caráter coletivo que solucione a matéria. Ou seja, transfiro a discussão do campo da natureza jurídica da retribuição para o campo dos remédios jurídicos postos à disposição do cidadão, o cidadão como tal.

Acho que, se não reconhecermos essa legitimidade ao Ministério Público, desfalcaremos a coletividade de um eficaz meio de defesa contra o Poder Público, contra os concessionários.

RETIFICAÇÃO DE VOTO – *O Sr. Min. Eros Grau*: Os argumentos que o Min. Cézar Peluso traz são efetivamente marcantes. Eu só não vou aderir a eles porque a mudança seria radical agora. Mas, *obiter dictum*, eu diria que, por uma questão de coerência, manterei a minha divergência; porém esperando ficar em minoria, porque os argumentos efetivamente derrubam as minhas premissas.

Aliás, vou evoluir, vou acompanhar V. Exa. nesse caso.

EXTRATO DE ATA – RE n. 228.177-MG; rel. Min. Gilmar Mendes; recorrente: Ministério Público Estadual; recorridas: Transete – Transporte Coletivo Sete Lagoas Ltda. e outra (advs.: Geraldo José de Barros e Silva e outro).

Decisão: Após o voto do Ministro Relator, que conhecia do recurso extraordinário e lhe dava provimento, pediu vista o Sr. Min. Eros Grau. Ausente, justificadamente, neste julgamento, o Sr. Min. Celso de Mello. Presidiu este julgamento o Sr. Min. Gilmar Mendes. 2ª Turma, 1.4.2008.

Decisão: Recurso extraordinário provido, nos termos do voto do Relator. Decisão unânime. Presidiu este julgamento o Sr. Min. Gilmar Mendes. 2ª Turma, 17.11.2009.

Presidência da Sra. Min. Ellen Gracie. Presentes à sessão os Srs. Mins. Celso de Mello, Cézar Peluso, Joaquim Barbosa e Eros Grau. Compareceu à Turma o Sr. Min. Gilmar Mendes, presidente do Tribunal, a fim de julgar processos a ele vinculados, assumindo, nesta ocasião, a Presidência da Turma, de acordo com o art. 148, parágrafo único, do RISTF. Subprocurador-Geral da República o Dr. Mário José Gisi – *Carlos Alberto Cantanhede*, coordenador.

GRÁFICA PAYM
Tel. (011) 4392-3344
paym@terra.com.br